Schikora Wolfram

Sonderausgabe

WASSERSTOFF

Energie für alle Zeiten

Konzept einer Sonnen-Wasserstoff-Wirtschaft

John O'M. Bockris Ph. D.
Professor of Chemistry
A. and M.
University of Texas

Dr. phil. Eduard W. Justi
Professor der Physik
Technische Universität
Braunschweig

mit Beiträgen von
Dr. P. Brennecke, Braunschweig
Prof. Dr. E. Broda, Wien
Prof. Dr. H. H. Ewe, Braunschweig
Prof. Dr. W. Heiland, Garching
Prof. Dr. Dr. H. W. Kuhn, Göttingen
Dipl.-Phys. H.-J. Selbach, Braunschweig

mit einem einführenden Kapitel der Sonderausgabe von
Dr. P. Brennecke
Physikalisch-Technische Bundesanstalt
Braunschweig

UDO PFRIEMER BUCHVERLAG IN DER
BAUVERLAG GMBH · WIESBADEN UND BERLIN

CIP-Titelaufnahme der Deutschen Bibliothek

Bockris, John O'M.:
Wasserstoff, Energie für alle Zeiten : Konzept e. Sonnen-Wasserstoff-Wirtschaft / John O'M. Bockris ; Eduard W. Justi. Mit Beitr. von P. Brennecke ... – Sonderausg. d. 1980 erschienenen Fassung / mit e. einführenden Kapitel von P. Brennecke. – Wiesbaden ; Berlin : Pfriemer in d. Bauverl.-GmbH, 1988.
Einheitssacht.: Energy, the solar-hydrogen alternative ⟨dt.⟩
ISBN 3–7625–2591–9
NE: Justi, Eduard:

Mit 170 Abbildungen.

Das von Prof. John O'M. Bockris bei Australia & New Zealand Book Co Pty Ltd veröffentlichte Buch hat den Titel „Energy: The Solar-Hydrogen Alternative". Die Urheberrechte an diesem Werk liegen beim Autor.

Preiswerte
Sonderausgabe der 1980 in der
Udo Pfriemer Verlag GmbH, München,
erschienenen Fassung.

Druck: Sellier, Freising
Printed in Germany

ISBN 3–7625–2591–9

Kapitel 0 der Sonderausgabe

Sonnen-Wasserstoff-Wirtschaft: Planungen, Demonstrationsprojekte und zukünftige Entwicklungsarbeiten

Dr. Peter Brennecke, Braunschweig

1 Einleitung

Das aus energiepolitischer Sicht folgenreichste Ereignis der letzten Jahre ist zweifelsohne der schwere Unfall im Kernkraftwerk Tschernobyl am 24. April 1986. Durch diesen Reaktorunfall wurde eine energiepolitische Grundsatzdebatte ausgelöst, die weit über die Konfrontation der Kernenergiebefürworter und -gegner hinausgeht. Es hat sich dabei gezeigt, daß der Grundkonsens für eine von der überwiegenden Mehrheit der Bevölkerung getragene Energiepolitik nicht mehr besteht:

- Die friedliche Nutzung der Kernenergie ist in Frage gestellt und die Forderung nach einem "Ausstieg" erhoben worden.
- Für die Substitution des Kernenergieanteils im Rahmen der bestehenden Energieversorgung konnten noch keine ausgereiften und konsensfähigen Konzepte vorgelegt werden.
- Eine ausschließlich auf der Verwendung von fossilen Energieträgern Erdgas, Erdöl und Kohle basierende zukünftige Energieversorgung wirft zahlreiche technische und wirtschaftliche Problemstellungen auf, deren Lösung heute noch nicht abzusehen ist.
- Zusätzlich wird die Diskussion über die zukünftige Energiepolitik mehr und mehr durch Fragen zur Notwendigkeit, Verantwortbarkeit und Sozialverträglichkeit von Energieversorgungssystemen und -strukturen, über die langfristige Sicherheit der Primärenergiebereitstellung und vor allem durch Gesichtspunkte aus dem Bereich des Umweltschutzes erweitert.

Bei einem Abwägen des Für und Wider zukünftiger Energieversorgungssysteme müssen u.a. folgende Randbedingungen berücksichtigt werden:

- Die Weltbevölkerung wächst unablässig. Damit wird der weltweite Bedarf an Primärenergieträgern zukünftig weiter ansteigen.
- Die Kernenergie stellt derzeit die einzige großtechnisch genutzte Alternative zu den fossilen Energieträgern Erdgas, Erdöl und Kohle dar. Ihre weitere Entwicklung und ihr Einsatz dürfte wegen der hohen technischen und sicherheitstechnischen Anforderungen überwiegend den Industriestaaten vorbehalten bleiben.
- Es ist davon auszugehen, daß der zukünftige Energiebedarf in den nichtindustrialisierten Staaten durch die fossilen Energieträger gedeckt werden muß. Ihre Reserven und Ressourcen sind jedoch begrenzt.
- Eine zunehmende Verwendung von fossilen Energieträgern führt u.a. zu verstärkten Kohlendioxidemissionen, so daß die Gefahr einer globalen Klimaänderung durch die CO_2-Anreicherung in der Atmosphäre nicht ausgeschlossen werden kann [1], [2].
- Die Nutzung der regenerativen Energien wird zunehmen und vergleichsweise wirtschaftlicher werden, dürfte aber den Charakter einer additiven Energiequelle vorläufig beibehalten.

Damit läßt sich das Fazit ziehen, daß die zukünftige Sicherung der Energieversorgung hohe Anforderungen an das technische und wirtschaftliche Leistungsvermögen stellen, aber auch in starkem Maße durch die politische Entscheidungs- und Konsensfähigkeit geprägt werden wird. Unabhängig von dem konkret einzuschlagenden Lösungsweg zeichnet sich immer stärker ab, daß vordringlich Technologien zur rationellen Energienutzung entwickelt wie auch neue Energiequellen erschlossen werden müssen.

2 Die Sonnen-Wasserstoff-Wirtschaft

Vor diesem komplexen Hintergrund wird das Konzept einer Sonnen-Wasserstoff-Wirtschaft, in der die Sonnenenergie als Primärenergiequelle und Wasserstoff als Sekundärenergieträger zu einem integrierten Energiesystem verbunden werden sollen, immer stärker in die Diskussion einbezogen. In der Bundesrepublik Deutschland wurde dieses Konzept zuerst von Justi im Rahmen von Arbeiten entwickelt, die bis zur Mitte der fünfziger Jahre zurückreichen [3 bis 12]. In seitdem zahlreich erschienenen Fachaufsätzen und Monographien – als aktuelle Publikationen seien [13 bis 16] genannt – wird über wissenschaftlich-technische Teilaspekte berichtet oder die Sonnen-Wasserstoff-Wirtschaft in ihrer Gesamtheit ausführlich dargestellt und ihre Aussichten als ein zukünftiges Energieversorgungssystem vom übergeordneten Standpunkt aus erörtert.

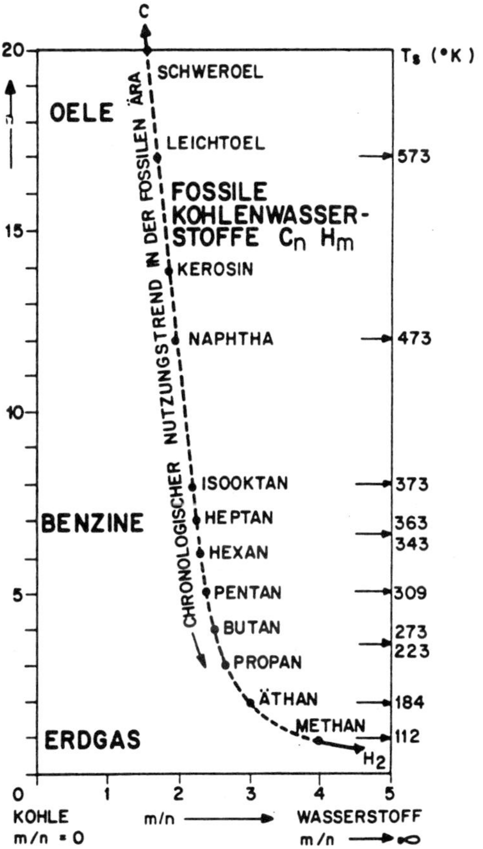

Abb. 0.1:
Geschichtlicher Trend in der Nutzung der Kohlenwasserstoffe (nach W. Seifritz [18]).

Im Rahmen der Sonnen-Wasserstoff-Wirtschaft wird angestrebt, die Sonnenenergie im großtechnischen Maßstab zu nutzen und damit das Potential dieser regenerativen Energiequelle zu erschließen. Dabei wird das Ziel verfolgt, die gesamte Energieversorgung möglichst nur auf Wasserstoff abzustellen, der darüberhinaus z.B. auch als universeller Rohstoff für die unterschiedlichsten industriellen Zwecke oder zum Antrieb von Kraftfahrzeugen und Flugzeugen eingesetzt werden soll. Es besteht Einigkeit darüber, daß für eine großtechnische, sichere und wirtschaftliche Nutzung von Wasserstoff als Sekundärenergieträger noch umfangreiche Forschungs- und Entwicklungsarbeiten erforderlich sind [17].

Aufgrund seiner Eigenschaften genügt der Wasserstoff offenbar allen Bedingungen, die heute an einen zukünftigen Sekundärenergieträger zu stellen sind. Mit seiner Verwendung dürfte auch der logische Schlußpunkt in der Entwicklung der Kohlenwasserstoffära gesetzt werden [18]. Wenn die wichtigsten Kohlenwasserstoffe (C_nH_m) in einem Schema dargestellt werden, in dem die Zahl der Kohlenstoffatome n gegen das Verhältnis von Wasserstoff- zu Kohlenstoffatomen m/n aufgetragen ist, ergibt sich das in Abb. 0.1 wiedergegebene Bild. Die Geschichte der Ära fossiler Energieträger begann mit der Nutzung der Kohle (m/n = 0) und setzte sich über Erdöl (m/n = 1,5 bis 2,5) und Erdgas (m/n = 4) fort. Der Siedepunkt der verwendeten Kohlenwasserstoffe sank dabei in charakteristischer Weise und kontinuierlich zu niedrigeren Temperaturen. Der Übergang zu Wasserstoff (m/n = ∞) wäre das logische Ende dieser Entwicklung.

In diesem einführenden Kapitel 0 der Sonderausgabe wird das Ziel verfolgt, den Stand und die zukünftigen Aussichten dieses Energieversorgungssystems anhand einiger ausgewählter Beispiele zu umreißen und aufzuzeigen. Damit soll ein Beitrag zur sachlichen und problemgerechten Beurteilung der Sonnen-Wasserstoff-Wirtschaft vorgelegt werden.

3 Betrachtung von Teilaspekten der Sonnen-Wasserstoff-Wirtschaft

Die konsequente Fortführung und Weiterentwicklung der Vorstellungen zur Sonnen-Wasserstoff-Wirtschaft führte in den letzten Jahren u.a. zu vertieften Planungen und zum Betrieb von ersten Prototypanlagen. Die Struktur einer weitgehend auf Wasserstoff, Elektrizität, Fernwärme und lokal genutzter Sonnenenergie basierenden Energieversorgung für die Bundesrepublik Deutschland zeigt Abb. 0.2 [13]. In dieser Darstellung – Stand 1986 – spiegeln sich die grundlegenden, von Justi angegebenen Komponenten der Sonnen-Wasserstoff-Wirtschaft wider [3], [5]. Entsprechend diesem Schema sollen Teilaspekte aus den Bereichen Herstellung, Transport und Nutzung des Wasserstoffs nachfolgend diskutiert werden.

3.1 Sonnenzellen

Die Nutzung der Sonnenenergie für eine zukünftige Deckung des Energiebedarfs setzt voraus, daß sie mit hohem Wirkungsgrad und kostengünstig in einen Sekundärenergieträger umgewandelt werden kann. Die geringe Energiedichte der einfallenden Strahlung stellt hierbei besondere Anforderungen. Die direkte Nutzung der Sonnenstrahlung mit Hilfe von Sonnenzellen, die das Sonnenlicht direkt in elektrische Energie umwandeln, steht als wichtigster technischer Lösungsvorschlag im Mittelpunkt des Interesses [19]. Es besteht weitgehend Einigkeit, daß wirksame und preiswerte Sonnenzellen eine Schlüsselstellung bei der Konkretisierung und Realisierung einer Sonnen-Wasserstoff-Wirtschaft einnehmen.

3.1.1 Neue Verfahren zur Herstellung von Si-Basismaterialien für Sonnenzellen

Als Basismaterialien für Sonnenzellen werden Silizium und eine Vielzahl anderer geeigneter Werkstoffe intensiv untersucht bzw. in der Fertigung eingesetzt. Eine belastbare und eindeutige Prognose, welches Basismaterial die größten Zukunftsaussichten besitzt, ist heute noch nicht abschließend möglich. Daher stützt sich die Mehrzahl der Firmen bei der Herstellung von Sonnenzellen auf kristallines Silizium. Dieses Halbleitermaterial zeichnet sich neben vergleichsweise hohen Umwandlungswirkungsgraden durch eine für lange Betriebszeiten notwendige hohe Stabilität aus.

Nach dem heute verwendeten Herstellungsverfahren für Sonnenzellen aus kristallinem Silizium entfallen etwa 41% der Kosten auf die einkristalline Siliziumscheibe, etwa 34% auf die Zellenherstellung und etwa 25% auf die Zelleneinkapselung [20], [21]. Erforderliche Kostensenkungen für eine wirtschaftliche Herstel-

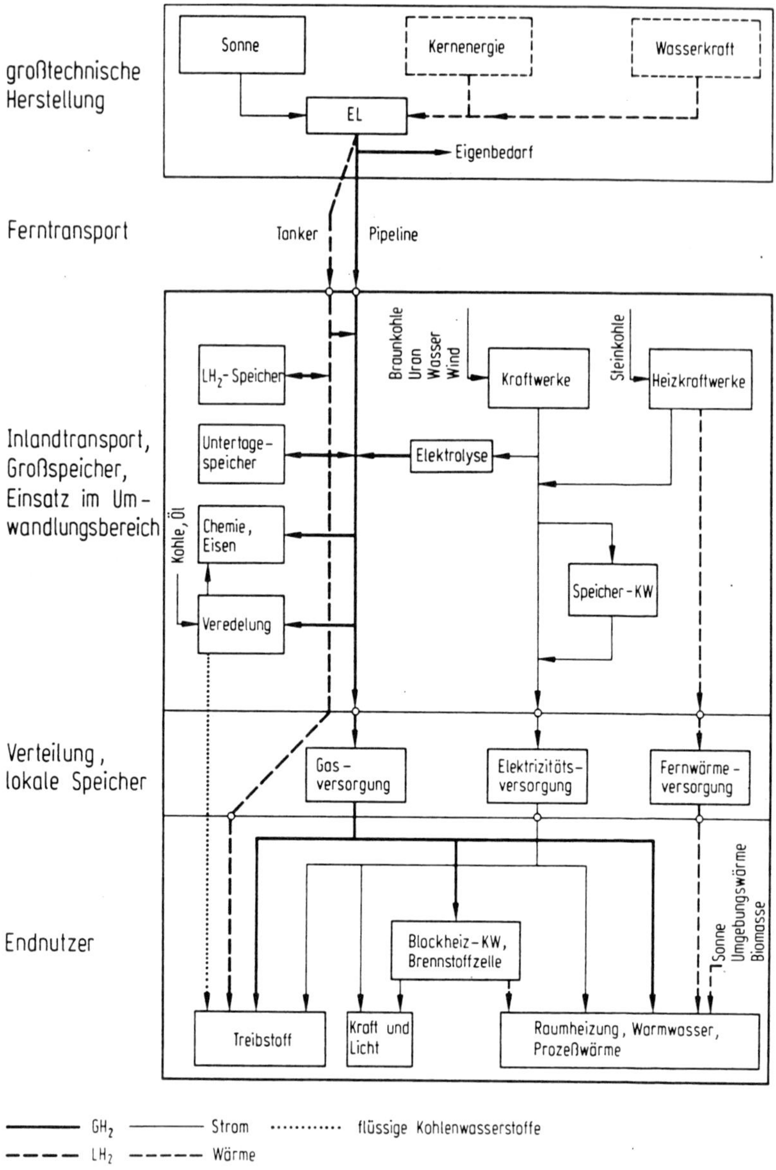

Abb. 0.2:
Struktur einer weitgehend auf Wasserstoff, Elektrizität, Fernwärme und lokal genutzter Sonnenenergie basierenden Energieversorgung der Bundesrepublik Deutschland (nach C.-J. Winter und J. Nitsch [13]).

lung von Siliziumsonnenzellen können durch die Verwendung von preiswertem Solarsilizium und Flächensilizium erfolgen, wodurch die teure einkristalline Scheibe aus elektronischem (EG)-Silizium ersetzt werden soll. Bei der Verwendung von amorphem Silizium bietet sich ein großes Potential für eine Kostenreduzierung aufgrund des wesentlich geringeren Materialaufwandes und des kostengünstigeren Herstellungsprozesses.

Aufgrund ihres großen Einsparpotentials soll nachfolgend ein kurzer Überblick über die unkonventionellen Verfahren zur Herstellung von Siliziumbasismaterial gegeben werden [22], [23]. Diese Verfahren zeichnen sich dadurch aus, daß die zur Fertigung erforderlichen Siliziummengen nur noch etwa die Hälfte betragen und der ansonsten notwendige Aufwand zum Sägen der Siliziumblöcke fast vollständig wegfällt. Zu den wichtigsten Verfahren zählen

- EFG – Verfahren der Fa. Mobil Solar, USA. Hier wird ein achtflächiges polykristallines Siliziumrohr von ca. 6 m Länge mit ca. 30 mm/min aus der Siliziumschmelze gezogen. Die Formgebung erfolgt durch eine "Düse" aus Kohlenstoff, aus der das flüssige Silizium austritt und erstarrt. Das Rohr wird mit einem Laser oder einer Säge aufgetrennt.
- RAFT – Verfahren der Fa. Wacker/Heliotronic, Deutschland. Hier erstarrt das flüssige Silizium großflächig auf wiederverwendbaren Trägerplatten, die mit hohen Geschwindigkeiten von bis zu 10 m/min vertikal am seitlich offenen Schmelztiegel entlanggeführt werden.
- HSW – Verfahren der Fa. Siemens, Deutschland. Hier erstarrt das flüssige Silizium großflächig an der Unterseite eines grobmaschigen Graphitnetzes, das mit hoher Geschwindigkeit – bis zu 1 m/min – horizontal über die Schmelze gezogen wird.
- Spinning – Verfahren der Fa. Hoxxan, Japan. Hier wird flüssiges Silizium durch Zentrifugalkräfte in eine wiederverwendbare Form geschleudert. Es entstehen Si-Platten mit einer Größe von etwa 100 mm x 100 mm x 0,5 mm.
- Dendritic Web – Verfahren der Fa. Westinghouse, USA. Hier entsteht ein hochwertiges, einkristallines Band zwischen zwei dendritischen Siliziumkristallen, die im Abstand von ca. 50 mm mit einer Geschwindigkeit von ca. 30 mm/min aus dem Schmelztiegel gezogen werden. Dieser Prozeß ist jedoch extrem schwierig zu kontrollieren.

Bei allen diesen Verfahren wird das Silizium in einem Tiegel erschmolzen, der während des Prozesses entweder durch Siliziumstückchen definierter Größe oder durch flüssiges Silizium aus einem Reservoir nachgefüllt werden muß. In jedem Fall wird als Ausgangsmaterial ein Siliziumgranulat von definierter Größe benötigt, das durch Brechen und anschließendes Ätzen zur Beseitigung von metallischen Verunreinigungen aus polykristallinen Stangen hergestellt wird. Als Alternative wurde ein neues Verfahren entwickelt, bei dem sehr kleine Siliziumkügelchen von 0,1 bis 1 mm Durchmesser direkt aus der Gasphase hergestellt werden und damit der Zerkleinerungsprozeß entfällt.

Die hohe Reinheit und der günstige Preis dieses feinen Granulats aus Siliziumkügelchen wird im SSP-Verfahren zur Herstellung von Siliziumplatten ausgenutzt [23]. Im Rahmen der bisherigen Forschungsarbeiten, die das Fraunhofer-Institut für Solare Energiesysteme, Freiburg, im Auftrag der Fa. Siemens durchgeführt hat, sind die Machbarkeit der einzelnen Prozeßschritte Aufstreuen, Oberflächenschmelzen und Zonenschmelzen bereits nachgewiesen worden. Die nächsten Entwicklungsschritte konzentrieren sich auf die Demonstration der kontinuierlichen Fertigung und den Aufbau einer Versuchsanlage zur Herstellung von endlosen Siliziumbändern.

3.1.2 Sonnenzellentypen

Bei Sonnenzellen aus kristallinem Silizium wird das Ziel verfolgt, die für den großtechnischen Einsatz notwendige Senkung der Herstellungskosten durch geeignete Verfahren zur preiswerten Fertigung von ausreichend qualifiziertem Silizium (Solarsilizium) und/oder von Siliziumbändern (Flächensilizium) zu erzielen. Ein völlig anderer Weg zum Erreichen von deutlichen Kostensenkungen wird bei der Entwicklung von Dünnschichtsonnenzellen beschritten, und zwar durch einen wesentlich geringeren Materialeinsatz sowie durch integrierte Herstellungsprozesse wie eine direkte Serienschaltung von einzelnen Zellen zu Modulen. Am weitesten entwickelt ist dabei die Sonnenzelle aus amorphem Silizium, die heute bereits serienmäßig hergestellt und kommerziell angeboten wird. Andere Zellentypen bieten im Prinzip das gleiche Potential, sind aber noch nicht bis zur Serienreife entwickelt. Darüberhinaus wird die Kombination von mehreren Zellentypen mit unterschiedlichen Bandlücken der verwendeten Halbleitermaterialien zu Tandemzellen untersucht, die das Spektrum der Sonnenstrahlung wesentlich effektiver ausnutzen können. Über die wichtigsten Sonnenzellentypen gibt Hauber einen Überblick [24].

3.1.3 Zusammenfassende Bewertung und zukünftige Aussichten

Bei einer Einstrahlung von 100 W/m^2 mit einer spektralen Verteilung nach Air Mass 1,5 und einer Zellentemperatur von 25 $^{\circ}$C weisen heute übliche Sonnenzellen die folgenden Wirkungsgrade auf [24]:

– einkristallines Silizium	13 bis 16%
– polykristallines Silizium	10 bis 13%
– amorphes Silizium	5 bis 7%
– Cadmiumsulfid-Kupfersulfid	4 bis 7%
– einkristallines Galliumarsenid	15 bis 19%.

Die genannten Zahlenwerte gelten für einzelne Sonnenzellen. Werden sie elektrisch zu größeren Einheiten verschaltet und zu Generatoren mit einer Spitzenleistung (je nach Fläche) von ca. 5 bis 150 W zusammengebaut, so treten systembedingte Verluste (Dioden-, Anpassungs-, Reflexions- und Leitungsverluste) auf, die die angeführten Werte um 1 bis 2 Prozentpunkte verschlechtern. Zudem zeigen Messungen aus der Praxis, daß Sonnenzellengeneratoren praktisch nie im Normzustand betrieben werden. Durch relativ hohe Zellentemperaturen (bei Nenneinstrahlung je nach Windverhältnissen rund 25 K über der Umgebungstemperatur) reduziert sich die abgebbare Leistung um ca. 0,4% pro K Temperaturanstieg. Die Messungen belegen ebenfalls, daß sich das Lichtspektrum beim Durchdringen der Erdatmosphäre aufgrund verschiedener Faktoren sehr unterschiedlich verändert. In den meisten Fällen führt dies zu weiteren Leistungseinbußen.

Amorphes Silizium weist im Vergleich zu anderen Basismaterialien eine geringe Abhängigkeit vom Lichtspektrum auf. Da aber gegenwärtig noch nicht erkennbar ist, welche Art von Sonnenzellen sich langfristig am Markt durchsetzen wird, ist auch weiterhin eine breit angelegte Forschung notwendig. Bei allen Technologien müssen sich die Anstrengungen auf einige zentrale Punkte konzentrieren [24] wie

– kostengünstige Herstellung und Aufbereitung des Basismaterials,

– flächenhafte Direktherstellung mit möglichst geringem Energie- und Materialaufwand und
– hohe Wirkungsgrade bei geringer Degradation.

Auf der Basis der skizzierten Entwicklungen werden in den kommenden 3 bis 5 Jahren Kostenreduktionen um den Faktor 2 bei der Herstellung von Sonnenzellengeneratoren erwartet. Dies bedeutet, daß die Energiekosten für photovoltaische Energieversorgungsanlagen bei einer Lebensdauer von 20 Jahren – je nach Aufstellungsort – zwischen 0,50 DM/kWh und 1 DM/kWh liegen werden, wobei der Anteil des Generators allein zwischen 0,25 DM/kWh und 0,50 DM/kWh betragen wird [25].

Für die photovoltaische Energieversorgung werden bis 1990 jährliche Steigerungsraten von 30% bis 40% vorhergesagt. Hiernach könnte 1990 der weltweite Markt eine Größenordnung von 90 MW erreicht haben. Die betreffenden Anwendungen werden fast ausschließlich durch Sonnenzellengeneratoren aus kristallinen und hier wiederum überwiegend aus polykristallinen Sonnenzellen abgedeckt werden.

3.2 Sonnenkraftwerke

Mit dem Bau und Betrieb von Sonnenkraftwerken eröffnet sich die großtechnische Erschließung der Energiequelle Sonne. Dabei muß grundsätzlich zwischen solarelektrischen und solarthermischen Kraftwerken unterschieden werden.

3.2.1 Solarelektrische Kraftwerke

Bei photovoltaischen oder solarelektrischen Kraftwerken handelt es sich um aus einer Vielzahl von Sonnenzellengeneratoren aufgebaute Anlagen, die die einfallende Sonnenstrahlung direkt in elektrische Energie umwandeln. Sie arbeiten mit vergleichsweise niedrigen Wirkungsgraden; ihr Betrieb ist sowohl bei direkter als auch diffuser Strahlung möglich.

Zur Demonstration der Machbarkeit, zum Sammeln erster Erfahrungen sowie im Hinblick auf zukünftige Verbesserungen und Weiterentwicklungen sind in den letzten Jahren weltweit zahlreiche solarelektrische Prototypkraftwerke errichtet und in Betrieb genommen worden. Als Beispiele seien eine in der ersten

Ausbaustufe auf 300 kW ausgelegte Anlage mit unterschiedlichen Sonnenzellentypen, Stützkonstruktionen und Wechselrichterkonzepten in der Bundesrepublik Deutschland [26] oder ein kleineres Versuchskraftwerk mit einer Ausgangsleistung im 10 kW-Bereich auf den Philippinen [27] genannt.

Photovoltaische Großkraftwerke arbeiten bisher nur in den USA. Die größte Anlage mit einer Nennleistung von 6,5 MW_e wurde von der Fa. Arco-Solar in Carrisa Plains/Kalifornien gebaut und befindet sich – allerdings mit nicht mehr als 4 bis 5 MW_e maximaler Leistung – seit dreieinhalb Jahren in Betrieb [28]. Dieses Kraftwerk besteht aus zwei Feldern mit zweiachsig nachgeführten Trägern, auf denen einkristalline Siliziumsonnenzellen montiert sind. Der Anlagenbetrieb erfolgt nahezu vollautomatisch mit hoher Verfügbarkeit; sie fällt nur für einige Tage pro Jahr für Wartungsarbeiten aus.

Von besonderer Bedeutung für die weitere Entwicklung der Sonnen-Wasserstoff-Wirtschaft ist eine geplante Pilotanlage in Neunburg vorm Wald (Oberpfalz), mit der die elektrolytische Herstellung von Wasserstoff sowie dessen Speicherung, Handhabung und Verwendung bei verschiedenen Nutzungsmöglichkeiten demonstriert und unter praktischen Bedingungen getestet werden soll [29]. Zu den wichtigsten Komponenten dieses Großprojektes zählen

- Sonnenzellengeneratoren mit einer insgesamt verfügbaren maximalen Spitzenleistung von 500 kW, wobei unterschiedliche Sonnenzellentypen und Aufständerungsvarianten vorgesehen sind;
- eine Elektrolyseanlage aus drei verschiedenen Elektrolyseuren mit je ca. 100 kW_e Leistung, in der die Erprobung von fortgeschrittenen Entwicklungen wie Diaphragma- und Membranzellen erfolgen soll;
- mehrere Druckgasspeicher für den Tag-/Nachtausgleich und die Wochenspeicherung mit einer Kapazität von 5.000 m^3, die bei Drucken bis zu 30 bar betrieben werden sollen;
- ein alkalisches Niedertemperatur- und ein phosphorsaures Hochtemperatur-Brennstoffzellenaggregat mit je ca. 10 kW_e Leistung, ein katalytischer Heizer, eine Gasmotor-Generator-Einheit mit einer mechanischen Leistung von ca. 100 kW sowie ein Gasheizkessel mit einer Leistung von etwa 20 kW_{th} zur energetischen Nutzung des mit Hilfe der Sonnenenergie erzeugten Wasserstoffs.

Der geltende Rahmenterminplan sieht den Baubeginn im Jahr 1987 und die Inbetriebnahme dieser Anlage im Jahr 1988 vor. Die Gesamtkosten werden für die erste Projektphase mit 50 Millionen DM veranschlagt.

3.2.2 Solarthermische Kraftwerke

Das Grundkonzept von solarthermischen Kraftwerken unterscheidet sich von konventionellen thermischen Kraftwerken nur in der Aufbringung der thermischen Energie. Die Umwandlung der Sonnenenergie in nutzbare thermische Energie erfolgt entweder dezentral in einzelnen Parabolrinnenkollektoren (distributed collector system, DCS-Prinzip) oder mit Hilfe von Heliostaten zentral in einem Strahlungsempfänger (central receiver system, CRS-Prinzip). Solarthermische Kraftwerke arbeiten mit z.T. hohen Systemwirkungsgraden; ihr Betrieb erfordert jedoch eine Konzentration der einfallenden Sonnenstrahlung. Im Gegensatz zu solarelektrischen Kraftwerken können sie sowohl Strom als auch Prozeß- oder Heizwärme liefern (Wärme-Kraft-Kopplung). Im Vergleich zu den relativ einfach aufgebauten und nahezu wartungsfrei betriebenen photovoltaischen Sonnenkraftwerken sind Konstruktion und Betrieb von solarthermischen Kraftwerken wesentlich aufwendiger und komplizierter.

Für die Demonstration des Betriebes von solarthermischen Kraftwerken, die Erprobung von ersten Prototypanlagen sowie für die Durchführung von entsprechenden, den Betrieb begleitenden Forschungs- und Entwicklungsprogrammen ist das Forschungszentrum "Plataforma Solar" in der Provinz Almeria/Spanien von zentraler Bedeutung. Unter Leitung der Deutschen Forschungs- und Versuchsanstalt für Luft- und Raumfahrt (DFVLR) wurden in diesem Zentrum je ein nach dem DCS-Prinzip arbeitendes Sonnenfarmkraftwerk sowie ein nach dem CRS-Prinzip arbeitendes Sonnenturmkraftwerk mit Natriumkreislauf errichtet [30 bis 33]. Als weitere Turmanlage wurde das solarthermische Kraftwerk CESA-1 vom spanischen Instituto de Energias Renovables in Betrieb genommen.

Die Versuchsanlagen des Zentrums "Plataforma Solar" stellen die europäische Testanlage für alle solarthermischen Großforschungs- und Entwicklungsaktivitäten dar. Die wichtigsten Experimente, die von deutschen und spanischen Projektgruppen sowie von Interessenten des internationalen SSPS-Projektes der

International Energy Agency (IEA) definiert werden, sollen in diesen Versuchsanlagen durchgeführt und Erprobungen unter realistischen Betriebsbedingungen vorgenommen werden. Neben der Ermittlung von Betriebserfahrungen mit Automatisierung und Optimierung der Anlagen beinhalten die Untersuchungsprogramme auch die Erschließung des Hochtemperaturbereiches (Temperaturen oberhalb von 800 °C), und zwar durch technologische Weiterentwicklung des Turmsystems und seiner Komponenten für die thermische Nutzung.

In Fortsetzung dieser Aktivitäten sind im Forschungszentrum "Plataforma Solar" weitere experimentelle Untersuchungen geplant. Als wichtigste Vorhaben zählen hierzu [34]

- thermische bzw. chemische Speicherung von Sonnenenergie im Hochtemperaturbereich,
- Direktabsorption von Sonnenstrahlung in festen oder flüssigen Wärmeträgermedien und
- Anwendungen solarerzeugter thermischer Energie für geeignete endotherme Reaktionen bei chemischen Prozessen ("solar fuels and chemicals").

Zu den bekanntesten und erfolgreichsten solarthermischen Großkraftwerken zählt die amerikanische Anlage SOLAR-1 bei Barstow/Kalifornien. Im Rahmen eines zweijährigen Test- und Optimierungsprogrammes wurde 1982 mit der Stromerzeugung begonnen [28]. An diese Phase schloß sich ein auf drei Jahre befristeter Routinebetrieb an, der Ende August 1987 abgeschlossen wurde. In dieser Zeit hat SOLAR-1 fast alle technischen Erwartungen erfüllt. Eine Ausnahme stellt allerdings die hohe Reparaturanfälligkeit des Strahlungsempfängers dar; hier sind zukünftig noch Verbesserungen erforderlich. Hinsichtlich der Betriebsergebnisse soll erwähnt werden, daß SOLAR-1 im Jahr 1986 insgesamt 18,5 GWh_e (brutto) und 11,6 GWh_e (netto) produzierte. Die maximale tägliche Stromproduktion erreichte Werte von bis zu 104 MWH_e. Über die zukünftige Verwendung dieser Anlage wird z. Zt. diskutiert. Es bleibt zu hoffen, daß sie als großmaßstäbliches solarthermisches Kraftwerk für Versuchszwecke erhalten bleibt.

3.2.3 Solarthermische Prozeßwärme

Neben dem Bau und Betrieb von prototypischen solarthermischen Kraftwerken wurden in den letzten Jahren erhebliche Anstrengungen im planerischen und konstruktiven Bereich zur Bereitstellung von solarthermischer Prozeßwärme unternommen [35]. Dieses Gebiet umfaßt den gesamten technisch nutzbaren Temperaturbereich

- für den Niedertemperaturbereich (40 °C bis 100 °C), der bisher überwiegend durch den Einsatz von Flachkollektoren genutzt wurde, sind z.B. neue Wärmekraftprozesse entwickelt worden [36].
- Im Mitteltemperaturbereich (100 °C bis 350 °C) haben insbesondere dem Sonnenstand nachgeführte, linienfokussierende Parabolrinnenkollektoren ihre Funktionsfähigkeit während des Betriebes von Pilot- und Demonstrationsanlagen erbracht [37].
- Der Hochtemperaturbereich (350 °C bis über 1000 °C) bleibt punktfokussierenden Paraboloidreflektoren oder Heliostatenfeldern in Verbindung mit zentralen Strahlungsempfängern/ Receivern vorbehalten [30].

3.3 Elektrolytische Wasserstoffherstellung

Zu den Grundlagen der Sonnen-Wasserstoff-Wirtschaft zählt die wirtschaftliche und energetisch möglichst günstige Herstellung von Wasserstoff. Da zukünftig die fossilen Energieträger Erdgas, Erdöl und Kohle als Rohstoffe der Industrie vorbehalten werden müssen, verbleiben zur großtechnischen Bereitstellung der erforderlichen H_2-Mengen speziell die elektrolytischen Prozesse.

Die Elektrolyse von Wasser zur Herstellung von Wasserstoff und Sauerstoff ist ein in der Technik seit langem bekanntes und bewährtes Verfahren. Wie die genaue Analyse des spezifischen Energieverbrauchs bei der Wasserelektrolyse zeigt, müssen zusätzliche Energieanteile aufgrund von Spannungsverlusten an den Elektroden und im Elektrolyten aufgebracht werden. Das Ziel aller Verbesserungen der Wasserelektrolysetechnik ist daher die Verkleinerung der Zellenspannung bzw. des zusätzlichen elektrischen Energieaufwandes.

3.3.1 Einsatz hochporöser Elektroden

Da die elektrolytische Wasserzersetzung die Umkehr der Brennstoffzellenreaktion darstellt, ist es sinnvoll, die bei der Untersuchung von alkalischen Niedertemperaturbrennstoffzellen gesammelten Erfahrungen auf die Elektrolysetechnik zu übertragen. Die Verwendung von hochporösen Doppel-Skelett-Katalysator-Elektroden mit stark fehlgeordnetem Raney-Nickel-Katalysator als Kathoden und mit einer dünnen Nickeloxid-Passivschicht als Anoden führt zu einer deutlichen Reduktion der Überspannungen [38]. Eine weitere Steigerung der Leistungsfähigkeit derartiger Elektroden ist z.B. durch das Aufbringen von dünnen, katalytisch wirksamen Oberflächenschichten aus einem Nickel-Titan-Mischoxid möglich [39], [40].

3.3.2 Technische Verbesserungen bei der alkalischen Wasserelektrolyse

Im Rahmen von zahlreichen Forschungs- und Entwicklungsprogrammen wurden verschiedene Möglichkeiten mit dem Ziel untersucht, die technischen Wasserelektrolyseure weiterzuentwickeln und zu optimieren. Die experimentellen Arbeiten konzentrierten sich dabei auf folgende Schwerpunkte [41]

- konstruktive Verbesserung durch eine abstandsfreie Anordnung von Elektroden und Diaphragmen,
- Erhöhung der Betriebstemperatur, bei der im Elektrolyseur die Wasserzersetzung stattfindet und
- Reduktion der Überspannungen durch die Entwicklung von geeigneten neuen Elektrokatalysatoren.

Untersuchungen an der Technischen Hochschule Darmstadt führten u.a. zur Entwicklung von Elektrolysezellen, bei denen perforierte Elektrodenbleche direkt auf ein ca. 0,4 mm dünnes oxidkeramisches Diaphragma gepreßt wurden. Im Betrieb derartiger Zellen sind Zellenspannungen von etwa 1,7 V bei einer Stromdichte von 1 A/cm^2 und einer Temperatur von 160 ^{0}C bei Drucken von 20 bis 30 bar erreichbar [42]. Bei diesen Arbeiten wurde der Elektrodenaktivierung besondere Aufmerksamkeit gewidmet. Für Anoden sind Mischoxide der Übergangsmetalle, die Kobalt in unterschiedlichen Wertigkeitsstufen enthalten, und Raney-Nickel/Kobalt-Katalysatoren untersucht worden, während für Kathoden Nickelbleche mit fein verteiltem Nickel und Nickel/Kobalt-Katalysatoren im Mittelpunkt des Interesses standen.

Die großtechnische Umsetzung der erzielten Erfolge setzt jedoch noch erhebliche Anstrengungen und weitere umfangreiche Arbeiten voraus.

3.3.3 Hochtemperaturelektrolyse

Eine interessante Alternative stellt die Hochtemperatur-Wasserdampf-Elektrolyse dar. Dieses Verfahren, das den Einsatz völlig neuer Technologien unter Verwendung keramischer Hochtemperaturwerkstoffe erfordert, bietet die potentielle Möglichkeit einer sehr erheblichen Verminderung der Zellenspannung [43]. Im Laboratoriumsmaßstab konnten bereits Versuchszellen bei 1,07 V bei einer Stromdichte von 0,3 A/cm^2 im Dauerversuch bei Temperaturen im Bereich von 800 bis 1000 ^{o}C betrieben werden. Die Leistungsfähigkeit dieses Verfahrens ist zwar nachgewiesen, doch für eine Realisierung im technischen Maßstab sind die noch ausstehende Konzeptoptimierung und eine kostengünstige Fertigung erforderlich.

3.4 Transport von Wasserstoff

Nach den bisherigen konzeptionellen Vorstellungen zur Sonnen-Wasserstoff-Wirtschaft soll der in sonnenreichen Regionen elektrolytisch erzeugte Wasserstoff – ggf. auch der Sauerstoff – durch Druckgasleitungen bis zu den Bedarfszentren transportiert werden. Wie die langjährigen Erfahrungen aus dem Betrieb der über 200 km langen Wasserstoff-Pipeline im Ruhrgebiet zeigen, stellt der Transport von Wasserstoff durch Pipelines nur vergleichsweise geringe technische Probleme.

In einem ersten Schritt zur Konkretisierung dieses Vorschlages zum H_2-Transport wurde zusammen mit der Fa. Messer-Griesheim GmbH das Projekt einer Wasserstoff-Pipeline zwischen Gibraltar und Karlsruhe diskutiert [6], [44]. Ziel dieser Arbeiten war es, den Transport von 10^{10} Nm^3 H_2/a von Gibraltar nach Karlsruhe zu untersuchen, Lösungsvorschläge für die technische Auslegung dieser Pipeline einschließlich der erforderlichen Kompressor- und Pumpanlagen zu unterbreiten sowie die Investitions- und Betriebskosten abzuschätzen (1 Nm^3 = 1 m^3 unter Normalbedingungen).

Weitere Arbeiten im Zusammenhang mit dieser Transport- und Speicherpipeline konzentrierten sich auf umfangreiche Rechnungen zur Optimierung der Rohrdurchmesser sowie auf Druckabfallberechnungen [45]. Im Rahmen sich anschließender Betrachtungen wurde auf die Rückgewinnung eines Teils der erforderlichen Kompressionsenergie bei der Entspannung des angelieferten Wasserstoffs auf den vom Verbraucher gewünschten Druck eingegangen [46].

3.5 Nutzungsmöglichkeiten von Wasserstoff

In einer zukünftigen Sonnen-Wasserstoff-Wirtschaft liegen die Anwendungs- und Einsatzmöglichkeiten des Sekundärenergieträgers Wasserstoff vor allem in den Bereichen Energieversorgung und universeller Rohstoff. Hierauf soll anhand einiger Beispiele in den folgenden Abschnitten eingegangen werden.

3.5.1 Katalytische Verbrennung von Wasserstoff

Ein wesentlicher Anteil des derzeitigen Energieverbrauchs entfällt auf die Bereitstellung von Heiz- und Prozeßwärme. Vom Endenergieverbrauch, z.B. in der Bundesrepublik Deutschland, entfallen über 70% auf die Bereitstellung von thermischer Energie, die in Haushalt, Kleinverbrauch und Industrie benötigt werden. Da sich bei einem konsequenten Ausbau der Gasversorgung ein großer Anteil dieser Verbraucher langfristig auch mit Wasserstoff versorgen ließe, stellt der Einsatz von Wasserstoff auf dem Wärmemarkt ein wesentliches Potential bei der Einführung einer Sonnen-Wasserstoff-Wirtschaft dar.

Neben der direkten Verbrennung von Wasserstoff besteht in der katalytischen flammenlosen Verbrennung bei vergleichsweise niedrigen Temperaturen eine zweite Möglichkeit der Nutzung von H_2 zur Erzeugung von Wärme. Wasserstoff kann bei Temperaturen etwa im Bereich von 150 bis 200 °C katalytisch verbrannt werden. Bei den hierfür zu verwendenden katalytischen Brennern handelt es sich um Vormischbrenner, bei denen Reaktionstemperatur und -geschwindigkeit durch einen Katalysator bestimmt werden [47]. Das Wasserstoff/Luft-Gemisch wird in eine poröse, mit Katalysatormaterial (z.B. Platin oder Palladium) durchsetzte Trägerplatte eingeleitet, wobei die Verbrennung flammenlos bei der Aktivierungstemperatur des Katalysators abläuft. Der wesentliche Unterschied der katalytischen Verbrennung zur direkten Verbrennung (Flammenverbrennung) besteht in der Beeinflußbarkeit der Temperatur im Reaktionsraum. Die eigentliche Verbrennungsreaktion findet auf der Oberfläche von Festkörpern statt, die viel eher in der Lage sind, die entsprechende Wärme abzuführen. Mit variablen Wärmeübergängen zum Brennerraum kann die Wärmeabfuhr gesteuert werden, so daß die Temperatur beeinflußbar ist. Aus diesem Grunde werden katalytische H_2-Brenner als besonders aussichtsreich für den Einsatz bei der Raum- und Gebäudeheizung angesehen.

Kommerziell gefertigte katalytische Wasserstoffbrenner stehen bisher noch nicht zur Verfügung. Die bisher laufenden Forschungs- und Entwicklungsarbeiten sind in den letzten Jahren verstärkt fortgeführt und ausgedehnt worden. Mehrere Neuentwicklungen befinden sich bereits in einem fortgeschrittenen Versuchsstadium bzw. werden bereits als Prototyp gebaut.

Wesentliche, mit einer Einführung von Wasserstoff zur Wärmeerzeugung verbundene Problemzonen, die im Rahmen weiterer Forschungs- und Entwicklungsarbeiten noch intensiv zu untersuchen sind, werden in folgenden Punkten gesehen [17]:

- Entwicklung von katalytischen Brennern für einen weiten Mischungsbereich von Methan und Wasserstoff zur Verringerung des Umstellungsaufwandes bei steigendem H_2-Anteil.
- Untersuchung von Konzepten zur Raumheizung mit katalytischen H_2-Brennern.
- Definition und Überprüfung von Sicherheitsstandards für Heizungssysteme und Industriefeuerungen mit Wasserstoff.

Das Problem des Überganges von bisherigen Gasheizungssystemen zur Wasserstoffheizung mittels der katalytischen Verbrennung dürfte sich als nicht ganz einfach erweisen. Bevor hier jedoch erste konkrete Aussagen gemacht werden können, müssen die Ergebnisse der laufenden Forschungs- und Entwicklungsarbeiten abgewartet werden.

3.5.2 Verwendung von Wasserstoff für die Spitzenlastabdeckung

In der Kraftwerkstechnik stellt die Abdeckung von Spitzenlasten durch Wasserstoff eine interessante Anwendungsmöglichkeit dar. Zur Stromerzeugung mit Wasserstoff können Gas- und Dampfturbinenprozesse eingesetzt werden; auch ist die Zusatzdampfeinspeisung in einem Grund- und Mittellastkraftwerk denkbar.

Bei den theoretischen Untersuchungen, die zu dieser Thematik durchgeführt wurden, stehen ein Vergleich der erzielbaren thermischen Prozeßwirkungsgrade, der erreichbaren Gestehungskosten für den Spitzenstrom sowie die Verfügbarkeit der erforderlichen Kraftwerkskomponenten im Vordergrund des Interesses [48], [49]. Es bleibt festzuhalten, daß sich mit einem H_2/O_2-Dampfturbinenprozeß mit mehr als 50% die höchsten thermischen Prozeßwirkungsgrade von allen untersuchten Prozessen erreichen lassen. Dieser Prozeß kann bei Turbineneintrittstemperaturen geführt werden, die in Gasturbinen bereits heute üblich sind, bedarf allerdings einer Dampfturbine höherer Eingangstemperatur als derzeit verfügbar.

Die Konkretisierung dieser Betrachtungen setzt sich mit der Entwicklung einer Experimentalversion eines Wasserstoff/Sauerstoff-Dampferzeugers mit einer thermischen Leistung von 40 MW fort [50]. Der Funktionsnachweis wurde inzwischen erbracht; bei Teillast wurde ein Wirkungsgrad von 50% erreicht, der sich bei Vollast auf 99,5% erhöhte. Die noch erforderliche Entwicklungszeit bis zur ersten Einsatzbereitschaft eines solchen Dampferzeugers im Kraftwerk wird mit etwa drei Jahren abgeschätzt [51].

3.5.3 Wasserstoff als Kraftstoff für Fahrzeuge und Flugzeuge

Ein großes Anwendungspotential eröffnet sich beim Einsatz von Wasserstoff für Antriebszwecke. H_2-betriebene Verbrennungsmotoren gehen von heutigen Kolbenmotoren aus, die aufgrund der Eigenschaften des Wasserstoffs jedoch modifiziert werden müssen. Die dazu erforderlichen Änderungen sind technisch machbar, ohne daß die vorhandene Technologie grundlegend zu ändern ist. Da H_2-betriebene Motoren ohne Drosselklappe arbeiten, ist ein höherer Wirkungsgrad als bei Benzinmotoren zu erwarten. Das Hauptproblem der H_2-Motoren ist wohl die Rückzündung in die Ansaugleitung. Dieser Gefahr kann mit einem mageren Gemisch bei gleichzeitiger Verminderung der Emission von Stickoxiden begegnet werden, wobei allerdings der Motor ein größeres Hubvolumen benötigt, um die gleiche Leistung liefern zu können. Mit einer Abgasrückführung können die Rückzündung und auch das Klopfen vermieden werden. Eine weitere Möglichkeit ist, den Wasserstoff analog zur Dieseleinspritzpumpe mit hohem Druck während des Kompressionstaktes einzublasen.

Diese und andere Verfahren sind bereits untersucht und erfolgreich angewendet worden, wie aus zahlreichen Mitteilungen von verschiedenen Firmen und Instituten hervorgeht. So hat z.B. die Daimler-Benz AG einen City-Bus mit Wasserstoffantrieb für Testzwecke entwickelt. Dieser Bus ist auf einem üblichen TN-Fahrgestell aufgebaut und mit einem modifizierten 60 PS-Ottomotor bestückt [52]. Der Motor besitzt eine Hochleistungszündanlage und eine Zusatzwasserstoffeinspritzung zur Erniedrigung der Brenngeschwindigkeit sowie zur Vermeidung von Rückzündungen und Klopfen.

Die Verwendung von Wasserstoff als Treibstoff für Flugzeuge sollte nach vorherrschender Fachmeinung nicht zu unlösbaren Problemen führen. Flugzeugturbinen können ohne größere Schwierigkeiten mit Wasserstoff betrieben werden. Wegen des Speichergewichtes und -volumens ist dabei grundsätzlich von flüssigem Wasserstoff auszugehen. Die charakteristischen Eigenschaften des flüssigen Wasserstoffs, insbesondere seine tiefe Temperatur und seine gegenüber Kerosin geringere volumenspezifische Energiedichte, erfordern aber von Grund auf neue Flugzeugkonzeptionen mit wärmeisolierten und vergleichsweise erheblich größeren Treibstofftanks.

Bisher vorgeführte, von flüssigem Wasserstoff angetriebene Flugzeuge waren ausschließlich Umbauten von mit Kerosin betriebenen konventionellen Modellen. Neukonstruktionen von Flugzeugen, die den besonderen Anforderungen des Antriebs mit flüssigem Wasserstoff genügen, sind i.a. noch nicht über das Reißbrett- und Planungsstadium hinausgekommen.

3.5.4 Industrielle Anwendungen von Wasserstoff

Wasserstoff ist bereits seit Jahren ein wichtiger Rohstoff der chemischen und insbesondere der petrochemischen Industrie, dessen verschiedenartigster Einsatz seit langem bekannt und erprobt ist. Die Herstellung des für industrielle Prozesse verwendeten Wasserstoffs erfolgt fast ausschließlich auf der Basis der fossilen Energieträger Erdgas, Erdöl und Kohle, d.h. seine Produktion trägt zur Verknappung dieser immer wertvoller werdenden Rohstoffe bei. Da die fossilen Energieträger in ihrer Rolle als Rohstoffe für die chemische und petrochemische Industrie nicht zu substituieren sind, muß daraus die langfristig unumgängliche Trennung zwischen Energieträger und Rohstoff resultieren. Damit kann auch der industrielle Bedarf an sehr großen Wasserstoffmengen möglicherweise den Beginn einer umfassenden H_2-Technologie einleiten.

Bei der Betrachtung eines zukünftigen Wasserstoffmarktes kommt den folgenden industriellen Anwendungs- und Einsatzmöglichkeiten eine große Bedeutung zu: Neben den klassischen Verfahren wie beispielsweise der Ammoniaksynthese werden insbesondere Verfahren zur Veredelung von fossilen kohlenstoffhaltigen Rohstoffen zu flüssigen Zwischenprodukten und Energieträgern sowie Verfahren im metallurgischen Bereich zur Direktreduktion von Eisenerzen diskutiert [53]. Die letztgenannten Einsatzmöglichkeiten bedingen mittel- und langfristig die Bereitstellung von sehr großen Wasserstoffmengen.

Daneben besteht in der chemischen Industrie noch ein Wasserstoffbedarf u.a. zur Herstellung von Oxo-Alkoholen, Cyclohexan, Benzol durch Dealkylierung von Toluol oder für die Fetthärtung. Zur Herstellung mancher der genannten Produkte kann wegen der bestehenden hohen Anforderung an die Reinheit nur Elektrolysewasserstoff verwendet werden (z.B. für die Fetthärtung) [54]. Der Bedarf an Wasserstoff dürfte hier jedoch wesentlich von den Zuwachsraten dieser Industriezweige abhängen. Im Vergleich zu den in den oben genannten Einsatzbereichen zu erwartenden Größenordnungen dürften die hier benötigten Wasserstoffmengen sicherlich geringer sein.

Fast alle angesprochenen Prozesse mit verstärktem oder im Rahmen einer H_2-Technologie ausschließlichen Einsatz von Wasserstoff werden technisch beherrscht. Selbst die Direktreduktion von Eisenerz mit Wasserstoff kann als technologisch weitgehend gelöst, wenn auch noch nicht als völlig ausgereift angesehen werden. Aus diesen Gründen ständen einem Übergang zu einer Wasserstoff-Wirtschaft von der Anwendung bzw. vom Einsatz des Wasserstoffs im industriellen Bereich keine grundsätzlichen Schwierigkeiten entgegen.

4 Ausblick

Der Zeitrahmen für die Einführung und den Aufbau einer Sonnen-Wasserstoff-Wirtschaft wird bestimmt von

– der Verfügbarkeit der vorhandenen Primärenergieträger Erdgas, Erdöl, Kohle und Uran;

- dem Umfang von noch erforderlichen Forschungs- und Entwicklungsarbeiten und
- dem eigentlichen Aufbau dieses Energieversorgungssystems.

Nach heutigen Schätzungen dürfte im ersten Jahrhundert nach der Jahrtausendwende mit einer Erschöpfung der Primärenergieträger Erdgas und Erdöl, später auch von Kohle und Uran zu rechnen sein, sofern nicht verstärkte Explorationstätigkeiten, neue Technologien bei der Lagerstättenerschließung bzw. -ausbeutung, Energieeinsparungen oder Möglichkeiten einer rationelleren Energieverwendung die Reichweite der genannten Primärenergieträger vergrößern. Von diesem Zeitpunkt an sollte die Energieversorgung über die Wasserstoff-Wirtschaft sichergestellt werden.

Es verbleiben demnach mehrere Jahrzehnte, die für erforderliche Forschungs- und Entwicklungsarbeiten sowie den Aufbau der Wasserstoff-Wirtschaft zu nutzen wären. Die bisherigen Energieversorgungsstrukturen können voraussichtlich nicht sehr schnell umgestellt werden. Je kostspieliger ein bestehendes System ist, desto langwieriger und schwieriger dürfte sich auch die Einführung eines ggf. noch teureren Systems gestalten.

Aus diesen Gründen muß der noch zur Verfügung stehende Zeitraum genutzt werden, um den Übergang zu einer Sonnen-Wasserstoff-Wirtschaft vorzubereiten und ihren Aufbau zu beginnen. Die Option, Wasserstoff als Sekundärenergieträger zu verwenden, ist in den "Energiepolitischen Handlungsempfehlungen" der Enquete-Kommission "Zukünftige Kernenergie-Politik" des Deutschen Bundestages enthalten [55]. Auf die Möglichkeit, Sonnenenergie in Form von Wasserstoff aus in südlichen Breitengraden gelegenen Ländern zu importieren, wird dort ausdrücklich hingewiesen.

5 Literatur

[1] H. Flohn, Energiewirtschaftliche Tagesfragen **36** (1986) Nr. 12, S. 948–953.

[2] Gemeinsamer Aufruf der DPG und der DMG: Warnung vor drohenden weltweiten Klimaänderungen durch den Menschen, Physikalische Blätter **43** (1987) Nr. 8, S. 347–349.

[3] E. Justi, in: Jahrbuch der Akademie der Wissenschaften und der Literatur Mainz 1955, S. 220–221, F. Steiner Verlag, Wiesbaden (1956).

[4] E. Justi: Die zukünftige Energieversorgung der Menschheit, Vortragsreihe der Niedersächsischen Landesregierung zur Förderung der Wissenschaftlichen Forschung in Niedersachsen, Heft 16, Verlag Vandenhoeck & Ruprecht, Göttingen (1960).

[5] E. Justi: Leitungsmechanismus und Energieumwandlung in Festkörpern, S. 452–455, Verlag Vandenhoeck & Ruprecht, Göttingen (1965).

[6] E. Justi, in: Akademie der Wissenschaften und der Literatur Mainz 1949–1974, S. 41–53, F. Steiner Verlag, Wiesbaden (1974).

[7] E. Justi, in: U. Bossel (Hrsg.), Tagungsbericht 1. Deutsches Sonnenforum, Bd. II, S. 551–565, Verlag DGS, München (1977).

[8] P. Brennecke / H. Ewe / E. Justi, in: H. Selzer et al. (Hrsg.) Tagungsbericht 3. Internationales Sonnenforum, S. 297–306, DGS – Sonnenenergie Verlags GmbH, München (1980).

[9] J. O'M. Bockris / E. Justi: Wasserstoff – Energie für alle Zeiten, U. Pfriemer Verlag, München (1980).

[10] J. O'M. Bockris / E. Justi, in: Energie in Alternativen, Bd. 2, S. 13–32, U. Pfriemer Verlag, München (1981).

[11] E. Justi: Hidrogeno Solar – Energia para el futuro, Marcombo S. A., Boixareu Editores, Barcelona (1985).

[12] E. Justi: A Solar – Hydrogen Energy System, Plenum Publishing Corporation, New York (1987).

[13] C.–J. Winter / J. Nitsch (Hrsg.): Wasserstoff als Energieträger, Springer Verlag, Berlin/Heidelberg/New York/Tokyo (1986).

[14] G. Sandstede / G. Collin (Hrsg.): Wasserstoffwirtschaft – Herausforderung für das Chemieingenieurwesen, DECHEMA Monographien Bd. 106, VCH Verlagsgesellschaft, Weinheim (1987).

[15] H. Scheer (Hrsg.): Die gespeicherte Sonne – Wasserstoff als Lösung des Energie- und Umweltproblems, Serie Piper Aktuell Bd. 828, Verlag R. Piper, München (1987).
[16] S. Kohler / J. Leuchtner / K. Müschen: Sonnenenergie-Wirtschaft, Fischer Verlag, Frankfurt a.M. (1987).
[17] Deutsche Forschungs- und Versuchsanstalt für Luft- und Raumfahrt (Hrsg.): Wasserstoff als Sekundärenergieträger – Vorschlag für ein Forschungs- und Entwicklungsprogramm, DFVLR – Mitteilung 81–10, Stuttgart (1981).
[18] W. Seifritz, Chimia **28** (1974) Nr. 7, S. 323–340.
[19] H. Tributsch, in: H. Scheer (Hrsg.): Die gespeicherte Sonne – Wasserstoff als Lösung des Energie- und Umweltproblems, S. 119–155, Piper Aktuell Bd. 828, R. Piper Verlag, München (1987).
[20] J. Grabmeier, Sonnenenergie **10** (1985) Nr. 5, S. 8–12.
[21] D. Stahl, in: Zentrale und dezentrale Energieversorgung, Schriftenreihe der Forschungsstelle für Energiewirtschaft, Bd. 18, S. 51–64, Springer Verlag, Berlin/Heidelberg/New York (1987).
[22] D. Helmreich, Elektrotechnische Zeitschrift **105** (1984) Nr. 9, S. 432–436.
[23] A. Eyer, Berichte der Fraunhofer-Gesellschaft (1987) Nr. 2/3, S. 48–53.
[24] W. Hauber, in: Zentrale und dezentrale Energieversorgung, Schriftenreihe der Forschungsstelle für Energiewirtschaft, Bd. 18, S. 77–90, Springer Verlag, Berlin/Heidelberg/New York (1987).
[25] R. Buhs, in: Zentrale und dezentrale Energieversorgung, Schriftenreihe der Forschungsstelle für Energiewirtschaft, Bd. 18, S. 38–50, Springer Verlag, Berlin/Heidelberg/New York (1987).
[26] G. Klätte, Energiewirtschaftliche Tagesfragen **37** (1987) Nr. 6, S. 480–484.
[27] H. Höfling / R. Schröer / A. Wagner, Energiewirtschaftliche Tagesfragen **37** (1987) Nr. 1, S. 61–65.
[28] C.-J. Winter / W. Grasse, Energiewirtschaftliche Tagesfragen **37** (1987) Nr. 6, S. 486–490.
[29] Solar-Wasserstoff-Bayern GmbH: Projekt Solar-Wasserstoff – Gewinnung von Wasserstoff aus Solarenergie, seine Speicherung und energetische Anwendung, München (1987).
[30] A. W. Rieger, Energiewirtschaftliche Tagesfragen **34** (1984) Nr. 4, S. 311– 315.

[31] W. Schiel, Brennstoff – Wärme – Kraft **37** (1985) Nr. 6, S. 266–268 und **38** (1986) Nr. 7/8, S. 343–347.
[32] P. Kesselring / C. S. Selvage (Hrsg.): The IEA/SSPS Solar Thermal Power Plants, Bd. 1–4, Springer Verlag, Berlin/Heidelberg/New York (1986).
[33] M. Becker (Hrsg.): Solar Thermal Central Receiver Systems, Springer Verlag, Berlin/Heidelberg/New York (1986).
[34] M. Becker, Energiewirtschaftliche Tagesfragen **37** (1987) Nr. 6, S. 478/479.
[35] K. Scharmer: Kolloquium Solarthermische Prozeßwärme – Kritische Analyse und Zukunftsaspekte, GET-Gesellschaft für Entwicklungstechnologie mbH, Aldenhoven (1986).
[36] P. Fette, Brennstoff – Wärme – Kraft **39** (1987) Nr. 11, S. 496–500.
[37] H. Blank / G. Isenberg, Brennstoff – Wärme – Kraft **39** (1987) Nr. 10, S. 442–446.
[38] P. Brennecke / H. Ewe, Chemie – Ingenieur – Technik **52** (1980) Nr. 5, S. 426–428.
[39] P. Brennecke / H. Ewe / E. Justi, Deutsche Patentschrift DE 3109183 C2 (1983).
[40] P. Brennecke / H. Ewe / E. Justi, United States Patent 4 447 302 (1984).
[41] J. Divisek, Brennstoff – Wärme – Kraft **39** (1986) Nr. 11, S. 512–515.
[42] H. Hofmann / V. Plzak / J. Fischer / G. Luft / H. Wendt, in: W. Vielstich (Hrsg.): Elektrochemische Energieumwandlung einschließlich Speicherung, DECHEMA Monographien Bd. 92, S. 359–365, Verlag Chemie, Weinheim/Deerfeld Beach/Basel (1982).
[43] W. Dönitz / E. Erdle, Dornier Post (1984) Nr. 1, S. 11–15.
[44] R. Kipker, Chemie – Ingenieur – Technik **48** (1976) Nr. 2 S. 138–139.
[45] E. Justi / P. Brennecke / J. Kleinwächter, Abhandlungen der Braunschweigischen Wissenschaftlichen Gesellschaft **32** (1981) S. 153–185.
[46] P. Brennecke / E. Justi / J. Kleinwächter / R Rotzoll, in: H. H. Hohmann (Hrsg.): Tagungsbericht 4. Internationales Sonnenforum, Bd. II, S. 941–960, DGS Sonnenenergie-Verlags GmbH, München (1982).
[47] K. Ledjeff, Brennstoff – Wärme – Kraft **39** (1987) Nr. 7/8, S. 370–374.

[48] H. Wojkowsky / W. Schnurnberger / H. J. Sternfeld, Brennstoff – Wärme – Kraft **34** (1982) Nr. 7, S. 351–354.
[49] H. J. Sternfeld / H. Wojkowsky / W. Schnurnberger, Brennstoff – Wärme – Kraft **34** (1982) Nr. 8/9, S. 401–403.
[50] H. J. Sternfeld / K. Wolfmüller , VGB Kraftwerkstechnik **66** (1986) Nr. 9, S. 793–800.
[51] H. J. Sternfeld / K. Wolfmüller, Energiewirtschaftliche Tagesfragen **37** (1987) Nr. 3, S. 233–237.
[52] H. Buchner / R. Povel, International Journal of Hydrogen Energy **7** (1982) Nr. 3, S. 259–266.
[53] M. V. C. Sastri / R. P. Viswanath / B. Viswanathan, International Journal of Hydrogen Energy **7** (1982) Nr. 12, S. 951–955.
[54] G. A. Crawford / A. K. Stuart, International Journal of Hydrogen Energy **9** (1984) Nr. 7, S. 619–625.
[55] Bericht der Enquete-Kommission "Zukünftige Kernenergie-Politik", Deutscher Bundestag, Drucksache 8/4341, Bonn (1980).

Inhalt

* Verfasser: Dr. habil. Werner Heiland, München-Garching, MPG
** Verfasser: Prof. Dr. Engelbert Broda, Wien, Universität
*** Verfasser: Prof. Dr. Hans Kuhn, Göttingen, MPG
****Nach Unterlagen von P. Gläser, A. D. Little & Co, Boston, Mass.

---

* Nach Unterlagen von Chr. Isting und B. Thier, CWH, Hüls
** Nach Unterlagen von K. Baumgärtner und R. Kipker, Messer-Griesheim GmbH, Düsseldorf
*** Nach Unterlagen v. R. Kipker, Messer-Griesheim GmbH, Gasabteilung, Düsseldorf
**** Verfasser: P. Brennecke, Braunschweig, TU
***** Verfasser: H. H. Ewe, H.-J. Selbach, Braunschweig, TU
****** Verfasser: Prof. Dr. habil. H. H. Ewe, Braunschweig, TU

Geleitwort

Als wir erstmals vor 25 Jahren eine Studie „Über die zukünftige Energieversorgung der Menschheit“(3-16) veröffentlichten, fand diese zwar weltweite Aufmerksamkeit, und die bereits detaillierten Folgerungen über die schon innerhalb eines Jahrhunderts zu erwartenden Engpässe sowie über die Möglichkeiten der Fortführung eines zivilisierten Lebens regten andere Energieforscher zur Fortführung dieser Untersuchungen an. Die Mehrheit der sich auf ihre Praxis berufenden Leser dagegen betrachteten uns als wirklichkeitsfremde Phantasten und wurden deshalb durch die erste Ölkrise überrascht; sie beruhigten sich dann schnell wieder – in den USA z. B. durch die weitverbreitete Meinung, es handele sich nur um Intrigen der großen multinationalen Ölfirmen zur Erhöhung der Ölpreise –, bis weitere, ernstere Ölkrisen durch die politische Entwicklung im Nahen Osten ausgelöst wurden.

Dieselbe Gewohnheit vieler Bürger, für jedes Unheil einen Sündenbock zu suchen, möglichst von anderer Nationalität oder Religion, richtet sich in Europa gegen die Araber. Hierin äußert sich ein unterentwickeltes Bedürfnis an detaillierter sachlicher Information, das nun seinerseits schuld wird an der Primitivität und Ergebnislosigkeit von Diskussionen, wie jetzt um einen Teilaspekt der Energiedebatte, nämlich Für und Wider der Kernenergie. Monatelang werden dieselben Thesen und Gegenthesen, die infolge ihrer allzu primitiven Vereinfachung unzulänglich sind, von beiden Seiten mit wachsender Heftigkeit und Steigerung bis zu bürgerkriegsähnlichen Demonstrationen wiederholt, ohne eine Übereinstimmung zu erreichen. Die gegnerischen

Argumente stützen sich dabei auf Druckschriften, die bestenfalls Teilwahrheiten enthalten, weil die Leser volle Verständlichkeit ohne Rücksicht auf Richtigkeit für möglich halten. Wir erinnern uns dabei des scharfsinnigen Physik-Nobelpreisträgers Max Born, der eine Einladung zu einem allgemein verständlichen Vortrag mit der Begründung ablehnte: „Wenn ich selbst 10 Jahre brauche, um ein Problem zu begreifen, kann ich dies nicht einem Laien in 3/4 Stunden erklären".

Diese Einsicht, daß die Problematik der verschiedenen Optionen künftiger Energiewirtschaft noch rechtzeitig und restlos sachkundig entschieden werden muß, verlangt als erste Voraussetzung die Verfügbarkeit eines entsprechenden Buches, das im Umfang begrenzt trotzdem umfassend bis in alle naturwissenschaftlichen, technischen und wirtschaftlichen Aspekte reicht, dessen Autoren sich durch produktive Leistungen in der Energieforschung auch international qualifiziert haben, die lange akademische Erfahrungen in der Kunst des Erklärens besitzen und – last not least – die Unabhängigkeits-Anforderungen der Ford-Foundation an die Autoren des offiziellen amerikanischen Berichtes über die Aussichten der Kernenergie erfüllen. Ein solches Buch wird erfahrungsgemäß zunehmend verlangt von Entscheidungsträgern; aber wohl noch nie in der Geschichte sind auch sämtliche gewöhnlichen Bürger davon betroffen, was jetzt geschehen soll, um ein einigermaßen zivilisiertes Leben aufrechtzuerhalten und einen Rückfall „in die Steinzeit" auszuschließen. So geht dies Informationsbuch alle an – man muß schon sagen: Leider!

Ein solches Manuskript läßt sich nicht kurzfristig ganz neu schaffen, sondern bedarf umfangreicher Vorarbeiten, wenn es nicht angesichts der sich überstürzenden Entwicklungen schon während seiner Formulierung veralten soll. Der einzige uns bekannte Vorläufer dieses Vorhabens ist das englische Buch: „Energy- The Solar Hydrogen Alternative" von Dr. John O'M. Bockris, Professor der Chemie an der A. & M. University Texas, nicht nur an Publikationen der fruchtbarste Elektrochemiker, vielsprachiger Gastprofessor in vielen Ländern und gesuchter Industrieberater. So war er prädestiniert, dies Buch auf Grund von über 1 000 Besprechungen und Briefen mit führenden Universitäts- und Industrieforschern besonders der USA zu verfassen. Seit zwei Jahrzehnten arbeiten wir zusammen in der Überzeugung von der überragenden Rolle der Elektrochemie, weil sie alleine die fast vollständige Umwandlung anderer Energiearten in Elektrizität ermöglicht. In diesem Zusammenhang besitzt Wasserstoff gegenüber Strom die meisten Vorzüge als universeller Mehrzweck-Energieträger, der 100 % umweltfreundlich ist, auch aus Sonnenenergie preiswert erzeugt werden kann und nach unseren Darlegungen in einer Sonnen-Wasserstoffwirtschaft die Dauerlösung der gegenwärtigen Energiekrise in mittlerer und ferner Zukunft bilden kann.

Seit der Erstauflage 1975 sind entscheidende Umwälzungen erfolgt, die in der deutschen Version derart berücksichtigt sind, daß jeder der beiden Autoren etwa zur Hälfte beteiligt ist, wobei auch die bedeutenden Unterschiede zwischen der amerikanischen und hiesigen Energiesituation und Literatur berücksichtigt sind.

Schließlich möchte ich die Leser um Nachsicht für einige Eigentümlichkeiten bitten, die dem Werk als Mehrzweckbuch anhaften. Die Gliederung folgt z. B. nicht streng den klassischen Regeln des deutschen Aufsatzes, die Wiederholungen ausschliessen; die sich als wichtiger herausstellenden Methoden werden vielmehr in stufenweise wachsender Komplikation dargestellt, von denen die 1. Stufe dem Nichtfachmann genügt, während der tiefer Interessierte von Stufe zu Stufe didaktisch seine Einsicht vervollkommnen kann. Wir bitten auch um Verzeihung, wenn Formeln nicht ganz vermieden werden, und zwar dann, wenn es um Zahlenwerte geht, wie der Gretchenfrage der Verbilligung des Wasserstoffs – überschlagen Sie einfach die Formeln, nach denen der Spezialist verlangt; hier geht es um unser Geld! Für den Anfänger, der gerne einmal durchblättert und die Abbildungen ansieht, sind die Unterschriften so ausführlich verfaßt, daß er auch ohne Buchtext etwas versteht. Man wird natürlich nicht ohne Recht einwenden, daß neben dem durchgehenden Text Ballast vorhanden wäre; das trifft z. B. für die Literaturverzeichnisse zu, in denen um 1 000 Namen aufgeführt sind, die doch zu einer Vertiefung des Studiums unentbehrlich sind. – Ich möchte diese vielschichtige Darstellung nicht nur als Fachbuch betrachten, sondern auch hoffen, daß recht viele Leser unabhängig vom Buchthema die Gelegenheit schätzen lernen, durch tiefere Einblicke in die moderne Physik und Chemie in ihrer strengen Wahrheit einen geistigen Genuß zu erleben, der uns über die täglichen Halbwahrheiten und Ideologien dieser Epoche erhebt.

Braunschweig, Physikzentrum, im Juni 1979 Dr. Eduard Justi

Kapitel 1:

Untersuchung, Diagnose und mittelfristiger Gesundungsplan einer kranken Energiewirtschaft

Das erste Recht des Lesers ist es, zu erfahren, worüber das Buch handelt. So werde er zunächst mit der Definition konfrontiert: *Wasserstoff-Wirtschaft* ist ein Energie-Regime, in dem alle Energiequellen benutzt werden, um Wasserstoff („H_2") zu produzieren, der dann gesammelt, gespeichert und verteilt werden kann als ein restlos umweltfreundlicher Vielzweck-Brennstoff. Der Sonderfall einer *„Sonnen-Wasserstoff-Wirtschaft"* liegt dann vor, wenn wenigstens ein Teil der in Wasserstoff umgesetzten Primärenergie aus der Sonnenstrahlung stammt. Diese zugegeben ebenso scharfe wie abstrakte Definition wird in den folgenden Kapiteln ausgiebig in allen Aspekten behandelt und dadurch veranschaulicht.

Geringer Umwandlungs-Wirkungsgrad als Hauptquelle der Verschwendung

Wenn wir die Mitbürger, die alle Schuld an der Energiemisere einfach den Arabern zuschieben, als allzu naiv kritisiert haben, so müssen wir auch willens sein, selbstkritisch zu sein und z. B. prüfen, ob wir nicht den größten Teil der in Erdöl, Erdgas, Kohle und Kernspaltung enthaltenen Energie verschwenden? Testfall seien unsere Autos, deren Benzinmotoren die Paradestücke neuzeitlicher großindustrieller Produktion sind und trotzdem die aus der Benzinverbrennung stammende Primärenergie, die Wärme, nur zu 18 % in Bewegungsenergie umwandeln, also 82 % als Abwärme durch Kühler und Auspuff nicht nur nutzlos verschwenden, sondern damit sogar die Atmosphäre mit Abgasen verschmutzen und sie unzulässig erwärmen. Bei den besten Kohlekraftwerken beträgt dieser thermische Wirkungsgrad der Verstromung gegenwärtig in Europa 37 %, der Anergie genannte Verlust, also 100 – 37 = 63 %, fast 2/3; bei Leichtwasserreaktoren nur 29 % bzw. 71 %. Wenn die Verluste tatsächlich so hoch über dem berechenbaren Mindestwert liegen, ist es wenigstens grundsätzlich möglich, so viel einzusparen, daß eine Zuwachsrate des Primärenergieverbrauchs gegenstandslos wird und die Vorräte an fossilen Energieträgern geschont werden. – Eine überraschende Sensation wurde die erstmalige Veröffentlichung von Woodwell, wonach einerseits die CO_2-Produktion durch Verbrennungsprozesse derart steigt und andererseits die CO_2-Speicherung wegen Abholzung der tropischen Regenwälder derart abnimmt, daß der CO_2-Gehalt der Atmosphäre und – durch Treibhauseffekt – ihre Temperatur weltweit gefährlich ansteigen. Solche Aspekte und Grundtatsachen über Wasserstoff erörtern wir in diesem Kapitel und konsultieren zunächst einen maßgeblichen Experten der Energietechnik, der unverdächtig ist, weltanschaulich indoktriniert zu sein oder einer bestimmten Lobby anzugehören. In seiner Studie „Ist die Entwicklung zu großen Leistungseinheiten im Kraftwerksbau berechtigt?" geht Buch(1-1) davon aus, daß der Wiederaufbau der deutschen Elektrizitätswirtschaft nach dem Kriege bis 1952 mit Blockleistungen bis zu 50 MW, bis 1955 mit 100 MW, bis 1964 mit 150 MW, bis1971 mit 300 MW begann; erst 1975 verdoppelte sich die Blockleistung der Kohlekraftwerke auf 600-700 MW, und nach den Erfahrungen bei Kernkraftwerken beherrscht man jetzt auch Blockleistungen bis zu 1 300 MW. Man hat also ein weites Feld praktischer Erfahrungen, die beweisen, daß die größeren Blockleistungen mit einer Degression der spezifischen Anlagekosten verknüpft sind. Wenn man die Frage so zuspitzt: was ist billiger, ein Steinkohlekraftwerksblock zu 1 200 MW oder zwölf Blöcke zu 100 MW, so gilt die Faustregel, daß unter vergleichbaren Bedingungen der große Block über 10 % billiger arbeitet. Nach Buch wird aber die Konzentration der Kraftwerksleistung auf eine einzelne Stelle immer schwieriger, weil

1. die Beschaffung ausreichender Kühlmittelmengen in Form von Wasser oder Luft zur Herstellung einer ausreichend niedrigen Kondensationstemperatur, d. h. eines ausreichend tiefen Druckes des kondensierenden Dampfes,

2. der Transport der großen elektrischen Leistungen über weite Entfernungen bis zum Verbrauchsschwerpunkt,

3. die Beeinflussung der Umwelt durch schwefelhaltige Rauchgase, Dampfschwaden aus den Kühltürmen und durch Lärm sowie

4. die betriebliche Verfügbarkeit und Reservehaltung im Netz

nicht mehr im bisherigen Ausmaß verwirklichbar sind. Wie wirkt sich eine Aufteilung des 1 200 MW-Blockes etwa in 2 Blöcke zu je 600 MW oder 4 Blöcke zu je 300 MW aus? Während man früher infolge kleinerer Blockleistungen und ausreichenden Kühlwasservorrates noch mit 24 °C Kondensationstemperatur entsprechend einem Wasserdampfdruck von nur 0,03 bar im Kondensator fahren konnte, erreicht man heute bei 600 MW nur 39-41 °C entsprechend 0,07 bis 0,08 bar und bei 1 000 MW besonders im Sommer zur Beherrschung der gewaltigen Dampfvolumina am kalten Ende einer Dampfturbine kaum noch unter 0,1 bar, entsprechend 46 °C Verflüssigungstemperatur.

Von diesen einfachen Fakten ausgehend, hat Buch in mehreren Diagrammen Zahlenwerte für uns interessierende Daten in Abhängigkeit von der Blockleistung mitgeteilt. So zeigt Fig. 1,1 mehrere Kenngrößen sämtlich als Funktion der Blockleistung in MW, und zwar zuoberst den spezifischen Wärmeverbrauch in kcal/kWh mit zwei verschiedenen Kondensatordrucken (0,04 bzw. 0,1 bar) als Parameter, in der Mitte zwei Kurven für die Anlagepreise bei 100 %iger Entschwefelung der Rauchgase, einmal ausschließlich, ein andermal einschließlich Teuerungszuschlägen und Bauzeitzinsen, die heutzutage wegen der langwierigen Genehmigungsverfahren leicht 10 Jahre erreichen können und demgemäß ins Gewicht fallen; im untersten Kurvenpaar ist das Bedienungspersonal einmal total, ein andermal in Personen/MW dargestellt, woraus man entnimmt, daß es von 0,6 Mann/MW bei 60 MW Blockleistung auf 0,1 Mann/MW bei 1 000 MW zurückgeht. Der vorher erwähnte Gesamtpreis für die Anlage fällt von 2 300 DM/kW bei 50 MW-Blöcken auf 1 220 DM/kW bei 1 000 MW, wobei rund 150 DM/kW auf die Vollentschwefelung der Rauchgase entfallen, die neuerdings gesetzlich vorgeschrieben ist, ohne die Neubauten von größeren Kohlekraftwerken keine Aussichten haben, die aber bisher noch nicht in der Praxis betrieben worden sind. In unserem Zusammenhang besonders wichtig ist der im obersten Kurvenpaar dargestellte Einfluß des Kondensationsdruckes auf den spezifischen Wärmeverbrauch: er steigt danach bei Erhöhung des Kondensationsdruckes von 0,04 auf 0,1 bar um 5,6 %, wie im später folgenden Diagramm 1,5 noch genauer abgelesen werden kann. Man sieht auf den ersten

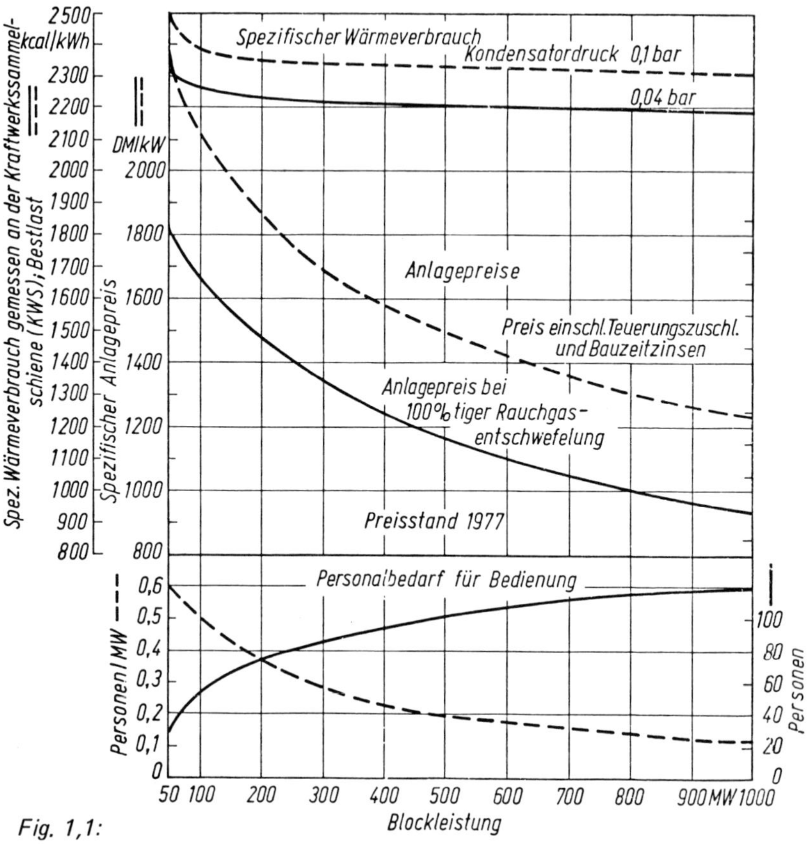

Fig. 1,1:

Kenndaten moderner Steinkohlenkraftwerke als Funktion ihrer Blockleistung. Oben: Spezifischer Wärmeverbrauch bei 0,1 bar Kondensatordruck, darunter bei 0,04 bar; beide Kurven beziehen sich auf die Ordinate oben links.

Mitte des Diagramms: Anlagepreise einschließlich Teuerungszuschlägen und Bauzeitzinsen (gestrichelt). Beide Kurven für den Fall 100 %iger Rauchgasentschwefelung; obere Kurve einschließlich Teuerungszuschlag und Bauzeitzinsen. Zugehörige Ordinate 2. von links. Preisstand 1977.

Unteres Diagramm: Personalbedarf je MW Blockleistung (linke Ordinate) bzw. Gesamtpersonalbedarf des Kraftwerkes (rechte Ordinate). Frischdampfzustand vor Turbine 125-225 bar/525-530 °C, einmalige Zwischenerhitzung bei 27-36 bar/525-530 °C, Speisewassertemperatur 230-260 °C. Nach A. Buch(1-1).

Blick, daß diese drei für herkömmliche Kohlekraftwerke signifikanten Zahlen sich mit zunehmender Blockleistung erheblich verbessern, ebenso wie der finanziell wichtige Flächenbedarf der Kraftwerke von 52 m^2/MW bei 12 Blöcken je 100 MW auf 12 m^2/MW bei 1 x 1 200 MW absinkt (vgl. Fig. 1,2).

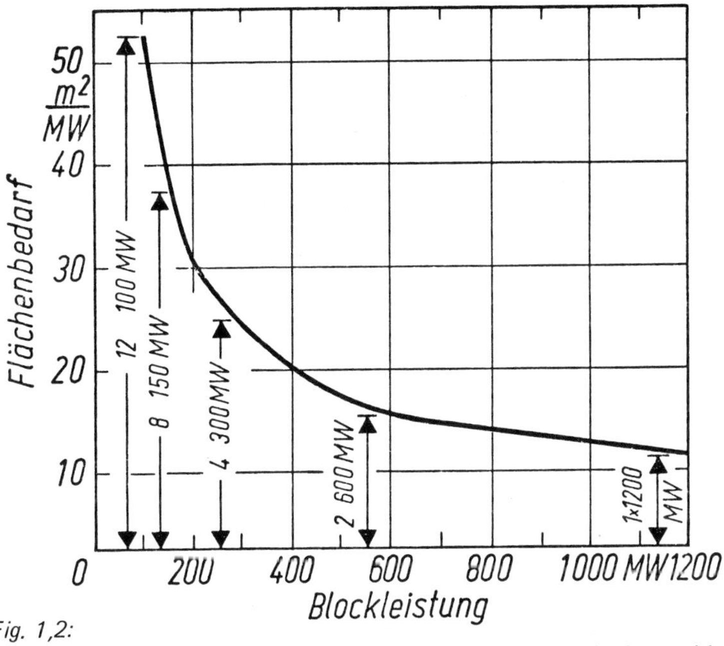

Fig. 1,2:
Flächenbedarf von Steinkohlekraftwerken mit einer Blockleistung bis zu 1 200 MW und Aufteilung in 1 x 1 200 MW, 2 x 600 MW, 4 x 300 MW, 8 x 150 MW und 12 x 100 MW, wodurch die Kostendegression mit steigender Blockgröße belegt wird. Ordinate: spezifischer Flächenbedarf in m^2/MW. Nach A. Buch(1-1).

Das folgende Diagramm 1,3 behandelt nun mit dem Stromgestehungspreis diejenige Größe, die den gewöhnlichen Stromkunden allein interessiert; man sieht diesen Preis in Pf/kWh in Abhängigkeit von der jährlichen Benutzungsdauer (h/a) einerseits für 12 Blöcke je 100 MW bei nur 0,04 bar Kondensationsdruck (gestrichelte Kurve), andererseits für einen Block von 1 200 MW (ausgezogene Kurve) bei 0,1 bar Verflüssigungsdruck; die an die jeweils fünf gestrichelten bzw. ausgezogenen Kurven angeschriebenen Parameter bedeuten den jeweils der Berechnung zugrundegelegten Wärmepreis der Steinkohle in DM/Gcal; dies Diagramm ist wieder insofern ganz neu, als alle Preise die Kosten der vorgeschriebenen Vollentschwefelung der Rauchgase einschließen. Man ersieht auf den ersten Blick, daß der Stromgestehungspreis für die 12 Blöcke zu 100 MW etwa um die Hälfte teurer

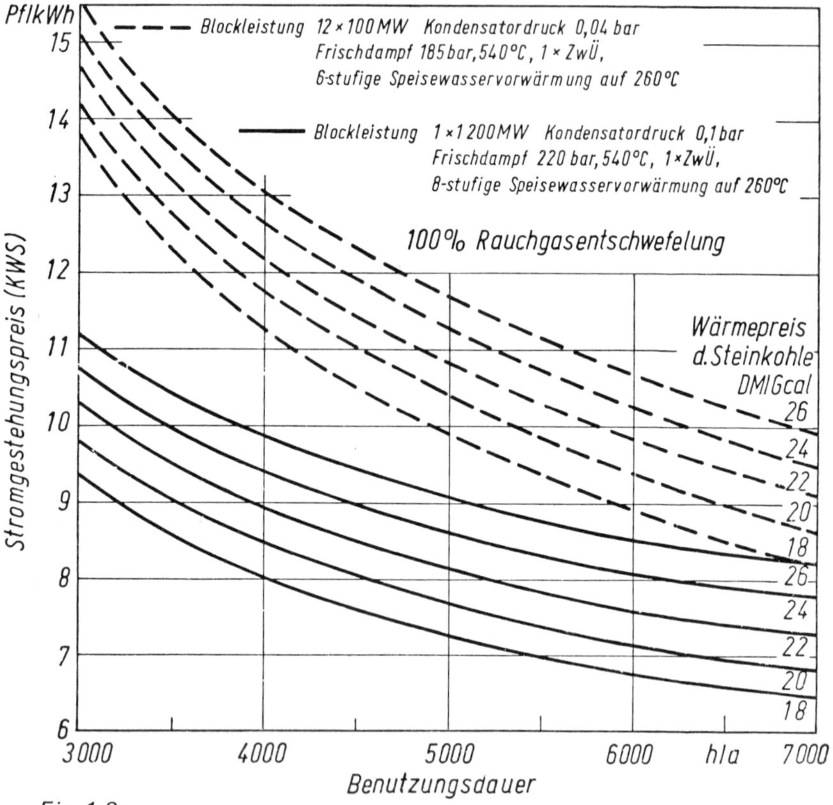

Fig. 1,3:
Stromgestehungspreise von Steinkohlekraftwerken mit Blockleistungen von 1 x 1 200 MW, 4 x 300 MW und 2 x 600 MW. Linke Ordinate: Preis in Dpf/kWh, Parameter (an rechter Ordinate), Wärmepreis der Kohle in DM/Gcal, alles bei 100 %iger Rauchgasentschwefelung. Betriebsdaten im Diagramm angegeben. Abszisse: Jährliche Benutzungsdauer in h/a. Nach A. Buch(1-1).

ist als für einen Großblock von 1 200 MW, obwohl schon berücksichtigt ist, daß der Großblock bei 0,1 statt 0,04 bar kondensieren muß, weil er wegen seiner lokalen Massierung gemäß Fig. 1,4 nicht soviel Kühlmittel zur Verfügung hat wie die um

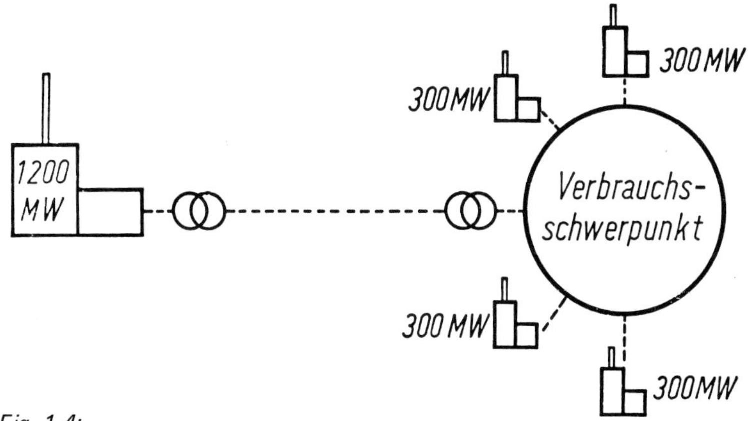

Fig. 1,4:
Schema einer zentralisierten und dezentralisierten Anordnung von Blockleistungen, von welchen letztere trotz höherer Stromgestehungskosten mangels genügend großer Kühlmittelquellen bevorzugt werden muß. Nach A. Buch(1-1).

den Verbrauchsschwerpunkt herum dezentralisierten zahlreicheren kleineren Blöcke gleicher Gesamtleistung. Diesen beim Vergleich der Stromgestehungskosten nach Fig. 1,3 noch störenden Unterschied in den Kondensationsdrucken können wir im obersten Kurvenpaar von Fig. 1,1 bzw. nach Fig. 1,5 eliminieren, indem wir den Strompreis des Großblocks entsprechend einer Verminderung des Wärmeverbrauchs um 5,6 % reduzieren.

Buch selbst zieht aus seinem hier referierten Vergleich der Vor- und Nachteile der beiden Blockarten lediglich den allgemeinen Schluß, daß man eine Beurteilung nur im Einzelfall durch kostenmäßige Berücksichtigung aller durch den jeweiligen Standort bedingten Verhältnisse finden könne; der rein thermische und finanzielle Vergleich der Kraftwerksblöcke selbst führe zu einer um rund 11 % kostenmäßigen Überlegenheit der großen Blockleistungen gegenüber kleineren Blöcken bis zu einer Aufteilung von 1 : 4.

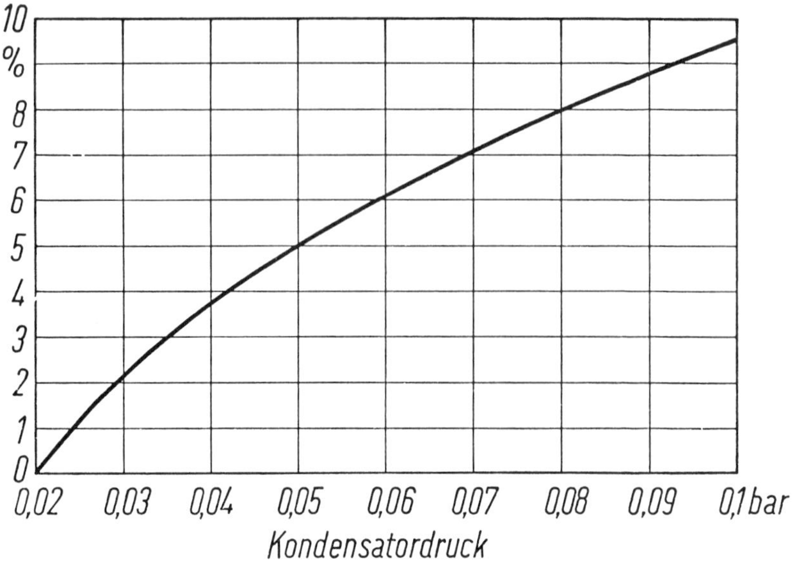

Fig. 1,5:
Einfluß des Vakuums (Kondensationsdruckes) auf den spezifischen Wärmemehrverbrauch von Steinkohlekraftwerken. Ordinate: Wärmeverbrauch in %; Abszisse: Kondensatordruck in bar. Nach A. Buch(1-1).

Kühlwassermangel begrenzt Neubau von Kraftwerken nahe Ballungszentren

Wir selbst möchten wegen der weitgehenden Unabhängigkeit dieser Feststellungen von der Art der Feuerung – ob Kohle, Erdgas oder Öl, ja sogar Kernspaltungswärme – nicht darauf verzichten, die für unser Problem der Wasserstoffwirtschaft notwendigen allgemeinen Schlußfolgerungen zu ziehen, also das grundsätzliche Dilemma der Standortwahl herauszuarbeiten: einerseits zwingen die sich ständig verschärfenden Forderungen von Umweltschutz und Raumplanung an die Reinhaltung von Luft und Wasser sowie der Mangel an noch nicht ausgenutzten Kühlmittel-Potentialen dazu, die Blockleistungen in kleinere Einheiten zu unterteilen, die den noch freien kleineren Kühlleistungen gemäß Fig. 1,6 angepaßt sind; diese Strategie würde aber nicht nur eine Abkehr vom Bau wirtschaftlicherer, stärkerer Blöcke, sondern sogar einen Rückfall in einen schon überholten Stand der Technik mit höheren spezifischen Anlagekosten und Stromgestehungspreisen bedeuten. Der technische, finanzielle und umweltfreundliche Fortschritt im Sinne einer freien konkurrierenden Marktwirtschaft ist also eindeutig mit dem Übergang zu größeren Blockleistungen verknüpft. Gerade die Kernkraftwerke mit ihren kühnen maximalen Blockleistungen, strengen Sicherheitsvorschriften und langwierigen Genehmigungsverfahren haben uns bewußt gemacht, daß Großkraftwerke entgegen dem bisherigen Grundsatz nicht nahe einer Stadt, sondern möglichst weit entfernt von allen Menschenanhäufungen plaziert werden müssen; die US-Richtlinien der AEC schreiben zahlenmäßig genau vor, wieviel Menschen in welchem Umkreis um einen Reaktor leben dürfen (Harrisburg!), und auch die neueren deutschen Richtlinien(1-2) enthalten solche, hinsicht-

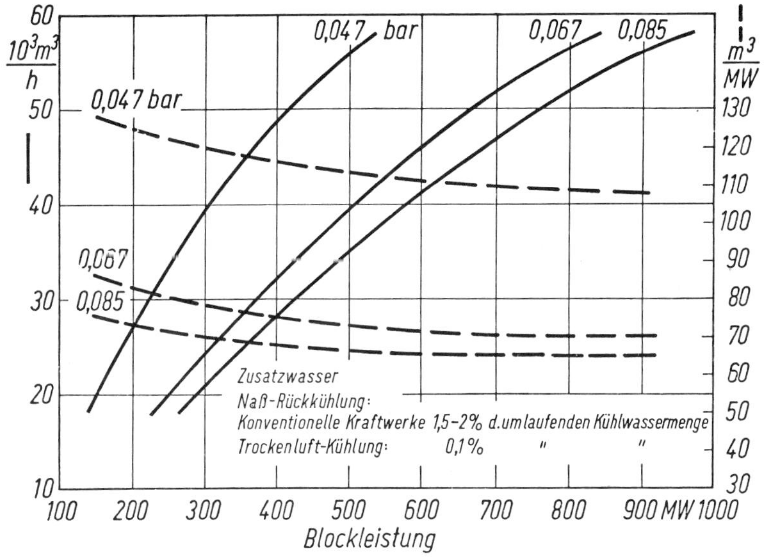

Fig. 1,6:
Kühlwasserströme in Abhängigkeit von Blockleistung und Vakuum. Linke Ordinate bzw. ausgezogene Kurven: Kühlwasserverbrauch in 10^3 m^3/h bei jeweils (v. l. n. r.) 0,047 bar, 0,067 bar und 0,085 bar als Funktion der Blockleistung von 100 bis 1 000 MW (Abszisse); gestrichelte Kurven bzw. rechte Ordinate: spezifischer Kühlwasserverbrauch in m^3/MW, bei (v. o. n. u.) 0,047 bar, 0,067 und 0,085 bar. Nach A. Buch(1-1).

lich der Menschendichte gemilderten, hinsichtlich der Sicherheitsvorschriften verschärften Festsetzungen. Man fordert dort deshalb als Standort von Kernkraftwerken größenordungsmäßig einige 10^3 km entfernte menschenleere Wüsten (aber mit genügend Kühlwasser!) oder Inseln, Küsten oder mehrere 100 km entfernt von ihnen verankerte Flösse mit ihrem praktisch unbegrenzten Potential an Kühlmitteln. Diese Standortempfehlung betrifft nicht nur Kernkraftwerke, sondern zunehmend herkömmliche thermische Kraftwerke, trotz der bei uns neuerdings gesetzlich vorgeschriebenen weitgehenden Entschwefelung des Rauchgases (vgl. Fig. 1,1); es bleibt nämlich die Giftwirkung, z. B. von Schwermetallverunreinigungen, in den feinsten, von den Elektrofiltern nicht zurückgehaltenen Ascheteilchen erhalten, die lungengängig sind. Außerdem hat die PTB, die höchste meßtechnische Instanz der BRD, festgestellt, daß ein modernes 300 MW-Steinkohlekraftwerk mit der Abluft auch radioaktive Verunreinigungen abgibt, u. a. 30 mC Blei 210 und 4 mC Radium 226, die jährlich zu einer Strahlenbelastung der Knochen von etwa 14 mrem führen können, an sich zwar unbedenklich, aber immerhin 100mal mehr als ein gleich starkes Kernkraftwerk auswirft(1-3).

CO_2-Überschwemmung der Atmosphäre droht mit tragischer Klimaverschlechterung

Nachdem wir so die thermischen, toxischen und radioaktiven Pollutionsgefahren aller Arten von Kraftwerken und die Gegenmaßnahmen kennengelernt haben, wäre es inkonsequent, die Rolle des bisher für harmlos gehaltenen, für die Grünpflanzenwelt sogar einen lebenswichtigen Grundstoff darstellenden CO_2 zu ignorieren; die Kohlensäure beunruhigt uns durch die riesige Menge von $5 \cdot 10^{15}$ g/a (5 Mia t/a), die wir alljährlich als Verbrennungsprodukt aller fossilen Brennstoffe in die Atmosphäre ausstoßen. Bisher kannte man als Faktum nur das Diagramm Fig. 1,7, wonach der CO_2-Gehalt seit Beginn der Industrialisierung um 10 bis 15 % von 290 auf 330 ppm zugenommen hat, verbunden mit einer Erhöhung der mittleren Lufttemperatur um ca. 0,5°. Diese Erwärmung hat zwar die Klimatologen aufgeschreckt, die als Folge der Behinderung der Wärmerückstrahlung unseres Planeten infolge der Infrarot-Undurchlässigkeit des CO_2 weltweite Klimaveränderungen („Treibhaus-Effekt") sowie die weitere Ausdehnung der Wüsten und das Abschmelzen der arktischen Eiskappen befürchteten; aber der geringe Betrag dieser 0,5°, die offensichtlichen Meßpunktstreuungen und die Unsicherheit des quantitativen Zusammenhanges zwischen den drei in Fig. 1,7 dargestellten Variablen sind bisher Anlaß genug für die Praktiker gewesen, eine Umweltbedrohung durch diese gegenwärtig nur 0,033 % betragende Konzentration des bisher als harmlos geltenden CO_2 nicht ernst zu nehmen.

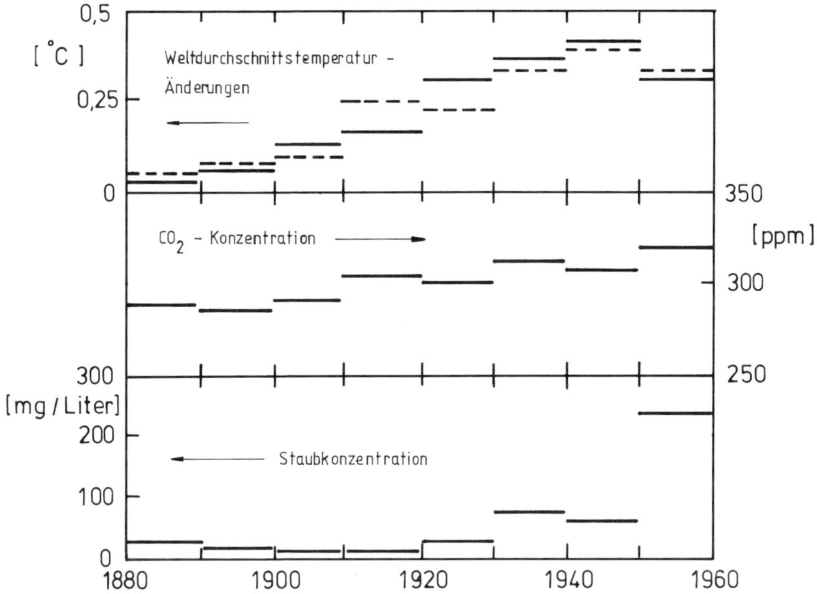

Fig. 1,7:
Änderungen in der Erdatmosphäre seit Beginn des Industriezeitalters (1880) bis 1960 (Abszisse). Linke Ordinate oben: Zunahme der mittleren Temperatur der Erdatmosphäre; rechte Ordinate Mitte: Zunahme der mittleren CO_2-Konzentration in ppm von 1880 bis 1960; diese historischen Daten sind, wie der Vergleich mit den modernen Präzisionsmessungen von Keeling u. M. (Fig. 1,9) lehrt, um ca. eine Größenordnung zu niedrig; linke Ordinate unten: Zunahme der mittleren Staubkonzentration in mg/L, die dem Effekt der CO_2 entgegenwirkt. Nach Bockris.

In der jüngsten Vergangenheit hat sich die Situation fast dramatisch geändert, seitdem man durch Verbesserung der Meßmethoden und laufende Präzisionsregistrierungen an charakteristischen Stellen unseres Planeten weiß, daß der CO_2-Gehalt der Atmosphäre bis zum Jahr 2020 sich sogar verdoppeln kann (Fig. 1,8), nicht nur wegen der Verbrennung von Wärmeträgern, sondern wegen einer wahrscheinlich noch stärkeren CO_2-Quelle:

der weltweiten Zerstörung der Wälder und damit der Organe zur photosynthetischen Bindung des CO_2, speziell in den bisherigen Wäldern der gemäßigten Klimate und insbesondere den großen Bäumen des tropischen Regenwaldes in Afrika und dem Amazonasbecken.

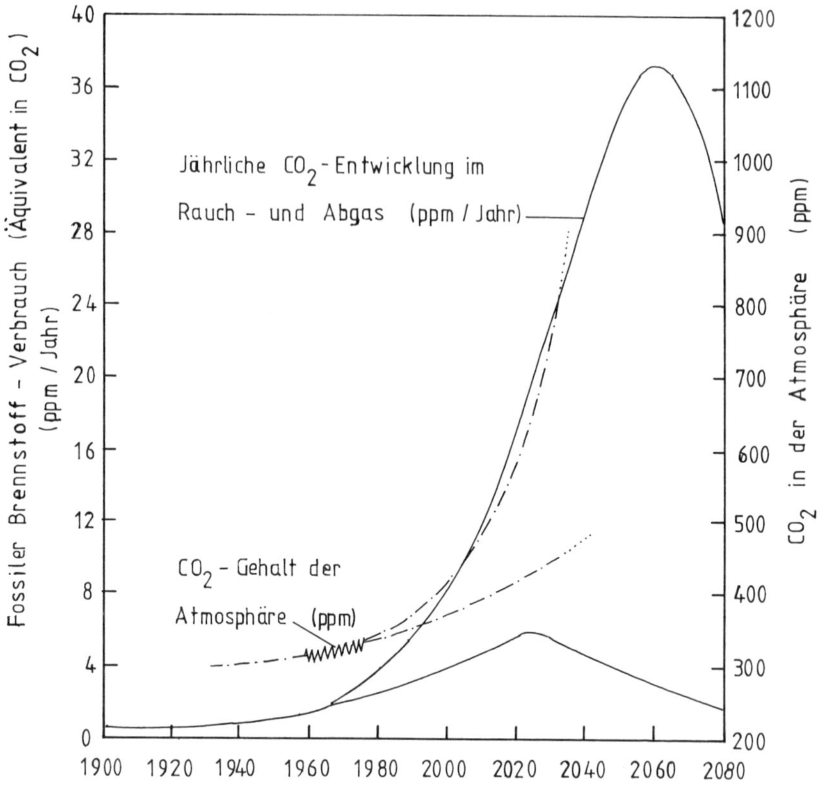

Fig. 1,8:
Bisherige Meßwerte und künftige Vorhersagen des Verbrauchs von mineralischen und pflanzlichen Brennstoffen, gemessen in CO_2-Äquivalenten ppm CO_2/Jahr (linke Ordinate) als Funktion der Jahreszahl 1900-2080 (Abszisse), ausgezogene untere Kurve minimaler, obere Kurve maximaler Schätzwert, beide mit Maximum zwischen Jahr 2020 bis 2060. Rechte Ordinate: CO_2-Gehalt der Atmosphäre in ppm, extrapoliert unter günstigsten (untere Kurve) oder ungünstigsten Annahmen (obere Kurve); beide Kurven strichpunktiert mit Andeutung der jahreszeitlichen Periodizitäten. Nach Woodwell(1-5).

Um eine überzeugende Vorstellung vom inzwischen erzielten experimentellen und theoretischen Durchbruch zu erhalten, betrachten wir nun das Diagramm Fig. 1,9, in dem die seit 1958 von Keeling (1-4) auf Hawaii automatisch registrierten monatlichen Mittelwerte des CO_2-Gehaltes wiedergegeben sind; danach haben diese von 1958 bis 1967 um 5 % zugenommen, mit einer jährlichen Rate von 1 ppm, entsprechend $2{,}3 \cdot 10^{15}$ g Kohle. Die Sensation ist nun, daß dank der Meßpunktstreuung von nur wenigen 0,1 ppm, besonders auf der nördlichen Halbkugel mit ihrem vielen Festland und Grünflächen, reproduzierbare Oszillationen des CO_2-Gehaltes deutlich werden, derart, daß er infolge der gesteigerten Photosynthese und CO_2-Absorption während der Wachstumsperiode vom Frühling bis Spätsommer ein Mini-

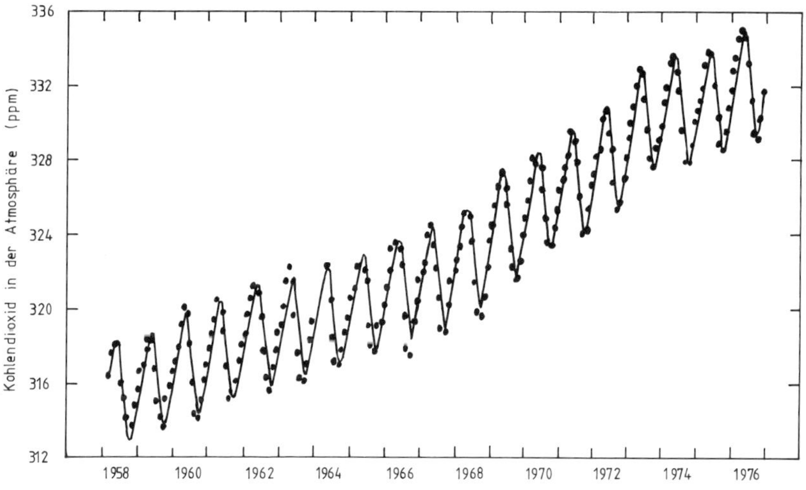

Fig. 1,9:
Präzisions-Registrierungen des CO_2-Gehaltes (ppm) der Atmosphäre über Hawaii von Keeling u. M.(1-4) als Funktion der Jahreszeiten 1958-1976. Außer dem beschleunigten Anstieg im Laufe der Jahre erkennt man regelmäßige jahreszeitliche Perioden mit CO_2-Minima im Frühjahr bis Spätsommer infolge des in der Wachstumsperiode der Grünpflanzen maximalen CO_2-Bedarfs der Photosynthese und entsprechenden CO_2-Maxima infolge nachlassender Photosynthese bis zum Spätwinter. Man beachte die in den Perioden sichtbare Meßgenauigkeit von wenigen ppm, die den durchschnittlichen Anstieg von 316 auf 332 ppm zwischen 1958 und 1976 überzeugend beweist, verglichen mit dem bisherigen Wissensstand nach Fig. 1,7. Nach Woodwell(1-5).

mum und entsprechend ein Maximum während ihres Rückganges bis zum Spätwinter aufweist; durch geographisch zweckmäßig verteilte Meßstationen konnte man spezifizieren, daß diese Oszillationen ganz überwiegend von den tropischen Regenwäldern mit ihren Riesenbäumen bewirkt werden, die 42 % alles des in terrestrischer Vegetation gespeicherten C festhalten und laufend 32 % der Nettogesamtproduktion von pflanzlicher Substanz tragen; insgesamt speichern die Wälder aller Klimate 90 % des pflanzlichen C. Dagegen speichern die gesamten Savannen (Grasflächen) nur 3 % und alles kultivierte Land nur 1 % des gebundenen C. Die Hoffnung, daß das Plankton der Ozeane erhebliche Mengen CO_2 binde, hat sich als irrig erwiesen, und die durch internationale Zusammenarbeit gesicherte Analyse lehrt, daß die „Biota" (Gesamtheit aller lebenden Masse) insgesamt keine Senkung von CO_2 bewirkt, sondern geradezu eine Quelle von CO_2 ist, verursacht durch die Zerstörung der großen Wälder der Antike und des Mittelalters und die anschliessende Verrottung der Pflanzen und des aus Humus und Torf bestehenden Waldbodens, der sich in CO_2, H_2O und Wärme auflöst. Um einen Begriff der Größenordnungen zu geben: so enthält die Atmosphäre etwa $700 \cdot 10^{15}$, die Biota 1 000-$3\,000 \cdot 10^{15}$, das Oberflächenwasser der Ozeane (rund 100 m dick) $600 \cdot 10^{15}$ g C Äquivalent, gegenüber nur $5 \cdot 10^{15}$ g C aus Verbrennungsprozessen, die zur jährlichen CO_2-Zunahme der Atmosphäre um $2{,}3 \cdot 10^{15}$ g C beitragen. Falls also die Grünflächen CO_2 weder abgäben noch aufnähmen, müßten die Oberflächen der Meere eine Senke für $2{,}7 \cdot 10^{15}$ g pro Jahr bilden, was den Ozeanologen als plausibel erscheint, da der Übergang des CO_2 in die Tiefen der Meere, die mit über $35\,000 \cdot 10^{15}$ g den größten Speicher darstellen, durch die bekannten Inversionsschichten (Fig. 5,11) beschränkt ist. Diese CO_2-Bilanz kann aber nicht stimmen, denn nach neuesten Schätzungen von Woodwell u. M.(1-5) beträgt bei der gegenwärtigen Waldzerstörungsrate von 1 %/Jahr die Netto-CO_2-Abgabe der Wälder an die Atmosphäre etwa $6 \cdot 10^{15}$ g CO_2 und zusätzlich diejenige durch Oxydation des freigelegten Humus $2 \cdot 10^{15}$, insgesamt also $8 \cdot 10^{15}$ g CO_2/Jahr mit den Unsicherheitsgrenzen von 2 bis $18 \cdot 10^{15}$ g CO_2/Jahr – also jedenfalls das Vielfache der menschlichen Verbrennungsaktivität. Mit diesen unteren und oberen Grenzen sind in Fig. 1,8 über den Jahreszahlen von 1900 bis 2080 die anthropogene CO_2-Immissionsrate in ppm/a (unteres Kurvenpaar, linke Ordinate) und der totale CO_2-Gehalt der Atmosphäre in ppm (beide obere Kurven, rechte Ordinate) aufgetragen und in der Legende erläutert. Danach kann der CO_2-Gehalt sich von den gegenwärtigen 330 auf 1 150 ppm, also fast das vierfache innerhalb des Jahrhunderts bis 2080 erhöhen; auch die optimistischste Option (untere Kurve) mit „nur" einer Verdopplung des CO_2-Gehaltes würde schon nicht ausmalbare globale Klimaänderungen (Δ T = 12 bis 24 °C nach 1-6) bedeuten. „Es gibt überhaupt keinen Aspekt der nationalen und internationalen Politik, der von der Aussicht auf globale klimatische Änderung unberührt bleiben kann". Obwohl nach dem neuesten Wissensstand der CO_2-Beitrag durch Brennstoffe kleiner ist als der durch die Waldzerstörung, soll zuerst die Energietechnik die Verbrennung fossiler Wärmeträger einschränken, weil eine Einschränkung der Bevölkerungsexplosion der Afrikaner und Süd-

Fig. 1,10:
Science Fiction eines Kernkraftwerkes, das auf einem mehrere 100 km vor einer Meeresküste verankerten Floß betrieben wird. Der Kernstrom dient zur Erzeugung von Elektrolyt-H_2, der als Hochdruckgas durch eine unterseeische Pipeline oder als tiefkalter LH_2 per Schiff an Land gebracht wird, nach einem Vorschlag von Bockris, der auch eine entsprechende Montierung für photovoltaische oder Windkraft-Generatoren vorsieht. Ebenso vorteilhaft wären vor der Küste schwimmende Kohlekraftwerke, die genügend kaltes Kühlwasser, minimale Umweltbelästigungen und die Möglichkeit der Einleitung des CO_2-haltigen Rauchgases in das Meerwasser hätten. Bild nach Hammond.

amerikaner nach den Erfahrungen mit dem Geburtenbeschränkungsprogramm z. B. in Indien erheblich schwieriger erscheint als ein Appell an die Einsicht und das Verantwortungsgefühl der Energieindustrie. Als Übergangslösung hat Bockris(1-7) vorgeschlagen, große Steinkohlen-Kraftwerke nur noch in Küstengewässern „shore based“ zu plazieren, wie er es schon 1972 mit Hammond(1-8) mit dem in Fig. 1,10 wiedergegebenen Bild für schwimmende Kernkraftwerke angeregt hatte; die Kohle könnte billiger per Schiff angeliefert werden, das oben diskutierte Kühlwasser-Dilemma wäre gelöst, Schallbelästigungen entfielen und das CO_2 könnte gezielt dem Meereswasser einverleibt werden. Wie ernst es den Biologen, Ozeanologen und Meteorologen mit ihrer Warnung vor der massiven CO_2-Überschwemmung ist, zeigt sich darin, daß sie ihre bisher fast ausnahmslos radikale Ablehnung der Kernenergie (vgl. Broda, 1-9) dahin modifiziert haben, man solle lieber die Entwicklung von Kernkraftwerken anstatt der von thermischen Kraftwerken für fossile Brennstoffe (Kohle, Erdöl, Erdgas) beschleunigen! Woodwell beschließt seine hier referierte Übersicht(1-10) mit folgendem Satz: „Kohlendioxyd, bisher ein offenbar unschädliches Spurengas in der Atmosphäre, kann sich rapide in Richtung einer zentralen Rolle als erhebliche Bedrohung der gegenwärtigen Weltordnung bewegen“.

Langstrecken-Energietransport durch Druckgasleitungen bis achmal billiger als durch elektrische Leitungen

Aus unserer Analyse des Kraftwerkbaues haben wir gefolgert, daß allen Arten von thermischen Kraftwerken, einerlei ob sie die Verbrennungswärme fossiler Brennstoffe wie Kohle, Öl oder Gas verstromen oder die Wärme der Kernspaltung oder Kernfusion, dieselbe zentrifugale Tendenz innewohnt, den ursprünglichen Standort inmitten der Ballungszentren zu verlassen und sich weit entfernt anzusiedeln wie etwa in Wüsten oder besser an Meeresküsten, wo es reichlich Kühlmittel gibt und die Umweltbeeinträchtigungen minimiert werden können; der Pferdefuß dieser Überlegung ist natürlich die auch von Buch hervorgehobene Verteuerung des Energietransportes von den peripheren Stromerzeugern zu den zentralen Verbrauchsschwerpunkten. Die Stromüberführung mittels Hochspannungsleitungen ist über Entfernungen in der Größenordnung von 1 000 km (1 Mm) zu teuer, wie in Kapitel 7 im Detail spezifiert. Gibt es eine über lange Distanzen billigere Alternative der Energieüberführung?

Das „experimentum crucis" ist natürlich die größte Stadt des am meisten Energie verschwendenden Volkes: New York. Seine wichtigste Quelle an Primärenergie ist das texanische Erdgas, das durch fast 2 000 km lange Stahlröhren aus dem Süden geleitet wird und von dem – wie meist in den USA – nur der unbedingt in Form der Elektrizität erforderliche Energieanteil (ca. 20 %) verstromt wird, und zwar erst am Verbrauchsort. Dann braucht man nicht die übrigen ca. 80 % des Erdgases durch die Verluste bei der Verstromung und in den Hochspannungsleitungen überwiegend zu verschwenden, sondern transportiert diese durch eine Hochdruck-Stahlrohrleitung mit geringeren investiven und laufenden Kosten zum Verbraucher.

Für diese Kosten liegen Vergleichswerte verschiedener Strom- und Gasleitungen in Abhängigkeit von der Distanz seitens der

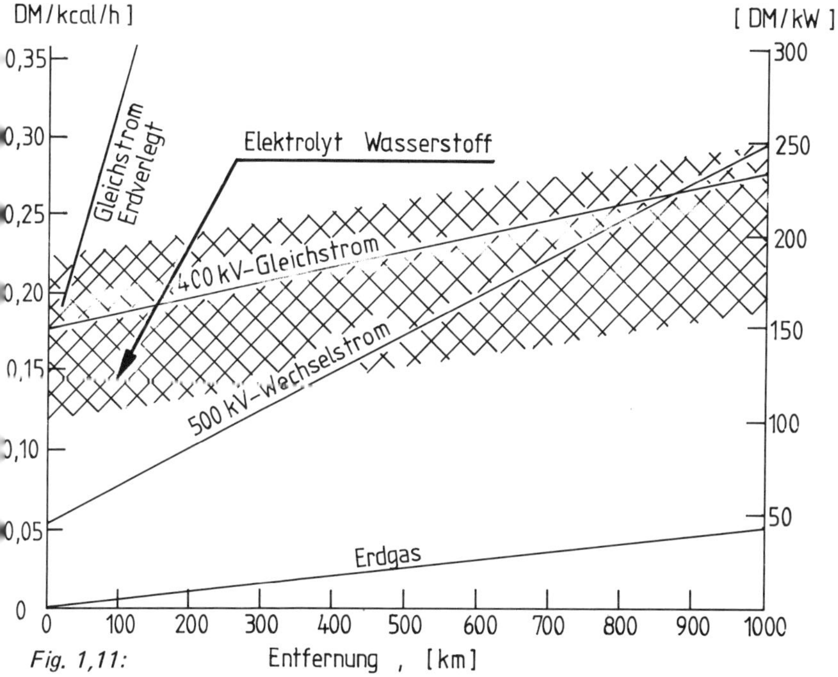

Fig. 1,11:

Vergleich der Transportkosten in DM/kcal/h (linke Ordinate) oder in DM/kW (rechte Ordinate) als Funktion der Transportdistanz in km (Abszisse). Verglichen werden Erdgas (CH_4, unterste Gerade), 500 kV Wechselstrom (mittlere Gerade) und Gleichstrom-Erdkabel (Gerade oben links). Schraffiertes Feld: Elektrolyt-H_2 in Hochdruck-Stahlrohrleitung (wie Erdgas) mit durch die Elektrolysekosten gegebener Bandbreite. Ab 380 km kann der Energietransport durch H_2-Pipeline billiger sein als über Hochspannungs-Freileitung. Nach Gregory u. M.(1-9).

American Gas Association(1-11) vor, von denen wir in Fig. 1,11 das Diagramm über die Investitionspreise je Leistungseinheit wiedergeben, das wir auf SI-Einheiten umgerechnet haben. Auf der Abszisse sind Transportentfernungen von 0 bis 1 000 km aufgetragen, auf der rechten Ordinate der Investitionsaufwand in DM/kW, der auf der linken Ordinate bequemlichkeitshalber auch in DM/kcal/h angegeben ist. Man erkennt große Unterschiede: so beträgt die Investition bei 1 000 km für Erdgas nur etwa 40 gegen 250 DM/kW für 500 kV-Freileitung, die von Erdkabeln schon bei ca. 100 km Distanz erreicht werden. Hätte man statt Erdgasquellen ähnlich weit entfernt die von uns vorgeschlagenen großen Steinkohlen- oder Kernkraftwerke, so könnte man deren Leistung deshalb nicht nach der Lehre unseres Diagramms billig durch einen Erdgasstrom transportieren, weil man die elektrische Leistung dieser thermischen Werke nicht in CH_4 umsetzen kann ohne Verbrauch entsprechend riesiger Kohlenstoffmengen. Als C-freies synthetisches Gas bietet sich der Wasserstoff H_2 an, der beispielsweise durch eine konventionelle Elektrolyse gemäß $H_2O = H_2 + 1/2\ O_2$ bzw. $= H^+ + OH^-$ aus dem universell beliebig verfügbaren Wasser oder durch eine

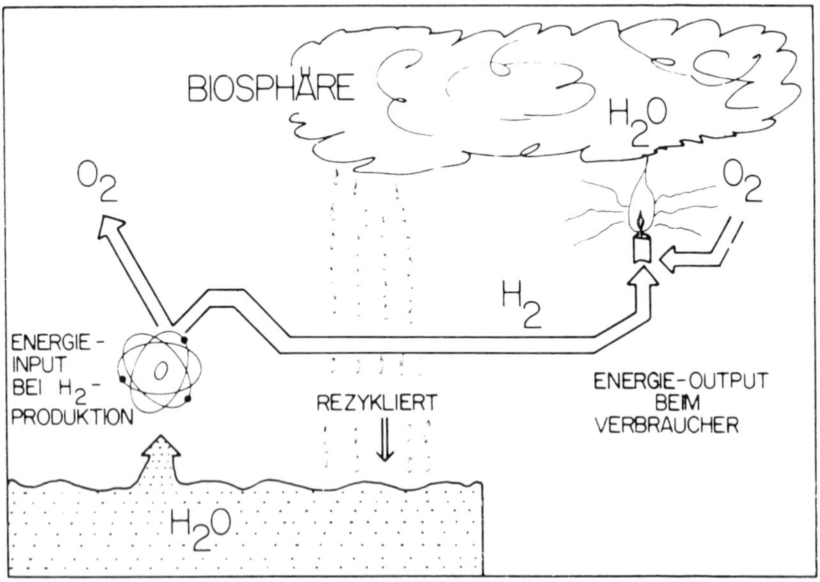

Fig. 1,12:
Gewinnung des H_2 aus H_2O und Recycling des Verbrennungsproduktes H_2O durch die Biosphäre. Nach Seifritz(1-19).

andere der 10 verschiedenen in Tabelle 1,1(1-12) aufgeführten Methoden gewonnen werden kann. Tabelle 1,2(1-13) listet die 10 wichtigsten Vorzüge des H_2 als universeller Energieträger auf, darunter seine 100 %ige Umweltfreundlichkeit, weil das Verbrennungsprodukt nur reiner Wasserdampf ist, der ohne besondere Rückleitung in den Kreislauf der Natur zurückkehrt (Fig. 1,12).

Tabelle 1,1. Zehn Methoden zur Herstellung von Wasserstoff

1. klassische Elektrolyse von H_2O bei mässigen Temperaturen ($t < 100\ ^\circ C$),
2. Abfallprodukt bei der Chloralkali-Elektrolyse,
3. Hochtemperatur-Halbleiter-Elektrolyse von Wasserdampf („Thermolyse"),
4. thermische Crackung von Kohlenwasserstoffen im Lichtbogen,
5. Reformierung von Kohlenwasserstoffen mit Wasserdampf,
6. thermochemische Zyklen von gekoppelten Reaktionen („Ispra-Prozesse"),
7. Wassergas-Prozeß $C + H_2O = CO + H_2$-28 kcal/mol für Braunkohle o. ä.,
8. biotechnische Photolyse durch Chloroplasten der Grünpflanzen,
9. theoretisch mögliche anorganische Photolyse in monomolekularen Schichtverbänden,
10. Photoelektrochemische Zellen („Becquerel-Effekt")

Tabelle 1,2. Zehn Vorzüge des H_2 als universelles Energie-Medium

1. er ist der einzige 100 % umweltfreundliche Stoff, weil sein Verbrennungsprodukt reiner Wasserdampf bzw. Wasser ist,
2. hierdurch befindet er sich in einem offenen Kreislauf, ist also ohne besondere Rückleitung voll rezyklierbar in die Biosphäre (im Gegensatz zu neueren Projekten der Ausnutzung der latenten Energie der CH_4-Synthese bzw. -Spaltung, die zwei Rohre für Hin- und Rückleitung benötigen),
3. er ist elektrolytisch oder thermochemisch oder biotechnisch ohne Verbrauch weiterer Rohstoffe herstellbar,
4. er ist nicht giftig,
5. er ist schon bei Raumtemperatur mit billigen Elektrokatalysatoren leicht ionisierbar und daher in Brennstoffelementen mittels „kalter Verbrennung" unter Vermeidung der energieverschwendenden Carnot-Prozesse hochreversibel mit großem Wirkungsgrad verstrombar,
6. von sämtlichen Brennstoffen liefert er gewichtsspezifisch mit 29 kcal/g den bei weitem höchsten Heizwert (dagegen CH_4 nur 12,0 kcal/g),

7. er ist gleichzeitig ein Grundrohstoff der modernen chemischen Industrie,
8. er läßt sich sowohl als Druckgas wie flüssig wie sorbiert speichern,
9. er verbrennt anders als alle Kohlenwasserstoffe infolge völligen Fehlens von Ruß-Schwebeteilchen ohne T^4-Festkörper-Wärmestrahlung,
10. er läßt sich ähnlich wie CH_4 billigst und praktisch ungefährlich durch Hochdruck-Gasleitungen transportieren, und die Kompatibilität der H_2- mit der CH_4-Technologie begünstigt einen zukünftigen allmählichen Übergang.

In unserem Investitions-Distanz-Diagramm Fig. 1,11 sind die Kosten des Energietransportes durch Elektrolyse-H_2 im schraffierten Bereich enthalten, wobei die obere Kante der Schraffur dem jetzigen kommerziellen H_2-Preis entspricht, die untere Begrenzungsgerade dem für das Jahr 2000 erhofften Tiefstpreis. Je nach dem konstanten und dem distanzabhängigen Investitionsanteil schneiden sich die Geraden bei verschiedenen Entfernungen; so schneidet die Gerade für die 500 kV-Wechselspannungsfreileitung die oberste Gerade des H_2-Transportes bei etwa 960 km Distanz, die unterste H_2-Gerade bei etwa 400 km. Das bedeutet, daß gegenwärtig bei Transportwegen unterhalb von 960 km der Energietransport durch die 500 kV-Leitung, bei längeren Entfernungen der mittels H_2-Hochdruckleitung billiger ist. Mit steigender Verbesserung der H_2-Elektrolyse rutscht diese Marke auf 400 km hinunter. Weitere Erfahrungen zeigten, daß bei sehr weiten Entfernungen die H_2-Überführung bis zu achtmal billiger ist als die durch 500 kV-Drehstrom; Wechselstromleitungen versagen bei großen Entfernungen bekanntlich deshalb, weil sich dann der Frequenz von 50 Hz entsprechend langwellige Spannungsknoten und -bäuche ausbilden. Insofern käme als *elektrische* Übertragung für große Distanzen nur die Hochspannungs-Gleichstrom-Übertragung (HGÜ) in Frage, an der schon Jahrzehnte gearbeitet wird, die sehr aufwendig und noch nicht auf so langen Strecken eprobt ist und hinsichtlich Einfachheit und Zuverlässigkeit die Gas-Pipeline kaum erreichen können wird.

Zahlreiche neue technisch-wirtschaftliche Möglichkeiten einer H_2-Wirtschaft

Die technischen und wirtschaftlichen Einzelheiten aller Arten von elektrischen und Gas-Kraftleitungen findet man in Kapitel 7;

Kapitel 8 behandelt im Detail alle Arten der Erzeugung von H_2 nach der „Photolyse“ der Grünpflanzen, die mit einigen 100 Milliarden t H_2/Jahr nicht nur die Jahresproduktion aller menschlichen Industrien, Bergwerke usw. übertreffen, sondern auch technologisch ohne hohe Temperaturen, Drucke, metallische Werkstoffe, chemische Agentien und Katalysatoren unsere tiefste Bewunderung verdienen; dort lernen wir auch, wie die neue Bioelektrochemie gedanklich und experimentell versucht, den Universaltreibstoff H_2 unter „milden Bedingungen“ mittels Sonnenstrahlungs-Energie herzustellen (Kap. 4). Im Zusammenhang damit erfahren wir in Kapitel 9, daß mit dem Übergang von der elektrischen zur H_2-Leitung gleichzeitig das Problem der Energiespeicherung gelöst ist, sowohl über kurze Zeiten der Lastspitze als auch über den Tag-Nacht-Wechsel und die Jahreszeiten. Kapitel 10 informiert authentisch über die angeblichen Explosionsgefahren der H_2-Technologie, Kapitel 11 über die einzigartige Möglichkeit der elektrochemischen Direktrückwandlung von H_2 in Elektrizität durch „Brennstoffelemente“, die sog. „Kalte Verbrennung“(1-12). Kapitel 12 berichtet über die überraschenden Anwendungen des H_2 z. B. zur dezentralen Raumheizung, die sogar die Bildung von Spuren der neuerdings gefürchteten nitrosen Gase (wie des die Ozonschicht zerstörenden NO) vermeidet, und über die Direktreduktion billiger Eisenerze durch H_2, die die gegenwärtige technologische Strukturkrise der Stahlindustrie beheben könnte. Aus Kapitel 13 erfährt man dann, daß dem Langstreckenflug eine neue bessere Ära blüht, wenn statt des immer teurer werdenden Flugtreibstoffs („JP“ = Jet Petrol) der Flüssig-H_2 („LH 2“ = Liquid Hydrogen) mit seinem maximalen gewichtsspezifischen Heizwert (Tabelle 1,2) eingeführt wird, unabhängig von einer Gesamtkonzeption der H_2-Wirtschaft; dasselbe Kapitel offenbart die neue Erkenntnis, daß die Automobilmotoren so für H_2-Antrieb modifiziert werden können, daß die Verbrennung nicht nur besonders geschmeidig verläuft, sondern dank dessen überlegener Verbrennungsgeschwindigkeit – auf gleichen Heizwert bezogen – eine um ca. 50 % längere Fahrstrecke liefert. Für den Individualverkehr ist allerdings der tiefgekühlte (20 K Siedetemperatur) LH_2 zu gefährlich, und man forscht intensiv über neue H_2-haltige Brennstoffe – unser Favorit ist das äußerlich dem Wasser ähnliche Hydrazin N_2H_4, das bei geschickter Anordnung als Abgas nur Wasserdampf und Stickstoff liefert.

Das Kapitel 14 über Umwelteinflüsse ist restlos erfreulich. Denn gerade dieses Buch legt nicht nur gesammelte Erfahrungen vor, sondern auch eine geschlossene, widerspruchsfreie und realistische Gesamtkonzeption für eine nahe und mittlere Zukunft, und die Politiker scheinen immer mehr geneigt, solche Forderungen ernst zu nehmen.

Konkrete Struktur einer Wasserstoff-Wirtschaft

Durch diese Analyse der aktuellen Sorgen der Energietechnik und durch die damit verbundene Vorausschau auf die eine Menge sowohl spezieller wie interdisziplinärer Informationen neuesten Wissenstandes enthaltenden folgenden Kapitel haben wir die eingangs gegebene abstrakte Definition einer „Wasserstoffwirtschaft" mit soviel aktuellen technisch-wirtschaftlichen Einzelheiten und aktuellen Bezügen ausgefüllt, daß wir sie uns nun auch anschaulich im Zusammenhang vorstellen können, wobei das Blockdiagramm Fig. 1,13 behilflich sein möchte. Rechts sieht man die Verbrauchertypen in unserem Lande, speziell in den Ballungszentren, schematisiert im unteren Teil die H_2 direkt verbrauchenden Funktionen wie dezentrale Heizung und Raumkühlung, chemische Industrie und Eisenhüttenwesen, im oberen Teil die Prozesse, für die der H_2 zunächst durch Brennstoffzellen oder Turbogeneratoren verstromt werden muß. Der H_2 fließt zum Verbraucher (rechts) vom Erzeuger (links) durch eine ca. 1 m weite, 1 000-2 000 km lange Stahlrohrleitung bei max. 100 bar Druck, deren Speichervermögen für die Nennlast 30 h auch ohne zusätzliche Speicher (wie unterirdische Gaskavernen) ausreicht. Die Primärenergie kann definitionsgemäß beliebiger Art sein und von Brüterreaktoren, Spaltreaktoren oder Kohle-Großkraftwerken herrühren, also Typen, die erst bei weiten Entfernungen, möglichst „off shore" ihre oben diskutierten Schrecken verlieren(1-15). Gemeinsam ist ihnen, daß sie primär elektrische Kraft liefern, die im Hochdruckelektrolyseur in H_2 umgeformt wird. Nach der Reaktionsgleichung $H_2O = H_2 + 1/2\ O_2$ wird je Volumeinheit H_2 eine halbe O_2 gratis miterzeugt, die nach dem Vorschlag von Justi(1-16) 1965 bei nicht allzu langen Distanzen ebenfalls verrohrt und verteilt wird; preiswerter O_2 wird in steigendem Maße in der Industrie benötigt, z. B. um in unserer lohnintensiven Stahlindustrie mit Qualitätsstählen wettbewerbsfähig zu bleiben. Neuestens spielt billigster O_2 die Rolle des deus ex machina bei der Konstruktion effektiver Kläranlagen für alle Arten kommunaler und industrieller Abwässer und bietet nach den erstaunlichen Großversuchen der deutschen Che-

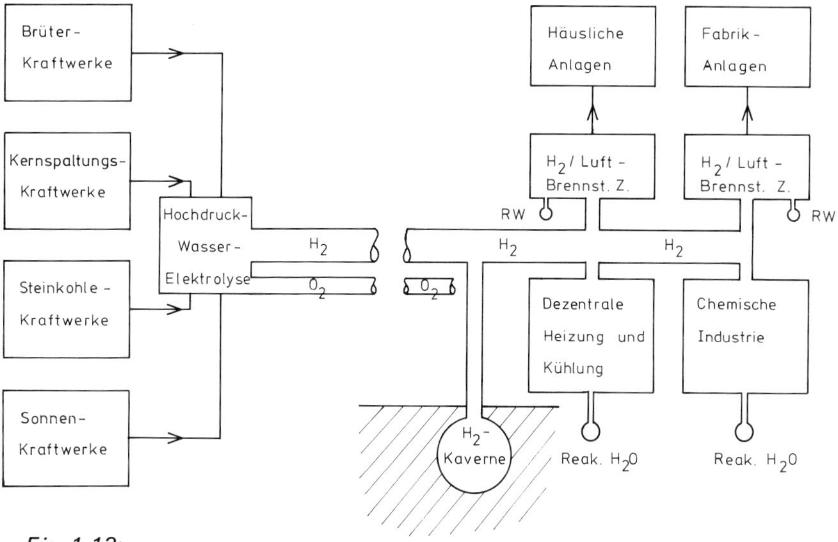

Fig. 1,13:
Generelles Blockschema einer Wasserstoffwirtschaft. Links die typischen Primärenergiequellen, die aus Wärme Strom erzeugen, welcher im angeschlossenen Elektrolyseur Hochdruck-H_2 und auch -O_2 erzeugen. Rechts die typischen Verbraucher, die den meisten H_2 für die statistisch bisher häufigste Anwendung, nämlich die Erzeugung niedertemperierter Wärme benötigen (unten); darüber sieht man die teilweise Verstromung des H_2, vorzugsweise durch „Kalte Verbrennung" in Brennstoffzellen zur Deckung des restlichen Bedarfs an elektrischer Energie wie Kraft und Licht. In der Mitte sieht man verbindende und speichernde Hochdruck-Gasleitungen, die ab ca. 380 km Distanz die Energieeinheit billiger liefern als Stromleitungen. RW bzw. Reaktion H_2O bedeutet Sammelbehälter für das bei der H_2-Oxydation entstehende reine Wasser.

mischen Industrie wie Hoechst und BASF(1-17) die reale Möglichkeit, den schon zur Kloake entartenden Rhein wieder mit Forellen zu besetzen (vgl. Kapitel 14).

Die zentrifugale Tendenz der nuklearen und konventionellen thermischen Kraftwerke sehen wir in ihren verschiedenartigen Pollutionen der Umwelt; umgekehrt werden aber auch thermische oder photovoltaische Sonnenkraftwerke, die die einzige völlig umweltfreundliche und unerschöpfliche Energiequelle nutzen wollen, auch an periphere Standorte verdrängt, weil maximale Sonneneinstrahlung mit dem vom Menschen bevorzugten gemäßigten Klima unvereinbar ist; so sehen wir es im Blockschema Fig. 1,13 links unten eingezeichnet, möglichst an einem trocken-heißen Standort, der dazu noch das notwendige kalte Kühlwasser für Carnot-Prozesse bietet, wie etwa an der Südwestküste Spaniens. Man erkennt, daß speziell die Sonnenenergie erst durch die Kombination mit H_2 als universellem Träger- und Speichermedium wirtschaftlich wettbewerbsfähig wird. Die Vision eines Ausgleichs des gegenwärtig viel beklagten Nord-Südgefälles durch Export von Solarenergie via H_2 aus den bisherigen Erdölstaaten wurde kürzlich beim Internationalen Sonnenforum 1978 in Hamburg offiziell apostrophiert(1-18).

Mittelfristiger Übergang von einer H_2- zu einer Sonnen-H_2-Wirtschaft

Damit haben wir den Übergang zu einer „Sonnen-Wasserstoff-Wirtschaft" speziell erklärt, bei der definitionsgemäß die Primärenergie für die Erzeugung dieses Universalmediums aus der Sonnenstrahlung stammt. Es ist eine oft wiederholte Fehlmeinung, daß man die dazu benötigte Sonnenenergie dort einsammeln müßte, wo sie rein geometrisch am reichlichsten anfiele; denn, wie die Landkarte Fig. 1,14 zeigt, sind die äquatorialen Gebiete meist vom Regenwald bedeckt, dessen Dunst die jährlichen Sonnenstunden auf nur 2 400 bis 3 200 h beschränkt. Auch die Wüstengürtel des Globus nördlich und südlich dieser Waldzone sind trotz der maximalen Sonnenstunden von über 4000 h/a ungeeignet, denn man braucht ja Wasser nicht nur für das physische Überleben des Bedienungspersonals, sondern mehr noch für die Kühlung der Dampfmaschinen und Solarzellen(1-19). Geeignet sind also die Gebiete 20-40° nördlich und südlich des Äquators mit 3 200-4 000 h/a, und unsere Karte zeigt, daß wir solche Zonen in durchaus gemäßigten Landstrichen nicht allzuweit haben, wie – um nur ein Beispiel zu nennen – in Südwestspanien nahe der portugiesischen Grenze, wo auch genügend kaltes Kühlwasser aus antarktischen Meeresströmungen zufließt, landwirtschaftlich wertlose aride Grundstücke vorhanden sind, zudem arbeitswillige freundliche Menschen und stabile politische Beziehungen. Es gibt auch andere geeignete Plätze wie Kalabrien.

Anstatt des historischen Blockdiagramms (Fig. 2,3) einer solchen H_2-Solar-Wirtschaft von Justi (1965) betrachten wir seine neuere konkretisierte Version von 1974 (Fig. 1,15). Es handelt sich um die Projektstudie einer Sonnenfarm etwa bei Huelva, die jährlich $1 \cdot 10^{10}$ Nm^3 H_2 erzeugen und über eine 2 150 km lange Druckleitung nach Karlsruhe liefern soll; wegen aller Einzelheiten sei auf die ausführliche Darlegung in Kapitel 7 verwie-

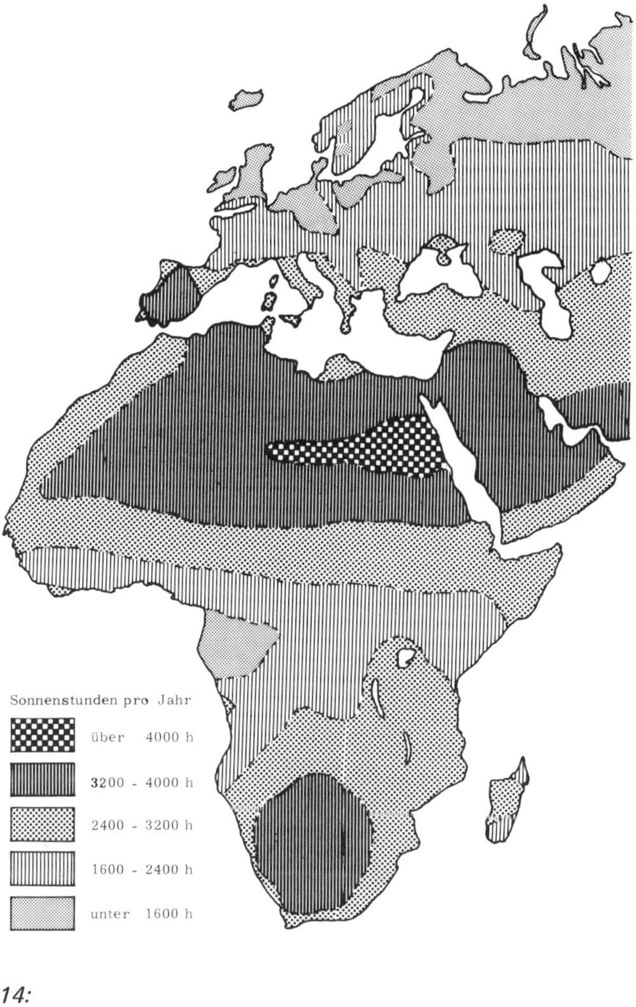

Fig. 1,14:
Landkarte von Eurafrika mit Kennzeichnung der Gebiete gleicher Besonnungsstunden durch fünf verschiedene Schraffuren. Man erkennt, daß die äquatorialen Breiten nicht die längste (über 4 000 h/a), sondern mit weniger als 1 600 h/a eine kürzere Besonnungsdauer haben, dank der äquatorialen Regenwälder. Für Europa wichtig ist die zweithöchste Insolationsstufe (3 200-4 000 h/a) von Spanien, während der Südwesten Portugals und die marokkanische Westküste durch den von antarktischen Kaltwasserströmungen verursachten Dunst mit nur 2 400-3 200 h/a benachteiligt sind. Die BRD liegt in der zweitniedrigsten, der Sudan in der höchsten Besonnungsdauerstufe, aber ohne das für die Nutzbarmachung erforderliche Kühlwasser. Nach Justi(1-16).

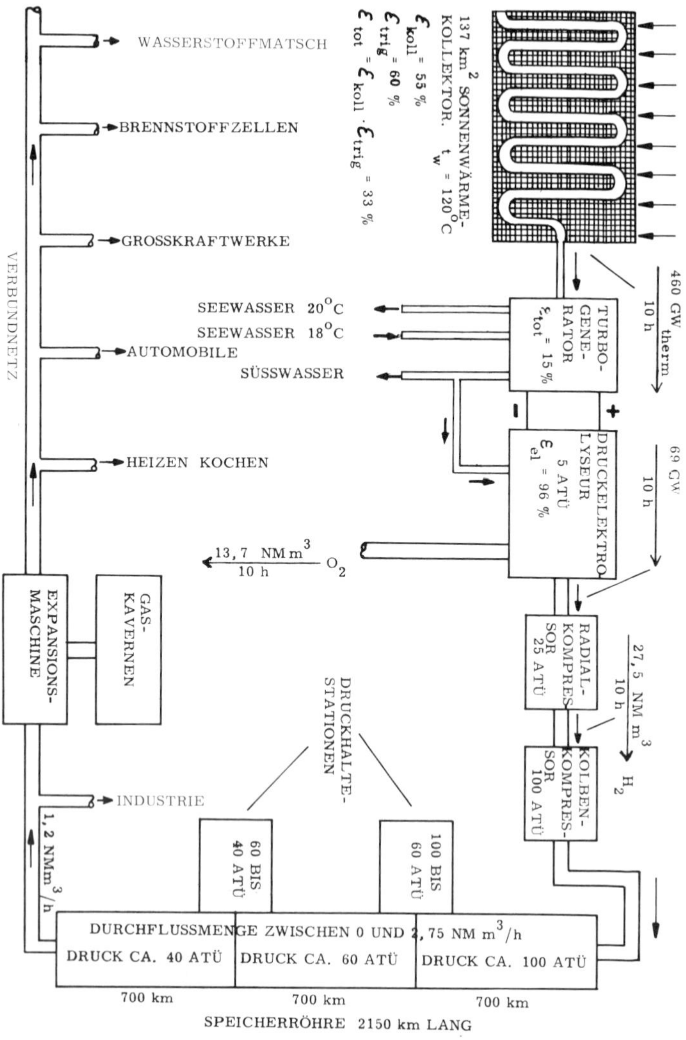

WASSERSTOFF-ENERGIESPEICHERRÖHRE NACH JUSTI (HYDROGEN ECONOMY)

sen und hier nur ein Überblick im Zusammenhang mit diesem Einleitungskapitel gegeben. Der solartechnische Teil sieht unbeweglich montierte Flachkollektoren von 137 km^2 Fläche vor, die Dampf von 120°-150 °C liefern und täglich 10 h lang Niederdruck-Turbogeneratoren mit 460 GW_{th} und einer Leistungsziffer von mindestens 15 % speisen; damit werden Druckelektrolyseure(1-20) betrieben, denen eine große Zahl von Radialkompressoren für 25 bar und in 2. Stufe Kolbenkompressoren für 100 bar nachgeschaltet sind. Mit diesem Druck tritt der H_2 in die dreiteilige, durch zwei Druckhaltestationen unterteilte Fernleitung aus ca. 1 m weiten verschweißten Rohren aus gewöhnlichem Stahl X 70 bzw. X 52, in deren je 700 km langen Abschnitten Betriebsdrucke von 100, 60 und 40 bar herrschen. Vor Eintritt in das Verteilungsnetz wird der H_2 nach einer Anregung von Justi(1-21) nicht durch Drosselung, sondern Arbeitsleistung in einer Expansionsmaschine von 40 bar auf Niederdruck entspannt, wobei man fast die Hälfte der Kompressionsleistung von 575 MW rückgewinnen kann, weil die adiabatische Arbeit bekanntlich proportional zum Logarithmus des Druckverhältnisses, also log (100/1) für die Kompression und log (40/1) für die Expansion ist. Dadurch werden die H_2-Verdichtungskosten, also die Transportkosten, um etwa 40 % vermindert, wie in Kapitel 7 berechnet.

←

Fig. 1,15:
Konkretisierte Variante des Solar-Wasserstoffwirtschafts-Blockschemas Fig. 2,3) von Justi 1964(1-12) für Erzeugung, Transport und Speicherung von 1 · 10^{10} Nm^3 H_2/a = 10 Milliarden Nm^3 H_2/a = 1,15 Mio Nm^3 H_2/a, entsprechend ca. 1/10 des deutschen Strombedarfs. Erforderliche Fläche an feststehenden photothermischen Flachkollektoren in Südspanien 137 km^2, bei nur 15 % Verstromungswirkungsgrad der angeschlossenen Niederdruckdampfturbinen; gegenüber dem Stand 1974 überholt durch Kollektoren mit selektiver Schwärzung, 180° Leerlauftemperatur und höherem thermischen Wirkungsgrad der Turbinen. Der H_2 aus dem Elektrolyseur wird mehrstufig durch Radial- und Kolbenkompressoren auf ca. 100 bar verdichtet und durch eine Stahlrohrleitung von 1 m Dm und 3 150 km in die BRD geleitet, wo der H_2 mit 40 bar ankommt und in Expansionsmaschinen arbeitsleistend entspannt über die Hälfte der Kompressionsarbeit wiedergewonnen wird, wodurch der Transportpreis auf nur 5-7 % des Energieäquivalentes des H_2 sinkt. Das Schema läßt die vielseitigen Anwendungsmöglichkeiten des H_2 in Haushalt und Industrie erkennen, als chemischer Grundstoff, als Wärme oder Elektrizität. Das Speichervermögen des Rohrnetzes reicht für ca. 36 h bei Nennleistung aus, auch ohne angeschlossene Gaskavernen. Nach Justi 1974(1-16).

Bei den Kosten für das eigentliche Solarkraftwerk fallen wegen ihrer großen Fläche die Flachkollektoren gegenüber den Maschinenanlagen entscheidend ins Gewicht; wird es gelingen, sie z. B. von über 400 DM/m^2 unter die Traumgrenze von 100 DM/m^2 zu senken? Dagegen liegt für die H_2-Transport- und Speicherröhre die in Kapitel 6 wiedergegebene Projektstudie der auf diesem Gebiet erfahrensten deutschen Firma, Messer-Griesheim GmbH, Frankfurt, vor, die einen Gesamtpreis mit allen Nebenkosten wie Gebäuden von 1 850 Mio DM (Stand 1973) einschl. 900 Mio DM für die Kompressorstation mit ihren 35 Verdichtern angeboten hat, mit schlüsselfertiger Übergabe innerhalb von zwei Jahren nach Auftragserteilung. Um eine anschauliche Vorstellung der Dimensionen zu vermitteln, sei erwähnt, daß dies der Preis für eine Anlage bedeutet, deren H_2-Jahresleistung von $1 \cdot 10^{10} Nm^3\ H_2/a = 29{,}9 \cdot 10^9\ kW_{th}h$ 23 % des Stromverbrauchs der BRD von $122 \cdot 10^9\ kW_e h$ darstellt(1-22); Nach den amerikanischen Erfahrungen mit CH_4 können davon 80 % $\hat{=}\ 24 \cdot 10^9\ kW_{th}h$ unverstromt genutzt werden, und wenn ferner die restlichen 20 % $\hat{=}\ 5{,}9 \cdot 10^9$ dank teilweise reversibler Verstromung durch Brennstoffelemente mit einem mittleren Wirkungsgrad von 40 % konvertiert werden, so erbringt dies $2{,}36 \cdot 10^9\ kW_e h$, insgesamt also $(24 + 2{,}36) \cdot 10^9 = 26{,}4 \cdot 10^9$ kWh/a, welche einen mittleren Wirkungsgrad von 26,4/122 = 21,7 % liefern, damit rund 1/5 unseres Stromverbrauchs. Schätzungsweise würden also $137\ km^2/21{,}5\ \% \geqslant 631\ km^2$ Kollektorfläche genügen (ein Quadrat von netto ca. 25 km Seitenlänge), um uns mit der erforderlichen Solarenergie zu versorgen. Dies ist größenordnungsmäßig nicht mehr als konventionelle thermische Kraftwerke an Fläche benötigen, wenn man die Flächen auch der Kohlebergwerke, Bahngeleise, Kanäle, Häfen usw. berücksichtigt. Schließlich bemerkt man auch, daß diese Kosten – für hardware! – größenordnungsmäßig an unsere bisherigen Aufwendungen für die Entwicklung der Kernenergie – größtenteils software – heranreichen. Es ist also unzutreffend, daß die Solarenergie größenordnungsmäßig höhere Investition an Kapital und Fläche erfordert als die bisherigen Kraftwerke.

Schlußfolgerungen

Unsere These, daß die Ölknappheit weniger den Liefereinschränkungen der Araber als der Vergeudung des Erdöls, Erdgases sowie der Kohle durch uns selbst zuzuschreiben ist, haben wir durch detaillierte Analyse unserer Stromerzeugung aus diesen fossilen Brennstoffen geprüft. Danach beträgt der „thermische Wirkungsgrad“ der Verstromung in modernsten Wärmekraftwerken nur etwa 38 %, d. h. daß 2/3 der Verbrennungswärme dieser Energieträger ungenutzt durch Kühlwasser und Atmosphäre entweichen; schlimmer noch, daß sie die Umwelt verunreinigen und erwärmen. Noch verschwenderischer ist die „Verkraftung“ in den Benzinmotoren unserer Autos, denn ihr Wirkungsgrad von 18 % bedeutet, daß 82 % als Abwärme über Kühler und Auspuff entweichen. Bei Kernkraftwerken vom LWR-Typ sind es ca. 29 % bzw. 71 %. Neuerdings kann man zwar die Rauchgase von den Schwefelgasen reinigen, aber ein neuer Schrecken ist die Erkenntnis, daß der Gehalt der Atmosphäre an dem bisher für harmlos gehaltenen Verbrennungsprodukt Kohlensäure (CO_2) seit Beginn der Industrialisierung dauernd zunimmt, auch weil die großen tropischen Wälder in Afrika und Südamerika rücksichtslos gerodet werden und dadurch ihre CO_2-Speicherfähigkeit in Blattgrün, Holz und Humus ausfällt. Durch die starke Absorption des CO_2 für die IR-Strahlung der Sonne und den dadurch entstehenden Treibhauseffekt der Atmosphäre wird deren Temperatur um mehrere Grad weiter steigen und droht mit weltweiten katastrophalen Klimaänderungen. Die US-Regierung hat schon eine Kommission berufen, die einer weiteren CO_2-Aufnahme entgegenwirken soll. Es ist kein Trost, daß die Zerstörung der Ozonschicht in ca. 50 km Höhe durch Stickoxyde der Autos und Flugzeuge sowie die Freone der Spraydosen vielleicht noch bedrohlicher ist, weil sie allein die UV-Strahlung der Sonne zurückhält, die sonst bald alles organische Leben töten würde.

In dieser Lage gibt es nur einen sicheren Ausweg, nämlich rechtzeitig mit der Verbrennung kohlenstoffhaltiger Energieträger kurzzutreten und stattdessen auf Wasserstoff umzuschalten, dessen Verbrennungsprodukt reiner Wasserdampf und daher völlig umweltfreundlich ist. Der Standort des Sonnenkraftwerkes muß 3 000-4 000 Sonnenscheinstunden pro Jahr und zudem reichlich Kühlwasser gewährleisten, wie Sizilien oder Neu-Mexiko; im Prinzip handelt es sich um ein herkömmliches Wärmekraftwerk, dessen Turbogeneratoren statt durch Kohle, Öl, Gas oder Kernspaltung durch Sonnenstrahlung angetrieben werden, die mittels computergesteuerter Hohlspiegel konzentriert ist. (Fig. 6,19). Mit dieser Spannung wird elektrolytisch Wasserstoff aus H_2O abgespalten und auf 100 bar verdichtet in Stahlröhren zum Verbrauchsort geleitet, was ab ca. 500 km Abstand bis zu achtmal billiger ist als durch Hochspannungsleitungen. Die Transportröhre löst gleichzeitig das Problem der Speicherung einfach und billig. In den kommenden Kapiteln werden alle Einzelheiten dieser „Sonnen-Wasserstoff-Wirtschaft“ behandelt.

Kapitel 2:

Die Wasserstoff-Wirtschaft

Die Komponenten des Bankrottes

Bei wirtschaftlich-technischen Prognosen kann man an den Arbeiten des Club of Rome über die Grenzen des Wachstums und speziell an den bekannten Diagrammen der Meadows(2-1) nicht vorübergehen – aber auch nicht an ihren Kritikern(2-2). Sie prophezeien ein Jahrzehnt des Zusammenbruchs* irgendwann zwischen 2020 und 2070, wenn die Konzentration der Schadgase von der Verbrennung fossiler Energieträger so unerträglich geworden ist, daß selbst massierte Forschung sie nicht mehr zu vermindern vermag. Die wachsende CO_2-Konzentration aus der Verfeuerung solcher Brennstoffe und/oder Aerosol-Anreicherungen in der Atmosphäre sollen tragische klimatische Effekte verursachen. Schadstoffe wie NO, CO und SO_2 würden wesentliche Gesundheitsrisiken liefern.

Wichtige Rohstoffvorräte, besonders einige Metalle, werden schon vor dem Jahr 2000 schwinden (vgl. Tabelle 2,1)(2-3). Eine auf fossile Brennstoffe gegründete Wirtschaft könnte – selbst wenn sie die Kohlevergasung intensivierte – nicht das Jahr 2000 überleben, schon wegen der Erschöpfung* wirtschaftlich förderbarer Kohle (vgl. dazu aber Kapitel 3).

Die Arbeit der Meadows wurde vielfach kritisiert (Pestel; 2-4, 2-5); so hat eine Nachprüfung der Computer-Programme einen

*„Doom Decade", das Jahrzehnt des Bankrotts (genauer, aber pathetischer das des Jüngsten Gerichts), ist definiert als ein Jahrzehnt, in dem eine Kenngröße wie die Nahrungsmenge pro Kopf in ihrem negativen Trend durchschnittlich über 10 % absinkt. „Erschöpfung" ist definiert als Durchlaufen des Maximums der Produktions-Zeit-Kurve.

Tabelle 2.1. Natürliche Bodenschätze, die vor dem Jahr 2000 zu Ende gehen

Rohstoff	Bekannte Welt-Reserven[a]	Statistischer Index (Jahre)[b]	Geplante Wachstumsrate (%/Jahr)[a] Hoch	Mittel	Niedrig	Expon. Index[c]	Expon. Index berechn. als 5 x bekannte Reserven (Jahre)[d]	Gebiete mit höchst. Reserven (% der Welt Vorräte)[a]	Führende Erzeuger (% der Welt-Erzeug.)[e]	Führende Verbraucher (% des Weltverbrauchs)[f]
Al	$1{,}17 \cdot 10^9$ to.	100	7,7	6,4	5,1	31	55	Australien (33) Guinea (20) Jamaika (10)	Jamaika (19) Surinam (12)	USA (42) UdSSR (12)
Cu	$308 \cdot 10^6$ to	36	5,8;	4,6;	3,4	21	48	USA (28) Chile (19)	USA (20) UdSSR (15) Zambia (13)	USA (33) UdSSR (13) Japan (11)
Au	$353 \cdot 10^6$ troy oz	11	4,8;	4,1;	3,4	9	29	Rep. Süd-afrika (77) Kanada (6)		
Pb	$91 \cdot 10^6$ to	26	2,4;	2,0;	1,7	21	64	USA (39)	USA (25) UdSSR (13) BRD (11)	USA (25) Australien (13) BRD (11)
Hg	$3{,}34 \cdot 10^6$ Flasch.	13	3,1;	2,6;	2,2	13	41	Spanien (30) Italien (21)	Spanien (22) Italien (21) UdSSR (18)	
CH_4	$1{,}14 \cdot 10^{15}$ cu. ft.	38	5,5;	4,7;	3,9	22	49	USA (25) UdSSR (13)	USA (58) UdSSR (18)	
Erdöl	$455 \cdot 10^9$ bbls	31	4,9;	3,9;	2,9	20	50	Saudi-Ara-bien (17) Kuwait (15)	USA (23) UdSSR (16)	USA (23) UdSSR (16)
Ag	$5{,}5 \cdot 10^9$ troy oz	16	4,0;	2,7;	1,5	13	42	Kommun. Länder (36) USA (24)	Kanada (20) Mexiko (17) Peru (16)	USA (26) BRD (11)
Sn	$4{,}3 \cdot 10^6$ lg to	17	2,3;	1,1;	0	15	61	Thailand (33) Malaysia (14)	Malaysia (41) Bolivien (16) Thailand (13)	USA (24) Japan (14)
W	$2{,}9 \cdot 10^9$ lbs	40	2,9;	2,5;	2,1	28	72	China (73)	China (25) UdSSR (19) USA (14)	
Zn	$123 \cdot 10^6$ to	23	3,3;	2,9;	2,5	18	50	USA (27) Kanada (20)	Kanada (23) UdSSR (11) USA (8)	USA (26) Japan (13) UdSSR (11)

[a] Quelle: US Bureau of Mines, „Minerals and Facts", 1970, Government Printing Office, Washington, D. C.

[b] Die angegebene Zahl von Jahren werden die bekannten Weltreserven beim gegenwärtigen Jahresverbrauch ausreichen. – Berechnet durch Division der bekannten Reserven (Spalte 2) durch den gegenwärtigen Jahresverbrauch. Nach US Bureau of Mines 1970, l. c.

[c] Die angegebene Zahl von Jahren werden die bekannten Weltreserven ausreichen unter Annahme eines exponentiell mit der angegebenen mittleren Jahresrate wachsenden Verbrauchs. Berechnet nach der Formel: exponentieller Index = ln (r. s + 1)/r, wobei r die mittlere Wachstumsrate nach Spalte 4 und s der statische Index nach Spalte 3 ist.

[d] Die Anzahl der Jahre, die das fünffache der bekannten Weltreserven ausreichen, unter Annahme exponentiell mit der mittleren Wachstumsrate zunehmenden Wachstums. Berechnet nach der obigen Gleichung unter Einsetzen von 5 s anstatt von s.

[e] Quelle: UN Department of Economic and Social Affairs, „Statistical Yearbook 1969", United Nations, New York, 1970

[f] Quelle: „Yearbook of the American Bureau of Mines 1970", Maple Press, York, Pa., 1970
„World Petroleum Report", Mona Palmer Publishing, New York 1968
UN Economic Commission for Europe, „The World Market for Iron Ore". United Nations, New York 1968
US Bureau of Mines, „Mineral Facts and Problems", 1970

Fehler entdeckt, wonach eine Modifizierung der Daten des Bankrotts nötig ist. Immerhin enthält das Werk der Meadows eine wesentliche und selbstverständliche Wahrheit: ein ausreichendes Wachstum der Produktion würde eine gegenläufige Reaktion verursachen, die unseren Lebensraum auf der Erdoberfläche vergiften würde. Diese qualitativ verstehbare Situation haben die Meadows zu quantifizieren versucht. Die Kritik nach einem Jahrfünft neuer Einsichten besprechen wir anschließend. Bestenfalls würde ein Ausweg aus der jetzigen Lage in eine Situation, in der wir Unabhängigkeit von fossilen Brennstoffen erreicht haben, sehr beschwerlich sein, weil das Zeitalter reichlicher und deshalb billiger fossiler Brennstoffe vergangen ist und weil politischer Einfluß, der bis zu einer gewissen Kontrolle von Kundenländern reicht, zunehmend von den Eigentümern der noch vorhandenen Brennstoffvorräte ausgeübt werden wird. Dementsprechend wird der Versuch, das Ende der Ära der fossilen Brennstoffe auf einen späteren Zeitpunkt hinauszuschieben, indem man sich noch zwei oder drei Jahrzehnte nach dem Jahr 2000 durchschlägt, viele Probleme aufwerfen (vgl. Kapitel 3). Die Arbeit der Meadows bestätigt, daß eine Fortsetzung der gegenwärtigen, auf Kohle basierenden und Vorräte verbrauchenden Wirtschaft Schwierigkeiten bringen wird, die auch wohlhabende Länder bis zur Mitte des nächsten Jahrhunderts nicht vermeiden können. Allerdings läßt Meadows' Arbeit verstehen, daß durch genügend geschickte Änderungen in der Technologie und ingenieurmäßigen Behandlung noch verfugbarer reichlicher und sauberer Energie die Katastrophe vermieden werden *könnte.* Falls die Bewohnerzahl des Planeten unter die Kontrolle der ökologischen Forderungen gebracht wird, und wenn die energiebenötigende Wiederaufarbeitung von Rohstoffen allgemein und nahezu 100 % wirksam gemacht werdern kann – dann *wird* die Katastrophe vermieden werden können. Es besteht sogar Aussicht auf Wohlstand für die Menschen auch in weniger entwickelten Ländern. Hohe Energieverfügbarkeit je Kopf und der Grad der Wiederaufarbeitung sind die entscheidenden Bestimmungsgrößen.

Das Medium der zukünftigen Energie

Als dauernde Energiequellen für die Zukunft kommen nur die solare und atomare Energie in Betracht, wobei die gegenwärtig schon laufenden Leichtwasserreaktoren („LWR“) ausscheiden, da sie mit ihrer minimalen Ausnutzungsquote in wenigen Jahrzehnten die vorhandenen, wirtschaftlich interessanten U-Vorräte verschwendet haben werden – ein kurzes Intermezzo mit menschliche Zeitmaße überdauernden radioaktiven Ruinen! Bei allen Arten von Atomreaktoren wird deren Strom umso billiger, je größer ihre Leistung und damit ihre Abwärme ist, so daß sie zwar am Standort relativ billige Enerige liefern könnten, aber wegen Abwärme und Abfällen weit entfernt von den Verbrauchszentren der Ballungsgebiete placiert werden müssen, entweder in entfernten Gegenden wie Nordkanada, Sibirien oder Zentralaustralien oder aber auf großen Flößen, weit von den Ozeanküsten, wie wir schon in Kapitel 1 an Fig. 1,10 sahen.

Ganz entsprechend wird man solare Großkraftwerke weit von den Verbrauchszentren bauen – man denkt an sonnenreiche, sonst nutzlose Gebiete wie die Sahara und vergißt dabei, daß man zur Verstromung der Sonnenwärme über Wärmekraftmaschinen wegen des Carnot-Prozesses auch Riesenmengen Kühlwasser oder Kaltluft(2-6) benötigt; die Sonnenlicht-Verstromung mittels photovoltaischer Zellen ist zwar an sich ein Direktprozeß ohne Umweg über Wärme, aber der Wirkungsgrad nimmt mit steigender Betriebstemperatur so rasch ab, daß die Zellen de facto laufend gekühlt werden müssen, also einen „Quasi-Carnot-Prozeß" darstellen(2-7) (Fig. 5,19). Als entfernte Standorte für Solar-Großkraftwerke kommen also nicht aride Zonen schlechthin, sondern nur Meeresküsten in Betracht, die sowohl Hitze wie Kühlung bieten wie die des Mittelmeers. Infolgedessen soll die Elektrizität aus atomaren und solaren Großkraftwerken bis zu 2 000 km zu den Verbrauchsorten überführt werden, wie schon in der Einleitung Kapitel 1 angedeutet.

Die Schlüssigkeit dieser Überlegung und die bekannten Energieverluste bei Langstreckenleitungen waren Veranlassung für das Konzept einer „Wasserstoff-Wirtschaft"(2-8). Danach könnte es billiger sein, elektrische Energie aus solaren oder nuklearen Quellen in H_2 umzuformen, durch Rohre mit der niedrigen Pumpenergie zu transportieren und zu speichern und am Verbrauchsort zurückzuverstromen, vorzugsweise direkt durch Brennstoffzellen, oder unmittelbar für thermische Zwecke zu verheizen oder in mechanische Kraft umzuwandeln. Die Distanz, ab der es billiger wird, Energie als H_2 statt als Strom zu überführen, hängt erwartungsgemäß auch von der Betriebsspannung ab, wie aus Fig. 1,11 noch nicht quantitativ zu ersehen war. Nach Fig. 2,1 sinkt die kritische Entfernung rasch mit der Betriebsspannung, bis auf 360 km mit den hier gebräuchlichen 380 kV.

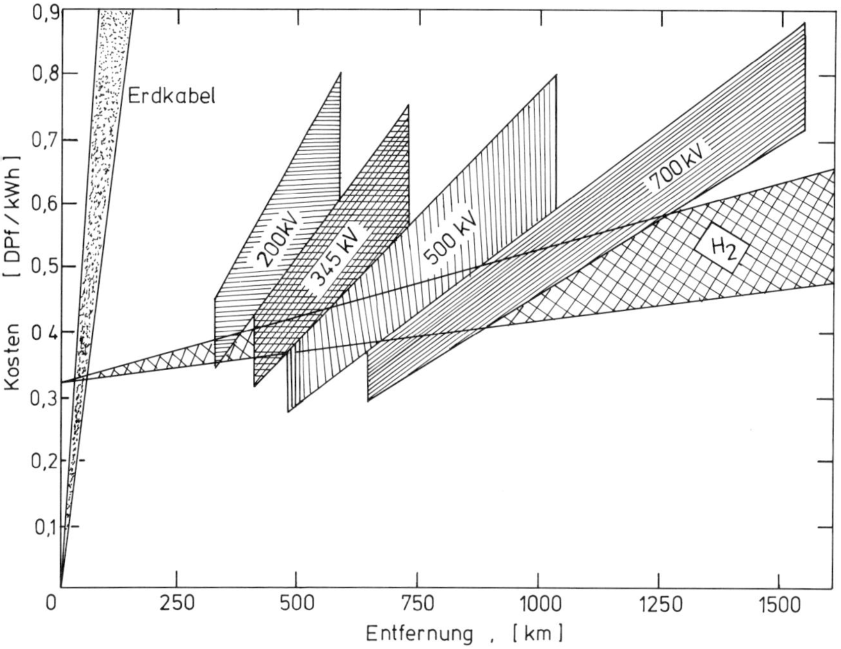

Fig. 2,1:
Vergleich der Transportkosten von Energie durch elektrische Freiluftleitungen (schraffiert) oder Erdkabel (punktiert) oder H_2-Hochdruck-Stahlrohrleitungen (kreuzschraffiert). Parameter der verschieden schraffierten Bänder: Betriebsspannung der jeweiligen Drehstromleitung. Offensichtlich kann der Transport durch H_2 von ca. 380 km Distanz an billiger werden als Freileitungen. Am teuersten sind Erdkabel. Nach Gregory u. M.(2-28).

Die Wasserstoff-Wirtschaft

Wasserstoff als Energie-Zwischenmedium erfüllt zwar die für die zukünftige Situation erforderlichen Spezifikationen, aber eine H_2-Wirtschaft ist ein Konzept in einem umfassenderen Sinne. Es rührt her vom Wunsch, die künftigen Quellen sauberer Energie mit höchster Wirtschaftlichkeit zu nutzen, bemüht sich aber gleichzeitig um Vermeidung der Umweltverschmutzung und um H_2-spezifische vorteilhafte Transport- und Produktions-Technologien. Die H_2-Wirtschaft kann also beschrieben werden als Benutzung des H_2 zur Energieüberführung von weit entfernten, großen Primärenergiequellen, kombiniert mit dem ausgedehnten Gebrauch von H_2 als chemischen Grundstoff in der Technologie, für Transport und Haushaltstechnik, mit Verbrennung zu reinem Trinkwasser und nach dessen Gebrauch Rückleitung in das Meer bzw. den offenen Zyklus über die Biosphäre (Fig. 1,12) als wesentlicher Bestandteil des Konzepts. Einige Ziele der Wasserstoffwirtschaft sind:

1. Steigerung der Energie pro Kopf für jedermann, ohne in eine unerträgliche Umweltverschmutzung zu geraten,

2. Steigerung des Wirkungsgrades der Energieumwandlung aus nuklearen oder solaren Primärenergiequellen durch Vermeidung von Carnot-Kreis-Verlusten zwischen diesen und dem Endverbrauch.

3. Vermeidung von Umweltverschmutzung kombiniert mit der Möglichkeit extrem billigen Energietransportes und mit der Ausdehnung der chemischen und metallurgischen Industrie, die ihrerseits den Lebensstandard der gesamten Weltbevölkerung auf einige 10 kW je Kopf erhöhen würde.

Wasserstoff contra Erdgas

Erdgas enthält im selben *Volumen* ungefähr dreimal mehr Energie als Wasserstoff, aber nur ein Drittel bei gleichem *Gewicht.* CH_4 läßt sich leichter speichern und hantieren. Der Nachdruck sollte aber auf dem H_2 liegen, weil CH_4 als Erdgas in den westlichen Ländern nur noch ein oder zwei Jahrzehnte erhältlich sein wird; auch das aus Kohle synthetisierbare CH_4(2-9) ist durch die in Europa nur bescheidenen Kohlelager begrenzt und kann leider nur ein Intermezzo abgeben – bedauerlich, da man es neuerdings gründlich und preiswert von Schwefelverbindungen reinigen kann. Größere Sorgen verursacht, daß CH_4 bei der Verbrennung gleich große Volumina von Kohlensäure (CO_2) bildet, welche die infrarote Rückstrahlung des Sonnenlichtes absorbiert und so zu einer tragischen Veränderung des Klimas unseres Planeten führen kann; der Optimismus vieler maßgeblicher Forscher, daß die Wassermengen der Ozeane dies CO_2 unerwartet rasch absorbieren oder die Photosynthese-Kapazität der Grünpflanzen alles CO_2 schnell in Biomasse rückwandeln wird, ist nach Kapitel 1 ein Irrtum(2-10). Deshalb muß man, trotz einiger Vorzüge des CH_4, sobald es wirtschaftlich möglich ist, zu H_2 als universellem und – weil sein Verbrennungsprodukt nur reines Wasser ist – 100 % umweltfreundlichem Mehrzweck-Energieträger übergehen. Man darf nicht mehr warten, bis die Erdgasquellen ganz erschöpft sind.

Konsequenzen einer Wasserstoff-Wirtschaft

Gegenwärtig werden 10 bis 20 % unserer Energie als Elektrizität durch Drähte geliefert. Wasserstoff würde nicht nur dieselbe Aufgabe erfüllen, sondern auch die anderen wichtigen Anforderungen an Energie:

1. Chemische Technologie: Genügend preiswerter H_2 könnte bei vielen Reduktionsprozessen eingesetzt werden und dabei sowohl die Kosten erniedrigen als auch die Umweltverschmutzung vermindern oder sogar unmerklich machen (s. Kapitel 12).

2. Metallurgie und Raffination: Eine Anzahl von Prozessen kann mittels H_2 billiger durchgeführt werden als mit anderen Reduktionsmitteln wie z. B. Kohle. Ein weiterer Grund für vermehrte Verwendung von H_2 ist die Verminderung der hierbei entstehenden Luftverschmutzung und die Verwendbarkeit auch minderwertiger Erze.

3. Abwässer: Die Aufarbeitung von Abwässern könnte viel leichter geschehen mittels billiger Elektrizität und/oder Sauerstoff, der bei einer Wasserstoff-Wirtschaft sowieso anfiele. Eine im Hause vorgenommene Behandlung von Fäkalien durch ihre elektrolytische Oxydation zu CO_2 oder ihre chemische Behandlung in einer Salzschmelze bei erhöhter Temperatur (unter Entstehung von CO_2) könnte sich als praktisch erweisen (s. Kapitel 12).

4. Wasser: Ein Teil des Trinkwasserbedarfs würde durch die Einführung des H_2 als universellem Energieträger bereitgestellt werden, denn die Endreaktion der H_2-Wirtschaft ist reines Wasser. Bei einem 10 kWh äquivalenten Energieverbrauch je Kopf würden täglich etwa 50 l Trinkwasser anfallen, davon etwa 3 % zu Hause (s. Kapitel 12).

5. Verkehr: H_2 kann direkt zum Antrieb von *Automobilmotoren* eingesetzt werden, wofür die notwendigen konstruktiven Anpassungen bereits bekannt sind (vgl. Kapitel 13). Natürlich würde dann endlich der Durchbruch zu H_2/Luft-Brennstoffzellen erfolgen, deren Wirkungsgrad mit über 50 % anstatt unter 20 % entscheidend ist, die ebenfalls als Abgas nur H_2O emittieren, geräuschlos sind und in der Entwicklung bereits die Traumgrenze von nur 10 kg/kW Leistungsgewicht erreicht haben (Kapitel 11); es könnten *Schienenfahrzeuge*, bei denen es weniger auf Gewicht ankommt, mit durch komprimierten oder verflüssigten H_2 gespeisten Brennstoffbatterien angetrieben werden. Der *Seetransport* könnte schon in näherer Zukunft auf große Frachter übergehen, die ebenfalls mit von H_2 und auch O_2 gespeisten elektrochemischen Wandlern fahren; hier hätte man auch Platz für kälteisolierte Tanks mit Flüssig-O_2 (wie schon seit Jahrzehnten auf U-Booten bewährt), die den Wirkungsgrad der Verstromung des H_2 erhöhen. Die Schiffe könnten an Brennstoffinseln aufgetankt werden, auf denen die Gewinnung von H_2 und O_2 – auch aus Kernenergie – gemäß unserer Planung in großer Distanz von den Ballungszentren erfolgen könnte. Ganz spezifisch sind die Vorteile des Antriebs mit LH_2 im *Luftverkehr*, speziell beim Überschall- und Hyperschall-Flug (vgl. Kapitel 12); tatsächlich genügt allein die Tatsache, daß die für Flugzeuge einzig maßgebliche Energiedichte je *Gewichts*einheit (nicht *Volum*einheit, kcal/cm^3, wie bei Landfahrzeugen) für H_2 mit 28,9 kcal/g maximal ist – fast dreimal größer als bei Benzin –, daß die NASA mit Lockheed gemeinsam ein LH_2-gespeistes Überschallflugzeug für 6 500 km/h konstruierte, das an Nutzlast, Aktionsradius und Wirtschaftlichkeit die „Concorde" zu übertreffen verspricht(2-11).

Ursprung des Konzeptes einer Wasserstoff-Wirtschaft(2-12)

Tatsächlich muß man unterscheiden zwischen einfachen Ideen über die Überlegenheit des H_2 als Brennstoff – wie sie schon Jules Verne(2-13) seinem Kapitän Nemo in den Mund legte und 1933 Erren und Hastings-Campbell(2-14) sowie King(2-15) für Verbrennungsmotoren konkretisierten – und einer H_2-*Wirtschaft,* also der konzertierten, energetischen, ökologischen und wirtschaftlichen Ausnutzung der Verfügbarkeit von billigem H_2. Bei den Science Fiction-Autoren erwähnen wir hier Haldane, Sikorski(2-16) und Lessing(2-17), unter denen der als Turbinenkonstrukteur bekannte Lawaczek(2-18) hervorragt, weil er offenbar als erster vorschlug, Nachtstrom zur Wasserelektrolyse zu benutzen und den gespeicherten H_2 tagsüber als Brennstoff für Raumheizung zu benutzen, wie ein Faksimile eines geretteten Exemplars seiner Publikation von 1921 (Fig. 2,2) dokumentiert; später hat er auch angeregt, die nordschwedischen Wasserkräfte statt durch Strom- durch H_2-Leitungen auszunutzen. Die ohne sein Zutun nach 1933 von der damaligen deutschen Regierung ausgeübte Förderung führte nach dem Zusammenbruch 1945 zu seiner Diffamierung und einer Vernichtung seiner Bücher, so daß er vergessen ein kümmerliches Ende als Flüchtling fand. 1937 erhielt Niederreither(2-19) ein deutsches Patent auf

Backöfen, wenn deren elektrische Beheizung durchgeführt wäre. Für den Winter wenigstens kämen die Heizungen als Dauerverbraucher auch des Nachts in Frage. Es wäre denkbar, Öfen für Wohnräume zu bauen, mit solcher Wärmespeicherung, daß sie den Tag über vorhalten, wenn sie des Nachts geheizt werden. Vielleicht ließe sich des Nachts <u>ein Wasserstofferzeuger</u> in Gang setzen, der groß genug bemessen wird um den tagüber nötigen Brennstoff zu liefern. Diesen Anwendungsmöglichkeiten war noch bisher der gegen Kohlenwärme noch zu hohe Preis für die elektrische Wärme hindernd im Wege. Außerdem würden die Verteilungsnetze der Häuser unzulässig überlastet, hätten sie noch den Heizstrom am Tage zu führen. Immerhin sind in der

3*

Fig. 2,2:
Faksimile einer Veröffentlichung von F. Lawazcek 1921, worin er erstmals vorschlägt, mit nächtlichem Überschußstrom Elektrolytwasserstoff zu erzeugen und zu speichern mit dem Ziel, damit tagsüber zu heizen. Es handelte sich dabei offensichtlich noch nicht um die Konzeption von H_2 als dem universellen Energieträger, sondern lediglich um bessere zeitliche Auslastung der vor 60 Jahren noch allzu schwach ausgelegten Verteilungsnetze der Häuser. Nach Weyss(2-12).

eine elektrochemische Zelle, in der man angeblich durch Elektrolyse und nachfolgende Rekombination Elektroenergie speichern könne; aber sie blieb bei diesem Maschineningenieur – wie bei Lawaczek – mangels elektrochemischer Ausbildung ebenfalls ein nicht funktionsfähiges Hirngespinst. Dasselbe gilt für den fast identischen Vorschlag des Australiers Just(2-20). Nach diesen Dilettanten ohne Erfolgschance bereitete ein Schüler des großen Walter Nernst(2-21), der 1894 gleichzeitig mit Wilhelm Ostwald(2-22) das Brennstoffelement konzipiert und als ideale künftige Energiequelle der Menschheit propagiert hatte, den Durchbruch vor. E. Baur(2-23) mit seinen Schülern (erst in Braunschweig, dann Zürich) gelang dies, indem er die überaus zahlreichen Varianten der Konstruktion von Brennstoffbatterien in mühevoller systematischer Laboratoriumsarbeit durchprüfte. Er begann mit „direkten" Zellen, in denen die Kohle selbst als primärer Energieträger in Hochtemperaturelementen mit festen Elektrolyten umkehrbar verstromt werden sollte, scheiterte an Korrosion und Wärmeverlusten bei ca. 1 000 °C Betriebstemperatur, erkannte die damals noch unbekannte Reaktionskinetik und konzipierte als idealen „indirekten

Brennstoff“ den Wasserstoff, die Bedeutung der Elektrokatalyse und die Vorzüge von Elektroden aus unedlen Metallen (Ni und Fe), die in alkalischen Elektrolyten wie KOH-Lauge funktionierten.

Hierauf basierend entwickelte wiederum ein Maschineningenieur, aber mit Elektrochemie als Wahlfach, F. T. Bacon (2-24) in Cambridge, erstmals ingenieurmäßig eine H_2-O_2-Einheitszelle für Elektrolyse, separate Speicherung von H_2 und O_2 und nachfolgende stromliefernde Rekombination. Die Elektroden bestanden aus Ni-Gaze, und ihre Stromdichte wurde durch Steigerung der Betriebstemperatur über 200 °C, des Gasdruckes bis über 40 bar, ingenieurmäßige Konstruktion der Hochdruckteile und Steigerung der Ausgangsleistung bis 5 kW zur ersten technischen „Hydrox“-Batterie entwickelt, die nach industrieller Durcharbeitung bei Pratt & Whitney die Energieversorgung der amerikanischen Mondschiffe ermöglichte.

Nach gelungener Verwirklichung der H_2-O_2-Batterie diskutierte Lindström(2-25) erneut den Vorschlag von Lawaczek, die Wasserkräfte des schwedischen Norrland, die über 1 000 km nördlich der Stromverbrauchszentren liegen und deshalb durch Wechselstromleitungen mit ihrer zu kurzen Wellenlänge kaum ausgenutzt werden können, zur elektrolytischen H_2-Erzeugung und dessen Transport durch Stahlröhren bei 500 bar und Rückverstromung zu verwenden. Er schätzt, daß der Gastransport selbst nur 10 bis 20 % der Stromleitung kostet und die Ersparnis nicht durch die Kosten des Elektrolyseurs überkompensiert zu werden brauchte. Lindström erörtert auch Ölraffinerien als H_2-Quelle; wegen der notwendigen Nachreinigung von solchem H_2 werde er als Mehrzweckenergieträger zu teuer. Die Chancen der Energiespeicherung und spezieller Anwendungsmöglichkeiten, außer zum Antrieb neuartiger U-Boote, werden noch nicht erwähnt.

1950 begann die vom Nernst-Schüler Justi mit den Firmen RCH, STEAG, SIEMENS und VARTA aufgebaute Deutsche Arbeitsgemeinschaft für Brennstoffelemente mit ihrer Arbeit, die u. a. das Ziel erreichte, durch Studium der Elektrokatalyse bei der „Kalten Verbrennung“ von H_2-O_2 mindestens dieselben Leistungsdichten, Lebensdauern, Unempfindlichkeit gegen Verunreinigungen und Investitionskosten wie Bacons Elemente zu verwirklichen, aber ohne merklich erhöhte Betriebstemperaturen und -drucke; es wurde auch erstmals erkannt, daß für die elektrochemische Stromerzeugung optimierte Katalysatoren keineswegs auch für dazu inverse Elektrolyse optimal sind, u. a.

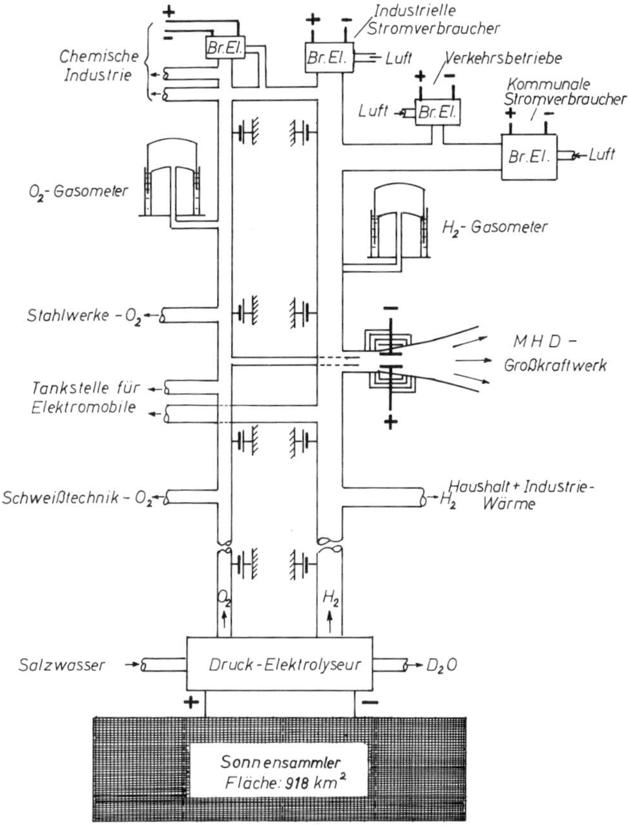

Fig. 2,3:
Erstes konkretisiertes und quantifiziertes Blockdiagramm einer Solar-H_2-Wirtschaft von Justi 1964(2-8b). Bei etwa 900 km² Wärmekollektorfläche und nur 6 % Verstromungswirkungsgrad der damals von Justi u. M.(2-8b) (s. a. Kapitel 4, Fig. 4,16-4,20) entwickelten thermoelektrischen Seebeckelemente sollte sie den damaligen Strombedarf der BRD decken und speichern können. Die Gleichstromleistung wird zur Hochdruckelektrolyse kombiniert mit Anreicherung des für Atomreaktoren benötigten schweren Wassers D_2O benutzt, der entstandene H_2 und 1/2 O_2 durch stählerne Druckleitungen dorthin geleitet, was erfahrungsgemäß bei der Distanz von über 2 000 km billiger als Stromleitung ist, vgl. Fig. 2,1. Das Rohrnetz ist gleichzeitig ein Energiespeicher von etwa 65 % Wirkungsgrad (also so groß wie bei Pumpspeicherkraftwerken). Der in der BRD angekommene H_2 wird möglichst ohne Verstromung benutzt speziell für niedertemperierte Wärme, um die Verschwendung von ca. 2/3 des Heizwertes aller Brennstoffe zu vermeiden; H_2 mit dem Verbrennungsprodukt H_2O ist als einziger Brennstoff 100 %ig umweltkonform und wird durch die Biosphäre rezykliert (vgl. Fig. 1,12). Es handelt sich um die wohl älteste wirklichkeitsnahe Darstellung der von Bockris 1972 publizierten „Solar Hydrogen Economy"(2-27).

wegen der Korrosion durch den naszierenden O_2. Der Erfolg, den Wirkungsgrad der Energiespeicherung durch Elektrolyse und Rekombination bis auf 65 % erhöhen zu können, war Anlaß und experimentelle Basis für die erstmalige Erweiterung dieser Speicherung zu einer H_2-Wirtschaft wie das in Fig. 2,3 wiedergegebene, erstmals 1964 von Justi(2-26) veröffentlichte Schema und der dazu gehörende quantifizierende Text dokumentieren. Ein wesentlicher Punkt ist die Vermeidung unnötiger Carnot-Prozesse: niedertemperierte Wärme für Haushalt und Industrie wird umweglos durch umweltfreundliche Verbrennung des H_2 geliefert; Elektrizität wird nur soweit unumgänglich für die Industrie in Großkraftwerken (auch MHD) und für Kommunalbetriebe und Haushalt über Brennstoffzellen aus H_2 (rechts) rückverstromt. Ganz oben sieht man die industriellen Verbraucher, die nicht nur lokale chemoelektrische Energie, sondern auch H_2 als Chemie-Rohstoff beziehen. Gemäß diesem Plan wird auch der elektrolytische O_2 aufgefangen und durch eine parallele Pipeline transportiert, um spezifische Prozesse in der eisenschaffenden und chemischen Industrie sowie Schweißtechnik zu versorgen. Es ist auch schon eingeplant, die Speicherkapazität der Stahlrohre durch zusätzliche Gasbehälter zu vergrößern. Dieser Plan sieht auch erstmals vor, den billigen Energietransport über mehr als 2 000 km (etwa vom Atlas-Gebirge bis Deutschland) auszunutzen, um als Primärenergiequelle die mittelmeerische Sonnenenergie thermoelektrisch zu erschließen. Im Text wird auf Grund des damaligen eigenen experimentellen Standes vorgerechnet, daß 918 km^2 Kollektorfläche genügen, um den damaligen Jahresstrombedarf Deutschlands von 10^{11} kWh „ewig" zu garantieren.

1962 schlug Bockris(2-27) der Westinghouse Co. vor, amerikanische Städte mit solar gewonnenem H_2 zu versorgen; hierzu sollten auf im Ozean schwimmenden Flößen (Fig. 1,10) montierte Solarzellen Seewasser elektrolysieren, und der H_2 sollte durch Rohrleitungen an Land geleitet und ggf. mittels Brennstoffzellen rückverstromt werden. 1969 machte er erneut Anstrengungen, solchen auf Flößen solar oder nuklear erzeugten H_2 als Energieträger einzuführen, indem er das Institute of Gas Technology (Chicago) für Projektstudien interessierte. Die Früchte dieser Berechnungen sind 1972 von Gregory u. M.(2-28) in einem Buch veröffentlicht worden, das weiter Quelle quantitativer Informationen blieb. Das Schlagwort „Hydrogen Economy" entstand erstmals in einer Diskussion zwischen Bockris, Triner u. M. im General Motors Technical Centre 1970(2-29);

sie hatten die verschiedenen Brennstoffe erörtert, die das umweltverschmutzende Benzin im Verkehr ersetzen könnten und waren zu dem Schluß gekommen, daß H_2 der künftige Kraftstoff für alle Arten von Transport sein werde. Die Diskussion wandte sich dann anderen möglichen Anwendungen des H_2 in Haushalt und Industrie zu, und es wurde hierbei vorgebracht, daß wir schließlich in einer „Hydrogen Society" leben werden, woraus der Ausdruck „Hydrogen Economy" folgte. Den Vorschlag einer Verbindung zwischen den billigen Transporteigenschaften des H_2 als Energiemedium und seiner allgemeinen

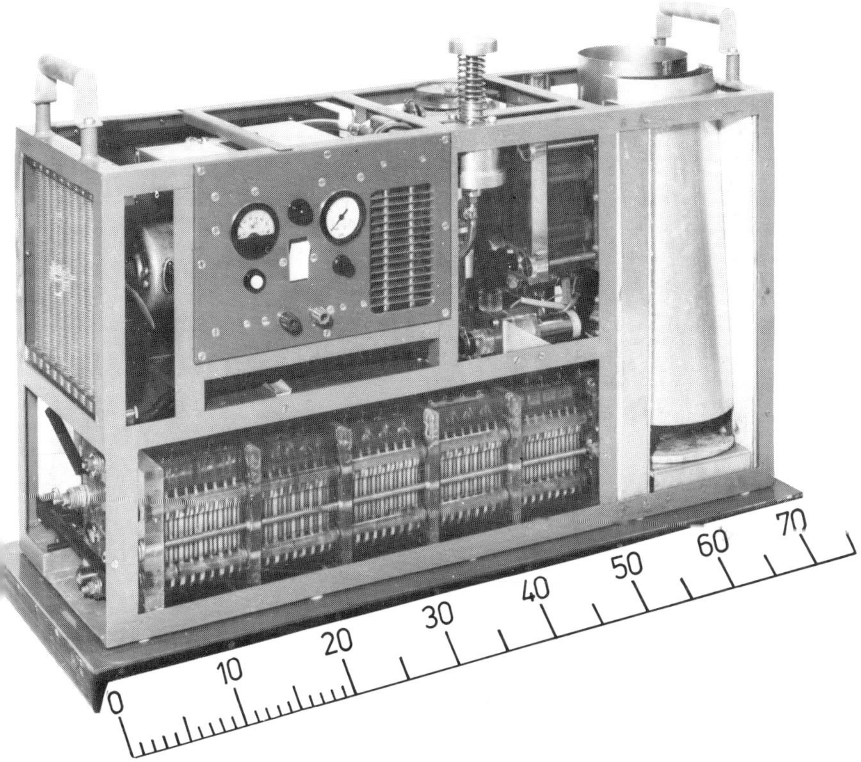

Fig. 2,4:
Vollautomat für die kalte Verbrennung von aus N_2H_4 gewonnenem H_2 mit Luft unter hochprozentigem Verstromungswirkungsgrad mit 1 kW Nennleistung. Unten: die fünf Blöcke von Brennstoffzellenstapeln von je 200 W bei Umgebungstemperatur (die Leistung steigt exponentiell mit T). Rechts die H_2-Erzeugung aus dem flüssigen Energieträger Hydrazin durch katalytisch-thermische Zersetzung gemäß $N_2H_4 = N_2 + 2\ H_2$. Links oben Umlaufpumpen, Inertgas-Abblasung und Regelungen. Werkphoto: VARTA Batterie A.G. Kelkheim.

Anwendung als Grundlage für die meisten brennstoffbenutzenden Prozesse in der Volkswirtschaft als Ersatz für Erdgas und Benzin veröffentlichte Bockris im nächsten Jahr, 1972(2-30).

Die Deutsche Arbeitsgemeinschaft erkannte zuerst die Wichtigkeit, die lästige Kompression oder Tiefkühlung des H_2 zu vermeiden durch Einführung flüssiger C-freier H-Verbindungen wie z. B. des Hydrazin N_2H_4, des Ammoniak NH_3 oder Mischungen von beiden; Favorit ist seit Grüneberg, Jung und Spengler 1959(2-31) der wasserähnliche flüssige Brennstoff Hydrazin, der, durch billige Fe-Katalysatoren gemäß $N_2H_4 \rightarrow N_2 + 2\,H_2$ zersetzt, H_2 entwickelt, als Abgas nur feuchten Stickstoff $N_2 + 2\,H_2O$ von sich gibt und extrem brandsicher ist, so daß ein in ihn eingetauchtes Streichholz erlischt! Fig. 2,4 zeigt eine vollautomatisch arbeitende Hydrazin-Batterie der VARTA A.G. von 1 kW Nennleistung nach Justi und Winsel (2-32). Damit scheinen auch generell Vorbehalte gegen den H_2 wegen teilweise unbequemer Handhabung und Feuergefährlichkeit entkräftet zu sein.

Vom Standpunkt der historischen Akribie und der „Zusammenschau“ des „Chemical Engineering“ ist die Darstellung von Weyss(2-12) über die H_2-Wirtschaft von hohem Rang. In seiner „Zusammenfassenden Würdigung der Vorkämpfer“ vergleicht er außer Lawaczek und Justi noch drei weitere Autoren:

1. de Beni und Marchetti(2-33) aus Ispra, die 1970 thermochemische Reaktionsfolgen erdacht hatten, mit denen unterhalb von 800 °C H_2 mit nuklearer Wärme aus dem He-gekühlten Hochtemperaturreaktor (HTR) erzeugt werden kann (vgl. Kapitel 8),

2. R. Schulten(2-34), der 1973 ebenfalls mit nuklearer Wärme des HTR CH_4 synthetisieren, durch Druckleitungen zum Verbraucher leiten und nach wärmeliefernder katalytischer Dissoziation in H_2 und CO_2 diese Gase durch eine zweite Rohrleitung zur Rekombination im HTR zurückführen wollte,

3. B. Eastlund(2-35) von der AEC, der 1972 den Wirkungsgrad eines künftigen Fusionsreaktors dadurch zu vergrößern vorschlug, daß man die UV-Kontinuumsstrahlung zur Photolyse des Wassers nach dem Vorbilde der Grünpflanzen benutzte (die es doch tatsächlich mit unschädlichem sichtbarem Licht sogar unter milden Bedingungen schaffen, statt aktiver Strahlung bei maximalen p- und T-Bedingungen).

Am Weyss-Bericht(2-12) ist ein achteckiges Blockdiagramm bemerkenswert, worin er sämtliche Merkmale einer H_2- bzw. einer Solar-H_2-Wirtschaft, ihre gegenseitigen Verknüpfungen und die historische Entwicklung eindrucksvoll visualisiert und komplettiert hat (Fig. 2,5).

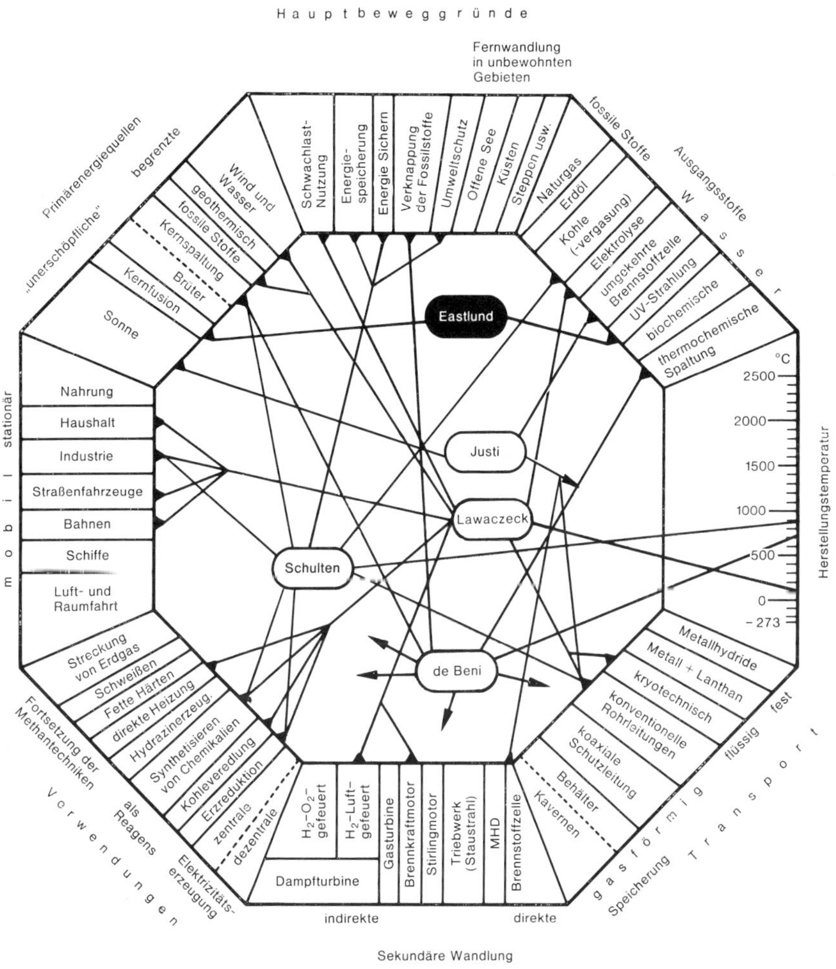

Fig. 2,5:
Oktogon-Schema von N. Weyss(2-12) zur Veranschaulichung der verschiedenen Wasserstoffvorhaben und ihrer genauen historischen Entwicklung, erläutert an Hand von acht verschiedenen Merkmalgruppen.

Kapitel 3:

Die für Forschung, Entwicklung und Aufbau einer neuen Energiebasis verfügbare Zeit

Vom Standpunkt der Erdbewohner aus betrachtet, sollte H_2 als Energieträger so bald wie verwirklichbar eingeführt werden, weil er das wachsende Problem der Luftverunreinigung zunächst verlangsamen, schließlich lösen würde(3-1). Aber die Jahr für Jahr unmerklich zunehmende Luftverschmutzung ist ein geringes Übel verglichen mit einer durch den Anstieg der Brennstoffpreise verursachten Senkung des Lebensstandards. Dieser Faktor wird, mehr als die Luftverunreinigung, den Druck der öffentlichen Meinung für die Entwicklung neuer Energiequellen verstärken, falls deren Energie billiger als die aus Kohle werden kann.

Die Erschöpfung der Brennstoffe

Das Gespenst einer bevorstehenden Erschöpfung der Ölvorräte wurde in den letzten Jahrzehnten regelmäßig an die Wand gemalt, aber davor brachte jedes Jahrzehnt neue Entdeckungen, welche die bekannten Ölvorräte sogar vergrößerten. Diese Tatsache wurde gestützt durch den Hinweis einiger Geologen, wonach es noch viele neue Ölregionen zu entdecken gäbe(3-2). Was die Kohle anbetrifft, wurde deren drohende Erschöpfung innerhalb eines für jetzt lebende Menschen relevanten Zeitraums als nicht wahrscheinlich betrachtet, außer von wenigen Spezialisten (3-3) schon in den frühen 70er Jahren. „Die USA haben für wenigstens 1 500 Jahre Kohle“, lautete eine Feststellung dieser Zeit(3-4). Warum haben sich dann die Vorstellungen über die

Verfügbarkeit fossiler Brennstoffe so plötzlich geändert? Die Antwort kommt aus drei Quellen:

1. Bei der Erschöpfung von Vorräten ist die Plötzlichkeit, mit der Anfangssymptome sowie ein steiler, die Inflation übersteigender Preisanstieg einsetzen, ein charakteristisches Kennzeichen der Krankheit. Zur Erläuterung dieses Phänomens wird ein Gleichnis(3-5) erzählt: Ein Bauer hatte einen Teich, auf dem Seelilien zu wachsen begannen; die Zahl der Lilien verdoppelt sich jeden Tag, und der Teich wird in einem Monat ganz bedeckt sein. Der Bauer entschied sich, mit Gegenmaßnahmen erst zu beginnen, wenn der Teich halb bedeckt ist. An welchem Tag wird nun der Bauer anfangen vorzugehen? Die Antwort lautet: am 29. Tag, wenn er erkannt hat, daß die Lage ernst geworden ist – aber dann wird er keine Zeit mehr für wirksame Gegenmaßnahmen haben.

2. Ein Grund, weshalb Angaben wie „die USA haben für 1 500 Jahre Kohle" näherer Betrachtung bedürfen, besteht in dem Extrapolationsgesetz für die Vorhersage der künftigen Wachstumsraten. Gewöhnlich nimmt man an, daß diese Zeitdauer gegeben ist durch Division des vorhandenen Gesamtvorrates durch den im Jahr der Schätzung bestehenden Jahresverbrauch. Neuerdings neigt man dazu anzunehmen, daß die Erschöpfung, wenn eine Wirtschaft mit einer bestimmten Wachstumsquote pro Jahr expandiert, durch *lineare* Extrapolation der Verbrauchsgeschwindigkeit berechnet werden könne. Tatsächlich haben aber die Verbrauchsgeschwindigkeiten seit Jahren *exponentiell* zugenommen (Fig. 3,1)(3-6), und dieser Faktor hat mehr als alles andere frühere Schätzungen darüber, wie lange die Energiequellen reichen würden, grob optimistisch verfälscht.

3. Das Konzept der Extrapolation aus einem bisher befolgten Gesetz (sogar dem wahren exponentiellen Wachstum) beinhaltet die Fortsetzung derselben Gebiete der Energienutzung und denselben Verbrauch in der Wirtschaft. Beispielsweise wurde für viele Jahre die Kohle hauptsächlich zur Elektrizitätserzeugung verwendet. Exponentielle Berechnungen des Zeitpunktes, an dem die Kohle verbraucht sein wird, haben die Tatsachen außer Acht gelassen, daß die Verwendungszwecke der Kohle sich mit den Jahren ändern können. Da nun flüssige und gasförmige Brennstoffe ausgehen, besteht noch die Möglichkeit, vergaste Kohle in dem Bereich der Wirtschaft, der nicht mittels Atomenergie betrieben wird, umzusetzen. Aber der Gebrauch der

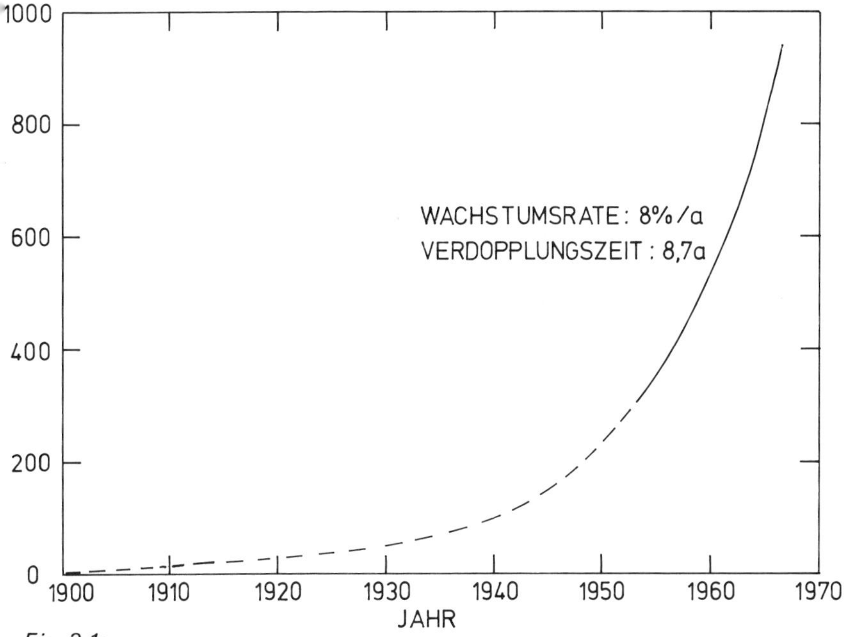

Fig. 3,1:
Welterzeugung an elektrischer Energie pro Jahr in 10^9 W/a (Ordinate), als Funktion des Kalenderjahres. Wachstumsrate 8 %/a; Verdopplungszeit: 8,7 a. Nach Hubbert 1971 (3-6).

Elektrizität macht nur einen Bruchteil der Wirtschaftsenergie aus; ihr Anteil beträgt etwa 10 % – das sind ungefähr 30 % des Brennstoffverbrauchs, weil der Umwandlungswirkungsgrad des Heizwertes der Kohle in Strom nur etwa 30 % ausmacht (vgl. Kapitel 1). Wenn also eine Extrapolation auf der Grundlage des Kohleverbrauchs der letzten Jahre sich auf die Stromerzeugung und einige metallurgische Anwendungen beschränkte und ergab, daß ein Land z. B. noch für 150 Jahre Kohle hätte, so würde diese Extrapolation grob optimistisch sein, schon deshalb, weil die Kohle tatsächlich nur fünfzig Jahre reichen würde, wenn sie, um Erdgas und Öl zu ersetzen, zur Vergasung oder Herstellung auch anderer Kraftstoffe verwendet würde.

Umgekehrt können sich Fortschritte in der Bergbautechnik in entgegengesetzter Richtung auswirken, indem sie die Förderung steigern. Demgemäß sollten Feststellungen über die Verfügbarkeit von solchen Vorräten den Zusatz tragen, „falls nicht fortgeschrittenere Verfahren für die Ausbeutung der Lager gefunden werden, die wirtschaftlicher sind als die gegenwärtige Technologie." So kann sogar während schon fortschreitender Erschöpfung die Technologie für den Abbau der Rohstoffe in größeren Teufen entwickelt werden.

Ein Beispiel für solche Feststellungen, die zwar wahr sind, aber leicht falsch verstanden werden können, ist diejenige der Chase-Manhattan Bank, welche die Kohlenvorräte in den USA mit 1 500 Jahren „bei dem gegenwärtigen Jahresverbrauch" ansetzt. Bis zum Jahr 2000 wird aber der Energiebedarf drei- bis viermal größer als gegenwärtig sein. So würde bis zum Jahr 2000 die Förderung der von etwa 400 Jahren entsprechen, selbst wenn der Bedarf im Jahr 2000 zu wachsen aufhören würde. Mit der jetzigen Technologie ist nur etwa $^1/4$ der Kohle förderbar, so daß mit dieser Technologie und dem Bedarf des Jahres 2000 die Kohle nur 100 Jahre ausreichen würde! Aber auch diese Schätzung nimmt an, daß die Kohle die gesamte Zeit über auf die herkömmliche Weise verbraucht wird; wenn sie aber als die allgemeine Grundlage der Energieerzeugung genommen wird, dann dürfte die Jahresleistung etwa dreimal über den oben genannten Schätzwerten liegen. Demgemäß würden sich die „1 500 Jahre Kohle" auf knapp 33 Jahre nach dem Jahr 2000 reduzieren.

Energie und Lebensstandard

Wenn man mit einer Preissteigerung für eine Ware konfrontiert wird, ist die gewöhnliche Reaktion die Suche nach einem Ersatz. Indessen ist Energie *die Grund*ware und beeinflußt den Preis von allem ausgenommen der primitivsten Aktivität. Ein grober Rückgang der verfügbaren Energie in *städtischen* Gemeinwesen würde nicht nur unerfreulich sein, sondern fatal. Ein 10 %iger Rückgang der Energie pro Kopf könnte noch hinnehmbar sein; aber die Wohlstandsgesellschaft bringt eine Bevölkerungsballung in den Städten mit sich, die nur dann zu erhalten ist, wenn bestimmte Mechanismen wie die Güterbeförderung, Beleuchtung und Abfallbeseitigung funktionieren(3-7). Alle hängen von der Lieferung von Öl, Gas, Kohle oder Strom ab. Während des Streiks der Kohlekumpel in England 1974 erkannte man rechtzeitig, daß eine der ersten Folgen eines Nachlassens der Kohlezufuhren das Versagen der Fäkalienbeseitigung sein würde, die in London elektrifiziert ist; damit würde die Stadt unbewohnbar werden. Darüber stürzte die Regierung, die Forderungen der Bergleute mußten erfüllt werden, und die Inflationsspirale drehte sich noch schneller. In Deutschland haben wir noch konkrete Erinnerungen an die Folgen von Energiemangel anläßlich der gezielten Bombardierung unserer Kraftwerke und Transporteinrichtungen während des 2. Weltkriegs, was die Evakuierung unserer Großstädte zur Folge hatte. Einen Anschauungsunterricht über die Folgen eines weniger plötzlichen, aber chronischen Energiemangels geben viele Städte in Entwicklungsländern wie Columbien, Ghana oder Indien mit ihrem Unrat, ihren Seuchen und ihrem Massensterben und mit den Lastwagen, die die Leichen auf den Straßen einsammeln. Der Zusammenhang zwischen dem kommerziellen Energieverbrauch je Kopf und dem Lebensstandard ist bekanntlich eindeutig quantifizierbar und in Fig. 3,2 für verschiedene Länder, in Fig. 3,3 für Deutschland dargestellt.

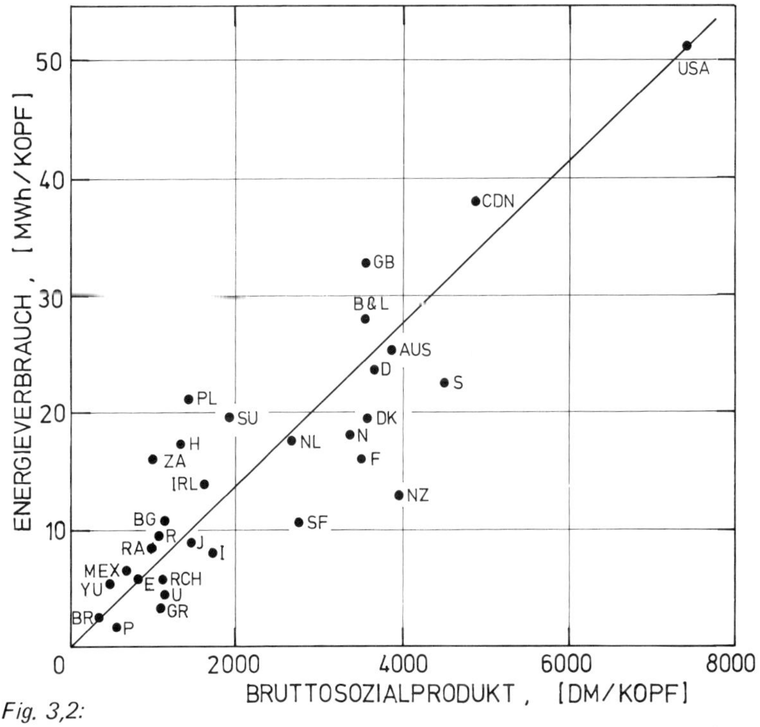

Fig. 3,2:
Empirische angenähert proportionale Korrelation zwischen dem jährlichen pro-Kopf-Primärenergieverbrauch (Ordinate in $MW_{th}h$/E. a) und dem Bruttosozialprodukt pro Kopf (Abszisse in DM/E. a). Nach E. Cook 1971.

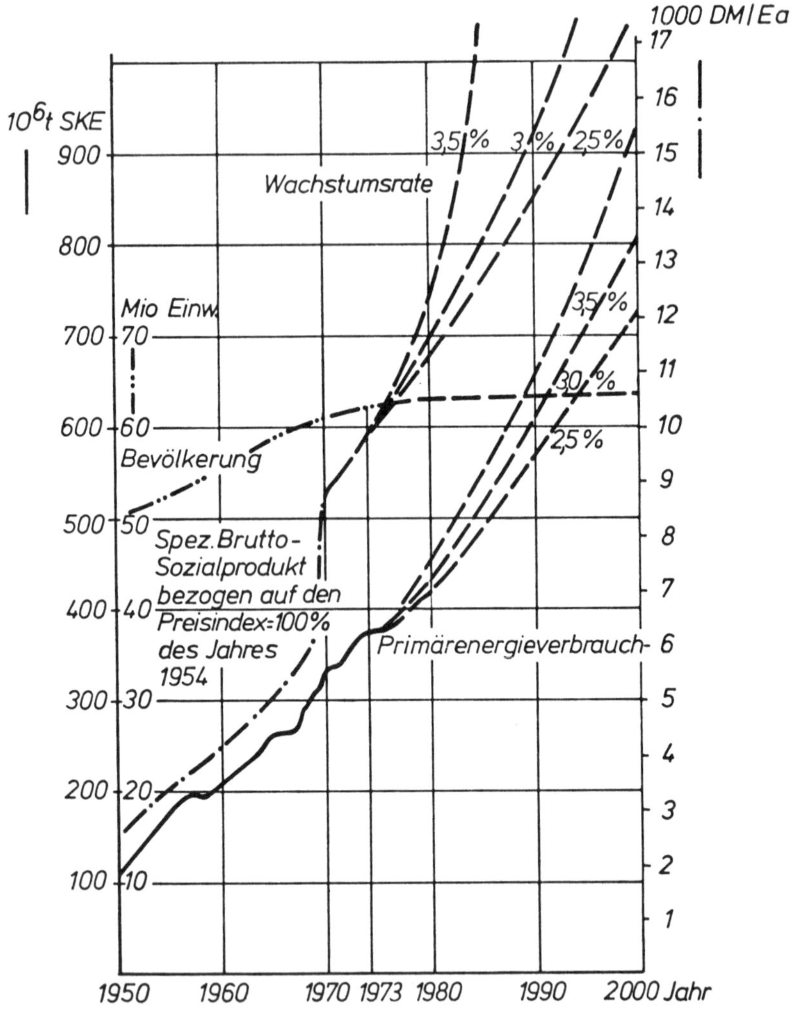

Fig. 3,3:
Bevölkerung, Primärenergieverbrauch pro Jahr und spezifisches Bruttosozialprodukt der Bundesrepublik Deutschland. Ordinate links: Primärenergieverbrauch pro Kopf und Jahr in 10^6 t SKE/E. a (SKE = Steinkohleäquivalente, 1 SKE = 7 000 kcal/kg); Ordinate rechts: in 1 000 DM/E. a. Abszisse: Kalenderjahr. Nach A. Buch(3-9, -10).

Die Verfügbarkeit von verschiedenen Energiequellen

Die umfassendste kritische Darstellung über die Energie- bzw. Brennstoffvorräte verdankt man im angloamerikanischen Bereich Hubbert 1970(3-8) und in Deutschland Buch 1965, 1976 (3-9, 3-10). Wenn man diese Angaben untereinander und mit dem heutigen Stand vergleicht, bemerkt man, daß die Vorhersage von Details recht unsicher ist, z. B. die, daß das Alaska-Erdöl nur für wenige Jahre einen Zuschuß für den USA-Bedarf liefern könne. Wir werden daher keine allzu detaillierten Daten wiedergeben.

Wasserfall-Elektrizität

Die Gesamtleistung aller Süßwasser-Ströme der Kontinente beträgt nach Hubbert $3 \cdot 10^{12}$ W, wovon nur 8 % ausgebaut sind; man kann sich nicht langfristig auf sie verlassen, weil die Becken allmählich verschlammen. Selbst wenn die Wasserläufe voll ausgenutzt würden, könnten sie nur $^1/3$ unseres Strombedarfs liefern. Trotzdem müssen sie noch weiter ausgebaut werden, auch in entlegenen Ländern wie der James Bay im Norden von Quebec. Nach Endausbau soll das Kraftwerk mit einer Leistung von 10 200 MW bzw. $68 \cdot 10^9$ kWh/a das größte hydroelektrische der Welt sein; seine große Distanz von Verbrauchszentren prädestinierte es für Energielieferung via Wasserstoff. Baukosten: fast $50 \cdot 10^9$ DM(3-11).

Gezeitenenergie

Die Ausnutzung der Gezeitenenergie ist nicht nur kapitalintensiv, sondern leidet auch wegen der kurzen Betriebsperioden von 4 bis 5 Stunden unter zu geringen Nutzungsdauern; sie ist deshalb nur in Meeresbuchten möglich, die die nur wenige Dezimeter hohe Flutwelle des Ozeans auf über 10 m konzentrieren (3-12), wie beim französischen Gezeitenkraftwerk in der Rance-Mündung(3-13), dem englischen an der Severn-Mündung oder gar einem solchen an der kanadischen Fundy-Bay mit 21 m Springflut. Hubbert schätzt, daß ein Ausbau der Gezeitenenergie nur 2 % derjenigen der Flußkraftwerke liefern könnte. Eine günstige Stelle bietet auch die Nordwestküste von Australien, wo der Energietransport zur westaustralischen Industrie durch H_2-Pipelines verbilligt werden könnte.

Geothermische Quellen und Erdwärme(3-14)

Die Nutzung heißer Quellen erfolgt schon lange in vulkanischen Gegenden wie in Kalifornien nördlich von San Franzisko und südlich der Salton Sea, wo bereits 100 MW gewonnen werden, in El Salvador mit 20, Mexiko mit 3,5, Japan mit 60, aber am längsten in Italien mit 300 MW.

Erdwärme ist auch gewinnbar durch Erhitzung von Wasser, das in Bohrungen mit der heute erreichbaren Tiefe von 8 km hineingepumpt wird und dann 240° erreichen können soll. Wegen des unverhältnismäßig hohen Kostenaufwandes für die Bohrungen ist bei diesem Verfahren mit keinem nennenswerten und kaum wirtschaftlichen Beitrag zum Energiehaushalt zu rechnen.

Im übrigen setzt die Nutzung der Erdwärme Gebiete mit vulkanischem Gestein voraus.

Windkraft

In den dreißiger Jahren wurden in Deutschland 4 500 Windmühlen stillgelegt, weil sie durch Einführung billiger Nachtstromtarife nicht mehr wettbewerbsfähig waren. Die Fortschritte der Aerodynamik ließen die Konstruktion von Windrädern hohen Wirkungsgrades wieder aufnehmen, und die Kombination mit elektrolytischen H_2-Generatoren löste das bis dahin prohibitive Speicherproblem und anscheinend auch die Kostenfrage. Reizvoll ist der Charakter der Primärenergie, weil er fast 100 % Verstromungswirkungsgrad ergibt, und tatsächlich könnte Europa aus Windenergie fast 200 % seines jetzigen Strombedarfs decken. Die meiste Windenergie gibt es in England und Holland – auf Deutschland entfallen nur einige Prozente, zu wenig für eigene deutsche Anstrengungen(3-15) (Kramer).

Sonnenenergie

Als fünfte der unerschöpflichen Energiequellen und dazu als die reichlichste erwähnen wir die Sonnenenergie; denn ihre spezifische Insolation auf 1 m^2 Fläche erreicht bei senkrechter Inzidenz und klarer Atmosphäre 1,34 kW/m^2, auf das Erdenrund demgemäß $1{,}7 \cdot 10^{14}$ W und ihre jährliche Wärmeleistung $1{,}5 \cdot 10^{18}$ kWh/a. 1974 verbrauchte jede Deutscher 28 Gcal, und wenn man diese energetische Verwöhnung auf jeden der 4 Milliarden Erdbewohner ausdehnt, erhält man eine globale Energieanforderung von $1{,}16 \cdot 10^{11}$ Gcal, also nur $^1/_{10\,000}$ des Solarangebotes. Es genügt also, nur 1 % der Erdoberfläche, vorzugsweise in den ariden, landwirtschaftlich wertlosen Zonen, mit Solarkollektoren von mindestens 1 % Wirkungsgrad zu bedecken, um alle Zeitgenossen an den energetischen Voraussetzungen des gegenwärtigen beispiellosen Wohlstandes teilhaben zu lassen(3-16); betriebe man die Solarkollektion auf Solar-Farmen in den erwähnten unfruchtbaren Zonen, könnte man viele neue Arbeitsplätze schaffen und das viel beklagte Nord-Südgefälle konkret bekämpfen. Die Sonnenenergie verursacht keinerlei Pollution, nicht einmal Abwärme, ist monopolfrei auf alle Völker verteilt und keines militärischen Mißbrauchs fähig. Mit ihrer Gewinnung weit entfernt von den Verbrauchszentren mit gemäßigtem Klima ist sie der Präzedenzfall für wirtschaftlichen Transport und Speicherung mittels H_2 (3-17) und ein zentrales Thema des Buches „Solar Hydrogen Economy" von Bockris (vgl. Fig. 2,3 und Kapitel 6 und 7).

Der Zeitpunkt für die Erschöpfung der Weltvorräte an fossilen Brennstoffen

Die fossilen Brennstoffe bestehen zu 88 % aus Kohle, die sich größtenteils in den USA und der UdSSR befinden. Es ist vordringlich, die Zeit bis zu deren Erschöpfung abzuschätzen, weil von dieser die Frist abhängt, die uns zur Entwicklung der Lieferung unerschöpflicher, sauberer Energie verbleibt. Zwei grundlegende Untersuchungen zu diesem Thema von Hubbert(3-18) (1962) sowie Elliott und Turner(3-19) (1972) unterscheiden sich erheblich in ihren Voraussagen. Nach dem in Fig. 3,4 wiedergegebenen älteren Diagramm von Hubbert soll der Höhepunkt der Erzeugung zwischen 2100 und 2150 eintreten; nach der zehn Jahre jüngeren Schätzung von Elliott und Turner dagegen sollte die Welterzeugung an fossilen Brennstoffen einschließlich Kohle schon 2030 ihr Maximum erreichen. Die Interpretation dieser Unstimmigkeit steht im Zusammenhang mit anderen Abschätzungen. Hubberts Extrapolation basiert nämlich auf dem bisherigen Verbrauch, der hauptsächlich auf die Stromerzeugung und einige Anwendungen in der Metallurgie entfiel; die Vorausschätzung von Elliott und Turner dagegen berücksichtigt den steigenden Verbrauch der Kohle als Nachfolger von flüssigen und gasförmigen Kohlenwasserstoffen, also die Vergasung und Verflüssigung der Kohle. Ihre Vorhersage entspricht also der nach gegenwärtiger Auffassung wahrscheinlichsten Entwicklung in näherer Zukunft.

Die Voraussagen über die verbleibende Anzahl von Jahren, wo fossile Brennstoffe noch zur Verfügung stehen, haben sin-

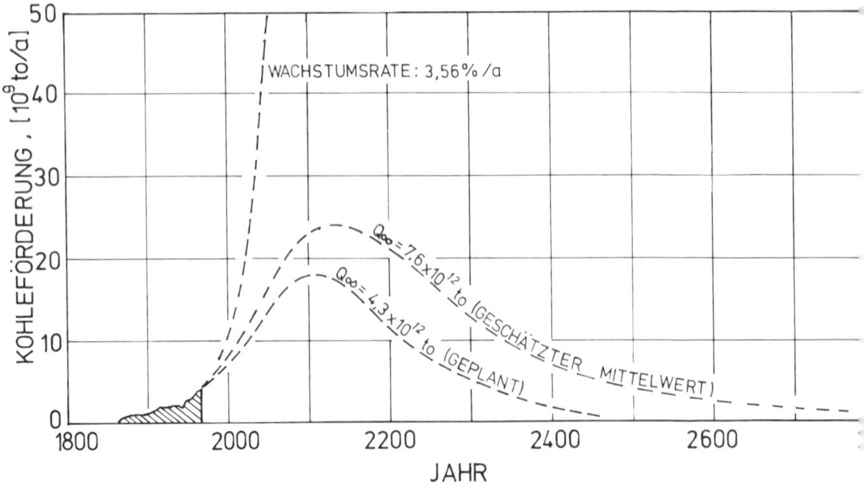

Fig. 3,4:
Vollständiger Zyklus der jährlichen Weltkohlenförderung (Ordinate in 10^9 t/a) als Funktion des Kalenderjahres (Abszisse) nach Hubbert 1969. Parameter: der Kurven sind die angenommenen Gesamtvorräte Q_∞. Hubbert(3-8) berücksichtigt nur den Kohleverbrauch nach dem früheren Verbrauch, überwiegend für Stromerzeugung, und erhält so für das Datum der maximalen Kohleförderung bzw. deren beginnende Erschöpfung die Jahre 2100 bis 2150.

kende Tendenz(3-20); 3 000 Jahre Kohle für die USA wurden noch vor einem Jahrzehnt angenommen, sind aber bereits jetzt bis auf 50 Jahre gesunken. Daher mag die Schätzung von Elliott und Turner vielleicht noch optimistisch sein. Umgekehrt könnte eine neue Technologie den förderbaren Anteil an den Kohleflözen erhöhen, falls diese Kohle preislich mit den unerschöpflichen, sauberen Energiequellen wettbewerbsfähig würde.

Fig. 3,4 und 3,5 stimmen darin überein, daß das Datum der maximalen Ausbeutung der Flöze das Ende der Lieferfähigkeit bedeutet. Indessen sollten gemäß Fig. 3,4 die Erdöl- und Erdgas-Vorräte der USA ihr Maximum schon in den späten 60er Jahren durchlaufen haben, obwohl der überwiegende Energiestrom der USA auch heute noch aus ihren einheimischen Öl- und Gasquellen fließt. Das Maximum bedeutet, daß das Ende eines Vorrates in größenordnungsmäßig einem Jahrzehnt zu Ende geht und daß zunehmend andere Energiequellen eingesetzt werden müssen, um die aussterbende Quelle zu ergänzen. Falls zur Zeit dieses Maximums eine andere alternative Energiequelle sich

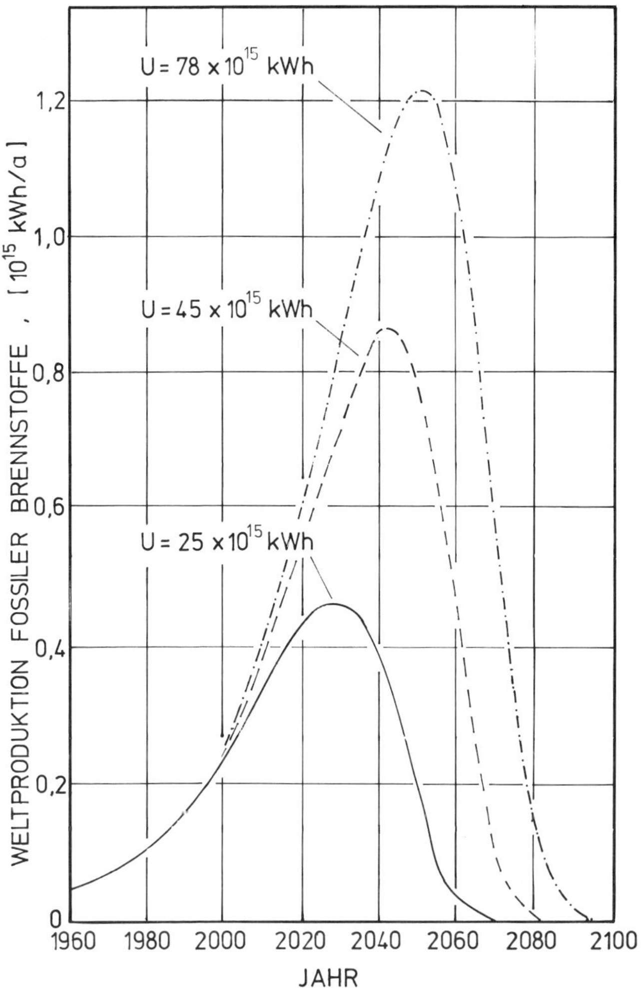

Fig. 3,5:
Jährliche Weltkohlenförderung als Funktion des Kalenderjahres, wie in Fig. 3,4, aber nach Elliot und Turner 1972. Die Autoren berücksichtigen nicht nur den bisherigen Kohleverbrauch für den jährlichen Strombedarf, sondern auch den vervielfachten künftigen Bedarf als Ersatz für Erdöl und Erdgas (CH_4). Parameter U ist der geschätzte Gesamtvorrat an Kohleheizwert. Bei der vorsichtigen Schätzung von nur $25 \cdot 10^{15}$ $kW_{th}h$ wird das Maximum des Kohleverbrauchs und der Beginn der exponentiellen Abnahme der Kohlevorräte bereits um das Jahr 2030, also in 50 Jahren erreicht. Das ist die „Galgenfrist", bis zu der unsere Energieversorgung durch unerschöpfliche saubere Primärenergiequellen ersetzt sein muß (3-3).

nicht in einem fortgeschrittenen Entwicklungsstand befindet, ist die Situation diejenige, daß auf ihr gegründete Funktionen zusammenbrechen.

Mathematische Möglichkeiten für die Voraussage eines Quellenendtermins

Die Erzeugungsrate einer Quelle erreicht ihr Maximum und nimmt dann ab; die Fläche unter der Kurve der Produktionsrate als Funktion der Zeit ist dann der letztendliche Gesamtinhalt U der Quelle. Nach Elliott und Turner sowie Hubbert kann die jährliche Produktionsrate dP/dt als Funktion der Zeit t (in Kalenderjahren) und der über die betreffenden Jahre kumulierten Produktion P, der Funktion f(D) der Nachfrage sowie der Funktion des noch übrigbleibenden Angebotes f(S) ausgedrückt werden als dP/dt = f(D) · f(S). . .(3,1). Daraus folgt dP/dt = b'P (1-P/U)/U. . .(3,2), worin b' eine Konstante ist. Die Integration von (3,2) liefert dann -ln (U/P-1) = b't/U + n = bt + n (3,3), wobei n die Integrationskonstante und b = b'/U ist. Daraus berechnet sich die akkumulierte Produktion der Quelle zu P = U/[1 + exp (−bt −n)] . . .(3,4). Man nimmt dann die zweite Abgeleitete dieser Gleichung, setzt sie gleich Null und erhält dadurch die Zeit t_m der maximalen Produktionsrate t_m = −n/b. . . (3,5). Durch Kombination der beiden letzten Gleichungen folgt dann nach Elliott und Turner, ähnlich wie nach Hubbert: P = U/[1 + A exp (−b (t −t_r))]. . .(3,7), worin t_r das Referenz-Kalenderjahr und A = exp (b (t_m −t_r)) eine Konstante ist; t_m −t_r ist offenbar die Zeitdauer zwischen dem dP/dt-Maximum und dem Bezugsjahr. Diese Ableitung ist durch die Voraussetzung vereinfacht, daß 50 % der Produktion der Quelle bei ihrem Maximum geschieht; es gibt auch komplexere Gleichungen ohne diese Einschränkung, welche bei den vorliegenden Berechnungen aber nicht wichtig zu sein scheint.

Die Abschätzung der Erschöpfung einer Brennstoff-Lieferung

Die Hauptquelle fossiler Brennstoffe ist also Kohle, die nach der Analyse von Elliott und Turner bis 2030 reichen wird, falls sie zum Ersatz der bisherigen Anforderungen an Öl und Gas benutzt wird. Brennan(3-21) hat in Ausbau der Arbeiten von Starr(3-22) die Weltvorräte gesichtet und benutzt in seiner Analyse als Einheit die Größe Q = 10^{18} Btu ≈ 10^{21} joule ≈ $3 \cdot 10^{14}$ kWh_{th}h; aus diesem Werk stammt unsere Tabelle 3,1. Danach betragen die Weltreserven an konventionellen Energiequellen ungefähr 40 Q, während der Energiegesamtverbrauch der Welt zwischen 1970 und 2000 auf 20 Q geschätzt wird. Nach Brennans Analyse erreicht der Weltverbrauch sein Maximum im Jahr 2000, also einem früheren Zeitpunkt als nach der älteren Schätzung von Elliott und Turner zwischen 2020 und 2050.

Tabelle 3,1. Jährlicher Energieverbrauch in Q*. Nach Brennan und Sterr

Jahr	1800	1900	1970	2000
Weltverbrauch	0,006	0,03	0,3	1
USA-Verbrauch	0,001	0,01	0,1	0,2

*1 Q = 10^{21} J ≈ 10^{18} Btu ≈ $3 \cdot 10^{14}$ $kW_{th}h$.

Allerdings hängt Brennans Voraussage eines Maximums im Jahr 2000 von der Annahme ab, daß der Weltenergieverbrauch nach 2000 zu wachsen aufhört – eine leider optimistische Erwartung, ohne die unsere gegenwärtigen Vorräte bis 2020 sogar doppelt verbraucht würden. Sollten die Zahlenwerte Brennans nach Tabelle 3,1 sogar um einen so großen Faktor wie 5 zu pessimistisch sein, dann würde die Zunahme der Weltbevölkerung und ihres Energieverbrauchs den Erwartungswert Q noch deutlich überschreiten. Insofern ist von Brennans Gesichtspunkt aus das zweite Jahrzehnt des nächsten Jahrtausends – nach Turner und Elliott das Jahr 2030 – ein oberer Grenzwert für die Zeitdauer der fossilen Brennstoffe als Hauptenergiequelle und steht damit nicht im Widerspruch zu diesen beiden Autoren. – Ganz ähnliche Zeiten hat auch Linden(3-23) berechnet; wenn fossile Brennstoffe die Hauptlast übernehmen und Kernkraft in den USA weiter höchstens 10 % bis zum Jahr 2000 beitragen wird, werden die Fossilvorräte bis 2010 aufgebraucht sein. Wenn man die Vorratsbasis über die jetzt förderbaren Anteile hinaus auf die Gesamtmenge ausdehnt, dann sollten nach Linden die Förderungsraten erst um 2040 bis 2065 sinken, und einige seiner Argumente würden diese Grenze noch bis 2073 hochtreiben.

Insofern besteht eine gute Übereinstimmung zwischen den vier Autoren, denn innerhalb einer Spanne von 2000 bis 2073 ist der Mittelwert das Jahr 2038. Hieraus darf man folglich schließen, daß die Gesellschaft mit der Erforschung, der Entwicklung und dem Baubeginn der neuen Energiebasis bis 2000, mit dem Produktionsbeginn bis 2020 fertig sein muß. Spätere Schätzungen spielen mit der Verfügbarkeit von Wiedergewinnungsmethoden, die es gegenwärtig nicht gibt. Diese fundamentalen Erkenntnisse seien nochmals tabellarisch verdeutlicht:

Tabelle 3,2. Berechnungen des Jahres maximaler Kohleförderung und beginnenden Nachlassens*

Autoren	Jahr	Erläuterung
Chase Manhattan Bank, (korrigiert)(3-4)	2033	Originalbericht postuliert 1500 x Jaresverbrauch 1972. Berichtigung im Text.
Brennan(3-21)	2000	Unter Annahme eines Nachfrage-Zuwachs-Stops nach 2000.
Elliott und Turner(3-3)	2040	Bezieht Benutzung der Kohle als Ersatz für Öl ein.
Linden(3-23)	2010	Nimmt an, daß Kohleförderungs-Technologie in den 70er Jahren nicht radikal verbessert wurde.
Linden(3-23)	2052	Nimmt an, daß sämtliche Kohle gefördert werden kann.
Linden(3-23)	2073	Nimmt höchste glaubwürdige Grenze für Vorratsbasis an.

*Allgemein wird angenommen, daß die logistische Schwierigkeit der Förderung der Kohle mit ausreichender Geschwindigkeit gelöst ist.

Kurz zusammengefaßt: es bleiben rund 25 Jahre für Forschung und Entwicklung und etwa dieselbe Zeit für den Aufbau des neuen Systems reichlicher sauberer Energie.

Die Zeitspanne für die Verwirklichung einer technologischen Veränderung

Als Beispiel für diese Bemessung der für die Umsetzung einer technischen Idee in industrielle Wirklichkeit notwendigen Zeitspanne führt man als berühmtes Beispiel die Entdeckung der Uranspaltung durch Hahn und Strassmann(3-24) im Jahre 1938 und den Bau eines ersten Versuchsreaktors durch Fermi bereits im Jahre 1942 an, extrem beschleunigt durch massive militärpolitische Hilfe, aber noch 1977 – nach 40 Jahren – liefern die Atomreaktoren weniger als 1 % des US-Energiebedarfs. Die Gleichung für die Möglichkeit des Raumfluges stammt von

Tsiolkovsky aus dem Jahre 1887(3-25), aber bis zur Mondlandung dauerte es trotz extremer staatlicher Förderung 82 Jahre. Auch die Sperrschicht-Photozelle brauchte seit ihrer Entdekkung durch Adams und Day 1876 bis zu ihrem theoretischen Verständnis und der praktischen Durchbildung durch Schottky und Lange(3-26) 54 Jahre, trat dann ihren Siegeszug als Belichtungsmesser an, konnte aber erst nach Einführung der Si-homojunctions durch Chapin im Jahre 1953(3-27) und nach Verzehnfachung ihres Wirkungsgrades innerhalb eines Jahrzehnts das Problem der Stromversorgung der Satelliten lösen und als Solarstromwandler für terrestrische Zwecke eingesetzt werden. Nach neueren systematischen Analysen von Friborg(3-28) dauert es durchschnittlich 35 Jahre von der technischen Entwicklung bis zur Kommerzialisierung. Kürzlich hat Watson-Munro(3-29) die zwischen der wissenschaftlichen Feststellung der Durchführbarkeit und der wirtschaftlichen Ausnutzbarkeit einer Erfindung verstreichende Arbeitsdauer auf 26 Jahre beziffert, in ausreichender Übereinstimmung mit Friborg. Deshalb haben wir bei der obigen Zusammenfassung rund 25 Jahre angesetzt.

Grenzen des Wachstums

Wie uns Fig. 3,2 veranschaulichte, besteht eine empirische Korrelation zwischen der pro Kopf verfügbaren Energie und dem materiellen Lebensstandard, entsprechend einem ungefähr linearen Zusammenhang, woraus Soziologen ableiten, daß man zur Aufrechterhaltung einer ständigen Wirtschaftswachstumsrate eine entsprechende jährliche Zunahme des Energieverbrauchs benötige. Offenbar ist die Verwechslung einer mehr oder weniger zufälligen statistischen Korrelation mit einem kausalen physikalischen Gesetz ein Denkfehler; andernfalls würde es konkret genügen, tüchtig Strom zu verschwenden, indem z. B. alle Bürger nachts in allen Räumen das Licht brennen lassen, um ein zusätzliches Wirtschaftswachstum zu erzwingen. Werner Müller und B. Stoy(3-30) haben den Mut gehabt, hierüber ein Buch zu schreiben und seinen Druck durchzusetzen; sie können dabei darauf hinweisen, daß in der jüngsten Vergangenheit trotz Greifens der Energiesparmaßnahmen eine wirtschaftliche Zuwachsrate geblieben ist. Wir erwähnen dies ausdrücklich als wichtig, weil ohne die Einsicht in die Notwendigkeit eines Nullwachstums auch in der Energiewirtschaft die von uns erstrebte Vermeidung des künftigen energetischen Zusammenbruchs einer durch erhebliche Zuwachsraten und hohen pro-Kopf-Verbrauch ausgezeichneten Weltbevölkerung hoffnungslos ist.

Die Überlegungen in diesem Abschnitt müssen wir auf atomare und solare Primärenergie beschränken, weil wir gelernt haben, daß die fossilen Brennstoffe nur $^1/2$ bis $^1/4$ Jahrhundert reichen werden und daß dies ungefähr die für Entwicklung und Aufbau alternativer unerschöpflicher Energiequellen erforderliche Zeit ist.

1. Wird es genügend Kernbrennstoff geben?

Allerdings müssen wir eine wichtige Einschränkung machen, denn sowohl die Anhänger wie die Gegner der Kernspaltungsreaktoren stimmen darin überein, daß die gegenwärtig produzierenden Leichtwasserreaktoren trotz ihres hohen Entwicklungsstandes den Kernbrennstoff mit < 1 % so ungenügend ausnutzen, daß sie die bekannten wirtschaftlich ausbeutbaren Uran-Vorräte in 20 bis 30 Jahren vergeudet haben werden. Damit scheiden die gegenwärtigen Kernspaltungsreaktoren aus der Liste der zukünftigen *unerschöpflichen* Energiequellen aus, es verbleiben als Kandidaten nur noch der Brutreaktor, der Fusionsreaktor und die Sonnenenergie einschließlich der Wind- und Wasserkraft, die uns helfen könnten.

Diese Behauptung ist so folgenreich, daß wir sie überzeugend beweisen müssen, und die höchste unabhängige Instanz Europas hierfür ist die OECD mit ihrer Kernenergieabteilung NEA, die soeben ihre Untersuchung über den voraussichtlichen Bedarf an Uran und den Anfall an radioaktivem Abfall unter dem Titel „Nuclear Fuel Cycle Requirements“ (Paris 1978) veröffentlicht hat. Wir zitieren wörtlich aus dem Referat(3-31): „Langfristig wird für das Jahr 2000 mit einer Kernkraftwerkskapazität zwischen 1 000 und 1 900 GW gerechnet. Das entspricht in etwa 1 000 bis 1 900 Kernkraftwerken à 1 000 MW Leistung (zum Vergleich Biblis in Deutschland 1 300 MW Leistung). Die Schätzungen für das Jahr 2025 ergeben auf Grund von Trendanalysen eine Kernkraftwerkskapazität weltweit von 2 200 bis 6 700 GW. Der Natururanbedarf wird für das Jahr 2000 mit jährlich zwischen 178 000 und 340 000 Tonnen angegeben. Dies hängt davon ab, ob die untere oder obere Grenze der Kernkraftwerkskapazität erreicht wird. . . . Entsprechend der prognostizierten Kernkraftwerkskapazität ergibt sich ein Urananreicherungsbedarf beim Einsatz der Leichtwasserreaktoren von etwa 100 000 bis 190 000 Tonnen Trennarbeitsbedarf im Jahr 2000, der mit den vorhandenen und geplanten Anlagen nicht befriedigt werden kann. . . Die OECD hat auch den Versuch unternommen, für den Zeitraum 2000 bis 2025 Schätzungen über den weltweiten Kernkraftwerkseinsatz und Uranbedarf zu machen. Es wird festgestellt, daß mit Leichtwasserreaktoren bald eine Erschöpfung der bekannten Uranreserven nach dem Jahr 2000 eintritt. Nur durch den Einsatz von Brutreaktoren kann der Uranbedarf merklich reduziert werden... Für das Jahr 2025 liegt der kumulierte Uranbedarf beim Einsatz von Brutreaktorsystemen zwischen 5,3 und 9,3 Millionen Tonnen Uran. Das bedeutet, daß selbst beim Einsatz von Brutreaktoren in nächster Zeit eine merkbare Entlastung beim Uranbedarf erst allmählich eintreten könnte, weil es sehr lange dauert, bis sich die Uranersparnis über den Einsatz des Plutoniums bemerkbar macht".

Die OECD-Studie ist in vielfacher Hinsicht noch nicht pessimistisch genug, z. B. in der Annahme, daß für die zivile Stromerzeugung schnelle Brüter zur Verfügung stehen werden; diese erbrüten nämlich laufend Plutonium, aus dem „jedermann" ohne spezielle Technologie Atombomben zusammenbauen kann, was früher oder später Katastrophen bisher nicht erlebten Ausmaßes provozieren könnte(3-32).

2. Werden die Schnellen Brüter die Hoffnungen erfüllen?

Über Brut- und Fusionsreaktoren bestehen auch in den USA derart kontroverse Ansichten, daß die Ford-Foundation 21 angesehene Experten von anerkannter Neutralität zu einem umfangreichen Gutachten(3-32) veranlaßt hat, aus dessen Referat (3-33) nachstehend wörtlich zitiert sei: „Präsident Carter hat mit seinem Veto gegen das amerikanische Brüterkraftwerkprojekt am Clinch River klar zu verstehen gegeben, daß es ihm mit seiner Anti-Proliferations-Politik ernst ist. Außerdem hält er den schnellen Brüter für unnötig und unwirtschaftlich. Er stützt sein Urteil auf eigene Erfahrungen, denn er war unter dem damaligen Admiral Rickover für die natriumgekühlten Atomreaktoren der Atom-U-Boote der US-Navy verantwortlich, die wegen zu grossen Risikos hinausgeworfen und durch Druckwasserreaktoren ersetzt wurden. Carter stützt sein Urteil ab auch durch das Gutachten, das die Ford-Stiftung bei der Mitre Corporation in Auftrag gegeben hat.... Auf der Basis von 40 $ je Pfund (U_3O_8) stünde für den Rest dieses Jahrhunderts und für 40 bis 70 $ bis weit in das nächste Jahrhundert genügend Uran für Leichtwasserreaktoren zur Verfügung. Weiter, daß das wirtschaftliche Potential des Brüters viel zu hoch angesetzt worden ist, ... und daß wenig Aussichten zu bestehen scheinen, daß der Schnelle Brüter in diesem Jahrhundert oder den ersten Jahrzehnten des nächsten einen nennenswerten Vorteil gegenüber dem Leichtwasserreaktor bietet. . . . Da ein 1 000 MW_{el} -Brutreaktor etwa 5 Tonnen Plutonium benötigt, ein 1 000 MW_{el} -Leichtwasserreaktor im Mittel aber nur ein Inventar von 400 kg Plutonium beinhaltet, ist das Plutoniuminventar des Brüters mindestens zehnmal so groß. Bei einem System von zwanzig 1 000 MW_{el} -Brütern entspräche das einem Gesamtinventar von rund 1 000 Tonnen Plutonium. Man kann daraus ersehen, welche zusätzlichen Risiken allein schon das Mengenproblem mit sich bringt – ganz abgesehen von den politischen Risiken, die Europa mit der Einführung des Schnellen Brüters seinem stärksten Verbündeten gegenüber eingehen würde, den Vereinigten Staaten. Präsident Carter ist ein entschiedener Gegner der Proliferation der Atomwaffen, weil ihm ein ständig vorhandenes, aber nicht militärisch kontrolliertes Inventar von einigen hundert Tonnen Plutonium allein in den Vereinigten Staaten und etwa ebensoviel in der übrigen Welt als zu hohes Risiko erscheint. (Teil III, S. 269-316 der Studie).

3. Wohin mit der Abwärme?

Mit dem Abwärmeproblem der Kraftwerke aller Arten hatten wir uns schon in Kapitel 1 gründlich vertraut gemacht und gelernt, daß wegen der Tendenz zu immer höheren Blockleistungen, besonders in dicht besiedelten Ländern, der Mangel an Standorten mit ausreichendem Kühlmittelangebot immer fühlbarer wird; Leichtwasserreaktoren sind in dieser Beziehung grundsätzlich noch nachteiliger, weil ihre Frischdampftemperatur nur 300° betragen darf statt ca. 560° beim konventionellen Kraftwerk, und der ideale Carnot-Wirkungsgrad nur $\eta_C = (300 - 30)/(300 + 273) = 47\ \%$ gegenüber $\eta_C = (560 - 30)/(560 + 273) = 63{,}6\ \%$ erreicht – real nur 29 gegen 38 %. Die Abwärme (Anergie) erreicht $1 - \eta_C = 71\ \%$ beim Kernreaktor gegenüber 62 % beim Kohlekraftwerk; diese 14 % mehr Abwärme vom Kernkraftwerk sind ein weiterer Grund, es weit weg von den Ballungszentren zu plazieren.

Um ein aktuelles Beispiel zu nennen, so will Frankreich jetzt das größte europäische Kernkraftwerk mit 4 400 MW_{el} Leistung (bisher war das deutsche Biblis mit 1 300 MW_{el} das größte) an der Mosel dicht vor der deutschen Grenze bauen; es würde damit zusätzlich zu den Kernkraftwerken am Oberrhein die ohnehin schon überzogene Wärmebilanz des Rheins belasten. Die betroffenen deutschen Bundesländer bitten um Beachtung unserer Umweltschutz-Standards (Trinkwasser!) und befürchten Nachteile durch die Nebelbildung. Ein Standort an der französischen Atlantikküste wäre sicherlich verfügbar gewesen, analog dem Kernkraftwerk Esenshamm in der Wesermündung!

4. Atomruinen bewachen oder abwracken?

Nach Schätzungen der OECD-Kernenergieagentur werden bis zum Ende des Jahrhunderts in den Ländern der Gemeinschaft mehr als 1 000 Leistungsreaktoren, Wiederaufbereitungsanlagen, Brennelementfabriken, Anlagen des „nuklearen Abfall-Managements" usw. in Betrieb sein oder gewesen sein, die sämtlich eines Tages außer Betrieb genommen werden müssen; die bisher vorhandenen Anlagen seien nicht „stillegungsfreundlich" gebaut, die größten Ungewißheiten bei Stillegungen entstünden aus „beschönigten Kontaminationszwischenfällen, fahrlässigem Betrieb, mangelnder Sorgfalt beim Umgang mit radioaktivem Material sowie einem Mangel an aktualisierten technischen Zeichnungen und Unterlagen über Werksumbauten. Mit diesem Thema beschäftigte sich die Reaktortagung 1978 des deutschen „Atomforums". Man erfuhr, daß die Bewachung einer Atomruine jährlich rund 150 000 DM kostet und daß man deshalb im Auftrag des BMFT zunächst einen Heißdampfreaktor bei Seligenstadt am Main demontiert und eine andere Ruine in Niederaichbach an der Isar „mit wissenschaftlicher Begleitung" abwracken wolle. Beim Atomforum(3-34) wurde vorgerechnet, daß die am stärksten strahlenden Teile eines ausgedienten Blockes vom Modell Biblis etwa 1,2 Mio Jahre zum „Abklingen", andere Teile 150 bis 2 300 Jahre brauchen! Es hieß dort außerdem, die in der Asse bereits jetzt und in Kürze zur Verfügung stehende Kapazität ermögliche es, die aktiven Abfälle von beinahe hundert total beseitigten Kraftwerken vom Typ Biblis A einzulagern. Das aber wäre nicht sinnvoll, weil der Lagerplatz in dem Salzbergwerk zu wertvoll sei. Darum sollten die Abfälle „in möglichst großen Einheiten in einer zentralen Engineered Storage Facility rückholbar eingelagert werden; das würde auch weniger Geld kosten."

5. Bleibt Kernkraft billiger?

Hierzu zitieren wir weiter wörtlich das Referat vom Atomforum 1978: „Ob übrigens die Rechnung für den billigen Atomstrom auch dann noch aufgeht, wenn – was vorgesehen ist – die Kosten für Stillegung, Demontage und Endlagerung der strahlenden Baumassen mitkalkuliert werden?" Dazu finden wir eine offizielle Antwort(3-35), die der baden-württembergische Wirtschaftsminister Eberle auf eine Anfrage der SPD gegeben hat. „Eberle, der sich auf vier in jüngster Vergangenheit erschienene Untersuchungen unabhängiger Wissenschaftler stützt, nennt für Kernkraftwerke, die seit 1975 im Betrieb sind und die Grundlast abdecken, Stromerzeugungskosten von 3,97 bis 4,50 Pf/kW_{el} h. Bei Steinkohlekraftwerken lägen die Kosten bei 6,9 Pf (mit Subvention) und 8,0 Pf (ohne Subvention). Sogar in den küstennahen Kohlekraftwerken, die mit billiger Importkohle betrieben werden können, betragen den Angaben zufolge die Stromerzeugungskosten noch 6,52 Pf. Der Kostenvorteil der Kernenergie werde auch in den achtziger Jahren bestehen."

Diese Behauptung von offenbar großer Bedeutung läßt sich durch Nachrechnung leicht kontrollieren. Nach dem Buchschen Diagramm Fig. 1,1 betragen die Anlagekosten eines Kohlekraftwerkes von 800 MW Leistung mit modernster Rauchgasentschwefelung 1 300 DM/kW, die in 20 Jahren, also mit 5 %/a, abzuschreiben sind; zusammen mit 8 % Zinsen ergibt dies nach der Zinseszins-Tabelle eine Annuität von 10,19 %, also rund 10 %. Hierzu werden 2,5 % für Unterhaltung, 1 % für Versicherung sowie 1 % für Verwaltung und Steuern addiert, also insgesamt 14,5 %. Damit ergeben sich die jährlichen festen Kosten zu 1 300 x 0,145 = 188 DM/kW.a; diese dividieren wir bei beiden Konkurrenten durch dieselbe jährliche Benutzungsdauer, z. B. 6 000 h/a. Somit ergeben sich die festen Kosten zu $1{,}88 \cdot 10^4$ Pf/$6 \cdot 10^3$ h/a = 3,14 Pf/kWh. Aus dem oberen Teil von Fig. 1,1 können wir den spezifischen Wärmeverbrauch für mittelgutes Vakuum zu 2 300 kcal/kW_{el}h interpolieren; multipliziert man damit den gegenwärtigen Preis der Kohlewärme von 24 DM/Gcal, so erhält man 5,52 Pf/kW_{el} h als den Kohleanteil des Kohlestromes und als gesamten Stromgestehungspreis 3,14 + 5,52 = 8,66 Pf/kW_{el} h, wie auch aus dem Buchschen Diagramm Fig. 1,3 interpolierbar.

Halten wir dem nun die Kernenergie entgegen, so sind die Kosten für die Gesamtanlage in den letzten Jahren auf 2 500 bis 3 000 DM/kW gestiegen; rechnen wir mit dem niedrigeren Wert für die maximale Blockleistung von 1 300 MW, so ergeben sich die festen Kosten zu 2 500 x 0,147/6 000 = 6,13 Pf/kWh, also kapitalintensiver als beim Kohlekraftwerk. Dafür ist der Wärmepreis der Kernwärme nur 7 DM/Gcal, der Wärmeverbrauch wegen der niedrigeren Frischdampftemperatur (300 °C) mit 2 900 kcal/kW_{el}h etwas höher, und der Wärmeanteil der kW_{el} h wird 2,03 Pf/kW_{el} h, insgesamt also 6,13 + 2,03 = 8,16 Pf/kW_{el} h, praktisch genau so groß wie beim Kohlestrom. Der behauptete Kostenvorteil des Kernstromes (um etwa 40 %) kommt dadurch zustande, daß man ihm die Grundlast mit etwa 6 000 h/a reserviert, während man den Kohlestrom auf die Halblast und Spitzenlast beschränkt hat, wo bei etwa 3 000 h/a Benutzungsdauer die festen Kosten etwa doppelt so teuer werden, verglichen mit unserer obigen Berechnung. Außer dieser manipulierten tatsächlichen Kostenverschiebung gibt es noch eine fiktive, indem man aus den hohen Anlagekosten des Reaktors das Core herausnimmt, das fast die Hälfte beansprucht und dann unter den beweglichen Kosten mit einer angeblich längeren Lebensdauer (> 20 Jahre) unterbringt. Natürlich spielen beim Vergleich auch die Zusatzkosten eine Rolle, während sich die Subventionen durch bisher 18 Mia. DM für Forschung und Entwicklung einerseits und den Kohlepfennig andererseits kompensieren sollten, hat die Kernenergie hinsichtlich Aufarbeitung der Abfälle, Entsorgung und Abwrackung erheblich höhere Lasten aufzubringen.

Nach diesem eignen Kommentar zitieren wir zu diesem Thema wieder den autoritativen neutralen Bericht der Ford-Foundation(3-36), der die Chancen von Uran und Kohle wie wir als wenig verschieden betrachtet: „Schlüsse über die vergleichsweise Ökonomie von Kohle- und Kernenergie hängen von Schätzungen der künftigen Kapitalbelastungen ab, die Anlage- und Festkosten sowie diejenigen für Uran und Kohle enthalten. Jeder dieser Kostenfaktoren beinhaltet spezielle Probleme, die zu der Ungewißheit und Möglichkeit verschiedener Interpretationen beitragen. . . . Die Gestehungskosten für Kernstrom sind durch die Kapitalkosten beherrscht. Gegenwärtig sind mehr als 70 % des Strompreises von Leichtwasserreaktoren (LWR) den Kapitalkosten zuzuschreiben. Im letzten Jahrzehnt sind die Baukosten von Kernkraftwerken merklich schneller als die Inflationsrate angestiegen. Ferner, als Folge von Ausfällen und herabgesetztem Betrieb, ist der mittlere Benutzungsfaktor für Kernkraftanlagen geringer als erwartet gewesen, besonders bei den großen neuen 1 000 MW_{el}-Anlagen. Verminderungen im Benutzungsfaktor haben auf den Stromgestehungspreis denselben Einfluß wie Erhöhungen in Kapitalkosten. . . Der neuerliche rapide Anstieg des Uranpreises von 12 $ in den frühen 70er Jahren auf Spitzenpreise angeblich so hoch wie 80 $ je kg hat zusätzlich das wirtschaftliche Bild bewölkt. . . Wenn Uran tatsächlich Engpässe im Nachschub hat und sehr teuer wird, wird die Stromerzeugung der LWR Schwierigkeiten haben, mit Kohleanlagen zu konkurrieren. . . . Nichtsdestoweniger sollten die Aussichten für Kohle nicht unterschätzt werden, weil Kohle generell für kommende lange Zeiten mit Kernkraft wettbewerbsfähig sein wird und mit aller Wahrscheinlichkeit der Stoff sein wird, aus dem synthetisches Gas und Öl hergestellt werden.“ (l.c. S. 8-10).

6. Der Zeitbedarf für den Aufbau einer reinen Atomenergie-Wirtschaft

Nehmen wir an, die eben diskutierten Schwierigkeiten der Leichtwasserreaktoren wären beseitigt und die technische Durchbildung und politische Freigabe der Schnellen Brüter seien geglückt, so stellt sich als nächste Frage die, mit welcher Geschwindigkeit beispielsweise die USA zu einem ausschließlich durch Atomstrom versorgten und dadurch energetisch autarken Land ausgebaut werden könnten? Vom bisherigen Verbrauch aus extrapoliert wird der Amerikaner im Jahr 2000 30 kW verbrauchen. Wenn man optimistisch ein Nullwachstum der Bevölkerung von 225 Millionen annimmt, so wären 7 000 GW_{el} erforderlich; wären alle Kraftwerke Giganten von 10 GW_{el}, so benötigte man hiervon 700 Stück, von denen zwischen 1975 und 2000 alle 14 Tage je eines fertig werden müßte. Es ist glaubhaft, daß nicht einmal die USA diesen termingerechten Übergang von den endenden fossilen Brennstoffen auf Kernenergie schaffen könnten.

7. Eine reine Atomenergie-Wirtschaft bedarf der Ergänzung durch eine H_2-Wirtschaft

Gemäß der Ford-Foundation-Studie gilt: „Die Gestehungskosten von Elektrizität aus Nuklearanlagen werden dominiert von den Kapitallasten der Anlage. Gegenwärtig sind mehr als 70 % der Stromkosten von LWR dem Kapitaldienst zuzuschreiben.“ Wenn man also die Stromgestehungskosten bei Vollast mit 100 % ansetzt, so steigen sie bei Halblast auf 170 % und bei Viertellast sogar auf 300 % je $kW_{el}h$. In einer aus nuklearen und konventionellen Kraftwerken gemischten Energiewirtschaft können die Kernkraftwerke ihr Handicap der Kapitalintensität mehr als kompensieren, indem sie die gesamte Grundlast beanspruchen und die Teillast den Fossil-Brennstoffwerken zuschieben, die dank ihrer niedrigeren Festkosten (in unserem obigen Nachrechnungsbeispiel z. B. 36 %) nach Buch diese Benachteiligung „verkraften“ können. In einer künftigen Elektrizitätswirtschaft dagegen, die nicht mehr genügend Kohlekraftwerke enthält oder die gar später eine Nuklear-Monokultur sein würde, müßten die Kernkraftwerke auch die Teil- und Spitzenlast übernehmen und würden dann durchschnittlich vielleicht bei Halblast oder etwas weniger verstromen müssen, also etwa bei einem doppelt so hohen kW_{el} h-Preis wie in der Mischwirtschaft – ein Albtraum für die Aufrechterhaltung eines hohen Lebensstandards. Also braucht man Speicherung, aber für ein so riesiges Netz wie eine nationale Kernenergieversorgung reichen Pumpspeicherwerke nicht aus, und tatsächlich bleibt nur Lawaczeks Idee, mit dem Überschußstrom H_2 zu elektrolysieren, zu speichern und bei Spitzenlast wieder zu verbrauchen. Von dieser einfachen H_2-Speicherung zu einer vollständigen H_2-Wirtschaft ist der Schritt nicht weit, wenn, wie besonders in den USA, ein Erdgas-Pipelinenetz von über 400 000 km Länge vorhanden ist, das mit H_2-Technologie kompatibel ist, also einen allmählichen Übergang gestattet, außer Speicherung auch den billigsten Transport über weite Entfernungen anbietet und vielseitige Anwendungen, z. B. in der metallurgischen Industrie und dem Transportwesen, ermöglicht, die in Kap. 12 behandelt werden. Schon Kapitalinvestierungsgründe werden genügen, eine überwiegend auf LWR-Strom aufgebaute Energiewirtschaft zur Komplettierung in eine Kern-Wasserstoff-Wirtschaft zu zwingen, die dann auch ohne grundsätzliche Schwierigkeiten zu einer Solar-Nuklear-H_2-Wirtschaft erweitert werden kann, wie sie das Thema dieses Buches bildet.

8. Die Politisierung der Kernenergie. Das neue Energieprogramm der Regierung

In unserer Diskussion der Situation der Atomspaltungsenergie haben wir brisante Teilthemen wie radioaktive Verseuchung, Betriebssicherheit der Kernreaktoren, menschliche Unzulänglichkeit und Terrorismus, Aufprallen von Flugzeugen auf Reaktorkuppeln usw. ausgelassen, weil – mit wenigen lobenswerten Ausnahmen(3-37) – sachliche Auseinandersetzungen immer weniger Aussichten haben; Entscheidungen werden vielmehr motiviert durch konkurrierende massive Sachzwänge wie die in den Kernenergie- und Steinkohlebereich investierten gewaltigen privaten und öffentlichen Kapitalien, die Demonstrationen der Kernkraft- und Steinkohle-Arbeiter für die Erhaltung ihrer Arbeitsplätze und die zunehmend emotionale Opposition der Umweltschützer, mit denen unsere Gerichtsbarkeit nicht fertig wird und die bis zu den Besetzungen der Kernkraftwerksneubauten von Wyhl, Brokdorf, Grohnde und Kalkar geführt hat. Es genügt hier, auf die jüngst erschienene maßgebliche Darstellung über „Die Politisierung der Kernenergie“ eines Generaldirektors von EURATOM(3-38) zu verweisen, der die faktische Lage folgendermaßen resümiert: „Die Bundesregierung hat aus alledem die Konsequenz gezogen, indem sie der Kernenergie auch in dem erneut fortgeschriebenen Energieprogramm einen wenn auch bescheidenen Platz einräumt, nun aber mit einer bemerkenswerten Einschränkung: in den Energieprogrammen vom September 1973 und Oktober 1974 hieß es noch, die Entwicklung der Kernenergie sei – uneingeschränkt – wünschenswert, ihre Nutzung müsse beschleunigt werden. Nunmehr heißt es, die Bundesregierung hält nach vorrangiger Nutzung anderer Möglichkeiten (d. h. der Steinkohle) einen begrenzten Ausbau der Kernenergie für vertretbar, eine fundamentale Änderung der Einstellung zur Kernenergie – ohne daß übrigens ein Ereignis eingetreten ist, das diesen Wandel hätte rechtfertigen können."

Ist es nicht Ereignis genug, daß die Naturschützer aller Art „Grüne Fronten" gegründet haben, die als Zünglein an der Waage unsere parlamentarische Ordnung in ein Zweiparteiensystem verwandeln können? Ist es klug, wenn der Autor die Kritiker der Kernenergie in „Ehrliche (lies: nicht intelligente) Zweifler und Gegner wider besseres Wissen" einteilt und durch einen Psychologen als Psychopathen diagnostizieren läßt? Würden nicht die für Kritik kompetenten Nobelpreisträger und die Autoren der Ford-Foundation-Studie ebenso mangelnder Urteilsfähigkeit oder Moral verdächtigt werden?

Zwischen der Scylla der steigenden radioaktiven Verseuchung der Umwelt und der von den Biologen besonders gefürchteten Infiltration des hochgiftigen Plutonium* in die Biosphäre (Fig. 1,11) einerseits und der Charybdis einer entscheidenden Veränderung der Atmosphäre unseres Planeten durch die massive CO_2-Überflutung andererseits erscheint das neue Energieprogramm der deutschen Regierung ausgewogen und insofern weise, als es durch Intensivierung der Förderung energiesparender Maßnahmen und der bereits gelegentlich der Industrieausstellung des 2. Internationalen Sonnenforums in Hamburg 1978(3-39) sichtbar gewordenen Solarindustrie alle – auch langfristig – erfolgversprechenden Optionen offengehalten hat.

Schlußfolgerungen über Kernspaltungsenergie.
Die sieben Empfehlungen des Ford-Foundation-Berichtes an die US-Regierung**

1. Eine klare Entscheidung, die Aufarbeitung und Wiederverwendung von Plutonium zurückzustellen.

---

*Einatmung von nur 1/1 000 mg Pu genügt, einen Menschen zu töten!
**Wörtlicher Abdruck aus der deutschen Ausgabe des Ford-Found. Rep., S. 189

2. Ein Zurücknehmen des hochgespielten Brüter-Programms bei Verzicht auf den zu frühen Zeitpunkt der Kommerzialisierung.

3. Eine geringere Priorität für die Kernenergie bei Energieforschung und Planung in einem Rahmen, der auch der Kohle auf kurze Sicht und alternativen, unerschöpflichen Energiequellen auf lange Sicht das gleiche Gewicht gibt.

4. Verzicht auf Förderung der Kernenergie im Lande und außerhalb.

5. Geordnete Expansion der Anreicherungsanlagen, um Übereinstimmung mit realistischen Vorhersagen künftiger Nachfrage im Lande und außerhalb herzustellen.

6. Der Export von Technologie zur Plutoniumgewinnung und zur Anreicherung wird weiterhin abgelehnt, verbunden mit dem Bemühen, auch andere Lieferanten zu ähnlichem Verhalten zu bewegen.

7. Billigung von Nuklearexporten nur dort, wo sie mit amerikanischen Sicherheitsinteressen, Verpflichtungen und der Politik der Nichtverbreitung übereinstimmen.

Die kontrollierte Kernfusion*

Während bei der Spaltung eines sehr schweren in zwei mittelschwere Atome nach dem klassischen Versuch von Hahn und Strassmann die riesige Energie frei wird, die erst zur Explosion der Uranbombe und später zu ihrer Zähmung als Atomreaktor führte, entsteht bei der Fusion die entsprechende Energie durch Verschmelzung sehr leichter zu mittelschweren Atomen, zunächst wieder in der leichter zu konstruierenden Wasserstoffbombe, die man nun ebenfalls unter Kontrolle bringen und kontinuierlich abbrennen möchte.

Aus der Verschmelzung (Fusion) von Atomkernen kann in Analogie zur chemischen Verbrennungsreaktion Energie freigesetzt werden. Dazu kommen vor allem die Verschmelzung von Deuterium mit Tritium sowie von Deuterium mit Deuterium in Frage:

$$D + T \rightarrow He\ (3{,}5\ MeV) + n\ (14{,}1\ MeV).$$

Die Reaktionsenergie (in Klammern) tritt als kinetische Energie der Reaktionsprodukte auf. In allen Reaktorkonzepten wird

*Verfasser Dr. Werner Heiland, Garching

damit gerechnet, daß die Energie der α-Teilchen (die He-Atome werden unmittelbar ionisiert) im Reaktionsvolumen (Plasma) verbleibt, während die Neutronen entweichen und durch Abbremsen z. B. in Li Wärme erzeugen. Dabei tritt eine sehr erwünschte Reaktion mit dem leichteren Lithium-Isotop ein:

$$^{6}\text{Li} + \text{n} \rightarrow \text{He} + \text{T} + 4{,}78\ \text{MeV},$$

d. h. Tritium wird gebrütet. Damit wird ^{6}Li, das zu etwa 7 % im natürlichen Lithium vorkommt, das die Grundreaktionen begrenzende Material und nicht das praktisch nur künstlich erzeugte, sehr teure Tritium.

Die zweiten, zur Zeit für die naheliegende Zukunft nicht nutzbaren Grundreaktionen sind:

$$\text{D} + \text{D} \begin{cases} \nearrow \ \text{He}\ (0{,}8\ \text{MeV}) + \text{n}\ (2{,}5\ \text{MeV}) \\ \searrow \ \text{T}\ (1{,}0\ \text{MeV}) + \text{p}\ (3{,}0\ \text{MeV}). \end{cases}$$

Diese Reaktionen sind im Prinzip attraktiver, da Deuterium in genügenden Mengen natürlich vorkommt (16,7 ppm D in natürlichem Wasser), keine Brutreaktion notwendig ist und die Reaktionsprodukte günstiger zu handhaben sind (geringere Neutronenenergie, mehr geladene Teilchen). Für die D-D-Reaktion sind jedoch etwa zehnfach höhere Zündtemperaturen erforderlich als für die D-T-Reaktion, die bei etwa 4 keV = $40 \cdot 10^{6}$ K startet.

Zur Zeit werden im wesentlichen zwei Reaktorkonzepte diskutiert, beruhend auf dem magnetischen Einschluß (magnetic confinement) oder dem Trägheitseinschluß (inertial confinement). Um zu einer positiven Energiebilanz zu gelangen, müssen in einem Reaktor genügend Verschmelzungsreaktionen pro Zeiteinheit ablaufen, d. h. abhängig von der Temperatur der Reaktionspartner T_i (keV) muß das Produkt aus Teilchendichte n (cm^{-3}) und Energieeinschlußzeit τ_E (sec) einen Wert erreichen, der sich aus den Wirkungsquerschnitten der Reaktion so bestimmt, daß der Energiegewinn aus den Fusionsreaktionen größer ist als die unvermeidbaren Strahlungsverluste (Lawson-Kriterium,(3-40) s. Fig. 3,6). Die Elemente H und He sind bei Temperaturen im 10 keV-Bereich vollständig ionisiert, d. h. die Fusionsreaktionen finden in einem Plasma statt, das nur Verluste durch Bremsstrahlung und Synchrotronstrahlung kennt.

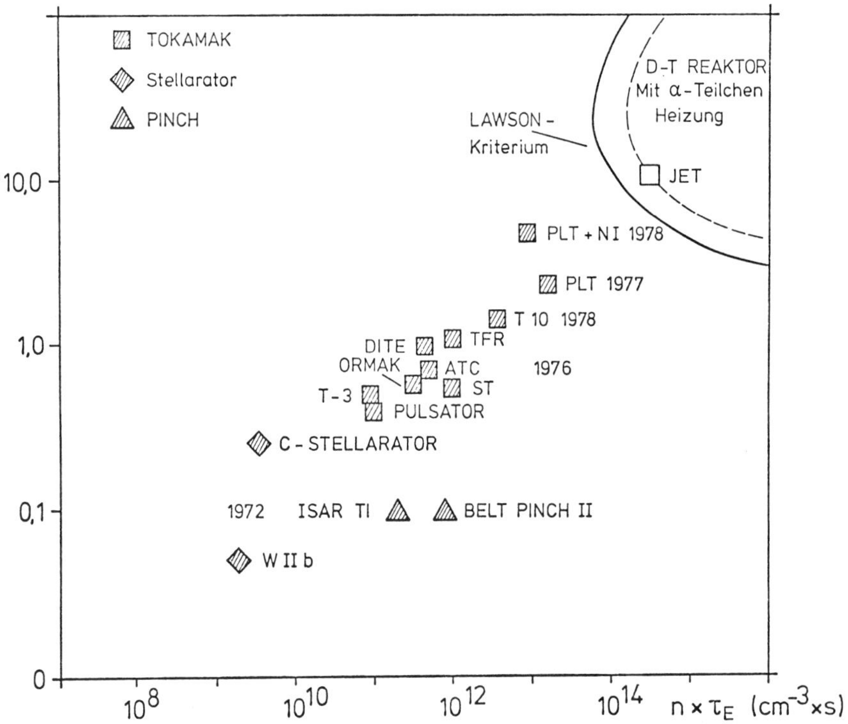

Fig. 3,6:
Lawson-Diagramm der D-T-Fusionsreaktion. Abhängig von der Temperatur der Reaktionsparnter T_i (kV) muß das Produkt aus Teilchendichte n (cm^{-3}) und Energieeinschlußzeit τ_E (sec) einen solchen Wert erreichen, daß der Energiegewinn aus den Fusionsreaktionen größer ist als die unvermeidbaren Strahlungsverluste infolge Brems- und Synchronstrahlung, wie es innerhalb der ausgezogenen Grenzkurve möglich ist. Erklärung der Zeichen der Fusionsmaschinen Tokamak, Stellerator und Pinch im Diagramm oben links; die jeweiligen Laboratorien sind den experimentell erreichten Meßwerten beigeschrieben. Stand von Ende 1978.

Im Konzept des magnetischen Plasmaeinschlusses dient ein Magnetfeld dazu, die geladenen Teilchen zusammenzuhalten, d. h. ein genügendes $n \cdot \tau_E$ zu erreichen. Von den verschiedenen Konfigurationen wie Spiegelmaschine, Stellarator, toroidaler Theta-Pinch und Tokamak (s. z. B. Post,3-41) wird vor allem das Tokamak-Prinzip als mögliches Reaktorkonzept diskutiert (s. z. B. beim UMWAK,(3-42) Fig. 3,8). Dabei wird ein ringförmiges Plasma gezündet und zunächst durch Ohm'sche Heizung die Plasmatemperatur erhöht, d. h. die Plasmaentladung ist als Sekundärwicklung eines Transformators geschaltet (Fig. 3,7). Mit zunehmender Plasmatemperatur steigt jedoch die Leitfähigkeit, so daß andere Heizmechanismen hinzukommen müssen, wie z. B. Wellenheizung, also Einstrahlung elektromagnetischer Energie geeigneter Frequenz oder Neutralteilchen-Injektion (NI), also Einschuß energetischer D-Atome, die vom vorgeheizten Plasma ionisiert und thermalisiert werden. Mit dieser Methode wurden (1978) die günstigsten Werte relativ zum Lawson-Kriterium im Bereich des magnetischen Einschlusses erreicht (Fig. 3,6). Neben möglichen Plasma-Instabilitäten wird dieses Konzept durch das Problem der Verunreinigungen behindert. Da das Plasma in einem Vakuumgefäß brennt, und bei den zur Zeit erreichbaren Dichten von 10^{14} cm^{-3} und Temperaturen im keV-Bereich die Einschlußzeiten im Bereich bis zu sec liegen, werden Wechselwirkungen mit der Gefäßwand möglich, die zu Verunreinigungen des Plasmas mit Ionen höherer Ordnungszahl Z führen. Diese Ionen (z. B. Ni, Fe, Cr von Stahlwänden) sind nur teilweise ionisiert, so daß erhöhte Strahlungs-

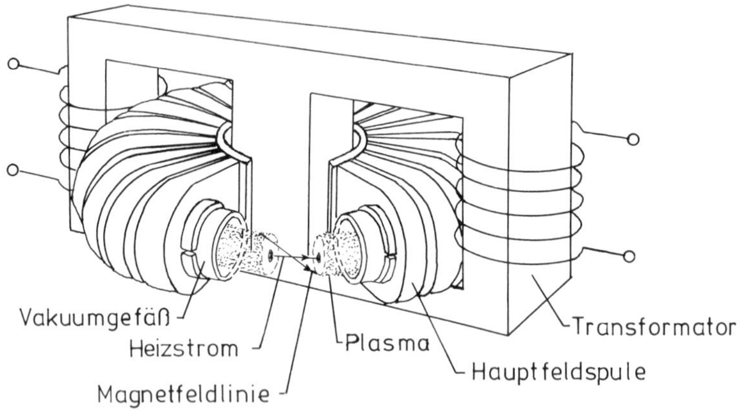

Fig. 3,7:
Aufbau der Tokamak-Anordnung. Das Plasma bildet die Sekundärwicklung eines Transformators; es befindet sich im Vakuumgefäß innerhalb der Hauptfeldspulen. Im Tokamak wird in diesem ringförmigen Plasma mit Hilfe des Transformators ein toroidaler Plasmastrom induziert, durch den ein um den kleinen Umfang herumlaufendes sogenanntes poloidales Magnetfeld entsteht. Die Überlagerung von poloidalem Feld und Hauptfeld führt zur Verdrillung der Feldlinien.

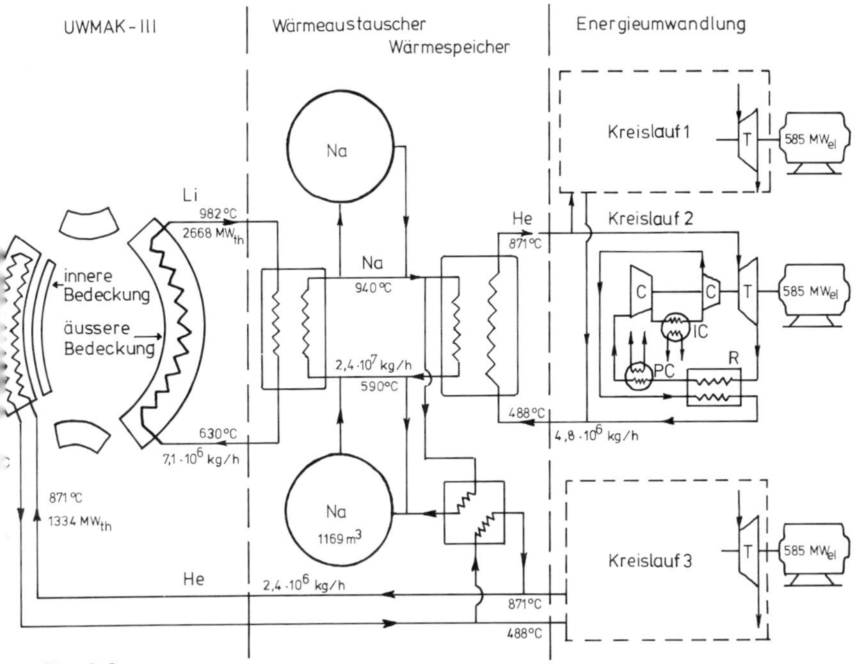

Fig. 3,8:
Schema des Tokamak Bauart Uwmak III. Erklärungen im Bild. Nach Badger(3-37).

verluste durch Rekombinationsstrahlung auftreten. Außerdem werden die Bremsstrahlungsverluste mit höherem Z höher. Damit wird jedoch das Erreichen des Lawson-Kriteriums erschwert (s. z. B. Behrisch und Kadomtsev, 3-43).

Beim Trägheitseinschluß (inertial confinement) werden Reaktorbedingungen über folgenden Weg angestrebt: Die Aufheizung des Brennstoffs (D-T-Gemisch) erfolgt so rasch und in Verbindung mit einer Kompression des Brennstoffes, daß trotz kurzer Einschlußzeit genügend Kernreaktionen stattfinden. Es werden Teilchendichten über Festkörperdichte (!) (10^{21} cm^{-3}) bei Temperaturen wiederum von 10 keV angestrebt. Die Zünd- und Aufheizenergie wird durch Laser, Elektronen- oder Ionenstrahlen geliefert. Experimentell wird also z. B. ein mit D-T-Gemisch gefülltes Glaskügelchen (μm-Durchmesser) möglichst allseitig mit einem Strahlungspuls beschossen. Das sehr rasch erzeugte und erhitzte Plasma der äußeren Schichten verursacht eine nach innen laufende Stoßwelle, die das D-T-Gemisch zugleich komprimiert und ionisiert. Die in solchen Experimenten erreichten Parameter sind den besten Tokamak-Werten vergleichbar(3-44). Typische Probleme dieser Linie sind wiederum Plasmainstabilitäten, dann vor allem Anomalien der Licht- oder Energieabsorption und die Technologie der Brennstofftargets.

Die wesentlichen langfristigen Probleme aller Reaktorkonzepte, die auf der D-T-Reaktion basieren, sind die Kostenfragen (Brennstoffversorgung, Investitionskosten,3-45, 3-46) und die Materialprobleme, die vor allem mit der unvermeidlichen 14 MeV-Neutronenbelastung zusammenhängen. Während die Strahlengefährdung durch Tritium sicher gering gehalten werden kann, einmal wegen der beherrschbaren Chemie, zum anderen wegen der relativ kurzen Halbwertszeit, führt die Neutronenbestrahlung über Kernreaktionen zur Aktivierung des Reaktormaterials. Hier ist sorgfältige Materialauswahl notwendig. Im Gegensatz zum Fusionsreaktor kann dann erreicht werden, daß nur relativ kurzlebige (100 a) und nur *feste*, aktivierte Stoffe entstehen. Schwerwiegender sind möglicherweise die Materialmodifikationen in den inneren Reaktorzonen, in denen die für die Energieauskopplung notwendigen Temperaturen herrschen müssen, wo aber andererseits gerade die Neutronen absorbiert werden, die diese Temperatur erzeugen. Hinzu kommen sekundäre Neutronen und andere Teilchen (Protonen, α-Teilchen) und harte γ-Strahlung aus Kernreaktionen. Diese Probleme haben dazu geführt, daß neuere Reaktorkonzepte relativ niedrige Kühlmitteltemperaturen beinhalten (< 1 000 K). Dadurch sinkt der Gesamtwirkungsgrad und die thermische Umweltbelastung steigt, beim UWMAK beispielsweise bei 6 GW_{th} und 2 GW_{el} auf eine thermische Verlustleistung von 4 GW_{th}' falls nicht Wege gefunden werden, die Wärme in allen Temperaturbereichen besser, also nicht in Carnot-Prozessen zu nutzen.

Zusammenfassung und Ausblick

Es gibt nicht „*den*" Fusionsreaktor, sondern zwei sorgfältig auseinanderzuhaltende Verschmelzungsreaktionen, *entweder* die D-T- *oder* die D-D-Reaktion. Bearbeitet wird gegenwärtig nur die D-T-Verschmelzung, weil die Zündtemperatur mit $40 \cdot 10^6$ K etwa zehnmal niedriger liegt als die der D-D-Reaktion. Während man bis vor kurzem noch zweifelte, ob man die zur Zündung erforderlichen hohen Werte der Temperatur und des Produkts Teilchendichte x Einschlußzeit jemals erreichen könne, verwirklichte man 1978 nach dem Tokamak-Prinzip (Fig. 3,7) die günstigste Annäherung an das Lawson-Kriterium (Fig. 3,6); man hält es für durchaus möglich, diese Zündung innerhalb eines Jahrzehntes demonstrieren zu können. Andererseits haben sich aber bisher unterschätzte Schwierigkeiten durch die Einwirkung der 14 MeV-Neutronen der sekundären Neutronen, Protonen, α-Teilchen und harter γ-Strahlung aus Kernreaktionen auf die Werkstoffe gerade der inneren Reaktorzonen ergeben. Deshalb hat man eine Herabsetzung der Kühlmitteltemperaturen (z. B. Metallrohre mit zirkulierendem flüssigem Li, Fig. 3,8) unter 1 000 K vorgesehen. Dadurch sinkt leider der Gesamtwirkungsgrad erheblich und die Abwärmebelastung der Umwelt steigt wieder auf etwa die Werte herkömmlicher thermischer Kraftwerke. – Selbst wenn man alle diese Schwierigkeiten besiegte, blieben auch noch Materialprobleme offen, die die Ressourcen betreffen, wodurch der D-T-Fusionsreaktor eventuell nicht mehr Nutzungs-Jahrzehnte als die konkurrierenden Kohlekraftwerke und LWR erreichen könnte.

Der in den ersten Zukunftsvisionen apostrophierte Fusionsreaktor, der die Menschheit beliebig lange durch Verschmelzung von Wasserstoffisotopen aus den Ozeanen versorgen sollte, müßte die D-D-Reaktion benutzen, die zwar keine Brutreaktionen erforderte und deren Reaktionsprodukte günstiger zu handhaben wären, deren Zündtemperatur aber an eine Milliarde Grad heranreicht – aber eine solche Entwicklung ist für die naheliegende Zukunft nicht vorgesehen. Als Konsequenz dieses Kapitels über die für Forschung, Entwicklung und Aufbau einer neuen Energiebasis notwendige Zeit folgern wir, daß von allen Varianten der Kernenergie allenfalls die LWR einige Jahrzehnte eine Rolle spielen können, aber keine einen langfristigen Beitrag zur reichlichen, sauberen Energieversorgung versprechen kann.

Kapitel 4:

Energie-Umwandlung

Energieumwandlung statt Energieerzeugung

Nach dem 1. Hauptsatz der Thermodynamik, dem „Energieprinzip", kann man in einem abgeschlossenen System Energie weder erzeugen noch vernichten, sondern nur von einer Erscheinungsform in eine andere umwandeln („konvertieren" oder „konfektionieren"); er heißt deshalb auch der Satz von der Unmöglichkeit eines Perpetuum Mobile. Anders als der nur statistische Aussagen liefernde 2. Hauptsatz ist er sogar bis in die Dimension der kleinsten bekannten Teilchen exakt gültig, z. B. im Compton-Effekt, und so universell, daß sogar die Patentbehörden Erfindungen zurückweisen, wenn sie Energie-*Erzeugung* versprechen. Radioaktive Energie ist kein Widerspruch zum 1. Hauptsatz, denn zu ihrer Erzeugung wird ein *wenig* Masse m in *viel* Energie E umgewandelt gemäß der Hasenöhrl-Einstein-Gleichung $E = m \cdot c^2$, wobei das Quadrat der Lichtgeschwindigkeit ($c = 3 \cdot 10^{10}$ cm/sec) den riesigen Umwandlungsfaktor angibt, auf dem die anfangs optimistischen Pioniere der Kernenergie basierten. Es muß hier ausdrücklich erwähnt werden, daß diese „Kernenergie" auch im Alltagsleben auftritt, z. B. bei gewöhnlichen chemischen Reaktionen; die in der organischen Chemie benutzten modernen Massenspektrographen haben ein so hohes Auflösungsvermögen, daß man z. B. an noch ablesbaren Massenänderungen Δm z. B. in C-H-Bindungen ablesen kann, ob die entsprechende Bindungsenergie ΔE einer Einfachbindung oder Mehrfachbindungen entspricht.

Direkte und indirekte Energieumwandlungen. E. D. U.-Matrix. Zweiter Hauptsatz

Nicht immer stimmen die dargebotene und die verlangte Art der Energie überein wie im Falle eines Angebotes an durch photothermische Kollektoren gesammelter Sonnenwärme mit der gewünschten niedertemperierten Wärme für Haushaltszwecke; vielmehr wird z. B. Sonnenenergie primär als *optische* Energie angeboten, aber als *elektrische* Energie verlangt, oder statt des angebotenen *elektrischen* Stromes wird die *chemische* Energie eines H_2-Stromes gewünscht. Im allgemeinen muß also eine angebotene Primärenergie in eine verlangte Sekundärenergie umgewandelt werden, und wenn man zunächst einmal in Betracht zieht, daß diese Umwandlung nicht hundertprozentig realisiert werden kann, so wird man sie zwecks Vermeidung einer Vervielfachung der Umwandlungsverluste in einer *einzigen* Stufe – also umweglos – verlaufen lassen. Wenn es nur die beiden Formen der angebotenen Primärenergie und der verlangten Endenergie gibt, kann man diese Prozesse nach Justi(4-1) zweidimensional in einem Blockdiagramm veranschaulichen, das kennzeichnend für die Energie-Direkt-Umwandlung („E. D. U.-Matrix“) ist. In Fig. 4,1 sieht man links die fünf wichtigsten Erscheinungsformen der thermischen, mechanischen, optischen, elektrischen und chemischen Energie als angebotene Formen senkrecht untereinander geschrieben; dieselben fünf Energieformen finden wir auch als Spaltenüberschriften in der obersten Zeile. In die entstehenden Kästchen sind die physikalischen Umwandlungseffekte mit Namen eingetragen. Man findet dann als Direktumwandlung von mechanischer (2) in elektrische Leistung (4) Dynamomaschine und Mikrophon (Kästchen 2,4) – weniger bekannt diejenigen von thermischer (1) in elektrische (4) im Kästchen (1,4) als thermoelektrischer Seebeck-Effekt oder als thermionische Diode – spiegelbildlich dazu im Kästchen (4,1) den inversen thermoelektrischen Effekt der Peltier-Kühlung und -Heizung bzw. im Kästchen (4,2) den Elektromotor und den magnetodynamischen Lautsprecher. Auch die Kästchen in der Diagonale sind durchaus sinnvoll: so bleibt im Kästchen (2,2) die mechanische Energie erhalten, wonach es sich z. B. um Getriebe oder Windräder handelt. Die thermische Energie bleibt unverwandelt in (1,1) durch Wärmespeicher, Wärmepumpe und Absorptionskältemaschine; (4,4) beinhaltet die so wichtige Speicherung elektrischer Energie im Kondensator, der im Idealfall ebensoviel Ladung abgibt, wie er vorher aufgenommen hat, also

Matrix der Energie-Direkt-Umwandlungen (E D U)

	(1) Mechanische Energie	(2) Thermische Energie	(3) Licht Energie	(4) Elektrische Energie	(5) Chemische Energie
(1) Mechanische Energie	(11) Einfache Maschinen	(12) Reibungswärme Wärmepumpe Kältemaschine	(13) Tribo-lumineszenz	(14) Dynamomasch. Mikrophon (124) MHD-Gen.	(15)
(2) Thermische Energie	(21) Wärmekraft-Maschine	(22) Absorptions-Kältemaschine	(23) Glühlampe	(24) Seebeck-Eff. Thermionische Dioden	(25) Endotherme Chemische Reaktionen
(3) Licht Energie	(31) Radiometer	(32) Licht-Absorption	(33) Fluoreszenz	(34) Sperrschicht Photozelle (Solar Cell)	(35) Photosynthese Photodissoziation
(4) Elektrische Energie	(41) Elektromotor Elektro-Osmose MHD-Pumpe	(42) Peltier-Effekt Thomson-Effekt	(43) Spektrallampen Leuchtstoffröhren	(44) Speicherung in Akku oder Pumpspeicherwerk	(45) Elektrolyse Elektrodialyse
(5) Chemische Energie	(51) Osmose Muskel	(52) Exotherme Chemische Reaktion spez. Verbrennung	(53) Chemi-lumineszenz (Leuchtkäfer)	(54) Galvanische,- spez. Brennstoff-Elemente	(55) Praereakt. in Brennstoff-Elem

Fig. 4,1:
Energie-Direkt-Umwandlungs-(„E.D.U.")Matrix nach Justi. Vertikale links: Angebotene Energiearten; Horizontale oben: Verlangte Energiearten. Diagonale von links oben bis rechts unten: keine Änderung der Energieart, sondern Speicherung oder Konfektionierung. (Nach Justi(4-1)).

100 % Wirkungsgrad erreicht. Warum hat dagegen ein Akkumulator wie die bekannte Starterbatterie kaum 60 % Speicherwirkungsgrad? Tatsächlich wird der Ladestrom zunachst benutzt, um die beiden im entladenen Zustand durch die umgebende Schwefelsäure zu Bleisulfat ($PbSO_4$) sulfatierten Platten am negativen Pol durch die im Spannungsgefälle wandernden Protonen H^+ zu metallischem Blei Pb zu reduzieren, am positiven Pol dagegen durch SO_4^{--} -Ionen zu PbO_2 zu oxydieren, also eine chemische Unsymmetrie als Voraussetzung einer Spannungsdifferenz zu erzeugen(4-2). Erst bei der nachfolgenden Entladung werden die zuvor aufgewandten chemischen Energien abzüglich Verlusten durch unidealen Reaktionsverlauf und die Leitungsverluste der erheblichen Stromdichten wiedergewonnen, insgesamt ca. 60 %, wie im einzelnen durchforscht (4-3); dies konkrete Beispiel sollte die Verschlechterung des Umwandlungs-Wirkungsgrades durch Zwischenfügung zusätzlicher Umwandlungsprozesse zwischen Anfangs- und Endform

illustrieren, also durch Übergang von der umweglosen Direkt- zur Indirekt-Umwandlung.

Für die bisherige tragische Energieverschwendung nicht weniger wichtig ist die Nichtumkehrbarkeit vieler Energieumwandlungen, die der 1. Hauptsatz ohne weiteres gestatten würde. Im physikalischen Praktikum läßt man ein Gewicht von M = 1 kg aus h = 1 m Höhe auf eine unelastische Platte fallen, wodurch sich seine potentielle Energie $M \cdot g \cdot h$ in meßbare Wärme $M \cdot C_p \cdot \Delta T$ wandelt; der Meßwert $\Delta T = 1/427$ lehrt, daß 1 kcal äquivalent 427 m · kg ist. Der 1. Hauptsatz erlaubt erfahrungswidrig die Umkehrung, wonach sich ein 1 kg-Gewicht spontan um 427 m erheben und dabei seine Umgebung um 1 kcal abkühlen würde. Ein anderer Versuch: wir füllen 10 kg Wasser in ein Thermosgefäß, in dem sich ein Tauchsieder befindet, durch den wir 1 h lang 1 kW (z. B. 220 V bei 4,54 Amp) leiten; wir messen eine Erwärmung um $\Delta T = 86^\circ$, woraus sich das elektrische Wärmeäquivalent zu 1 kWh = 860 kcal ergibt. Der 1. Hauptsatz würde erlauben, daß derselbe Tauchsieder, in 10 kg Heißwasser gesteckt, 1 kWh elektrische Energie abgibt und dabei das Wasser um 86° abkühlt; auch dieser Umkehrungsversuch verläuft erfahrungsgemäß enttäuschend. Wir konstatieren, daß man zwar die mechanische, optische, elektrische und chemische Energie untereinander und auch in Wärme vollständig umwandeln, Wärme aber nur teilweise in die anderen Energieerscheinungsformen *rück*verwandeln kann; dieser 2. Hauptsatz engt also den 1. Hauptsatz insofern ein, als er zwischen hochwertigen, weil frei konvertierbaren Energien einerseits und einer minderwertigen, weil nur teilweise konvertierbaren Energie unterscheidet – also ein Sachverhalt, wie er dem Auslandsreisenden von den freien und kontrollierten Währungen her wohlbekannt ist: man kann zwar leicht für 1 DM West 1 DM Ost erhalten, verliert jedoch beim Versuch des Rücktausches ca. 2/3 bis 3/4 des vorher bezahlten Preises. Wir exemplifizieren das an einer Dampfmaschine, die nach der E. D. U.-Matrix (Fig. 4,1) Wärme (1) in mechanische (2) und anschließend in elektrische (4) Energie umwandeln soll. Führen wir der Dampfmaschine einen Wärmestrom von 860 kcal/h zu, so erwarten wir – ohne die Einschränkung durch den 2. Hauptsatz – das Äquivalent von 1 kW_{el} elektrischer Leistung, wie es uns der Tauchsieder in Richtung Strom → Wärme lieferte; tatsächlich erhalten wir nur einen Bruchteil davon: wie oben erwähnt, 29 % mit dem Kernkraftwerk, 38 % mit dem Kohlekraftwerk, und die unverwandelten Abwärmen gehen als „Anergie" von 71 % bzw. 62 % ab.

Diesen Sachverhalt haben wir uns auch dem Leser ohne Physikstudium einfach klarzumachen bemüht, weil dies ein Hauptgrund für die gegenwärtige „Energiekrise“ ist. Man *darf* eben nicht niedertemperierte Wärme wie Warmwasser, Raumheizung und Prozeßwärme durch Elektrowärme erzeugen, statt durch Verbrennungswärme direkt, weil sonst von dieser die erwähnten 62 % bis 71 % verlorengingen – und dies bei einem Anteil der niedertemperierten Wärme von über 40 % an unserem Stromverbrauch! Durch die zweckmäßige Anordnung der E. D. U.-Matrix nach Fig. 4,1 ist es gelungen, in ihr die nur begrenzte Konvertierbarkeit der Wärme in Kästchen 1,1 in mechanische (1,2), optische (1,3), elektrische (1,4) und chemische (1,5) Energie mahnend zu markieren – durch einen die Zeile 1 spaltenden Längsstrich. Oberhalb davon befinden sich etwa soviel Prozent der Kästchenhöhe, wie der thermische Wirkungsgrad η angibt, unterhalb davon $1-\eta$, also der unverwandelbare Anteil der Anergie. Diese Verengung der obersten Zeile erinnert uns daran, daß Kohlekraftwerke in den USA zwar 41 %, bei uns aber wegen der geringeren Verfügbarkeit von Kühlwasser im dichter besiedelten Land nur 38 % thermischen Wirkungsgrad im Jahresmittel erreichen. Wie steht es nun, wenn man die Differenz zwischen Frischdampftemperatur t_1 und Kondensationstemperatur t_2 nicht durch Verminderung von t_2, sondern durch Erhöhung von t_1 vergrößert? Man erinnert sich aus Kapitel 2, daß die herkömmliche Höchstgrenze von $t_1 = 545\ °C$ bei 245 bar Dampfdruck durch die Wärmefestigkeit preislich noch akzeptabler legierter Kohlenstoffstähle diktiert war, die einen Carnotschen Idealwert des Wirkungsgrades $\eta_c = (545-30)/(545+273) = 63\ \%$ erlauben, fast doppelt so hoch wie der erwähnte Realwert von 38 %. Tatsächlich hat die Luftfahrttechnologie mit ihrem größeren finanziellen Spielraum ihre modernen Gasturbinen aus den etwa 100mal teureren austenitischen Stählen hergestellt, dadurch Spitzentemperaturen bis 900° entsprechend einem idealen Wirkungsgrad von $\eta_c = 870/1\,173 = 74{,}2\ \%$ erreicht und außerdem durch konsequente Verkleinerung der Grädigkeit der Wärmeaustauscher (Kästchen 1,1) den Gesamtwirkungsgrad auf etwa 65 % vergrößern können(4-4). In der KFA Jülich läuft sogar seit Jahren ein Prototyp mit korrosionsfreier He-Atmosphäre bis zu 1 100°!

Die Wärmeverstromung kann leider in der E. D. U.-Matrix quantitativ nicht so anschaulich wie in der Blockdiagrammdarstellung Fig. 4,2 verfolgt werden. In der 1. Zeile erkennen wir das besagte Kohlekraftwerk, dessen 1. Block „Ch“ die che-

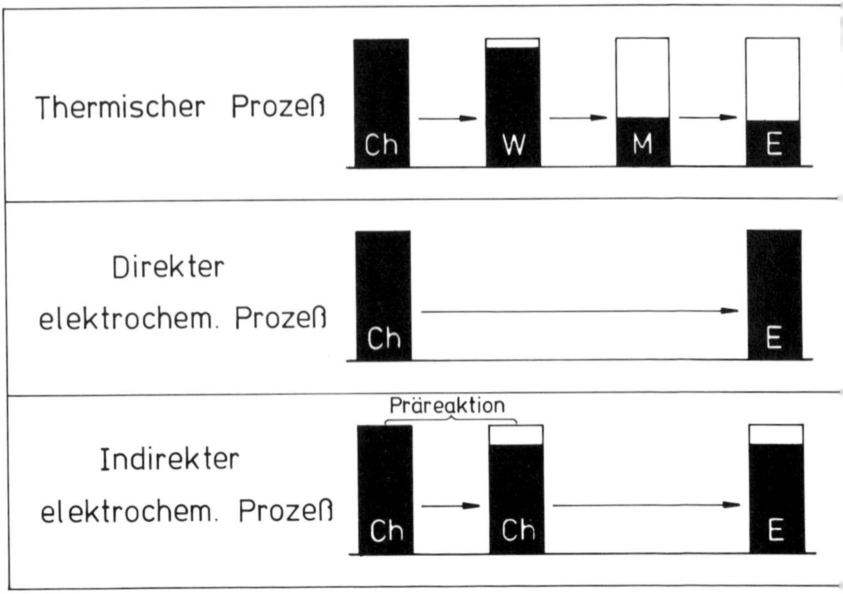

Fig. 4,2:
Blockdiagramm der direkten und indirekten Energieumwandlungen. Oberste Zeile thermisches Kraftwerk, mittlere Zeile direktes, untere Zeile indirektes Brennstoffelement. (Nach Justi(4-1)).

mische Energie, also den Heizwert der Verbrennung $C + O_2 + \Delta H$ mit 100 Einheiten angibt; bei einem Standardheizwert der Kohle von ΔH = 8 200 kcal/kg = 9,50 $kW_{th}h$/kg würden also 100 kW_{th} durch Oxydation von 10,5 kg Standardkohle entstehen. Die Feuerungsanlage wird derart optimiert, daß sie bei 75 % der Vollast η = 92 % erreicht, die die Höhe des 2. Blocks „H" mit 92 $kW_{th}h$ angibt; im 3. Block „M" der Maschine möge daraus mit einem Gesamtwirkungsgrad von η = 40 % mechanische Energie im Absolutbetrag von 92 x 0,40 = 36,8 kW gewandelt erscheinen, die im 4. Block „E" mit 95 % in elektrische Energie von 35 kW_{el} konvertiert erscheint, wobei der Hauptanteil der Verluste zwischen den beiden ersten thermischen Stufen deutlich lokalisiert erscheint.

Die 2. Zeile symbolisiert das „Direkte Brennstoffelement" nach der Konzeption Wilhelm Ostwalds (des 9. Nobelpreisträgers für Chemie) 1894(4-5), das die chemische Energie „Ch" direkt (umweglos) nach Kästchen (5,4) unter Vermeidung der thermischen Zwischenstufe „H" in elektrische Energie verwandelt und deshalb – wenigstens prinzipiell – einen hochprozentigen Umwandlungswirkungsgrades besitzen könnte; die Ionen C^{++++} und 2 O^{--} müssen dabei an der direkten Vereinigung gehindert werden, weil sonst Kurzschlußwärme wie bei gewöhnlicher Verbrennung im Kohleofen entstünde. Zur Vermeidung von Unordnung = Wärme müssen die Ladungsträger durch die geometrische Ordnung von Elektroden getrennt werden, die die positiven und negativen Ladungen getrennt sammeln und an den äußeren Lastkreis abgeben. Im Grund ähnelt die Anordnung der bekannten Luftsauerstoff-Zinkzelle nach Leclanché (Fig. 4,3), nur müßte bei der Konstruktion nach Ostwald die Kohle bis auf ca. 1 000 °C erhitzt werden, um genügend viele C-Atome je Zeiteinheit zu $C^{++++} + 4e^{-}$ zu ionisieren; an den dabei entstehenden Werkstoffproblemen und Wärmeverlusten ist die Realisierung gescheitert(4-6). Die Anstrengungen haben sich daher auf das „Indirekte Brennstoffelement" gemäß der 3. Zeile des Blockdiagramms konzentriert, wo in einer vorgelagerten

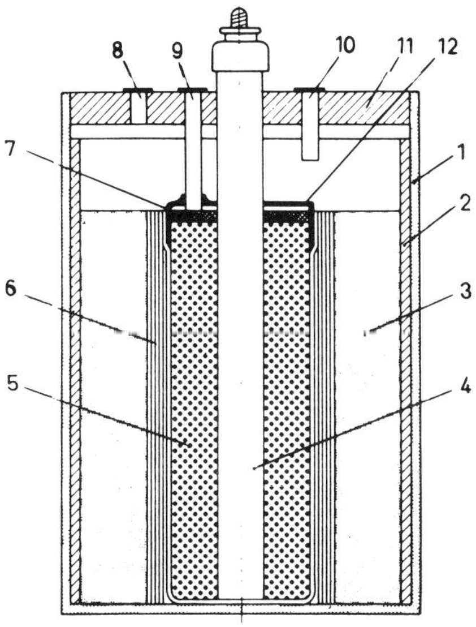

Fig. 4,3:
Schnitt durch ein Luftsauerstoff-Zink-Füllelement. 1 Isolierstoffbecher, 2 Zinkzylinder, 3 Mischung von NH_4Cl und Quellmittel, 4 Kohlestift, 5 Aktivkohlepumpe, 6 saugfähiges Papier, 7 poröse Luftverteilungsschicht, 8 Entlüftungsrohr, 9 Luftzuführung zur positiven Elektrode, 10 Füllrohr, 11 Vergußmasse, 12 Luftkammerdom. (Nach Euler(4-7b)).

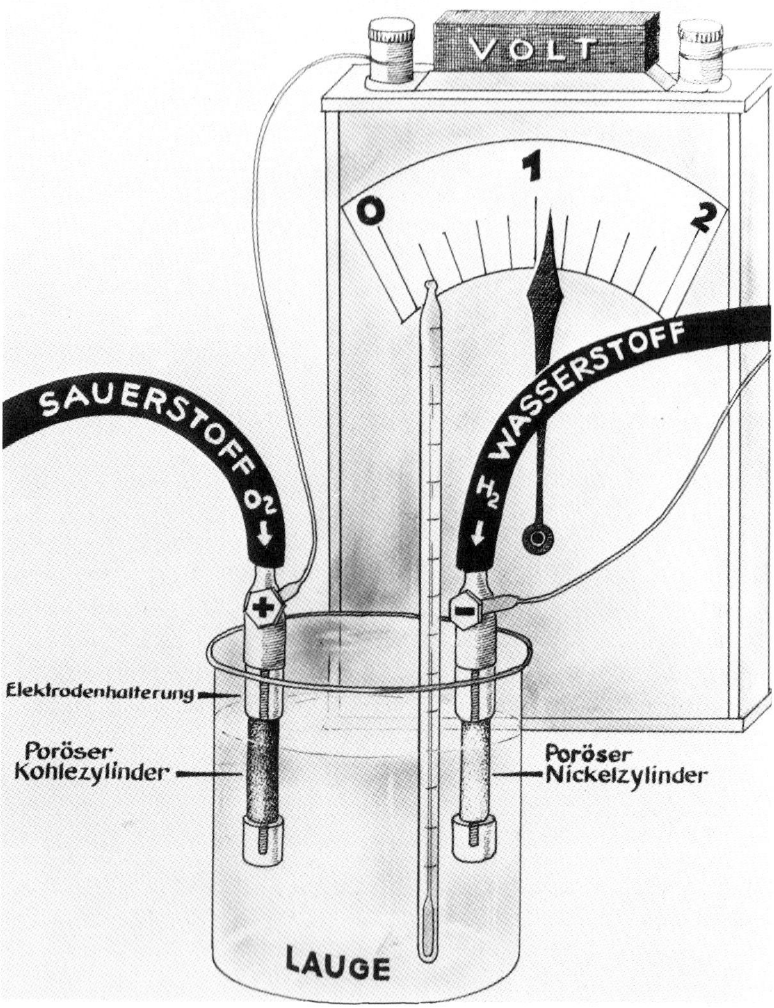

Fig. 4,4:
Schema des 1953 öffentlich vorgeführten Schauversuches „Kalte Verbrennung von Wasserstoff". Der Spannungsmesser zeigt 1,12 V und damit 91 % der idealen Urspannung von 1,23 V entsprechend 91 % Wirkungsgrad. (Nach Justi(4-7)).

„Präreaktion" statt der trägen Kohle ein schon bei Umgebungstemperatur schnell reagierender – also vorzugsweise gasförmiger – Brennstoff wie besonders H_2 verstromt wird gemäß $CH_4 + 2\,H_2O = 4\,H_2 + CO_2$ · Fig. 4,4 ist das Demonstrationsmodell einer solchen H_2-O_2-Brennstoffzelle, die bei Umgebungstemperatur und Atmosphärendruck funktioniert und erstmals in einer öffentlichen Akademiesitzung 1955 von Justi(4-7) vorgeführt wurde; wenn sie die freie Enthalpie des H_2 und $1/2\,O_2$ voll reversibel ausnutzte, müßte sie eine Urspannung von 1,23 V erzeugen, und das angeschlossene Voltmeter zeigt mit 1,1 V 90 % hiervon als Spannungsgrenzwert für verschwindende Stromdichte, also etwa 1 mA/cm^2. Man kann also tatsächlich, wenn auch nur unter verminderter Stromdichte, chemische in elektrische Energie gemäß Kästchen (5,4) hochprozentig umwandeln (Euler 4-8). Diese dominierende Stellung der Elektrochemie kann leider nicht kurzfristig eingesetzt werden, weil durch weitgehende Streichung der Elektrochemie aus den Lehrplänen der Ingenieure und Umfunktionierung der bisherigen Institute für Elektrochemie an den Deutschen Hochschulen die entsprechende Vorbildung sogar zurückgegangen ist!

Die hier erklärte E. D. U.-Matrix ist zwar nicht wissenschaftlich komplett – man könnte z. B. noch magnetische Energie und die Umwandlung von Masse in Energie nach der Einstein-Hasenöhrlschen Beziehung $E = m \cdot c^2$ in Atomreaktoren einbeziehen –, aber sie ist schon sehr instruktiv und nützlich; denn sie ermöglicht uns, einfach festzustellen, ob eine gewünschte Energieumwandlung umweglos geführt werden kann, und sie gibt uns für alle Aufgaben vollständige Hinweise auf die bekannten physikalischen Effekte.

Ausgewählte Beispiele von E. D. U.-Effekten

Nach diesen grundsätzlichen Erörterungen über Energieumwandlung generell und E. D. U. speziell wollen wir von den 25 physikalischen Effekten der E. D. U.-Matrix Fig. 4,1 diejenigen etwas eingehender besprechen, die im Zusammenhang mit der Nutzbarmachung der Solarenergie als zukunftsträchtig erscheinen; dabei lassen wir zur Vermeidung von Wiederholungen die wenigen Effekte aus, die wir als konventionell schon in den einleitenden Kapiteln 1 bis 3 vor den systematischen Umwandlungs-Überlegungen dieses Kapitels 4 durchgesprochen hatten. Die nachfolgenden Besprechungen beschränken sich auf die *physikalischen* Effekte; nur wenn sie sich bereits in einer technisch-wirtschaftlichen Entwicklung befinden oder praktisch ausgenutzt werden, werden diese in späteren Kapiteln nach dem neuesten Stand der Technik dargestellt. Die derart für eine physikalische Analyse ausgesuchten Effekte sind in der E. D.U.-Matrix Fig. 4,1 durch Einrahmung des betreffenden Kästchens gekennzeichnet.

Umwandlung (Konfektionierung) von Windkraft

Als erstes konkretes hier noch nicht näher behandeltes Beispiel einer E. D. U., die innerhalb der Diagonale der Matrix ohne Änderung ihrer Erscheinungsform erfolgt und deshalb treffender als „Konfektionierung" bezeichnet werden sollte, besprechen wir die Nutzung der Windenergie, eine der ältesten Energietechniken der Menschheit (Windmühlen, Segeln); sie hat unerwartete Aktualität wiedergewonnen, wie es besonders bei der Sondertagung „Energie vom Wind" der DGS in Bremen 1977 erwiesen und im Tagungsband(4-9) dokumentiert ist. Diese plötzliche Aufwertung ist umso überraschender, als dort H. Dörner (l. c. S. 81) einleitend feststellt: „Hat man eine umfangreiche Literatur zur Verfügung, erkennt man schnell, daß alle heute zur Nutzung der Windenergie geäußerten Ideen schon einmal vorgestellt wurden, daß es von den Systemen her nichts Neues gibt und sicher auch nicht mehr geben wird. Nutzte man zunächst den Luftwiderstand mit Vertikal-Achsen-Konvertern (Arabische Vertikal-Achsen-Windmühle mit bogenförmiger Segelbespannung, 1271 v. Chr.), so liefen um die Jahrhundertwende die verschiedenen Typen der „Holländer-Windmühlen" noch zu tausenden, recht effiziente Geräte mit Auftriebsnutzung und mittlerer Schnellaufzahl. Die Euphorie des beginnenden Stahlzeitalters führte eigenartigerweise zu den leistungsschwächeren, in der Größenordnung begrenzten Rosetten-Windmühlen (Western-Typ), vielblättrigen Langsamläufern, die nur für direkte mechanische Antriebe Vorteil bringen (z. B. Wasserpumpen)." Die neuen Argumente für eine Renaissance der Windenergie-Versorgung der Menschheit sind folgende:

- Im letzten Jahrzehnt ergab sich durch die Verfeinerung, Häufung und computergestützte Auswertung meteorologischer Beobachtungen von Boden- und Höhenwinden sowie aus Zuggeschwindigkeiten von Wetterfronten der ständige mittlere Gehalt der bewegten Atmosphäre an kinetischer Energie zu weltweit $E_{th} = 2{,}2 \ldots 3{,}7 \cdot 10^7$ TWh/a, entsprechen einer Dauerleistung von $3{,}5 \cdot 10^{15}$ W. Sie entsteht in der als Wärmekraftmaschine aufgefaßten Atmosphäre aus Strahlungsleistung der Sonne mit einem thermischen Wirkungsgrad von ca. 2 %. Bis zu 3 % davon, also E_{th} = 6,9. . .11 · 10^5 TWh/a, könnten global durch Windturbinen aus der Atmosphäre entnommen werden, ohne daß dadurch merkliche Änderungen der Winde entständen; dabei entfiele auf die Landflächen eine mögliche Reibungserhöhung um diese 10 %. Dieser Betrag ist ca. 30mal größer als der Gesamtenergiebedarf der Menschheit!

• Die epochemachenden Fortschritte der modernen Aerodynamik garantieren über die an sich bewundernswerte Optimierung der mittelalterlichen Windmühlen hinaus, daß man heutzutage Windenergiekonverter („WEK") genau so optimal konstruieren und betreiben kann wie die besten Flugzeuge (Fig. 4,5 nach Hütter l. c.)

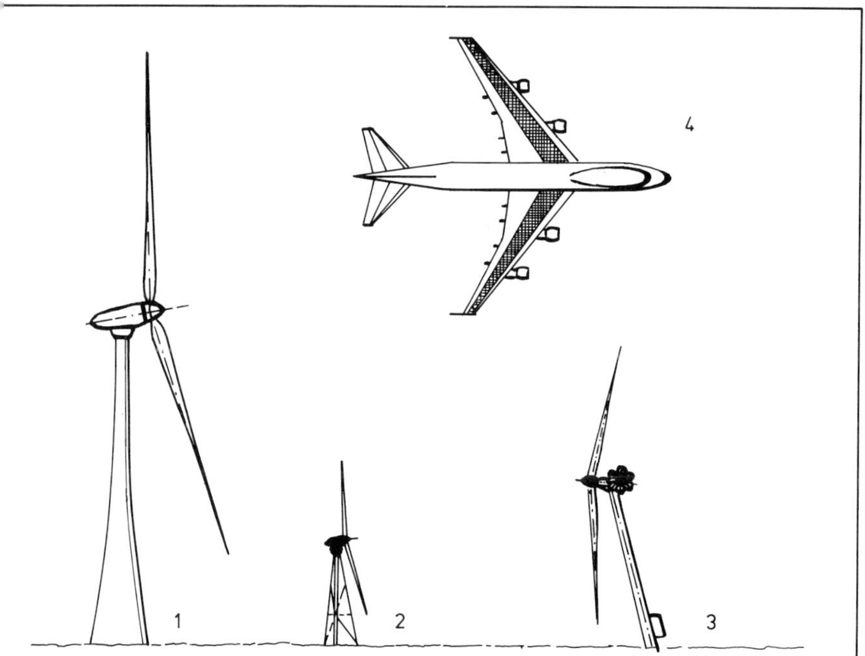

Fig. 4,5:
Größenvergleich zwischen modernem Großflugzeug Boeing 747 „Jumbo" und Windenergiekonvertertypen für 0,6; 1 und 3 MW (Nach Hütter(4-8)).

• Umwälzend ist die Möglichkeit der Kombination von Windelektrizität und H_2-Wirtschaft, denn einerseits löst ein H_2-Transport- und Speicherröhren-System die bisher entmutigenden Speicherprobleme der zeitlich und räumlich besonders stark fluktuierenden Windkraft und andererseits entfällt bei der Elektrolyse der Carnot-Faktor der thermischen Stromerzeugung (38 % bei herkömmlichen, und 29 % bei LWR-Kraftwerken), welche den Elektrolysewirkungsgrad etwa des ELOFLUX-Verfahrens (vgl. Kapitel 8) von 80 % auf 80 x 38 = 30 % bzw. von 80 x 29 = 23 % verschlechtern – das bisher schwerwiegendste Handicap des H_2 als universeller Energieträger. Insofern bilden Wind und Wasserstoff eine ideale Ehe, in der jeder der beiden Partner entscheidend gewinnt.

• Das bisher unlösbare Problem, daß alle Windenergiekonverter windstärkenunabhängig einen Wechselstrom von genau der Netzfrequenz (50 Hz) erzeugen und diesen phasenrichtig in ein überregionales Drehstromnetz einspeisen, läßt sich neuerdings nach dem Stand der kommerziellen Technik durch netzgeführte Thyristoren sogar ohne bewegliche Teile verwirklichen.

Vom Standpunkt der Energieumwandlungstheorie aus ist es interessant, daß man trotz Erhaltung des mechanischen Charakters der Windenergie diese der Atmosphäre nur unvollständig entziehen kann. Wie nämlich zuerst 1923 Betz berechnen konnte, liegt der als „Leitungsbeiwert c_p“ bezeichnete theoretisch maximale Nutzungsgrad (c_p = entzogene Leistung/dargebotene Windleistung) bei drall- und reibungsfreier Energieumsetzung bei 59,26 %. Die bei dieser „Konfektionierung“ auftretenden Verluste infolge von endlicher Plattenzahl, Drall und Reibung vermindern diesen Grenzwert auf 46-50 %, und bei Betrieb mit konstanter Drehzahl verschlechtern die Verluste durch Anpassung sowie Reibung in Getrieben, Lagerung und Generator den Gesamtnutzungsgrad auf 28 bis 32 %.

Durch den geringen Oberflächenreibungs-Koeffizienten über der offenen See ($c_{Friction} < 0{,}005$) erreichen die zuströmenden Luftmassen hohe Geschwindigkeits-Mittelwerte, die 150 bis 200 km landeinwärts abklingen bzw., bei konstanter Windgeschwindigkeit beobachtet, über dem Lande in größere Höhen verdrängt werden. Weil Windgeschwindigkeiten unter 4 m/sec wirtschaftlich weniger nutzungswürdig sind, würde sich die Ausnutzung der Windenergie in Deutschland mit seinem geringen Anteil an Küstenstreifen auf die Bergkuppen der Mittelgebirge und die Alpen beschränken müssen. Fig. 4,6 ist eine Europa-

Fig. 4,6:
Europakarte mit durch Schraffur gekennzeichneten Gebieten, in denen die mittlere Windgeschwindigkeit 4 m/sec überschreitet. (Nach Hütter(4-8)).

karte, auf der die Flächen mit Windstärken über 4 m/sec schraffiert sind und wo man erkennt, daß England mit Irland zusammen den Löwenanteil (38,6 %) des theoretischen Windpotentials mit 2 400 TWh/a besitzt, gegenüber nur 299 TWh/a entsprechend 4,8 % der BRD. England könnte also wenigstens grundsätzlich ganz Europa mit Windstrom versorgen; trotzdem könnte unser Land seinen Strombedarf zu 70 % autochthon decken, wenn man die schraffierten Gebiete im Abstand von je 1 km mit WEK des MW-Bereiches bedeckte, insgesamt 30 000 Anlagen, was allerdings unwahrscheinlich ist. Immerhin hält man die „optische Belastung" der Umwelt für akzeptabel, da sich der Anblick gemäß Fig. 4,7 kaum von dem der gewohnten Hochspannungsleitungen unterscheidet und da außerdem kleinere und mittlere Anlagen fast geräuschlos arbeiten.

Die technische Entwicklung moderner WEK ist schon recht fortgeschritten; das BMFT hat durch Hütter u. M. eine 100 kW-WEK auf der Schwäbischen Alb errichten und testen lassen, worüber ein dreibändiger Bericht(4-10) erschienen ist. Man hat sich auch international auf die Entwicklung von 3 WEK-Typen von 0,6, 1 und 3 MW (Fig. 4,5) geeinigt.

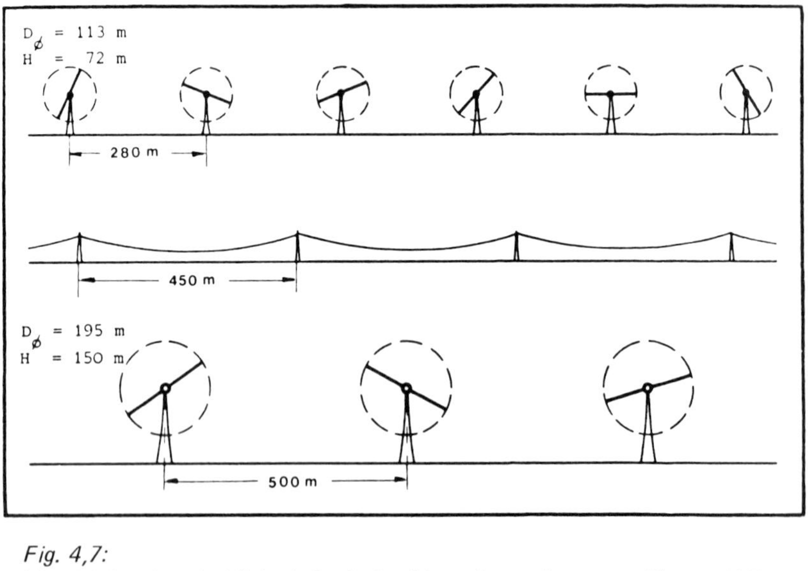

Fig. 4,7:
Vergleichender Anblick („Optische Umweltverschmutzung") von WEK-Verbundketten (obere und untere Zeile) mit Standard-Hochspannungsleitungen (nach Kramer(4-9)).

Zusammenfassend kann man feststellen, daß die Chancen der Windenergie möglicherweise einer Renaissance entgegengehen. Ihre kinetische Energie wird aus der Insolation (vgl. Tabelle 5,1) durch die als Wärmekraftmaschine von ca. 2 % thermischem Wirkungsgrad fungierende Atmosphäre gewandelt und beträgt ca. das 30fache des Strombedarfs der Menschheit. Ihr bisheriges Handicap der starken räumlichen und zeitlichen Fluktuation wird durch die Einbeziehung in eine Wasserstoff-Wirtschaft gelöst, wobei sich der Gesamtwirkungsgrad der H_2-Elektrolyse entscheidend durch Fortfall des endlichen thermischen Wirkungsgrades der Stromgewinnung aus Primärenergie (29-38 %) verbessert. Alternativ kann man auch mittels der modernen Thyristortechnik durch phasenrichtige Einspeisung einer Vielzahl von WEK konstanter Netzfrequenz in ein weiträumiges Elektrizitätsnetz die gewünschten Speichereigenschaften realisieren. Wirtschaftlich arbeitet die Windverstromung nur dort, wo die Windgeschwindigkeit 4 m/sec überschreitet, also auf Inseln (England und Irland), in Küstenstreifen (Beneluxländer, Frankreich, Spanien und Skandinavien) sowie auf Bergrücken (s. Europakarte Fig. 4,6).

Photovoltaische Stromerzeugung aus Sonnenlicht durch Sperrschichtzellen

Eine Vorrichtung, die Licht unmittelbar in elektrische Energie zu wandeln vermag, ist jederman wohlbekannt durch die Photozelle des elektrischen Belichtungsmessers; freilich kann man weder die 1877 von Adams und Day(4-11) konstruierte Selenzelle noch die später von Schottky und Lange(4-12) konzipierte Kupferoxydul-Sperrschichtzelle als Direktumwandler verwenden, insofern, als deren Wandlungswirkungsgrad weniger als 1 % betrug. Die Aufgabe, einen Licht-Strom-Wandler von annehmbarem Wirkungsgrad, geringem Leistungsgewicht, Zuverlässigkeit und hoher Lebensdauer zu konstruieren, erfüllten erst 1953 Chapin, Fuller und Pearson(4-13) mit ihrer in den Bell Telephone Laboratories entwickelten Si-Sperrschichtzelle; mit 11 % Wirkungsgrad erfüllte sie schon damals praktische Anforderungen an eine „Solar Cell“ für Sonnenenergie und hatte das Glück, in der NASA einen Förderer zu finden, der bisher mehr als 1 000 Raumschiffe damit bestückt hat und jährlich 1 Million Zellen mit insgesamt 50 kW bezieht. Heute unterscheidet man nach dem Aufbau grundsätzlich drei Alternativen, die in Fig. 4,8 schematisiert sind:

1. die Halbleiter-Homojunction-Zelle nach Fuller u. M., bei der die Sperrschicht zwischen einer n- und einer p-dotierten Schicht desselben Materials wie speziell Si besteht,

2. die Halbleiter-Heterojunction-Zelle, bei der die Sperrschicht zwischen zwei chemisch unterschiedlichen Halbleiterschichten, meist p-$Cu_{2-x}S$ auf n-CdS, besteht und

3. die Schottky-Diode, bei der die Sperrschicht zwischen einer dünnen durchsichtigen Halbleiterschicht und einer Metallelektrode angeordnet ist, historisch also p-$Cu_{2-x}O$ –n-Cu, neuerdings auch zwischen n-Cr und p-Si(4-14) gemäß der 3. Zeile von Fig. 4,8. Wegen der Förderung durch die Raumfahrt und mehrerer einzigartige Vorzüge dieses Halbleiters dominiert die Si-Zelle, weshalb wir die nachfolgenden generellen Überlegungen an deren Beispiel durchführen.

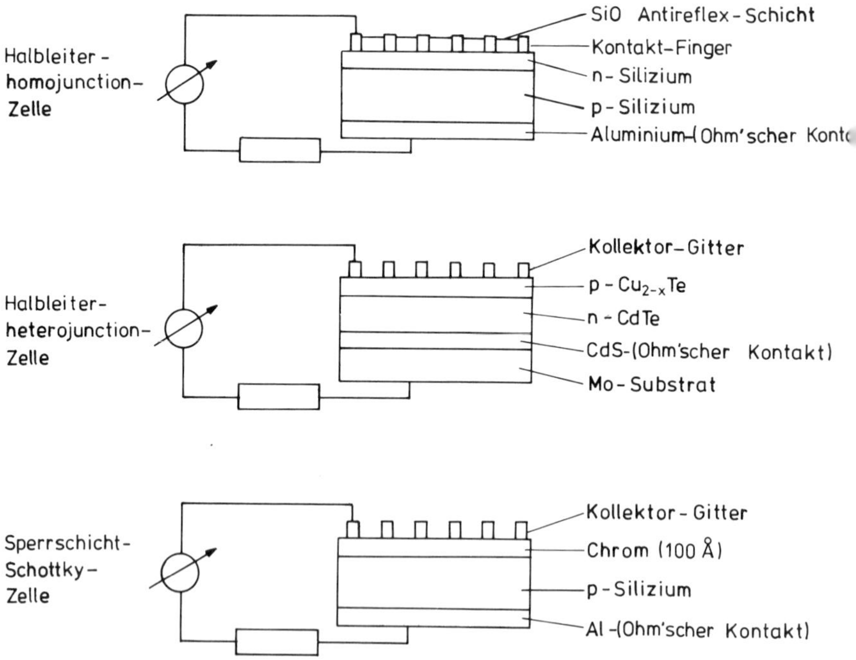

Fig. 4,8:
Schematische Gegenüberstellung der drei Solarzellentypen: Oben HL-Homojunctionzelle (meist aus p- und n-Si); Mitte: HL-Heterojunctionzelle (z. B. $Cu_{2-x}CdS$); unten: Schottky-Diode mit Sperrschicht zwischen Metall und HL. (Nach Justi u. M.(4-14)).

Da dies Kapitel 4 lediglich eine Aufzählung sämtlicher *denkbaren* Quellen von reichlicher sauberer Energie sein soll und da die Schilderung der grundsätzlichen physikalischen Vorstellungen der Favoriten unter ihnen erst in Kapitel 5 geschehen soll, verweisen wir wegen der rein wissenschaftlichen Einzelheiten auf dieses; wir werden sehen, daß und warum die Sperrschicht-Solarzellen zur Spitzengruppe der Favoriten gehören, weswegen sie in Kapitel 6 zusätzlich unter dem Gesichtspunkt ihrer industriellen Durchentwicklung behandelt werden.

Thermoelektrische Stromerzeugung durch Seebeck-Effekt

Die Verbreitung der *indirekten* Stromerzeugung in Wärmekraftwerken hat zur allgemeinen Meinung geführt, daß eine *Direkt*umwandlung von Wärme in Strom unmöglich sei, obwohl die E. D. U.-Matrix in Kästchen 1,4 einen entsprechenden von Seebeck 1822 entdeckten Effekt verzeichnet, der allerdings auch bei den meisten Elektrotechnikern als so schwach gilt, daß man ihn allenfalls zur elektrischen Temperaturmessung benutzen könne. Das Prinzip der thermoelektrischen Energiewandlung ist schematisch in Fig. 4,9 erklärt; man sieht einen sog. Inhomogenkreis, bestehend aus mindestens zwei verschiedenen, miteinander verbundenen Leitertypen A und B, z. B. einen Kupfer- und einen Konstantandraht. Sind beide Lötstellen gleich temperiert, so ist der Leiterkreis links und rechts der gestrichelten Symme-

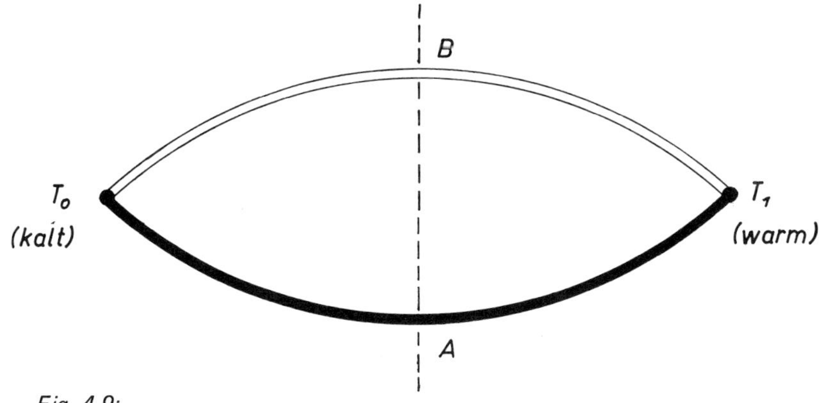

Fig. 4,9:
Schema eines elektrischen Inhomogenkreises; Leiter a vom n-Typ, z. B. Cu, Leiter b vom p-Typ, z. B. Konstantan (60 Cu/40 Ni). Links kalte, rechts warme Lötstelle.

trieachse spiegelbildlich symmetrisch, so daß in ihm insgesamt kein Spannungsunterschied auftreten kann; denn existierte z. B. an der rechten Lötstelle ein Potential, so würde es durch das entgegengesetzt gleich große links kompensiert – andernfalls wäre es ja auch ein Perpetuum Mobile. Erst wenn man die Lötstellen ungleich temperiert, also z. B. der rechten Lötstelle Wärme zuführt, darf ein Teil des durch beide Schenkel fließenden Wärmestroms in elektrischen Strom verwandelt werden. Fig. 4,10 veranschaulicht einen möglichen atomaren Mechanismus für den einfachsten Fall, daß ein Leiter (z. B. A, hier aus Cu) nur negative, der andere (z. B. B, hier aus der Cu/Ni-Legierung Konstantan) nur positive Ladungsträger enthält, wieder aus der Symmetrieüberlegung, daß andernfalls kein Kreisstrom zustandekommen könnte. Aus der Praxis ist die in der nächsten

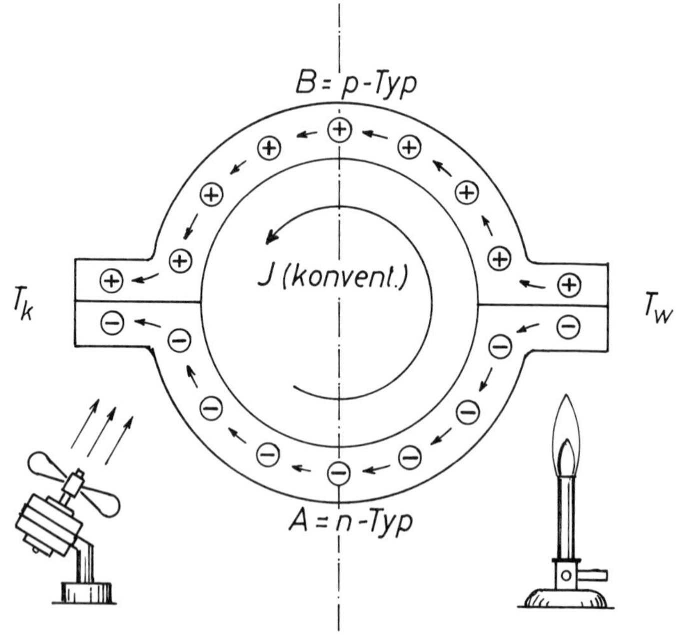

Fig. 4,10:
Anschauliche Erklärung des Zustandekommens eines elektrischen Kreisstromes in einem Inhomogenkreis (nach Justi(4-1)).

Fig. 4,11 bereits erwähnte thermoelektrische Temperaturfernmessung bekannt, wobei die eine Lötstelle auf z. B. 0 °C festgehalten, die andere der zu messenden Temperatur ausgesetzt wird, welche aus der gemessenen EMK über eine empirisch aufgenommene Eichkurve abgelesen werden kann. Dies Prinzip,

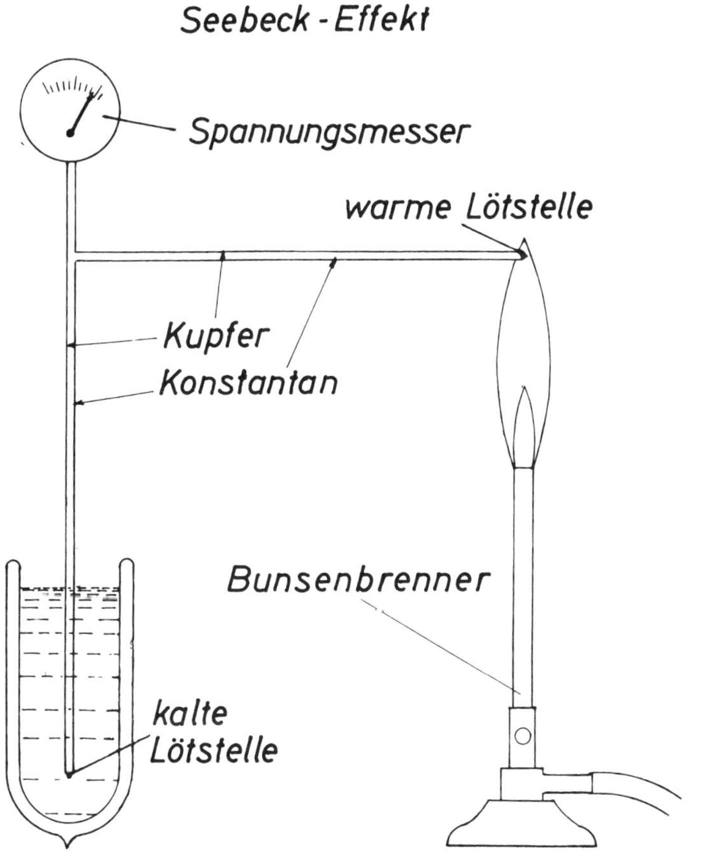

Thermoelektrische Temperatur-Fernmessung einer Flammentemperatur

Fig. 4,11:
Prinzip der Messung einer Flammentemperatur relativ gegen eine Fixtemperatur, z. B. schmelzendes Eis. Das Millivoltmeter mit Cu-Wirkung gehört zum Cu-Schenkel des Thermoelementkreises.

ohne bewegliche Teile oder Chemikalien einen Wärmefluß zu verstromen, erscheint an sich faszinierend; daß es die herkömmlichen Wärmekraftmaschinen nicht verdrängen konnte, liegt ausschließlich an dem geringen Wirkungsgrad. Im vorliegenden Beispiel erreicht das Thermoelementpaar Cu/Ko ähnlich wie andere in der Technik benutzte Kombinationen mit einer sog. Thermokraft von ca. 40 μV pro Grad Temperaturunterschied und einem ΔT von 700 °C einen Umwandlungswirkungsgrad = erzeugte elektrische Leistung/verbrauchte Wärmeleistung von nur ca. 0,2 %, anstatt des Carnot-Faktors $\eta_c = 700^\circ/(700^\circ + 273^\circ) =$ 70 %; die „thermoelektrische Leistungsziffer" ist also $\epsilon_{th} = 0{,}2\,\%/70\,\% = 0{,}29\,\%$.

In den letzten Jahrzehnten ist es durch die Pionierarbeiten von A. F. Joffe u. M. in Leningrad, Justi und Lautz in Braunschweig gelungen, diesen Verlustfaktor auf etwa $\eta_{th} = 20\,\%$ zu verbessern. Theoretisch konnte genau berechnet werden, daß man nicht nur eine maximale Thermokraft („Seebeck-Koeffizient") α (μV/Grad) braucht, sondern auch eine maximale elektrische Leitfähigkeit σ, damit der erzeugte Strom sich nicht gleich in Joulesche Wärme rückverwandelt, und eine minimale thermische Leitfähigkeit κ, damit sich nicht das stromerzeugende ΔT zwischen den Lötstellen nutzlos ausgleicht. Diese Forderungen widersprechen einander, denn σ ist nach dem bekannten Wiedemann-Franzschen Gesetz merklich proportional zu κ und umgekehrt proportional einer Expontialfunktion von α; damit war nicht nur die Ursache für den meist geringen Wirkungsgrad der thermoelektrischen Wandlung erkannt, sondern auch die Möglichkeiten der Maximierung erkennbar geworden. Die Theorie zeigt nämlich, daß die drei Stoffparameter nicht einzeln, sondern in Form des „Effektivität" $z = \alpha^2\, \sigma/\kappa$ genannten Produktes in die Energiebilanz eingehen. Tatsächlich ist es den genannten Laboratorien durch langjährige, theoretische und werkstoffkundliche Untersuchungen gelungen, festzustellen, daß man die höchsten z-Werte erreichen kann, wenn man Leiterwerkstoffe mit Elektronenkonzentrationen von etwa $10^{18}/cm^3$ herstellt, also im Übergangsgebiet von Metallen zu Halbleitern. Speziell für mäßig hohe Temperaturen, wie sie die Sonnenwärme erzeugt, eignen sich Thermoelektrika des Tpyus Wismuttellurid Bi_2Te_3, das man mit verschiedenen technologischen Kunstgriffen sowohl als negativ wie positiv leitenden Typus optimieren kann und womit man z-Werte bis zu $^1/300$ erreicht hat, ziemlich dicht bis zur theoretisch abgeschätzten Höchstgrenze von $z \cdot \overline{T} = 1 \ldots 1{,}5$ ($\overline{T}$ = Mittelwert der Lötstellen-Temperaturen). Solche Werkstoffe verdanken ihre geringen κ-Werte ihrem niedrig-symmetrischen Kristallgitter mit geringer Raumerfüllung und sind deshalb brüchig, weder walzbar noch ziehbar, sondern müssen als erschmolzene zylindrische Stäbchen benutzt werden. Fig. 4,12 zeigt den maximalen Wirkungsgrad für den Kurzschlußfall $R_a = 0$, wenn die kalte Lötstelle auf $T_k = 300$ K und die warme auf T_w gehalten wird, als Funktion der Effektivität; für den Bestwert $z = 0{,}0033$ kann man dann $\eta = 5{,}3$ % erreichen, also $\epsilon_{th} = 21$ % des Carnot-Faktors $\eta_c = 100/400 = 0{,}25$ %. Dieser Wert sinkt weiter, wie bei allen elektrischen

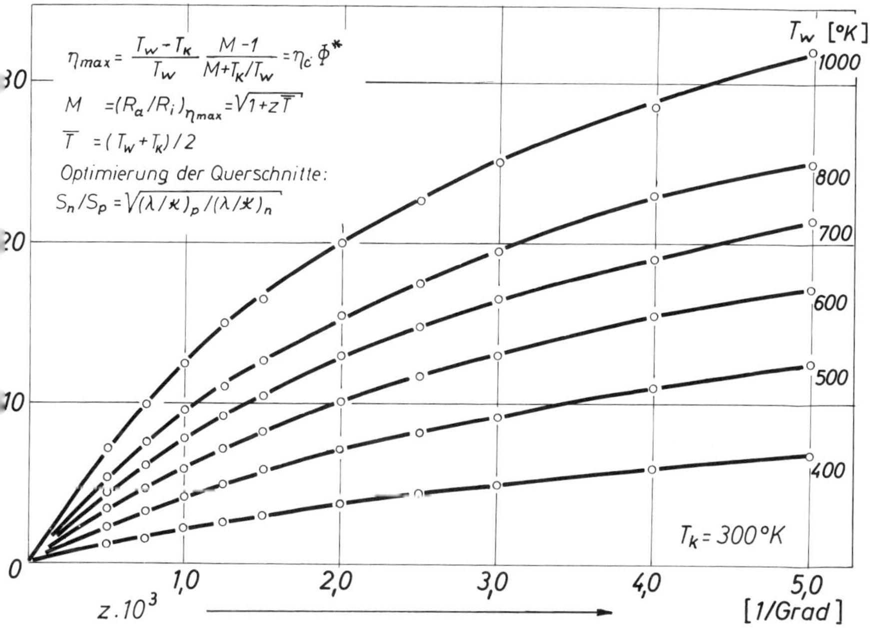

Fig. 4,12:
Maximaler Wirkungsgrad η_{max} der thermoelektrischen Stromerzeugung mittels einstufiger Seebeckelemente als Funktion der Effektivität $z = \alpha^2 \kappa/\lambda$ (Grad^{-1}).
Parameter: Temperatur T_W (K) der warmen Lötstelle; kalte Lötstelle stets auf 300 K; äußerer Lastwiderstand R_a optimal (nicht maximal) angepaßt. Mit $T = (T_W + T_K)/2$; $z \cdot \overline{T} \approx 1$ und $M = \sqrt{1} + T \approx \sqrt{2}$ wird die optimale Leistung $Q_{opt} = e_{AB}^2 \cdot \Delta T^2 M \, (R_A \, (M+1)^2)$; mit den angegebenen Näherungen $Q_{opt} \approx 0{,}24 \cdot e_{AB}^2 \cdot \Delta T^2/R_a$. Die maximale Leistung wird $Q_{max} = c_{AB}^2 \cdot \Delta T^2/(4 \cdot R_a)$ wegen $R_i = R_a$. (Nach Justi(4-1)).

Generatoren, wenn man in einem äußeren Lastwiderstand R_a Leistung verbrauchen will, welche auch den Innenwiderstand R_i durchfließen muß, um den Faktor $R_a/(R_i + R_a)$, der bei Höchstlast wegen $R_a = R_i$ bis auf 0,5 sinkt; allerdings erwärmt dieser Strom die heißen Lötstellen und gewinnt dadurch ein wenig wieder verstrombare Wärme zurück, anders als z. B. in der Dynamomaschine. Der Seebeckgenerator ist aber inhaerent der Wärmekraftmaschine gegenüber benachteiligt, weil man die metallische Leitung und Joulesche Reibungswärme der Elektronen nicht beliebig vermindern kann wie die entsprechenden Irreversibilitäten Wärmeleitung und mechanische Reibung des mechanischen Analogons.

Obwohl die thermoelektrische Forschung eben stagniert, nur weil sie ihre theoretisch möglichen Ziele ziemlich erreicht hat, ist sie etwa zur Verstromung der niedertemperierten Wärme von photothermischen Solarkollektoren durchaus wettbewerbsfähig mit den photovoltaischen Solarzellen: diese erreichen zwar jetzt mit maximal 14 % (für $R_a = 0$!) bei Zimmertemperatur viel mehr, aber bei 60° Betriebstemperatur in starker Sonne nur das Doppelte der soeben besprochenen Seebeck-Elemente, sind aber mit einem Investitionspreis von ca. 500 000 DM/kW einige 100mal teurer als jene. Insofern ist es unverständlich, daß die Förderung der Entwicklung thermoelektrischer Wandler praktisch eingestellt ist; zumal weil die Umkehrung der Seebeck-Generatoren zu den Peltierkälteerzeugern einerseits, zu Peltier-Wärmepumpen andererseits führt, die je $kW_{el}h$ statt des idealen Äquivalents von 860 kcal ohne weiteres 50 % mehr liefern. (Vgl. Fig. 5,8), und dies ohne mechanisch bewegliche Teile und Wartung.

Fig. 4,13 ist ein ebenso instruktiver wie überzeugender Beweis von Justi für die Praktikabilität der thermoelektrischen Stromerzeugung; man erkennt ein heißes Wasserreservoir (100°), ein kaltes (0. . .10°), dazwischen je ein p- und n-Thermoelement-Stäbchen, und mit dem Außenwiderstand R_a an R_i angepaßt, einen Elektromagneten. In ihm entsteht, wie in der Legende berechnet, ein Strom von 35 mV/2,5 mΩ = 14 Amp, die an einem eisernen Joch ein Gewicht von über 10 kg halten. Bei der Vorführung überzeugend ist, daß die 10 kg abfallen, wenn man den Stromkreis unterbricht (keine Täuschung durch Hysteresis!).

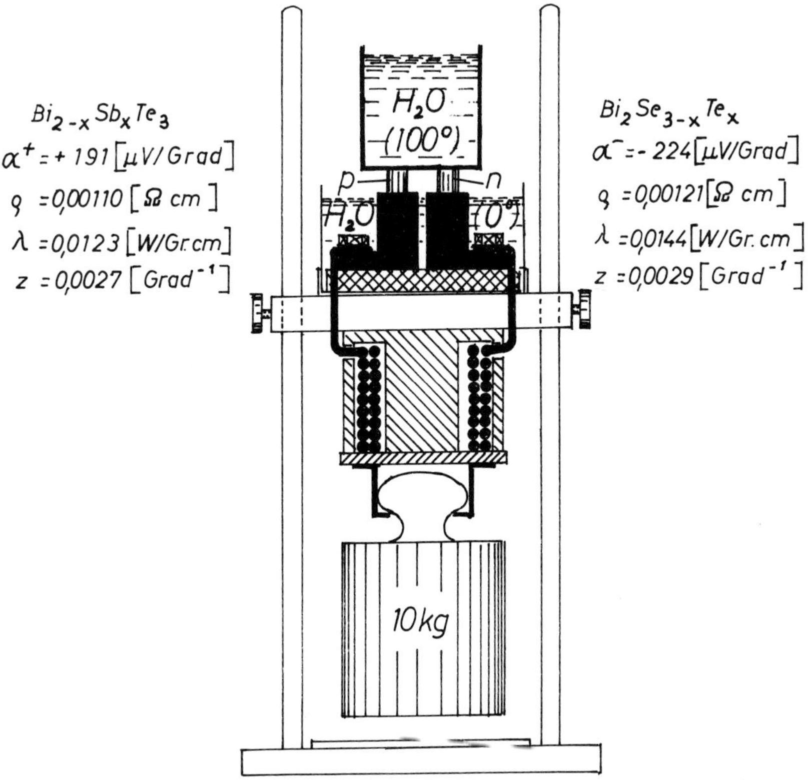

$$U_0 = (\alpha^+ - \alpha^-)(T_W - T_K) = (191 + 224)100\,\mu V = 41{,}5\ mV$$

$$R = R_i + R_a = 0{,}5 + 0{,}7 + 1{,}3 = 2{,}5\ m\Omega$$

$$I = 41{,}5\ mV / 2{,}5\ m\Omega = 17\ A$$

Fig. 4,13a:
Halbleiter-Thermomagnet zur Demonstration der großen Effektivität halbleitender Thermoelektrika zur Wärmeverstromung ohne bewegliche Teile im Bereich mäßig hoher Temperaturen (etwa -40^0 bis + $110\ ^0C$). Wirkungsgrad ca. 5 %, vgl. Fig. 4,12. Der den Magnet erregende Thermostrom beträgt dabei 14 Amp! (Nach Justi(4-1)).

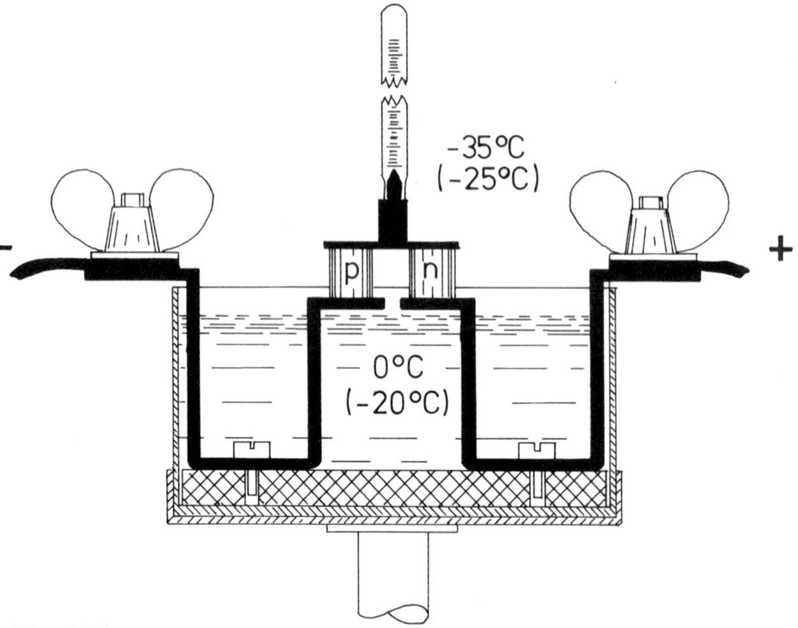

Fig. 4,13b:
Demonstrationsversuch der Umkehrung der thermoelektrischen Stromerzeugung („Seebeck-Effekt") in thermoelektrische Kühlung oder Heizung („Peltier-Effekt"). Dasselbe Thermoelement wie beim Thermomagneten der Fig. 4,13a ist auf zwei Kupferbändern aufgelötet, die beide in einem Wasserbad auf ca. 20^{0} temperiert werden. Der metallene Heißwasserbehälter der Fig. 4,13a ist hier durch eine kleine Cu-Brücke mit einem aufgelöteten Cu-Töpfchen ersetzt, in welches ein Thermometer eintaucht und also 20^{0} anzeigt. Leitet man aber einen passend starken Gleichstrom mit der an den Klemmen angeschriebenen Polung durch das Thermoelement, so unterschreitet die Temperaturanzeige binnen 1 Min. den Eispunkt und sinkt bei ausreichender Isoierung bis auf ca. –28^{0}. Polt man um, also Minuspol an n-Stäbchen, Pluspol an p-Stäbchen, so entzieht das Thermoelement jetzt dem Wasser Wärme und leitet sie in die obere Cu-Brücke, so daß das Thermometer rasch auf ca. 100^{0} steigt. Im ersten Fall handelt es sich um das elektrische Analogon zur mechanischen Kältemaschine (wie im Kühlschrank), im 2. Fall um dasjenige zur Wärmepumpe, die hier etwa 50 % mehr Wärme liefern kann als der Stromwärme eines Tauchsieders entspricht. Diese „teilreversible Heizung" spart also Strom, ist geräuschlos und pollutionsfrei, wie man es sich für solar erzeugten Strom wünscht. Nach Justi(4-1).

Erzeugung von Wasserstoff durch photochemische Zersetzung von Wasser (Photolyse) in pflanzlichen Organismen*

Die Sonnenenergie in Richtung Erde hat eine Leistung von 170 Billionen (10^{12}) Kilowatt. Ihre Ausnützung kann nicht nur solarthermisch (3,1) und solarelektrisch (3,4), sondern auch solarchemisch (3,5) erfolgen. Dieser Option könnte auf lange Sicht sogar die größte Bedeutung zukommen. Das Ziel ist die photochemische Zersetzung von H_2O zu H_2 und O_2, wobei das erstere Produkt dann in eine Wasserstoffökonomie eingespeist wird. Wenn auch Wasserstoff mit Hilfe von Sonnenenergie auf dem Umwege über die primäre Erzeugung von Wärme oder von Elektrizität, also nach den ersten beiden Optionen, erzeugt werden kann, ist die umweglose Zersetzung (Photolyse) des Wassers doch der unmittelbare und daher auch grundsätzlich der beste Weg.

Thermodynamisch gesehen, sind zur Spaltung eines Mols an flüssigem Wasser 57 kcal (237 kJ) an freier Energie (genauer: Enthalpie) notwendig. Die Reaktion ist also stark endergon. Der Zahlenwert ergibt sich rein formal, d. h. es wird nicht berücksichtigt, daß die photochemische Reaktion unter Umständen primär zu Zwischenprodukten führen könnte, deren Gehalt an freier Energie den Gehalt der stabilen Endprodukte H_2 und O_2 übertrifft. So würde die Reaktion $H_2O = H\cdot + OH\cdot$ also die Bildung zweier Radikale aus 1 Molekül H_2O, nicht weniger als 123 kcal (516 kJ) pro Mol erfordern.

Eine Energie von 57 kcal pro Mol wird nach der berühmten Planckschen Formel $E = h\nu$ durch 1 Mol (1 „Einstein") an Lichtquanten der Wellenlänge von etwa 500 nm (grünes Licht) geliefert. 1 Einstein an violettem oder blauem Licht hat nach der Planck-Formel mehr, 1 Einstein an rotem oder gelbem Licht weniger Energie. Theoretisch wäre daher die Photolyse von 1 Mol H_2O durch 1 Einstein an kurzwelligem Licht möglich, während im Falle von langwelligem Licht zur Spaltung jedes Mols H_2O die Energien von mindestens 2 Einstein kombiniert werden müßten. Selbstverständlich wäre in jedem Falle, da Wasser selbst sichtbares und übrigens auch langwelliges ultraviolettes Licht nicht absorbiert, die Anwesenheit eines gefärbten Sensibilisators (Photokatalysators) notwendig, der die Energie einfängt und auf Wasser überträgt.

---

*Verfasst von Prof. Dr. E. Broda, Institut für Physikalische Chemie der Universität Wien

Der Grund für den bisherigen Mißerfolg wird später genannt werden, doch sei schon hier festgehalten, daß kein Naturgesetz einem schließlichen Erfolg im Wege stehen würde. Tatsächlich hat uns die Natur in der eindrucksvollsten Weise demonstriert, daß eine Lösung des Problems der chemischen Nutzbarmachung der Sonnenenergie möglich ist, und zwar, wie später gezeigt werden soll, gerade auf dem Wege über die Photolyse des Wassers. Seit 3 Gigajahren (3 000 Millionen Jahren, d. h. 3 000 Megajahren) betreiben die Pflanzen Photosynthese. Man schätzt die Menge an Kohlenstoff, die die Pflanzendecke gegenwärtig alljährlich mit Hilfe der Energie des Lichtes der Lufthülle entzieht, auf 100 Gigatonnen (100 Milliarden Tonnen); dies ist das Zwanzigfache der Menge, die in unserer industriellen Zivilisation in der gleichen Zeit als CO_2 in die Luft geblasen oder überhaupt verarbeitet wird.

Die Leistung der Pflanzen ist bemerkenswert(4-16, 4-17). Sie verwenden sämtliches Licht vom violetten bis zum roten Ende des Spektrums. Der Wirkungsgrad ist in einem weiten Bereich von der Lichtintensität unabhängig. Die Energieausbeute kann – allerdings unter optimalen Bedingungen im Laboratorium – bis zu 33 % betragen, d. h. ein volles Drittel der Energie des absorbierten Lichtes wird zum Aufbau von Biomasse verwendet und steht bei ihrer Verbrennung wieder zur Verfügung. Auch hat die Pflanze in vorzüglicher Weise das Speicherproblem gelöst, das bei der Elektrizität solche Sorgen bereitet, denn Biomasse ist ohne besondere Maßnahmen gut haltbar. Biomasse kann angenähert durch die Formel (CH_2O) symbolisiert werden, also als fiktiver Baustein von Kohlehydrat. Beispielsweise kommt der Glukose, dem häufigsten Kohlehydrat, die Formel $C_6H_{12}O_6$ zu. Die Klammer des (CH_2O) zeigt an, daß es nicht etwa um Formaldehyd CH_2O handelt!

Inwiefern beruht nun die pflanzliche Photosynthese auf einer Photolyse des Wassers? Nach der älteren Auffassung, der übrigens der große Biochemiker Otto Warburg bis zu seinem Tode anhing, sollte das Licht von der Pflanze unmittelbar zur Spaltung von CO_2 – in gebundener Form – verwendet werden. Jedoch hat der niederländische Mikrobiologe Cornelius van Niel(4-18) in den Dreißigerjahren gezeigt, daß die Primärreaktion in einer Wasserspaltung nach

$$H_2O \rightarrow [H] + 0{,}5\ O_2$$

besteht, wobei [H] eine zunächst nicht identifizierte Form von

Wasserstoff („Reduktionskraft") bezeichnet. Erst in einer zweiten Stufe wird [H] zur Reduktion von CO_2 zu Biomasse benützt:

$$4\,[H] + CO_2 \rightarrow (CH_2O) + H_2O$$

Dieser zweite Schritt ist lichtunabhängig, d. h. er besteht aus einer Anzahl von „Dunkelreaktionen". Sie wurden in den fünfziger Jahren von Melvin Calvin und James Bassham(4-19) aufgeklärt.

Nur in Klammer sei angemerkt, daß bei der Photosynthese primär neben der Reduktionskraft auch die energiereiche Substanz Adenosintriphosphat, ATP, gebildet wird, die für weitere Umsetzungen benötigt wird (Fig. 4,14). Es ist sogar möglich, daß ATP ursprünglich das einzige Primärprodukt der Photosynthese war(4-20). Davon kann hier jedoch abgesehen werden. Bei der technischen Photolyse wird ATP keine Rolle spielen.

Die wenigen bisher mit derartigen Systemen ausgeführten Versuche haben zu keinen Erfolgen geführt. Es stellte sich immer rasch ein stationärer Zustand ein, und die Mengen an zersetztem Wasser waren sehr klein. Die relativ günstigsten Resultate – auch sie ganz unbefriedigend – wurden mit UV-Licht erzielt, doch ist der Anteil des UV am Sonnenlicht schon an der Obergrenze der Atmosphäre gering und nahe der Erdoberfläche minimal(4-15).

Verständlicherweise entstehen bei der pflanzlichen Photosynthese unter natürlichen Bedingungen keine H_2-Moleküle. Der Pflanze wäre nicht gedient, wenn sie den Wasserstoff als Gas ausscheiden würde. Zumeist enthalten die Pflanzen daher keine H_2-bildenden Enzyme, „Hydrogenasen". Allerdings hat Hans Gaffron 1942 gezeigt, daß man gewisse Algen unter besonderen Bedingungen zu einer beschränkten Erzeugung von H_2-Gas veranlassen kann.

Normalerweise jedoch liegt die Reduktionskraft in Form eines Proteins vor, nämlich des „Ferredoxins" in reduzierter Form. Dies ist ein wohldefinierter Stoff, der auch in kristallisierter Form erhältlich ist und Eisen enthält. Wenn das Eisen 2-wertig vorliegt, ist das Ferredoxin ein starkes Reduktionsmittel, dessen Oxidations-Reduktions-Potential unter Standardbedingungen etwa – 0,4 Volt beträgt (Fig. 4,15). Dies entspricht zahlenmäßig dem Redoxpotential der Wasserstoffelektrode in neutraler Lösung, d. h. das reduzierte Ferredoxin hat eine ebenso große Tendenz zur Abstoßung von Elektronen wie ein H_2-Molekül. Demnach ist die photochemisch-thermodynamische Leistung der Pflanze ebenso groß, als hätte sie H_2 gebildet. Unter

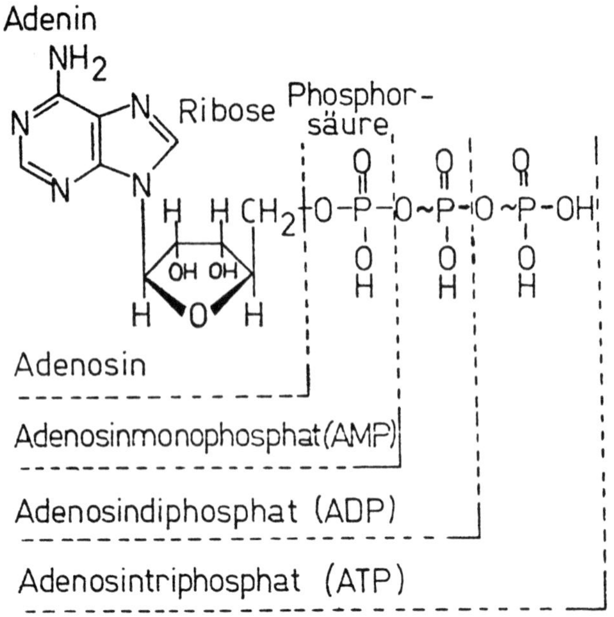

Fig. 4,14:
Formel des Adenosintriphosphat (ATP) und seiner Teile. Die Schwänzchen (~) geben die „energiereichen" Bindungen an, bei deren Auflösung (natürlich unter Absättigung der Produkte) eine besonders hoher Betrag an freier Enthalpie verfügbar wird. Der Übersichtlichkeit halber ist das ATP in der nicht elektrolytisch dissoziierten Form gezeigt. In Wirklichkeit sind unter physiologischen Bedingungen, etwa bei pH-Wert 7, mehrere der Wasserstoffatome abdissoziiert. – Im Einklang mit der monophyletische Entstehung des Lebens verwenden sämtliche tierischen und pflanzlichen Lebewesen zur Energiespeicherung mit schneller, leichter und hochgradiger Umwandelbarkeit in alle Arten (thermische, mechanische, elektrische, chemische und osmotische) Bedarfsenergie diesen universellen Speicher, der z. B. bei der „hydrolytischen" Abspaltung der endständigen Phosphoryl-Gruppe unter Aufnahme von 1 Mol H_2O gemäß ATP + H_2O = ADP + P Adenosindiphosphat und anorganisches Phosphat liefert und dabei unter Standardbedingungen bis zu –7,3 kcal/Mol, in Wirbeltierzellen sogar –12 kcal/Mol zum Antrieb der verschiedenen erwähnten Wunschreaktionen abgibt bzw. bei der umgekehrten „Phosphorylierung wieder aufnimmt. Der Mensch z. B. baut täglich etwa 100 kg ATP im Marktwert von 200 000 US-Dollar auf und wieder ab, und zwar in jeder Zelle, so daß er über 10^{14} dezentralisierte Kraftwerke verfügt.

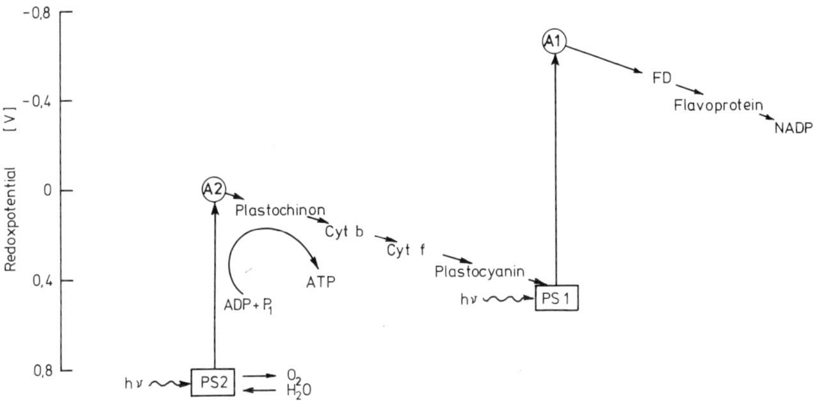

Fig. 4,15:
Das sogenannte Z-Schema zeigt, wie Elektronen aus Wassermolekülen in einer ersten Lichtreaktion vom Photosystem II („PS II") „bergauf" in einen Akzeptor A_2 mit einem Redoxpotential (Ordinate) von etwa 0 V gehoben werden. Die Elektronen sinken dann über eine Kette von Redoxstoffen, u. zw. unter Abgabe von Energie, die zur Synthese von ATP aus ADP und Phosphat gebraucht wird, bis zu + 0,45 V bei Photosystem PS I. In einer 2. Lichtreaktion absorbierte Elektronen steigen dann bis –0,4 V, um Ferredoxin zu binden. Von dort fließen sie wieder abwärts, um NADP in NADPH mit Hilfe der vom Wasser gespendeten Protonen umzuwandeln. Abszisse: Reaktionsweg.

physiologischen Bedingungen dient das reduzierte Ferredoxin dann als Lieferant von Elektronen, also als Reduktionsmittel bei der Assimilation des CO_2 unter Bildung von Biomasse.

Freilich ist die Produktion von Biomasse, energetisch gesehen, schwierig. Für den (schematischen) Prozeß

$$H_2O + CO_2 \rightarrow (CH_2O) + O_2$$

sind 112 kcal (472 kJ)/Mol erforderlich. Um den Prozeß dennoch zu ermöglichen, geht die Pflanze bei der Lichtabsorption zweistufig vor. Nacheinander werden 2 Quanten benützt, um ein und dasselbe Elektron vom Wasser auf das Ferredoxin zu übertragen, also Ferredoxin durch Wasser zu reduzieren. Der Prozeß läuft in geordneter Weise innerhalb eines strukturierten Festkörpers nach dem sog. Z-Schema (Fig. 4,15) ab. Dabei setzen die beiden Quanten nicht in unmittelbarer Folge an dem Elektron an, sondern zwischen dem ersten und zweiten Absorptionsvorgang ist eine Kette von Dunkelreaktionen zwischengeschaltet, durch die das Elektron weitergereicht wird. Die chemische Zusammensetzung dieser Kette ist zum großen Teil bekannt, u. a. durch H. T. Witt und seine Kollegen(4-21).

Die beiden photochemischen Primärreaktionen der Pflanze finden in den sogenannten Reaktionszentren statt, die Chlorophyll a enthalten (Fig. 4,16). In Kontakt mit diesen Zentren befinden sich die Sensibilisatoren, unter denen weiteres Chlorophyll a, Chlorophyll b und Carotinoide genannt seien. In den primitivsten Pflanzen, den Blaualgen, findet sich kein Chloro-

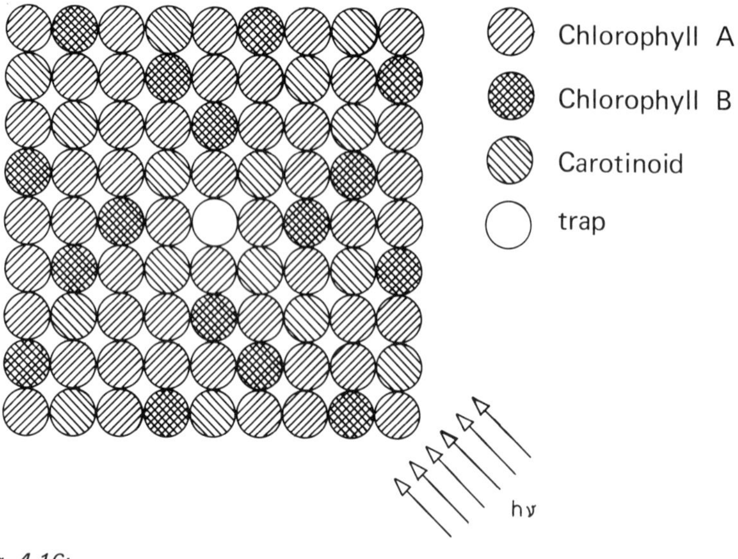

Fig. 4,16:
Struktur eines photosynthetischen Systems (PS I oder PS II). Die lichtsammelnden „Antennen-Moleküle" bestehen aus Chlorophyll A, Chlorophyll B und einer Reihe anderer Carotinoide genannten gelben Pigmentmoleküle 200 an der Zahl. Die Quanten werden durch Resonanzprozeß zu einem speziellen Molekül von Chlorophyll A übertragen, das als Reaktionszentrum oder trap bezeichnet wird. Dort wird die von den Antennen eingefangene Sonnenlichtenergie gemäß dem Z-Schema (Fig. 4,15) in chemische Energie umgewandelt. Nach N. K. Boardman u. A. W. D. Larkum (4-29).

phyll b, wohl aber Phycocyanin. Die Sensibilisatoren bilden die sogenannte Antenne, durch die das Licht absorbiert und seine Energie dem Reaktionszentrum zugeleitet wird, wie Fig. 4,17 nach einer Aufnahme mit dem Elektronenmikroskop zeigt.

Die Pflanzen, auch schon die Blaualgen, arbeiten effizient. Ihr photosynthetischer Apparat ist bereits relativ kompliziert. Man muß daher annehmen, daß die Pflanzen aus einfacheren photosynthetischen Vorläufern entstanden sind, und zwar aus photosynthetischen Bakterien. Heute leben noch zwei Gruppen solcher Bakterien, die grünen und die purpurnen Bakterien. Ihre weit geringere Effizienz ist daran zu erkennen, daß sie aus H_2O keine Reduktionskraft gewinnen, also eine Photolyse des Wassers nicht durchführen können. Vielmehr benötigen sie als Quelle von Elektronen Stoffe, in denen die Elektronen weniger fest gebunden sind, z. B. H_2S. Die Bakterien setzen daher bei ihrer Photosynthese auch keinen Sauerstoff frei, sondern Schwefel und dergleichen. Somit genügt den Bakterien zur Übertragung eines jeden Elektrons die Energie eines einzigen Quantums. Es gibt also keine photochemischen Folgereaktionen. Obwohl die photosynthetischen Bakterien im Haushalt der Natur im Vergleich zu den Pflanzen nur mehr eine geringe Rolle spielen, sind sie doch gerade wegen ihrer relativen Einfachheit ganz wichtige Studienobjekte für Biochemie und Biophysik(4-20).

Wie haben nun die Pflanzen und auch schon die photosynthetischen Bakterien das photochemische Grundproblem gelöst? Der bisherige Mißerfolg des Menschen dürfte darauf zurückzuführen sein, daß die Primärprodukte der Photolyse, die gewiß noch reaktionsfreudig sind, in geringem Abstand voneinander entstehen und daher auch mit großer Wahrscheinlichkeit rasch zusammentreffen. Dann reagieren sie miteinander, wobei letzten Endes mit großer Wahrscheinlichkeit wieder Wasser entsteht. Die absorbierte Energie findet sich als Wärme wieder. Um eine solche Vergeudung von Energie zu verhindern, haben die Pflanzen – und vor ihnen auch schon die Bakterien – das „Membranprinzip" entwickelt. Das Licht wird innerhalb asymmetrisch gebauter Membranen (Fig. 4,17) absorbiert, die zu „vektoriellen" Reaktionen fähig sind. Dies bedeutet, daß die Primärprodukte der Photoreaktion nicht in Mischung entstehen, sondern daß sie je nach ihrer chemischen Natur die Membran nach der einen oder der anderen Seite verlassen. Auf diese Weise werden sie an gegenseitiger Vernichtung durch Rückreaktion verhindert und sie liegen alsbald als relativ stabile Zwischenpro-

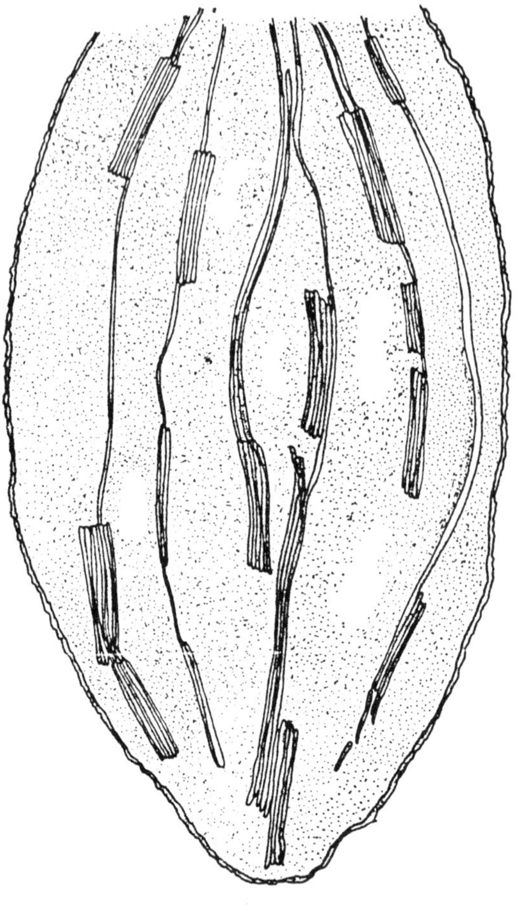

Fig. 4-17:
Ein teilweise schematisiertes elektronenmikroskopisches Bild eines Chloroplasten aus einer höheren Pflanze. Die Lichtreaktion erfolgt in den Lamellen, die teilweise zu Stapeln (Grana) verbunden sind. Die Produkte der Lichtreaktion reagieren im umliegenden Stroma dank seines ATP-Gehaltes auch in Dunkelheit weiter. Alle Linien des Bildes geben Membranen an, die die postulierte vektorielle Produkttrennung bewirken. Der ganze Chloroplast ist von einer doppelten Membran umschlossen, die das Stroma zurückhält, in der aber auch Reaktionen ablaufen. Der Durchmesser des Chloroplasten beträgt wenige µm, die Membranen sind etwa 0,01 µm dick.

dukte vor. Beispielsweise entstehen in den Pflanzen in Reaktionsstufe 1 einerseits O_2 und anderseits reduziertes Plastochinon, in der Reaktionsstufe 2 – nach Durchlaufen der Kette von Dunkelreaktionen – oxidiertes Plastocyanin und reduziertes Ferredoxin (Fig. 4,15). Die Konstruktion solcher vektoriell arbeitender Membranen ist dem Menschen bisher nicht gelungen, doch wurde auch noch kein ernstlicher Versuch dazu gemacht, ja es wurde sogar bis in die jüngste Zeit das Problem nicht klar gesehen oder formuliert.

Es wäre nun möglich, sich bei der solarchemischen Option einfach der Bakterien und Pflanzen mit ihren vortrefflich ausgebildeten Mechanismen der Photosynthese zu bedienen und Biomasse oder ihre Produkte als Brennstoff zu verwenden. Damit würde man in gewissem Sinn zur Vergangenheit der Menschheit zurückkehren, in welcher Holz die wichtigste Quelle technischer Energie war. Die Umwandlung der Biomasse in flüssige oder gasförmige Brennstoffe (auch H_2), die bei der Anwendung günstig sind, kann durch Pyrolyse (Behandlung bei hoher Temperatur) oder durch Vergärung erfolgen. Im besonderen steht für die Gewinnung von H_2 ein Verfahren zur Verfügung, das im Grunde der bekannten technischen Reformierung entspricht, nämlich

$$(CH_2O) + H_2O \rightarrow CO_2 + 2\,H_2$$

Diese Reaktion ist in Bezug auf freie Enthalpie annähernd neutral, aber sie kann durch Absorption des entstehenden CO_2 nach rechts getrieben werden, d. h. die Vergasung der Biomasse ist möglich.

Tatsächlich wird immer wieder ein „Energie-Pflanzenbau“ (energy farming) vorgeschlagen, d. h. schnellwüchsige Pflanzen sollen eigens zum Zweck der Gewinnung von Brennstoff in großem Maßstab erzeugt werden(4-22). In Betracht kommen z. B. Pappeln oder – im tropischen Klima – Zuckerrohr. Da bisher nur wenige Prozent des alljährlich anfallenden Photosynthats für Nahrung, Futter oder technische Rohstoffe (Fasern) verwendet werden, könnte man wirklich aus Biomasse viel technische Energie gewinnen.

Die erforderlichen Verfahren, deren Entwicklung in der Zeit der Ölschwemme vernachlässigt wurde, könnten zunächst auf die großen Mengen an fast kostenlos verfügbaren land- und forstwirtschaftlichen Abfällen angewendet werden. Die rationelle Verwertung von Stroh, Maiskolben, Astwerk, Sägemehl und auch von organischem Material in städtischen Abwässern ist ein dringendes Problem.

Gelegentlich ist mit „halbnatürlichen" Systemen gearbeitet worden. Man kann etwa die photosynthetischen „Organellen", die Chloroplasten, aus Pflanzen isolieren und sie dann mit Enzymen bakteriellen Ursprungs kombinieren, die aus reduziertem Ferredoxin und Wasser H_2 erzeugen. Solche Experimente haben nur zu geringen Teilerfolgen geführt. Technisch gesehen, ist dieser Weg nicht aussichtsreich, weil das spezielle Biomaterial immer teuer und zersetzlich bleiben wird(4-23).

Langfristig bleibt die Hauptaufgabe bei der solarchemischen Energiegewinnung der Aufbau von synthetischen Systemen. Sie werden vermutlich als Kernstück vektorielle asymmetrische Membranen enthalten, in die Photokatalysatoren und andere notwendige Wirkstoffe eingebaut sind(4-24). Solche Membransysteme könnten in erster Linie in den stark besonnten und jetzt nutzlosen Flächen der tropischen Wüsten Anwendung finden, obwohl auch große Gebiete der gemäßigten Zonen sehr wohl in Frage kämen. Der Wasserstoff kann dann als H_2 oder in Form von Verbindungen wie Methanol oder Kohlenwasserstoffen den Verbrauchszentren zugeleitet werden. Auf ganz weite Sicht könnte man auch an schwimmende Inseln auf dem Weltmeer denken.

Der zusätzliche Wasserbedarf wäre auch in den heißen Wüsten, etwa der Sahara, kein Hindernis. Er ist nämlich im Vergleich zum Bedarf für Bewässerung sehr klein. Die Pflanze verliert 99,9 % des aufgenommenen Wassers durch Transpiration und verwendet nur den winzigen Rest für Photolyse. Derzeit besteht auch kein Grund zur Annahme, daß die direkte Verwendung von Meerwasser ohne vorherige Entsalzung für die Photolyse unmöglich sein würde.

Für die Konstruktion der vektoriell arbeitenden Membranen sind zwei Wege zu beschreiten, die schließlich konvergieren müssen. Einerseits ist das gewaltige Arsenal unserer physikalisch-chemischen Kenntnisse auf den Gebieten der Thermodynamik, Kinetik, Photochemie, Elektrochemie und Strukturchemie für die Membransynthese zu verwenden. Anderseits sind die pflanzlichen Membranen intensiver zu studieren. Jedoch soll man die Pflanze nicht einfach nachahmen, vielmehr sich von ihr leiten und inspirieren lassen(4-24). Die Pflanze ist nämlich keineswegs einfach in Richtung auf Ausbeute an Biomasse optimiert. Die pflanzlichen Mechanismen müssen auch vielen anderen Zwecken dienen, so dem Widerstand gegen ungünstiges Klima, der Beschaffung von Mineralstoffen und Wasser, der Bekämpfung von Pflanzenfressern, Parasiten und Konkurrenten und schließlich auch der Fortpflanzung. Außerdem sind die Mechanismen der heutigen Pflanzen durch ihre entwicklungsgeschichtliche Vergangenheit mitgeformt, auch wenn dies heute kein Vorteil mehr ist, ähnlich wie die Stadtplanung mit den Gegebenheiten rechnen muß, die durch die Entwicklungsgeschichte der Städte bedingt sind.

Die Konstruktion geeigneter asymmetrischer, vektoriell arbeitender Membranen ist nach Meinung des Verfassers eine der größten Herausforderungen an die zeitgenössische physikalische Chemie. Die Lösung des Problems könnte fast mit einem Schlag die Zukunft der Menschheit auf eine neue Grundlage stellen (4-24). Die wirtschaftlichen Aspekte werden sinnvoll diskutiert werden können, wenn synthetische vektorielle Membranen vorliegen werden.

Ansätze zur Erzeugung von Wasserstoff durch photochemische Zersetzung von Wasser (Photolyse) mittels monomolekularer Schichtverbände*

Es wäre demnach von großer Bedeutung, wenn man den Prozeß, mit dem die Pflanze Sonnenenergie in chemische Energie verwandelt, (3,5), auf wirtschaftliche Weise nachahmen könnte, wenn man also etwa eine Vorrichtung hätte, die Wasser mit Licht wirtschaftlich in Wasserstoff und Sauerstoff zerlegt oder das Kohlendioxid der Luft mit Wasser in Methan und Sauerstoff verwandelt. Die Herstellung einer solchen Vorrichtung ist ein weit gestecktes Ziel, und es kann hier nur über Denkansätze und Vorversuche berichtet werden.

Der komplizierte Apparat, mit dem die Pflanze Licht auffängt und die Energie speichert, ist an eine nur wenige Moleküllagen dicke Membran gebunden (Fig. 4,17). Das Licht wird absorbiert, und es findet dann eine Ladungstrennung statt. Man nimmt an, daß Elektronen mit Lichtenergie von der einen nach der anderen Seite der Membran gepumpt werden. So wird die Energie für kurze Zeit als elektrische Energie gespeichert, solange, bis durch eine chemische Reaktion die elektrisch aufgeladene Membran wieder entladen ist, die elektrische Energie sich also in chemische Energie umgewandelt hat. Damit dieser Schritt möglichst verlustarm ist, muß er möglichst langsam stattfinden, aber doch so schnell, daß die Membran rechtzeitig wieder aufge-

---

*H. Kuhn, Göttingen, Max Planck-Institut für Biophysikalische Chemie, Abteilung Molekularer Systemaufbau.

laden werden kann, also für die Umwandlung weiterer Lichtenergie zur Verfügung steht, und das ist bei den durch die Sonnenstrahlung gegebenen Intensitäten in einem Zeitraum von etwa $^1/100$ sec der Fall.

Wasser ist zu einem geringen Teil in H^+ und OH^- gespalten. Die negative Ladung auf der Membran wird dazu benutzt, Wasserstoffionen zu reduzieren, es entsteht in gebundener Form Wasserstoff. Die positive Ladung wird zur Oxidation der OH^--Ionen verwendet, und es entsteht Sauerstoff. Die Prozesse sind an bestimmte Enzyme, also an komplizierte Strukturen, gebunden.

Die Ladungstrennung durch die Membran ist der entscheidende Trick, um die Energie genügend lange zu speichern, so daß die anschließenden chemischen Reaktionen genügend langsam und dadurch verlustarm ablaufen können.

Über die ganze Membran verteilt sind die Moleküle des Chlorophyllfarbstoffes. Ein Lichtquant kann von irgendeinem dieser Moleküle absorbiert werden. Das Molekül wird angeregt, und die Anregungsenergie wird über viele Chlorophyllmoleküle hinweg weitergeleitet bis zu der Stelle, wo der Apparat für die Ladungstrennung sitzt. Auf etwa 300 Chlorophyllmoleküle, die in dieser Weise die Lichtquanten einsammeln, kommt ein Ladungstrennapparat (Fig. 4,16). Dort wird mit der zugeleiteten Energie ein Elektron von der einen Seite der Membran nach der anderen Seite transportiert. Man weiß nicht, wie dieser Mechanismus funktioniert, und das müßte natürlich bekannt sein, wenn man den Vorgang künstlich imitieren will.

Man kann sich überlegen, wie im Prinzip ein solcher Prozeß zustande kommen könnte und sich dann bemühen, eine Anordnung zu bauen, die nach diesem Prinzip funktioniert. Diese Zielsetzung ist von Interesse als Möglichkeit der Konversion von Sonnenenergie, unabhängig davon, ob der postulierte Mechanismus in biologischen Systemen tatsächlich realisiert ist.

Wenn das Elektron von der einen Seite der Membran nach der anderen Seite geführt wird, gelangt es in ein höheres Niveau, es wird ihm Energie zugeführt, und es fragt sich, wie das mit Licht geschehen kann. Durch Absorption eines Lichtquants wird zunächst ein Farbstoffmolekül angeregt, also ein Elektron in ein höheres Energieniveau versetzt. Durch Energieleitung gelangt die Anregungsenergie auf ein Farbstoffmolekül, das an der Stelle sitzt, wo anschließend der Ladungstransport stattfindet. Das angeregte Elektron des Farbstoffmoleküls wird nun durch eine hohe Potentialwand links (Fig. 4,18) und eine Potentialwand rechts, die bis zur Höhe seines Niveaus reicht, in das gewünschte Niveau des Elektronenakzeptors rechts geleitet. Das Problem besteht nun darin, wie das Elektron vom tieferen Niveau links zum Farbstoffmolekül nachrutschen kann, wie also das Farbstoffmolekül in seinen ursprünglichen Zustand zurückversetzt werden kann und damit das System wieder bereit ist, ein neues Lichtquant aufzunehmen. Die hohe Potentialwand verhindert ein solches Nachrutschen. Ist sie aber genügend dünn, nur ein paar Atomlagen dick, so muß ein nach klassischen Überlegungen undenkbarer, aber aus der Quantentheorie folgender Effekt stattfinden, der Tunneleffekt. Das Elektron, dessen Energie nicht reicht, die Potentialwand zu überspringen, kann die Wand durchdringen, wenn sie sehr dünn und die Wartezeit genügend groß ist.

Um eine solche Anordnung verwirklichen zu können, muß man geeignete Moleküle in genau vorgeplanter Weise aneinanderpassen. In der Biologie werden zum Bau solcher molekular dimensionierter Apparate viele verschiedene und so raffiniert ineinanderpassende Moleküle hergestellt, daß sich nach Mischen dieser Moleküle die passenden Komponenten beim Umherdiffundieren zusammenfinden; das organisierte System bildet sich von selbst. Das Problem besteht also nun darin, nach diesem Prinzip der Selbstorganisation künstlich Molekülverbände zu gewinnen, die z. B. Lichtenergie in chemische Energie umwandeln können.

Der Chemiker steht hier vor einer neuen Aufgabe. Sie besteht wie die bisherige Aufgabe im Synthetisieren von reinen Verbindungen. Die Synthese der einzelnen Verbindungen ist aber so zu planen, daß die verschiedenen synthetisierten Moleküle ineinanderpassen und als Ganzes durch Zusammenwirken der molekularen Komponenten eine Funktionseinheit bilden.

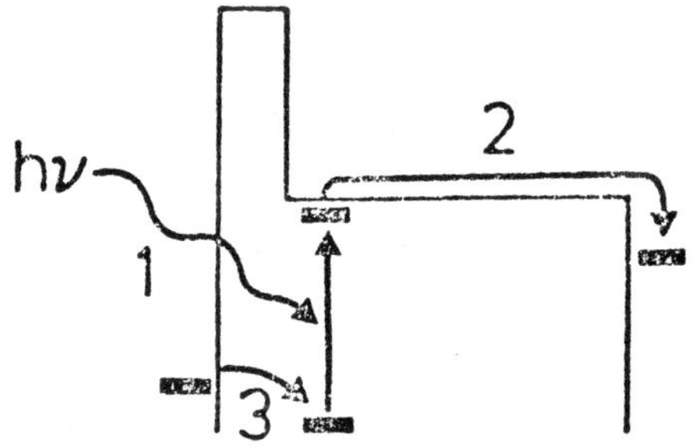

Fig. 4,18:
Potentialprofil für lichtgetriebene Elektronenpumpe

Im folgenden seien Möglichkeiten, wie man hier vorankommen könnte, angedeutet. Moleküle wie Seifen, die aus einem hydrophilen Kopf und einer hydrophoben Kohlenwasserstoffkette bestehen, bilden Aggregate, als Mizellen im Wasser oder als monomolekulare Schicht an der Wasseroberfläche, wo die hydrophilen Gruppen ins Wasser tauchen und die Kohlenwasserstoffketten sich gegenseitig anziehen (Fig. 4,19). Sind die Moleküle in organischen Lösungsmitteln gelöst, und taucht man beispielsweise ein Glasplättchen (mit hydrophiler Oberfläche) ein, so bildet sich durch Adsorption eine monomolekulare Schicht. Man kann sich vorstellen, daß nach diesen Verfahren mit geeignet ineinanderpassenden Molekülen komplexe Systeme aufgebaut werden können, also z. B. die gewünschte Elektronenpumpe. Es wird aber nicht leicht sein, die Moleküle zu gewinnen, die in der gewünschten Weise zu einem so komplexen System verschachteln. Einfacher erscheint es, die gewünschte Assoziation zunächst durch äußeren Eingriff zu lenken, bevor man dieses weiter gesteckte Ziel anvisiert.

Um in geplanter Weise erste, einfachste Funktionssysteme aus mehreren zusammenwirkenden Molekülen herzustellen, sind wir daher folgendermaßen vorgegangen: Man bringt geeignete Moleküle verschiedener Sorten auf eine Wasseroberfläche und schiebt sie zusammen. Damit hat man eine erste Möglichkeit, den Prozeß des Ineinanderverschachtelns von außen zu steuern. Nun zieht man die Schicht auf einen Träger auf. Man kann so verschiedenartige Schichten nach vorgegebenem Plan übereinanderlagern und hat damit eine zweite Möglichkeit des Steuerns von außen. Monomolekulare Schichten von Fettsäuren und die Mög-

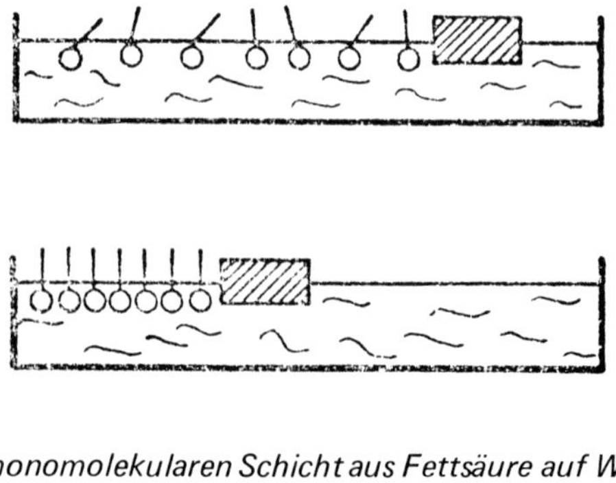

Fig. 4,19:
Bildung einer monomolekularen Schicht aus Fettsäure auf Wasseroberfläche

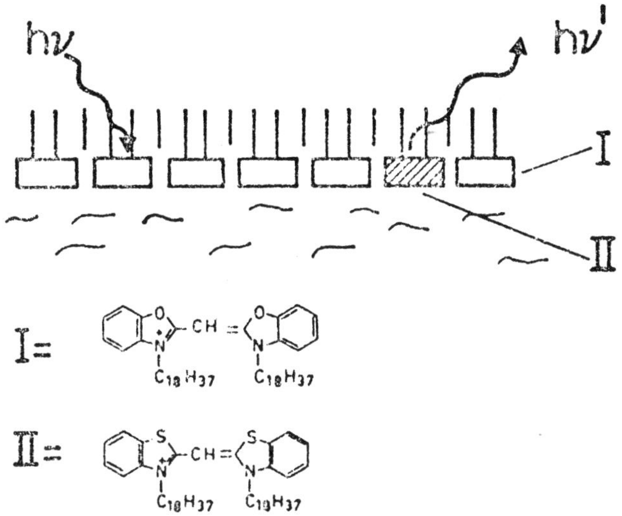

Fig. 4,20:
Monomolekulare Schicht aus Energiedonorfarbstoff I und Energieakzeptor II. Um eine kompakte Schicht zu gewinnen, ist ein langkettiger Kohlenwasserstoff dazugegeben, der sich in die Lücken zwischen den Farbstoffmolekülen einbaut.

lichkeit ihres Übereinanderschichtens sind bekannt (Agnes Pockels 1891, Langmuir 1917) und man kann also hier ein altes Verfahren für ein neues Ziel, die Herstellung organisierter Schichtverbände als Funktionseinheiten, verwenden.

Es sei hier zunächst ein System betrachtet, das den Effekt des Einfangens von Lichtquanten und des Leitens der Anregungsenergie nach vorgeplanten Zentren zeigt. Die Farbstoffmoleküle haben wie Seifen einen hydrophilen Teil, der gleichzeitig das farbgebende System darstellt, und den hydrophoben Teil, zwei Kohlenwasserstoffketten. Man bringt diese Moleküle, zusammen mit einem langkettigen Kohlenwasserstoff, auf eine Wasseroberfläche und schiebt sie mit einem Schwimmer zusammen. Es bildet sich dann eine kompakte Schicht. Die Farbstoffmoleküle sind darin so genau ineinandergepackt, daß sie ein kooperatives System bilden, was sich daran zeigt, daß Licht in einem nur sehr schmalen Spektralbereich absorbiert wird. Bringen wir nun wenig Farbstoff II dazu, so nehmen seine Moleküle einen geringen Teil der Gitterplätze des Farbstoffs I ein (Fig. 4,20). Wird nun mit Licht eingestrahlt, das vom Farbstoff I absorbiert wird, so wird die Anregungsenergie dem Farbstoff II zugeleitet. Das zeigt sich daran, daß dieser Farbstoff in seiner charakteristischen Farbe fluoresziert. Nachdem ein Molekül von Farbstoff I ein Lichtquant absorbiert hat, wird die Energie auch dann vom Farbstoffmolekül II wieder als Lichtquant emittiert, wenn nur jedes 10 000ste Molekül I durch ein Molekül II ersetzt ist. Der Effekt des Zusammentragens der Energie ist also hier noch viel ausgeprägter als im Photosyntheseapparat der Pflanze, wo auf etwa 300 Antennenmoleküle ein Molekül fällt, zu dem die Anregungsenergie hin geleitet wird!

Den Effekt der Übertragung des Elektrons von einem angeregten Farbstoffmolekül auf einen Akzeptor und die Blockierung dieses Übergangs durch eine hohen Potentialwand läßt sich im System in Fig. 4,21 nachweisen. Die Schicht des Farbstoffs ist zur Hälfte mit einer inaktiven Schicht (Fettsäure) überdeckt, zur Hälfte mit der Schicht eines Elektronenakzeptors. Bei Bestrahlung mit Licht, das vom Farbstoff absorbiert wird, sieht man in der ersten Hälfte die Fluoreszenz des Farbstoffs. Das angeregte Elektron fällt in den Grundzustand zurück, und die Energie wird als Lichtquant emittiert. Sie ist in der zweiten Hälfte gelöscht: das angeregte Elektron geht zum Akzeptor. Werden die beiden Schichten auf den Gegenseiten miteinander in Kontakt gebracht, so sind in der zweiten Hälfte Farbstoff und Akzeptor durch die Kohlenwasserstoffreste voneinander getrennt. Bei Anregung des Farbstoffs ist die Fluoreszenz in beiden Hälften gleich stark. Der Elektronenakzeptor ist durch die Energiebarriere abgetrennt und daher unwirksam.

Die allmähliche Nachlieferung von Elektronen durch eine hohe und schmale Energiebarriere wird durch das Experiment in Fig. 4,22 nachgewiesen. Ein Farbstoffmolekül wird angeregt, und es überträgt das Elektron auf einen Akzeptor. Das Elektron wird von einem Donor, Leukomethylenblau, nachgeliefert. Das sieht man daran, daß das Molekül in Methylenblau übergeht, also Blaufärbung auftritt. Man hofft, schrittweise, durch immer bessere Koordination der Komponenten, eine wirksame Elektronenpumpe und Vorrichtungen zur Auslösung der gewünschten Oxidations- und Reduktionsprozesse zusammenbauen zu können.

Die Ausführungen sollten zeigen, daß man einfache organisierte Systeme von Molekülen als Funktionseinheiten bauen kann, daß aber zur technischen Realisierung etwa einer Vorrichtung zur Herstellung von Wasserstoff mit Solarenergie noch ein weiter Weg sein wird(4-26, 4-27, 4-28).

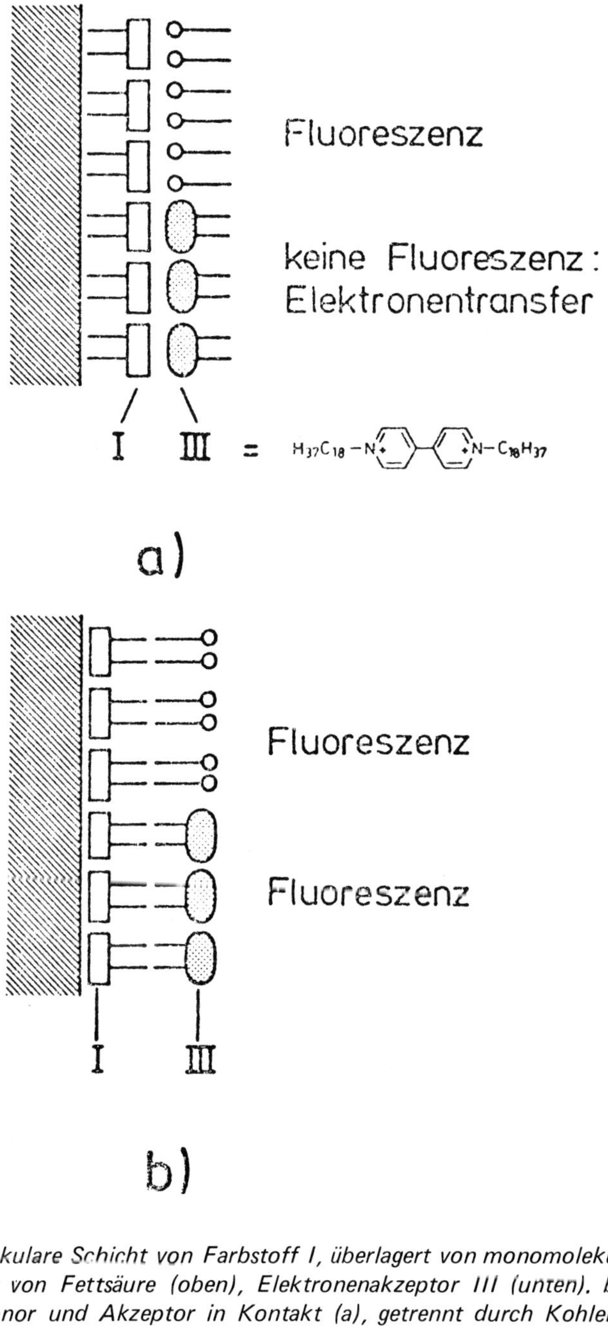

Fig. 4,21:
a) Monomolekulare Schicht von Farbstoff I, überlagert von monomolekularer Schicht von Fettsäure (oben), Elektronenakzeptor III (unten). b) Elektronendonor und Akzeptor in Kontakt (a), getrennt durch Kohlenwasserstoffsubstituenten (b).

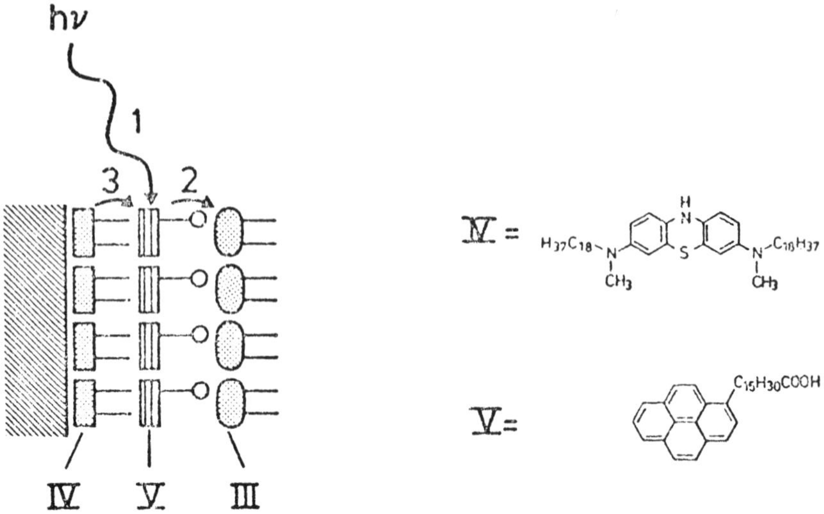

Fig. 4,22:
Schichtverband aus Elektronendonor IV, Photokatalysator V und Elektronenakzeptor III.

Kapitel 5:

Sonnen-Energie: Grundsätzliche Überlegungen

Leistung und Struktur der auf die Erde einfallenden Sonnenstrahlung

Die sogenannte Energiekrise hat die Unterscheidung zwischen den in absehbarer Zukunft zu Ende gehenden und den praktisch unerschöpflichen Energiequellen geschärft. Unerschöpflich und umweltneutral sind die Wasserkräfte, die – von Verdunstung und Regen in Bewegung gehalten – von der Sonne gespeist werden, aber bald in allen Kontinenten ausgebaut sein werden. Auch die Windkraft ist eine Komponente der Sonnenenergie, deshalb unerschöpflich und noch so stark, daß sie alle Energiewünsche der Menschheit 30fach stillen könnte; umso bedauerlicher ihre geographische Ungleichverteilung und zeitliche Unbeständigkeit, die eine *allgemeine* wirtschaftliche Nutzbarmachung erschweren. Auch Ebbe und Flut sowie geothermische Wärme sind zwar trotz Unabhängigkeit vom Sonnenschein praktisch unerschöpflich, aber wegen ihrer noch strengeren Lokalisierung nur begrenzt nutzbar.

Insofern bleiben als unerschöpfliche Energiequellen der Menschheit nur die Kernspaltung im Brüterreaktor, der Fusionsreaktor und die Sonnenenergie, von der Justi(5-1) in diesem Land vor einem Vierteljahrhundert erstmals eine quantitative Analyse mit dem Ergebnis publiziert hat, daß sie alle Energiewünsche der Menschheit für immer rund 10 000fach erfüllen könne, und dies ohne schädliche Nebenerscheinungen. Der Gedankengang dieser Folgerung ist in Tabelle 5,1 als Bilanz von Strombedarf und solarem Energieangebot dargestellt. Danach hat der deutsche Bundesbürger 1974 pro Kopf durchschnittlich

4 418 $kW_{el}h$ Strom verbraucht, und wenn man diese Verwöhnung für jeden der ca. 4 Milliarden Erdbewohner einplant, erhält man durch Multiplikation einen maximalen Weltstrombedarf von $1{,}77 \cdot 10^{13}$ kW_{el} h/a = $1{,}77 \cdot 10^{7}$ GW_{el} h/a. Um demgegenüber das solare Energieangebot zu ermitteln, benötigen wir den Zahlenwert der sog. Solarkonstanten S, d. h. derjenigen Strahlungsleistung, die je Sekunde senkrecht auf 1 m^2 der oberen Atmosphäre auffällt – dort, wo noch keine Verluste durch Wolken, Dunst und Staub auftreten. Diesen Zahlenwert $S = 1{,}34$ kWh/h $\cdot$ m^2 = 1,34 kW/m^2, oder in Wärmeleistung 1 150 kcal/h $\cdot$ m^2, multiplizieren wir weiter mit der besonnten scheinbaren Erdscheibengröße von $40 \cdot 10^6$ m Umfang und dementsprechend $1{,}27 \cdot 10^{14}$ m^2 Fläche, dazu mit 24 h mal 365 d = 8 760 h/a; so erhalten wir die jährliche Insolation von $1{,}49 \cdot 10^{18}$ kWh/a, also 84 000 mal mehr als der oben angegebene Jahresstrombedarf der Menschheit. Wenn man ferner etwas genauer den endlichen Wirkungsgrad der Verstromung von Sonnenwärme mittels Turbogeneratoren mit nur 20 % berücksichtigt, also 400 % zuschlägt, dazu weitere je 200 % für Wärmebedarf und Verkehr, so kommt man auf das 9fache des eigentlichen Strombedarfs und damit auf einen globalen Gesamtenergiebedarf von $16 \cdot 10^{13}$ kW_{th} h/a – das ist größenordnungsmäßig abgerundet 1/10 000 des solaren Energieangebotes.*

Seitdem ist die damalige einprägsame Formulierung über das Verhältnis von solarem Energieangebot zu menschlicher Energienachfrage populär geworden: eine Bedeckung von nur einem Prozent der sonst ungenutzten ariden Gürtelzone der Erde mit Sonnenenergiewandlern von nur einprozentigem Verstromungswirkungsgrad reicht aus, sämtliche Energiewünsche einer verwöhnten Menschheit zu sichern. Eine andere prägnante Formulierung stellt fest, daß die Erde in nur drei Tagen von der Sonne soviel Leistung empfängt, wie man durch Verbrennung sämtlicher von der pflanzlichen Photosynthese fossil gespeicherten Brennstoffe wie Kohle, Erdgas und Torf sowie aller lebenden Wälder erhalten würde. Es gibt also keinen natürlicheren, einfacheren und unschädlicheren Weg, um dem energetischen Verfall der Menschheit zu entgehen und von vornherein jede chemische, radioaktive und (brutto) thermische Pollution zu vermeiden, als endlich mit der direkten Ausnutzung der Sonnenenergie zu beginnen.

---

*Ein großer Übererfüllungsfaktor ist wichtig, damit durch die Strahlungs- oder Windentnahme keine merklichen Umweltänderungen eintreten.

Tabelle 5,1. Jährlicher maximaler Strombedarf der Menschheit und Solarenergie-Angebot(5-2)

Stromverbrauch pro Kopf und Jahr in der BRD 1974
$4\,418$ kWh/a $= 4{,}418 \cdot 10^3$ kWh/a

Weltbevölkerung 1974 — 4 Milliarden $= 4 \cdot 10^9$

Maximaler Weltstrombedarf — $4{,}418 \cdot 10^3 \cdot 4 \cdot 10^9 = \mathbf{1{,}77 \cdot 10^{13}}$ **kWh/a**

Solarkonstante S = $1{,}34$ kWh/h $\cdot$ m$^2 = 1{,}34$ kW/m$^2 = 1\,150$ kcal/h $\cdot$ m^2

Erdumfang (gemäß Definition)

$U = 2\,r\pi = 40\,000$ km $= 40\,000\,000$ m $= 4 \cdot 10^7$ m

Erdradius — $r = 4 \cdot 10^7 \text{m}/2\pi = 6{,}36 \cdot 10^6$ m

scheinbare Erdfläche — $F = r^2\,\pi = 6{,}36^2 \cdot 10^{12} \cdot \pi\,\text{m}^2 = 1{,}27 \cdot 10^{14}\,\text{m}^2$

Jährliches Solarenergie-Angebot

$S \cdot F = 1{,}34 \cdot 1{,}27 \cdot 10^{14} \cdot 2{,}4 \cdot 3{,}65 \cdot 10^3 = \mathbf{1{,}49 \cdot 10^{18}\ kW_{th}h/a}$

Solarenergie-Angebot/maximaler Strombedarf

$1{,}49 \cdot 10^{18}/1{,}77 \cdot 10^{13} = 0{,}842 \cdot 10^5 = 84\,400$

***

Wirkungsgrad für Verstromung der Sonnenwärme bei $T_h = 160\,^{o}\text{C} = 20\,\%$

maximaler Strombedarf/Wirkungsgrad

$1{,}77 \cdot 10^{13}/0{,}20 = 8{,}85 \cdot 10^{13}$ kWh/a

Wärmebedarf — $= 2 \times$ Strombedarf $= 3{,}55 \cdot 10^{13}$ kWh/a;

Zuschlag für Verkehr 200 %

Jährlicher Totalbedarf der Weltbevölkerung an Sonnenenergie:

$\mathbf{16 \cdot 10^{13}\ kWh_{th}/a}$

Verhältnis Sonnenenergie-Angebot: Total-Energie Bedarf =

$1{,}49 \cdot 10^{18} : 16 \cdot 10^{13} = 10\,000.$

Handelt es sich nicht nur um eine solche globale Bilanz, so benötigt man natürlich detaillierte Informationen über die Insolation, wie etwa die spektrale Verteilung nach Fig. 5,1(5-3), welche die Verluste der in großer Höhe auftreffenden Sonnenstrahlung verschiedener Wellenlänge anzeigt, wenn sie auf dem Weg zur Erdoberfläche durch die oben noch nicht erwähnten gas- und dampfförmigen Bestandteile der Luft absorbiert und dabei um über 25 % geschwächt wird. Man erkennt zuoberst die gemessene Strahlungsverteilung der Sonnenstrahlung außerhalb der Atmosphäre (ausgezogen), darunter die nach der Planckschen Strahlungsformel berechnete Idealkurve (gestrichelt) und darunter (als punktierte Flächen) die von den jeweils angeschriebenen Beimengungen wie H_2O, CO_2 und O_3 absorbierten Strahlungsleistungen; man identifiziert deutlich das von 0,4 μm (violett) bis 0,8 μm (rot) reichende „Fenster" für das sichtbare Sonnenlicht, rechts davon die starken Absorptionen der H_2O- und CO_2-Banden im nahen Infrarot, deren zusätzliche Nutzbarmachung eine Aufgabe der Sonnenwärmesammler ist, und ganz links (ausgezogen) die Absorption durch das Ozon (O_3) in der Stratosphäre, das alle Lebewesen vor der Zerstörung durch das photochemisch reaktive UV-Licht schützt (s. Kapitel 4).

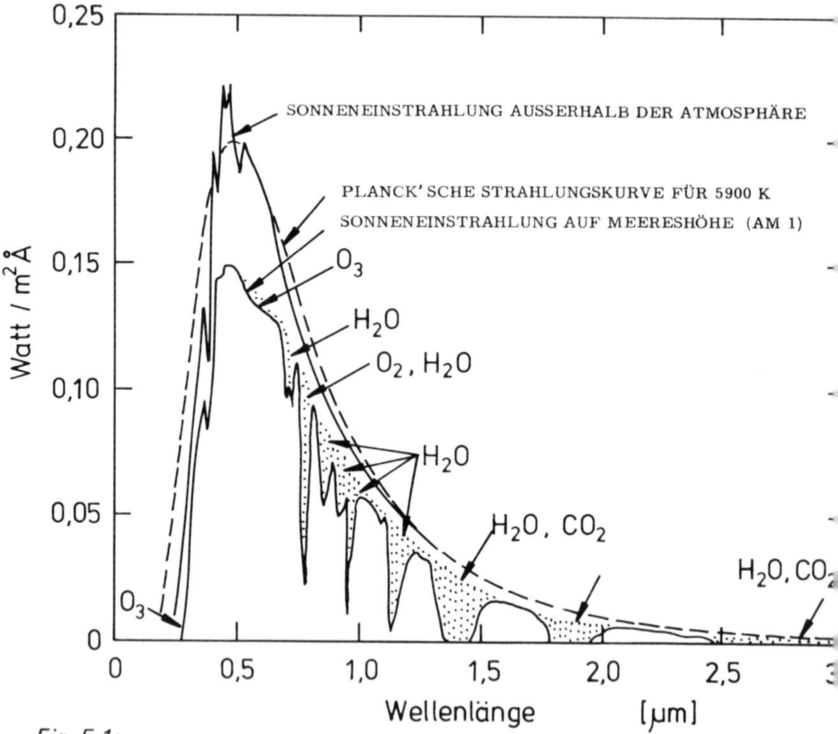

Fig. 5,1:
Spektrale Verteilungskurve der Sonneneinstrahlung. Ordinate: Insolation in W · m^{-2} · Å^{-1}, Abszisse Wellenlänge in μm. Oberste Kurve: Sonneneinstrahlungskurve außerhalb der Erdatmosphäre; Mitte: Theoretische Kurve mit einer Planckfunktion für 5 900 K; unten: Insolationskurve auf Meereshöhe. Die schattierten Bereiche bedeuten Absorption durch die angegebenen Bestandteile der Atmosphäre(5-3).

An einem wolkenlosen Tage würde also eine senkrecht über uns stehende Sonne auf eine waagerechte Erdoberfläche etwa 1 kW_{th}/m^2 einstrahlen und bei 10 % Umwandlungswirkungsgrad 1 kW_{el} je 10 m^2 Sammlerfläche liefern. Verschiedene Umstände vermindern diese Nutzleistung bei üblichen Abweichungen von diesen Standardbedingungen:

1. Die Erdumdrehung, deren Einfluß minimiert werden kann, wenn man die Kollektoren dem Sonnenstand laufend nachführt.

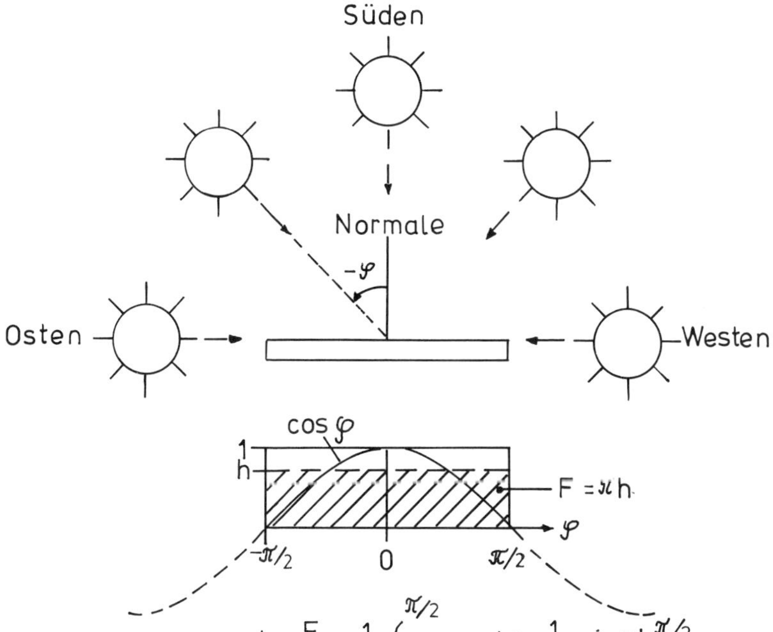

$$h = \frac{F}{\pi} = \frac{1}{\pi}\int_{-\pi/2}^{\pi/2} \cos\varphi \, d\varphi = \frac{1}{\pi} \sin\varphi \Big|_{-\pi/2}^{\pi/2}$$

$$h = \frac{2}{\pi} = 0{,}637$$

Fig. 5,2:
Trigonometrische Berechnung des Mittelwertes h der täglichen Wärmeeinsammlung feststehender, genau nach Süden orientierter Flachkollektoren.

Es ist aber eine technisch-wirtschaftlich wohl begründete Entscheidung, auf Nachführung zu verzichten zugunsten einer derartigen festen Orientierung, daß in ihr ein möglichst hoher Prozentsatz der Leistung nachgeführter Sammler geerntet wird. Dies Problem läßt schon die Schulgeometrie allgemein lösen. Dazu erinnern wir uns, daß von jeder Strahlung nur die zur Flächennormale parallele Komponente absorbiert wird, also bei beliebigem Richtungsunterschied-Winkel α der Bruchteil $\cos \alpha$. Deshalb richtet man alle Sammler so aus, daß ihr Lot genau nach Süden als Ort des mittäglichen Strahlungsmaximums zeigt, wodurch sich ein geometrischer Wirkungsgrad von $2/\pi = 64\,\%$ errechnet, wie Fig. 5,2(5-4) veranschaulicht.

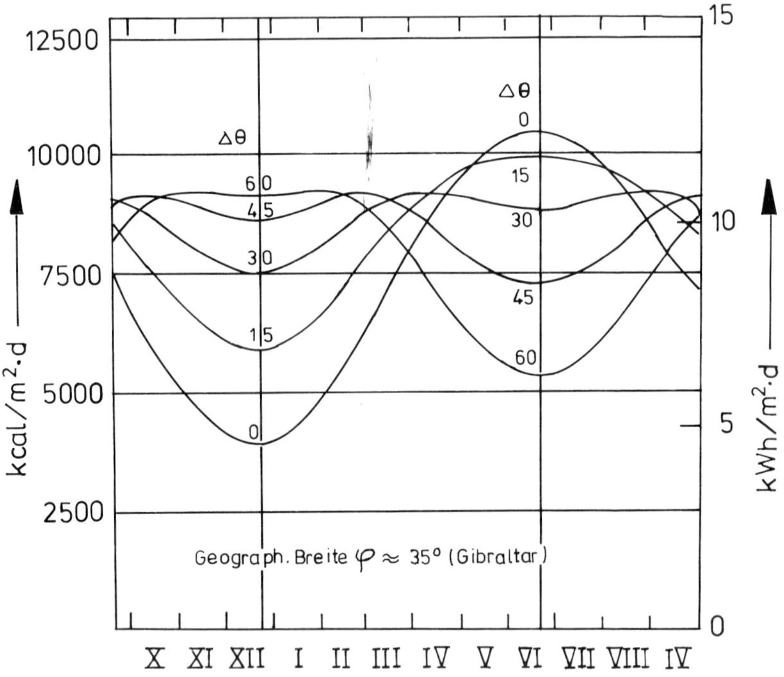

Fig. 5,3:
Tägliche Sonnenwärmeeinsammlung $\dot{Q}$ von genau nach Süden geneigten Flachkollektoren in Abhängigkeit von Jahreszeit (Abszisse), geographischer Breite Θ und eingestellter Neigung $\Delta\Theta$ des Flachkollektors gegen die Horizontale. Linke Ordinate: $\dot{Q}$ in kcal $\cdot$ m^{-2} $\cdot$ d^{-1}; rechte Ordinate: $\dot{Q}$ in kWh $\cdot$ m^{-2} $\cdot$ d^{-1}. Parameter: geometrische Neigung des Flachkollektors $\Delta\Theta$ gegen die Horizontale. Nach Messungen der NASA in Huntsville bei 35^{0}, übereinstimmend mit Gibraltar(5-5).

2. Bedenkt man außerdem die jahreszeitlich je nach dem Breitengrad θ differierende Mittagshöhe der Sonne, so findet man als optimalen Mittelwert der Neigung des Kollektors gegen die Horizontale einen Winkel $\theta + 10^\circ$ bis 15°, wie Fig. 5,3(5-5) auf Grund von Messungen verifiziert. Justiert man zweimal jährlich zu den Sonnenwenden die Sammler für den Sommer entsprechend flacher, für den Winter höher, so gewinnt man über das Jahr 10 bis 20 % mehr Einsammlung.

3. Die Minderung der Insolation durch Wolken, Staub und Dunst spielt eine erhebliche Rolle und kann selbst zwischen nur wenige Kilometer voneinander entfernten Aufstellungsorten erheblich differieren. Für die praktische Auslegung einer Solaranlage benötigt man daher jahrelange Insolationsregistrierungen, und zwar nicht nur global, sondern aufgeteilt nach diffuser und gerichteter Strahlung, weil man nur letztere durch Linsen oder Hohlspiegel optisch konzentrieren kann. In Deutschland(5-6) und in der Schweiz(5-7) liegen jahrelange Registrierungen und daraus abgeleitete mathematische Modelle vor. Fig. 5,4(5-8) ist eine lehrreiche Karte von Europa und Afrika mit Angabe der täglichen Sonnenstunden, eine mindere, aber oft schon nützliche Information. Man erkennt, daß Spanien meist dieselben Sonnenstunden (3 200 - 4 000 h) wie das südlichere Nordafrika und Arabien bietet, während Portugal und die marokkanische Atlantikküste nur 2 400 - 3 200 h aufweisen. Der Flugtourist sieht den Grund: vom Süden her bespülen kalte Meeresströmungen die Küsten und erzeugen leichten Dunst, der die Insolation schwächt. Aus ähnlichem Grund sind auch äquatoriale Breiten ungeeignet für Sonnenkraftwerke, denn sie werden durch den tropischen Regenwald vernebelt.

Man hat Tabellen(5-9) über die Gebiete höchster Insolation und die dort von Solarkraftwerken zu erwartenden Jahresleistungen aufgestellt; dabei ist außerachtgelassen, daß für die Umwandlung von Wärme in geordnete (mechanische oder elektrische) Energie der Carnot-Faktor $\eta_c = (T_1 - T_2)/T_1$ maßgeblich ist, also nicht nur die in Wüstengebieten verfügbare hohe Dampftemperatur T_1, sondern auch eine dort mangels großer Mengen kalten (T_2) Kühlwassers kaum verwirklichbare Wärmesenke. Wie oben (Kapitel 1) schon auseinandergesetzt, eignen sich auch photovoltaische Solarzellen kaum für die hochprozentige Verstromung der Insolation arider Zonen,* obwohl diese grundsätz-

*Dagegen hat als erster Bockris 1962 in einem internen Bericht die Aufstellung von Solarzellen-Batterien auf Flößen im Ozean vorgeschlagen.

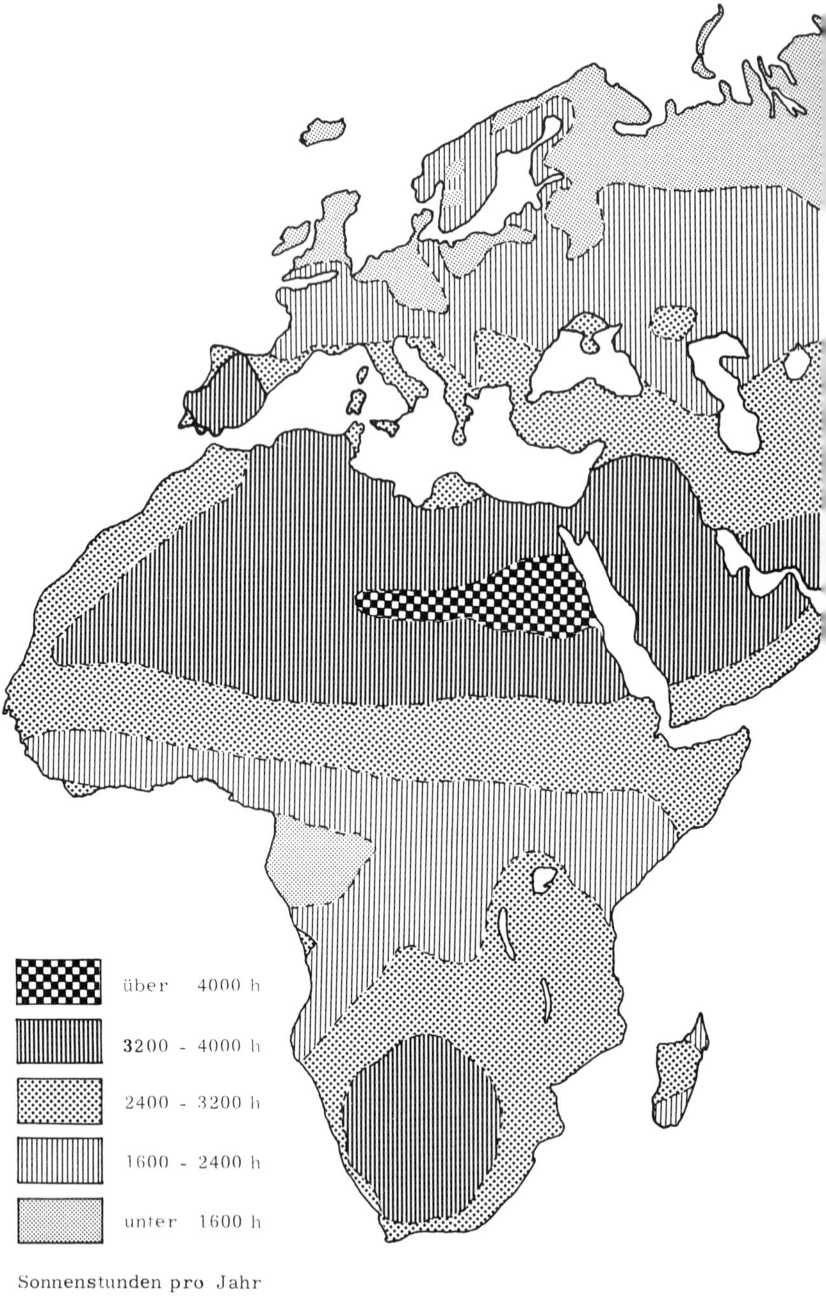

Fig. 5,4:
Landkarte von Europa und Afrika mit unterschiedlicher Schraffierung der Gebiete verschiedener Sonnenscheinstunden. Erklärung in der Figur(5-8).

lich Direktumwandler ohne Carnot-Prozeß sind. Ihr Wirkungsgrad sinkt mit steigender Temperatur unvermeidlich, weil nach vollendeter thermischer Anregung eine Generation durch Photonen nicht mehr möglich ist („Quasi-Carnot-Prozesse"); hier hilft nur kaltes Wasser oder Luft, weil alle Kältemaschinen und Peltier-Elemente nach dem 2. Hauptsatz wiederum einer Wärmesenke T_2 bedürfen. Eine Umbewertung der Grundstücke für Sonnenkraftwerke ist deshalb fällig.

Bevölkerungszahl und Lebensstandard – Steigerung nur durch Sonnenenergie

Wie oben dargelegt, genügt eine Bedeckung von nur 1 % der Erdfläche mit 1 %igen Sonnenenergiesammlern, um alle vorausschätzbaren Energiewünsche überzuerfüllen; auf diese Weise könnte man sogar 10 Milliarden Menschen mit je 10 kW Energienachfrage durch 10 %ige Wandler zufriedenstellen. Wenn man aber diese Nachfrage durch Einführung wesentlicher Energieflüsse aus anderen Quellen, wie z. B. aus Fusion, befriedigen wollte, so würde die Temperatur der Erdatmosphäre steigen, mit allen Konsequenzen wie dem Treibhauseffekt (Kapitel 1). Daraus folgt, daß eine Erzeugung von mehr Energie, als durch Sonnenkraftwerke möglich wäre, vermieden werden muß – eine ebenso einfache wie fundamentale Erkenntnis.

Benutzung von Sonnenenergie in kleinem Maßstab

Wenn Solarkollektoren auf Hausdächern zur Energieversorgung der Haushalte beitragen könnten, dann würden die aus zentralen Kraftwerken über lange Distanzen heranzuführenden Leistungen vermindert werden; auf diese Weise würde auch die Störanfälligkeit der Energieversorgung eines Landes verringert werden. Vielleicht könnte auch überschüssige Energie aus solchen Dachkollektoren für andere lokale Zwecke benutzt werden. Die Hauptanwendungen von Sonnenenergie in kleinem Maßstab sind folgende:

1. Sonnenkocher: Auf Anregung der UNESCO wurden Sonnenkocher für Entwicklungsländer wie Indien entwickelt, die vermeiden sollten, daß der landwirtschaftlich so wichtige Dung weiter für Kochzwecke verfeuert wird; leider erwies sich der angesetzte Höchstpreis von einigen 10 $ für diese primitive Konstruktion(5-10) (Fig. 5,5 u. 5,6) als noch zu hoch für eine allgemeine Einführung in die ärmsten Schichten, ebenso eine spätere noch billigere israelische Konstruktion. Dagegen scheint eine neuere, etwas aufwendigere deutsche Konstruktion(5-11) mit einem aufblasbaren Parabolspiegel von über 1 m Durchmesser aus metallisierter Plastik als Gartengrill Aussicht zu haben.

2. Warmwasser und Raumheizung im Haushalt: Geschwärzte Bleche mit auf die Schattenseite aufgelöteten Kupferröhren für durchströmendes Kaltwasser werden seit Jahrzehnten als „Floridatyp" handwerksmäßig hergestellt (Fig. 5,7)(5-12), sind aber nach heutigen Maßstäben zu teuer und ineffizient(5-13). Die Solar-Warmluftheizung bietet Vorteile bei nur geringen Insolationen. Der zu erwärmende Luftstrom wird durch die Rückseite der Dach-Flachkollektoren geführt, die zusätzlich mit stromerzeugenden Solarzellen bestückt werden können. Geeignete Röhren führen die Warmluft zur Speicherung für sonnenlose Perioden zu Reservoiren wie wärmegedämmten Wassertanks,

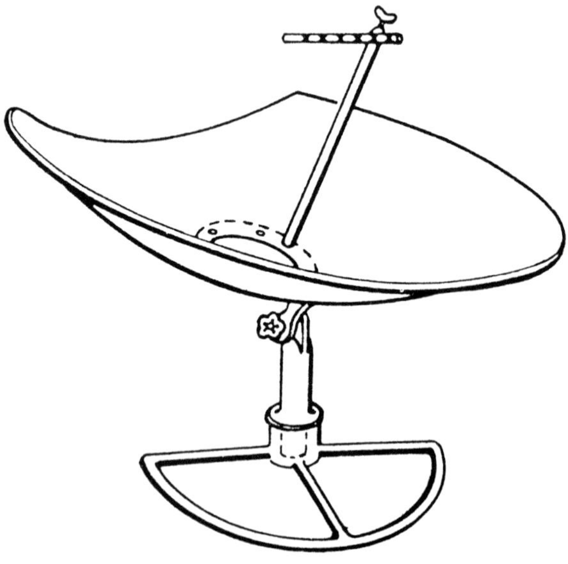

Fig. 5,5:
Schematische Zeichnung der Konstruktion eines billigen Sonnenkochers des National Physical Laboratory of India. Nach N. Robinson(5-10).

Fig. 5,6:
Photographische Ansicht eines in Afrika benutzten Solargrills.

Latentwärmespeichern aus geeigneten Salzen oder Steinschüttungen, die im Bedarfsfall die zirkulierende Kaltluft wieder aufwärmen(5-14).

3. Raumkühlung und Vollklimatisierung für Wohnräume: In den heißen Zonen ist Raumkühlung nicht unwichtiger als Raumheizung in kalten Ländern, aber die Kombination von beiden zur Solar-Vollklimatisierung wäre von allgemeinem Interesse zur Steigerung der Lebensqualität, besonders in dem diesbezüglich trotz seines Wohlstandes unterentwickelten Europa. Einerseits ist nach dem Carnot-Prinzip Heizung als molekulare Unordnungsvermehrung zwar stets leichter als die Unordnungsverminderung Kälte – das gilt auch für das Verhältnis von Raum*heizung* zu Raum*kühlung.* Andererseits wird bei Speisung der Klimaanlage mit Sonnenenergie die *Kühlung* dadurch erleichtert,

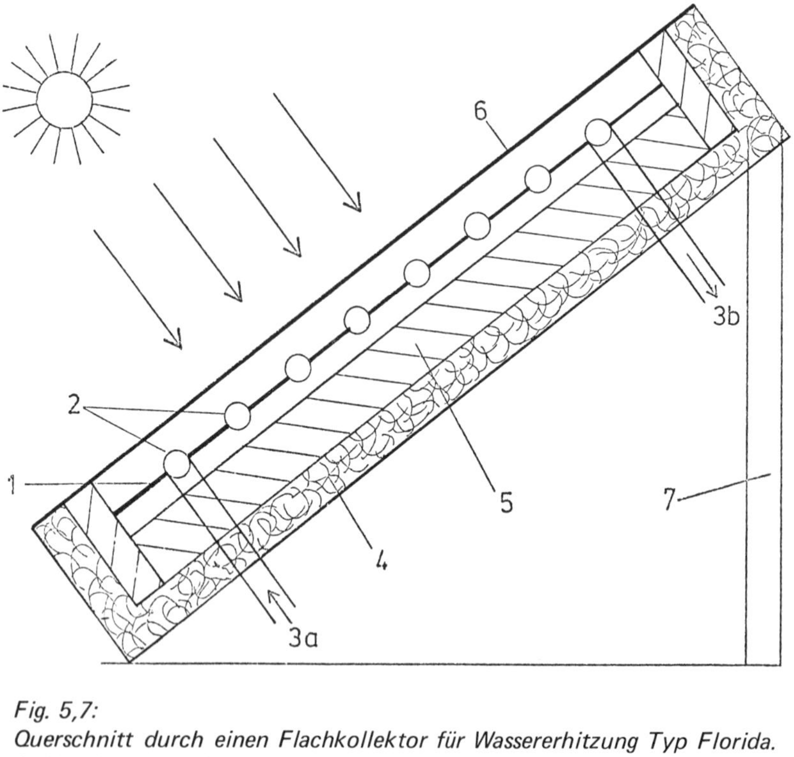

Fig. 5,7:
Querschnitt durch einen Flachkollektor für Wassererhitzung Typ Florida. 1 Absorberblech; 2, 3a, 3b Wasserrohre; 4 Kasten; 5 thermische Isolation der Rück- und Seitenwände; 6 sonnenseitige spektralselektive Abdeckung (5-12a).

daß der maximale Kältebedarf mittags auftritt, wenn die Sonne maximal einstrahlt, während bei Solarheizung der größte Wärmebedarf nachts eintritt, wenn die Sonne nicht scheint, so daß bei Solar*kühlung* die erwähnten Sonnenwärmespeicher kaum erforderlich sind. Im übrigen stellt eine Solarkühlanlage nichts grundsätzlich Neuartiges dar: im Prinzip ist es die uns von kleinen Kühlschränken her bekannte Absorptionskältemaschine, in der das dampfförmige Kältemittel (Ammoniaklösung) anstatt durch einen geräuschvollen Kompressor unhörbar durch Zufuhr von Verbrennungs- oder Elektrowärme verdichtet wird, um bei der folgenden Entspannung Kälte abzugeben (Fig. 5,8). Der Übergang von der gewohnten Elektrowärme zur Solarwärme ist möglich, weil die Temperatur nur mäßig hoch zu sein braucht

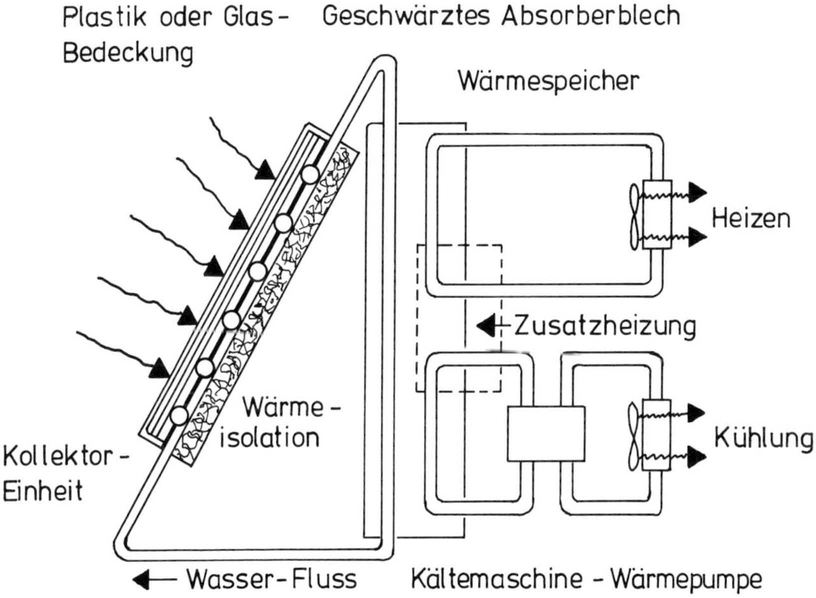

Fig. 5,8:
Schematische Zeichnung einer kompletten Wohnhausklimatisierung mit Solarkollektoren, Wärmespeicher, elektrischer Zusatzheizung für die sonnenscheinärmsten und kältesten Monate und einer Kältemaschine-Wärmepumpen-Einheit, die vorzugsweise als kontinuierlicher Absorber ohne bewegliche Teile mit einer wässrigen LiBr-Lösung als Kältemittel ausgeführt sein kann.

(ca. 100 °C), und lohnend, weil die für eine Hauskühlung notwendigen Wärmemengen groß sind, liegen sie doch im 10 kW-Bereich. Die wissenschaftliche Aufgabe besteht in der Ermittlung des geeigneten Kältemittels; Favorit ist wässrige LiBr-Lösung, die im System ARKLA bei nur 99° Erhitzung bzw. 100 mb Druck eine Abkühlung auf 7° bzw. 8 mb mit 67 % Wirkungsgrad erreicht.

Eine andere Möglichkeit der Hauskühlung besteht in der Abgabe der infraroten Wärmestrahlung (Fig. 5,9a) in den kalten Nachthimmel, wozu geeignete IR-durchlässige Fenster vorgesehen werden müssen; jedermann kennt ja die nächtliche Kälte bei wolkenlosem Himmel. Vorteilhaft wäre für diese IR-Fenster ein Werkstoff, der auf die Wellenlänge der betreffenden Temperatur gemäß $\lambda_m = 2\,900/T\ \mu m$ abgestimmt ist, wie die von Justi (5-15) empfohlene Polypropylen-Folie.

Solare Wasserentsalzung und -absorption

Wassertröge mit geschwärzten Innenwänden werden dazu mit einem durchsichtigen Dach versehen. Dann wird das durch die Tröge fließende Salzwasser durch die absorbierte Sonnenwärme aufgeheizt, verdampft und der am durch die Außenluft gekühlten Dach kondensierende salzfreie Wasserdampf rinnt an ihm abwärts, sammelt sich in seitlichen Kanälen und Sammelgefäßen. Ein Problem ist die Lebensdauer der Werkstoffe, ein anderes die nötige große Fläche. Die Produktion beläuft sich in sonnenreichen Landstrichen auf etwa 4 L/d · m^2, und die Kosten bewegen sich zwischen 1 bis 1,50 DM/m^3, fünfmal teurer als die Rektifikationsmethoden der hochentwickelten industriellen Technologie.

Das solare Verfahren kann das wirtschaftlichste sein, wenn nur mittlere Wassermengen (bis 3 000 L/d) benötigt werden, und wenn das Gebiet starke Insolation hat.

Wenn man Wasser nur für Trinken, Kochen, Waschen, Baden und Sanitärwesen veranschlagt, Industrie und Handel ausschliessend, so braucht man etwa 300 L/d für einen zivilisierten Menschen. Zur neuerdings aktuellen Extraktion von Feuchtigkeit aus der Luft, wie sie für die Landwirtschaft auf der Vulkaninsel Lanzarote erfolgreich entwickelt wurde, würde eine Gemeinschaft von 1 000 Personen einen 100 m hohen, 2 m weiten Schornstein benötigen, der bei zweifachem Luftwechsel je Minute und täglich 12 Stunden Betrieb aus Luft mit 0,1 % Feuchtigkeit diese Wassermenge von 300 m^3 durch ein poröses Absorbens entzieht, das anschließend durch Sonnenwärme desorbiert wird. Diese Wasserversorgung würde je Kopf und Jahr einige 10^1 DM kosten.

Verschiedene Möglichkeiten der Sammlung und Umwandlung von Sonnenenergie

Da die meisten Menschen nicht glauben wollten, daß die Erschöpfung der fossilen Brennstoffe schon in einigen Jahrzehnten bemerkbar sein werde, ist das allgemeine Interesse an der Nutzbarmachung der Sonnenenergie ungerechtfertigt gering gewesen, und die bisherige Forschung hat noch nicht ausgereicht zu entscheiden, welchen der nachfolgend kurz diskutierten sieben Optionen der Vorzug gegeben werden soll:

1. Photovoltaische Umwandlung ist noch am besten bekannt und wird meist am Schema nach Fig. 5,17 plausibel gemacht. Die Lichtquanten, „Photonen" genannt, dringen in einen p-Si-Halbleiter (d. h. einen mit Überschuß an scheinbar positiven Elektronen) ein und heben Elektronen aus dem Valenzband in das Leitungsband. Diese diffundieren dann zum p-n-Übergang („Junction") und bilden eine Potentialdifferenz senkrecht zu ihr. Diese Spannungsdifferenz im Betrag von größenordnungsmäßig 1 V kann dann in einem äußeren Lastwiderstand ausgenutzt werden.

2. Photogalvanische Umwandlung ist zwar schon seit 30 Jahren bekannt, aber am wenigsten beachtet; damals veröffentlichten Hilson und Rideal(5-16) die erste elementare Theorie photogalvanischer Effekte in Elektroden unter der Annahme, daß Licht durch Radikale der Zwischenprodukte an der Oberfläche absorbiert wird (vgl. Bockris,5-17). Beim direkten photogalvanischen Effekt prallt Licht auf eine Elektrode auf und veranlaßt sie zur Emission von Elektronen; das energetisiert die Zelle, aus der Leistung gezogen werden kann. Ganz entsprechend können bei Halbleiterelektroden Löcher aktiviert werden, die dann an der Anode als Akzeptoren für die Elektronen verfügbar sind.

Es gibt noch andere elektrochemische Lichteffekte, beispielsweise aktiviert Licht Moleküle in Lösungen zu höheren Energiezuständen; die Moleküle fallen dann auf niedere Energiezustände und übertragen bei diesem Prozeß ein Elektron auf einen Leiter in der Lösung.

Diese photogalvanischen Effekte sind weniger durchforscht als die photovoltaischen; sie benötigen keine reinen Einkristalle in den Kollektoren wie die photovoltaischen Vorrichtungen und haben deshalb die Chance, billigere Umwandler zu ermöglichen als jene. H. Kuhn u. M.(5-18) haben auf diesem Gebiete theoretisch und experimentell bewundernswerte Fortschritte mit der photoelektrischen Konversion in monomolekularen Schichtverbänden und dem Fernziel der Photolyse von H_2 gemacht, wie in Kapitel 4 als Autorreferat dargestellt.

3. Der photothermische Effekt wurde schon lange vor seiner wissenschaftlichen Identifikation durch Duffie u. Beckman in den Treibhäusern, und seit den 30er Jahren auch zur Warmwasserbereitung und Raumheizung durch Praktiker in Florida heuristisch ausgenutzt, wie in der Einleitung erwähnt. Fig. 5,7 war der schematische Schnitt durch einen solchen Flachkollektor vom Florida-Typ, bestehend aus einem seitlich und rückwärts geschlossenen und wärmegedämmten Holzkasten, der vorne – auf der Sonnenseite – durch eine oder mehrere Glasplatten abgedeckt ist. Innen befindet sich ein mit Mattlack tiefgeschwärztes Kupferblech mit rückseitig aufgelöteten Kupferrohren, durch die Wasser als Wärmeübertragungsmittel zirkuliert. Der Absorber wird, wie oben erwähnt, mit einer Neigung von etwas mehr als der geographischen Breite ϑ fest nach Süden orientiert und erreicht dann, wie Fig. 5,2 trigonometrisch plausibel macht, bis zu 63,7 % der thermischen „Ernte“ im Falle der laufenden Nachführung zum Sonnenstand. Falls die einfache Vorstellung zutrifft, daß die Glasscheiben „spektralselektiv“ nur das sichtbare Sonnenlicht zwischen λ = 0,4 bis 0,8 μm hineinlassen, die infrarote Rückstrahlung des erhitzten Schwarzbleches aber kaum wieder hinauslassen – wie Fig. 5,9a veranschaulicht – und wenn alle sechs Seiten des Kollektorkastens die vom schwarzen Absorberblech in Wärme umgewandelte Sonnenstrahlung nicht durch Wärmeleitung und Konvektion wieder teilweise entweichen lassen, und falls man keine Nutzwärme durch Wasserzirkulation entnimmt, stellt sich die höchstmögliche sog. „Leerlauftemperatur“ ein. Im Idealfall könnte der Absorber im Strahlungsgleichgewicht mit der scheinbaren Sonnentemperatur über 5 000 K erreichen; tatsächlich kann er sich aber nur ins Gleichgewicht setzen mit dem hier ankommenden Bruchteil der Insolation, also mit $S = 1{,}34\ kW/m^2 = 1\ 150\ kcal/h \cdot m^2$. Die Rückstrahlung $\dot{Q}$ des Kollektores können wir nach dem bekannten Stefan-Boltzmannschen T^4-Gesetz der Gesamtstrahlung schwarzer Festkörper abschätzen zu $Q = 5\ (T/100)^4\ kcal/\ h \cdot m^2$, das für $Q = S = 1\ 150\ kcal/h \cdot m^2$ eine Gleichgewichtstemperatur zwischen Einstrahlung und Rückstrahlung von T = 390 K = 117 °C liefert; diese Abschätzung trifft recht genau die Höchstwerte guter Ausführungen nach dem bisherigen Stand der Technik(5-19).

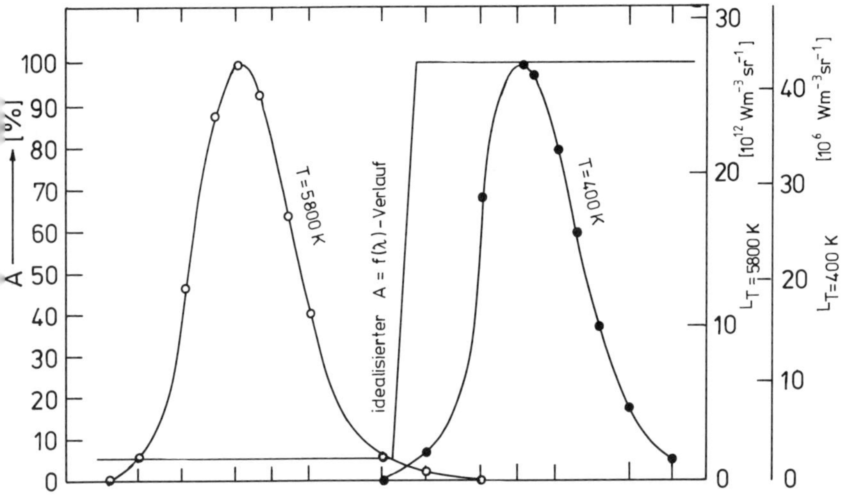

Fig. 5,9a:
Spektrale Verteilung der Wärmerückstrahlung eines schwarzen Körpers bei Raumtemperatur (400 K), gültig für nächtliche Strahlungsauskühlung, im Vergleich zur Planck'schen Strahlungskurve der Sonnentemperatur (5800).

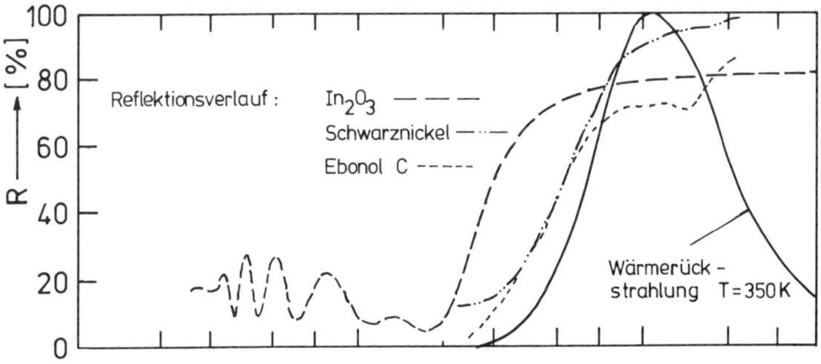

Fig. 5,9b:
Emission ∈/Absorption α von In_2O_3, von Schwarznickel-Bäumchen-Schicht der Fa. Dornier-System „SOLAROX" (vgl. Fig. 5,10) und EBONOL-Schicht von Tabor(5-21).

Selbstverständlich ist die Leerlauftemperatur insofern wertlos, als man bei ihr keine Nutzleistung entnehmen kann; aber sie gibt als Güteziffer eine schonungslose Auskunft darüber, wieweit es gelungen ist, alle Wärmeleitungs-, Konvektions- und Strahlungsverluste zu unterdrücken und dadurch den Wirkungsgrad weiter zu steigern. Da die beiden erstgenannten Verlustanteile nur proportional zur Temperaturdifferenz wachsen, die Wärmerückstrahlung aber mit der 4. Potenz der absoluten Temperatur, muß man diese Infrarotstrahlung besonders unterdrükken. Dazu kann man nach dem Verfahren von Philips(5-20) die Rückseite der Glasscheibe mit einer das sichtbare Licht nicht schwächenden, aber die Rückstrahlung reflektierenden Dünnschicht von In_2O_3 (Fig. 5,9b) bedecken, oder man kann eine Fenstersubstanz wählen, die selber im IR ein höheres Verhältnis von Absorption α zu Emmision ϵ als das herkömmliche Glas aufweist, wie die von Justi u. M. eingeführte ETFE-Hostaflon-Folie (Fig. 5,9c). Andererseits kann man auch den Absorber selbst mit Dünnschichten bedecken, die im IR dank besonderer

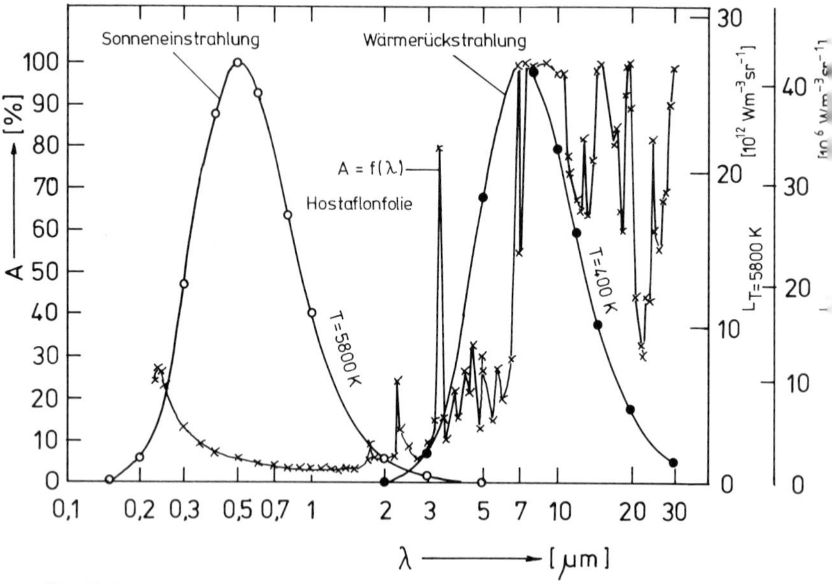

Fig. 5,9 c:
Absorption A (%) der HOSTAFLON-ETFE-Folienabdeckung (linke Ordinate); rechte Ordinate: Wärmestrahlung der Sonne bzw. der Folie. (Nach Justi, 5-20)

geometrischer Strukturen eine scheinbare Ausnahme vom Kirchhoffschen Gesetz für die Strahlung schwarzer Körper bilden, wonach bei ein und derselben Wellenlänge das Verhältnis Absorption α zu Emmission $\epsilon = 1$ sein muß. So sind jedem Photographen die Vergütungsschichten auf optischen Linsen bekannt, die wegen ihrer Dicke von genau $^1/4$ der Wellenlänge λ diese nicht reflektieren; wären sie $\lambda/2$ dick, würden sie nur zirkular polarisieren: eine Dickenänderung von nur einigen 0,1 μm kann so die optischen Eigenschaften total ändern. Deshalb ist es praktisch aussichtslos, die nur wenige cm^2 großen Interferenzschichten hochwertiger Linsen und Spiegel auf quadratmetergroße Sonnenwärmesammler zu übertragen, dazu so beständig, daß sie auch im Freien jahrelang ihre vorgeschriebene Dicke behalten, und dies alles zu einem Preis von nur wenigen DM/m^2, weil sonst diese Art optischer Vergütung die vom Kollektor geerntete Energieeinheit verteuerte statt verbilligte. Es handelt sich offenbar um eine Aufgabe, die nur die kapitalistische Industrie mit ihrem hohen Stand der Forschung, Produktion und rücksichtslosen Konkurrenz lösen kann. Unter den bewunderswerten Auswegen seien außer der Philips- In_2O_3-Schicht(5-21) und der Hochvakuum-Wärmedämmung (Prinzip der Thermosflasche!) sowie den von Tabor(5-22) in Israel erfundenen elektrolytisch aufgebrachten Ebonol-Interferenzschichten (Fig. 5,9b) die von Seraphin in den USA und der Fa. Dornier-System (Fig. 5,9b) entwickelten und verbilligten bäumchen- oder stäbchenartigen Mikrostrukturen aus Schwarznickel genannt, in denen sich die Rückstrahlung hin- und her reflektierend totläuft (Fig. 5,10). Schon mit „3 M Black Velvet" geschwärzte Al-Kollektoren der VDM Aluminiumwerke Werdohl(5-23) erreichen nach Justi auch in unserm Land Leerlauftemperaturen über 130°, bei denen Wasser als Wärmeüberträger ausscheidet, weil sein Druck bis zu ca. 4 bar anwachsen und die Al-Bleche zerreißen würde. Deshalb ging die Klöckner-Wärmetechnik GmbH auf ein in Frankreich von der Firma Rhone et Poulenc synthetisiertes organisches Fluid „Gilotherm ADX 10" über, das dank seiner nur halb so großen spezifischen Wärme auch bei kurzem und mäßigem Sonnenschein erhebliche Temperaturerhöhungen zeigt und mit der mit Dornier entwickelten Ni-Strukturschwärzung(5-24) Leerlauftemperaturen um 180° annimmt, ohne daß Überdruck entstände. Wie die folgende Vergleichstabelle 5,2 über die thermischen Eigenschaften von H_2O und Gilotherm ADX 10 zeigt, liegt auch sein Stockpunkt mit −80° so tief, daß die gefürchtete Zerstörung der Kollektoranlage durch Winterkälte ausgeschlossen ist. Gleichzeitig vermeidet Gilotherm als organische und daher ionenfreie Wärmeübertragungsflüssigkeit die Gefahr der Korrosion der metallischen Absorberwerkstoffe durch die dem Wasser eigenen oder in ihm gelösten Ionen, besonders die gefürchteten Chlor-Ionen des Leitungswassers. Die sehr komplexen Korrosionsmechanismen des für Absorberbau idealen Aluminiums, das an sich extrem unedel, aber durch eine fest haftende Oxydschicht von Al_2O_3 („Eloxal") geschützt ist, haben Brennecke und Justi(5-25) genau analysiert. Man ist so in der Lage, die leichten, billigen Al-Sammler wirksam zu schützen

Fig. 5,10:
Elektronenraster-mikroskopische Aufnahme einer SOLAROX-Schicht auf einem Aluminium-Rollbondabsorber, ca. 10 000-fach, nach W. Scherber u. G. Dietrich(5-23).

Tabelle 5,2. Vergleich der thermischen Daten von Wasser und Gilotherm ADX

Temperatur (°)		0	20	40	60	80	100	200	300
Prandtl'sche Zahl	H_2O	13,70	7,023	4,348	2,997	2,230	1,751	0,923	1,004
––	Gilotherm	1,85	1,92	1,97	2,04	2,10	2,17	2,48	2,80
Spezifische Wärme ($J \cdot kg^{-1} \cdot K^{-1}$)	H_2O	4,217	4,181	4,178	4,184	4,196	4,216	4,496	5,861
	Gilotherm	1,85	1,92	1,97	2,04	2,10	2,17	2,48	2,80
Dampfdruck (bar)	H_2O	0,006	0,023	0,073	0,199	0,473	1,013	15,05	83,16
	Gilotherm	–	–	–	–	–	–	0,133	2,0
Dichte ($kg\ m^{-3}$)	H_2O	999,8	998,2	992,2	983,2	971,8	958,3	864,7	712,5
	Gilotherm	869	857	841	827	812	802	725	652
Kin. Viskosität ($cSt = 10^{-6} m^2 s^{-1}$)	H_2O	1,792	1,004	0,658	0,474	0,365	0,295	0,158	0,130
	Gilotherm	12	5,4	3,2	2,1	1,5	1,2	0,52	0,36
Wärmeleitfähigkeit ($W\ m^{-1}\ K^{-1}$)	H_2O	0,552	0,597	0,628	0,651	0,668	0,681	0,665	0,540
	Gilotherm	0,13	0,128	0,126	0,124	0,122	0,12	0,11	0,10

– eine praktisch wichtige Voraussetzung für die Gewährung einer mehrjährigen Garantie für Sonnenwärmeanlagen, die den wirtschaftlichen Durchbruch der Solarwärme zu ermöglichen hilft. Die Flachkollektoren sind mit ihrer Fläche von mehreren m^2 der größte Anteil an der Investition einer Warmwasser- und Raumheizungsanlage für Einzelhäuser, weshalb ihr Detailpreis trotz des in unseren Breiten erforderlichen hohen technischen Aufwandes unter eine Grenze von etwa 500 DM/m^2 gedrückt werden muß, wozu unser Wirtschaftssystem am ehesten fähig ist; Gilotherm bleibt mit nur ca. 3 DM/kg im Rahmen.

Die Alternative, solche selektiv geschwärzten Flachkollektoren mittels optimal synthetisierter Wärmeübertragungsfluide auch ohne optische Konzentration mit Niederdruckdampfturbinen über 150° zu betreiben, wird allzuleicht unterschätzt. Tatsächlich kann man, z. B. mit den in Kapitel 6 beschriebenen Hohlspiegeln in Tower-Power-Anlagen, Hochdruckdampfturbinen bei mehreren 100° laufen lassen; wie aber schon auseinandergesetzt, kann man nur den gerichteten Teil der Insolation optisch verdichten und verliert dabei die diffuse Strahlungskomponente, die gerade in unseren Klimaten oft mehr als die

Hälfte der Insolation ausmacht – von dem technischen und finanziellen Aufwand der Nachführung der Spiegel ganz abgesehen.

4. Der photosynthetische Effekt kann beispielsweise ausgenutzt werden, indem man geeignete Pflanzen wie Zuckerrohr zieht und unmittelbar verbrennt, um eine Wärmekraftmaschine zu betreiben. Alternativ könnte dies Material anaerobisch erhitzt und zersetzt werden, um CH_4, H_2 und höhere Kohlenwasserstoffe zu liefern. Algen könnten in technischem Maßstab produziert, gesammelt und thermisch zersetzt werden, unter Entstehung von Kohlenwasserstoffen(5-26).

Die photosynthetischen Konzepte erscheinen weniger attraktiv, wenn man die von ihnen erreichten mittleren Wirkungsgrade bei der Sonnenenergiewandlung betrachtet. Er beträgt nämlich nur etwa 1 %, so daß der Gesamtwirkungsgrad der Umwandlung von solarer in elektrische Energie auf nur 0,3 % kommt, verglichen mit den 10 % der photovoltaischen Konversion. Infolgedessen würden die Sammelflächen ungefähr 30mal größer sein als die für photovoltaische Farmen angepeilten Werte. Die Richtung der Forschung zielt hier auf die Ausbrütung von Bakterien und Algen, die Enzyme enthalten, welche eine wirkungsgradreichere Umwandlung von Licht zu Biomasse katalysieren könnten. Dies ist ein durchaus vernünftiges Ziel, wie Tabelle 5,3 lehrt, nach der einige maximale Wachstumsgeschwindigkeiten 5 % Wirkungsgrad erreichen.

Tabelle 5,3. Maximale Wachstumsgeschwindigkeiten und Wirkungsgradschätzungen der Umwandlung von Sonnenenergie durch Photosynthese

Gewächs	Land	Wachstumsdauer (Tage)	Wachstumsgeschwindigkeit ($g \cdot m^{-2} d^{-1}$)	Mittlere Strahlung ($MJ \cdot m^{-2} d^{-1}$)	Strahlungs-Ausbeute in %
Sumpfbinsengras	Australien	14	54	1,4	4,2
Pindus radiata	Australien	4	41	25,4	2,7
Mais	Kalifornien	14	32	28,8	2,0
Gerste	England	–	23	20,3	1,9
Zuckerrohr	Hawaii, USA	90	37	16,8	3,7

5. Ozeanische Temperaturgradienten, die durch solare Einstrahlung entstanden sind, können grundsätzlich ebenfalls verstromt werden und bieten wie die Verstromung der in fossilen Brennstoffen gespeicherten Sonnenwärme früherer Zeiten den Vorteil, daß ebenfalls eine *räumliche* Konzentration über die durchschnittliche *flächenhafte* Verdünnung der Sonnenstrahlung ausgenutzt werden kann, aber ohne die bei Verbrennung unvermeidliche CO_2-Injektion in die Atmosphäre.

Der Temperaturgradient im tropischen Ozean besteht zwischen der Meeresoberfläche von über 300 K und einer Tiefe von 1 km, wo weniger als 285 K herrschen. Wenn also die Oberflächentemperatur benutzt würde, eine niedrig siedende organische Flüssigkeit zu erwärmen und eine Dampfmaschine zu betreiben, dann könnte der Abdampf mit aus der Tiefe des Ozeans gepumptem Kaltwasser kondensiert werden. Man hätte dann einen thermischen Kreisprozeß mit Entzug von Wärme aus dem Oberflächenwasser, Umwandlung eines kleinen Bruchteils davon in mechanische Kraft und Rückleitung des Restes in das kalte Tiefenwasser. (Fig. 5,11)(5-27).

Der Wirkungsgrad dieses hypothetischen Prozesses wird zwar auf nur 2% geschätzt. Indessen handelt es sich um eine Energieeinsammlung über ein *Volumen*, nicht über eine *Fläche* – wie bei photothermischen Kollektoren –, so daß der geringe Wir-

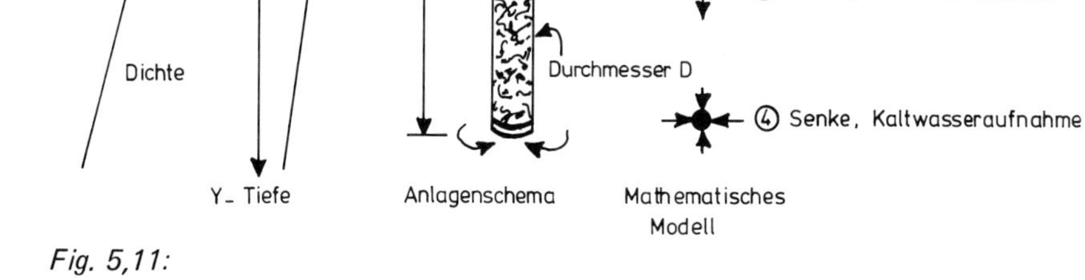

Fig. 5,11:
Topologie einer Solar-Ozeanenergieanlage. Links: Verlauf von Temperatur und Dichte mit der Meerestiefe; Mitte: Anlagenschema; rechts: Mathematisches Modell. Nach R. Hilson und E. K. Rideal 1949(5-15).

kungsgrad nicht unbequem große Sammlerflächen mit sich bringt. Bei dem Ozean-Wärmegradienten-Konzept würden die Wärmekraftmaschinen gemäß Fig. 5,12 auf schwimmenden Plattformen montiert werden und dort herkömmliche Turbinen antreiben; der Dampfkessel würde gerade über der Meeresoberfläche und der Kondensator direkt unter diesem Kessel liegen, und Rohre würden Kaltwasser aus größeren Tiefen heraufbringen. Der erzeugte Strom würde zur Elektrolyse von H_2 aus dem Seewasser benutzt werden, der entweder nach dem Vorbild des Nordsee-Erdgases durch Hochdruckleitungen ans Land gepumpt oder verflüssigt verschifft wird. Haupthandicap ist das zu geringe ΔT, das Wärmeaustauscher bisher unerreicht geringer Grädigkeit erfordert.

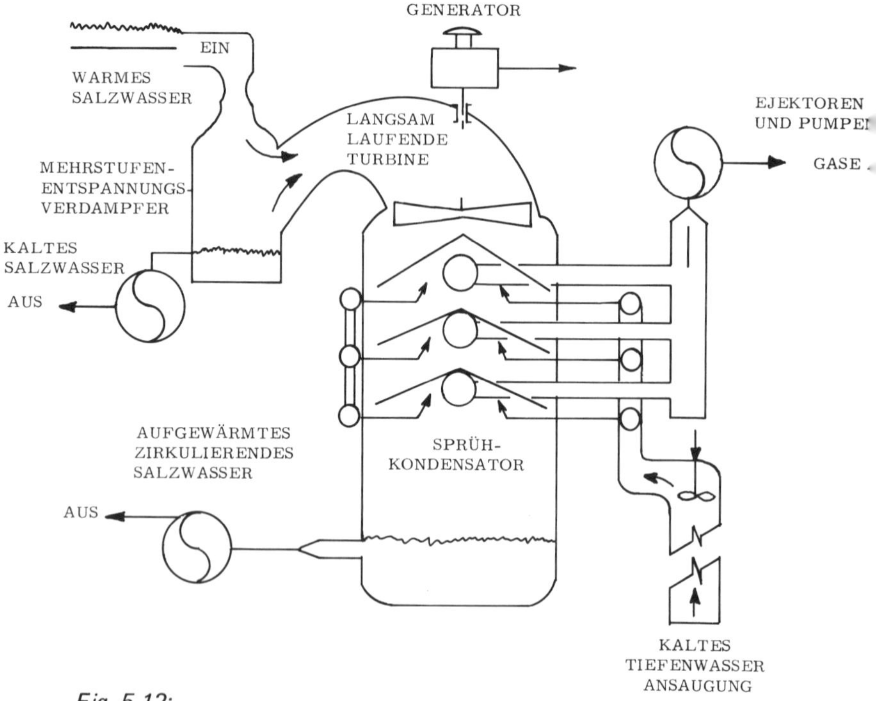

Fig. 5,12:
Schema eines auf dem Meere schwimmenden thermischen Solar-Ozeanenergiekraftwerkes. Erklärungen in der Figur eingezeichnet.

Grundlagen der Nutzung solar erzeugter ozeanischer Temperaturgradienten

Die oben nur kurz erwähnte Methode wurde bereits 1881 durch D'Arsonval(5-28) vorgeschlagen; der als Pionier der Luftverflüssigung bekannte G. Claude versuchte 1930 eine solche für 40 kW ausgelegte Anlage in Cuba auszuprobieren, indessen wurde sie (Fig. 5,13) vom Sturm zerstört.

Die Temperaturdifferenzen in den tropischen Ozeanen bieten etwa 20° zwischen der Meeresoberfläche und einer annehmbaren Tiefe an; ein typisches Temperaturprofil über der Tiefe ist in Fig. 5,14 wiedergegeben(5-29).

Die für ein ozeanisches Solarkraftwerk notwendige Maschinerie ist in Fig. 5,15 nach einer neueren Konstruktion von Lavi und Zener(5-30) skizziert und gekennzeichnet durch die Ver-

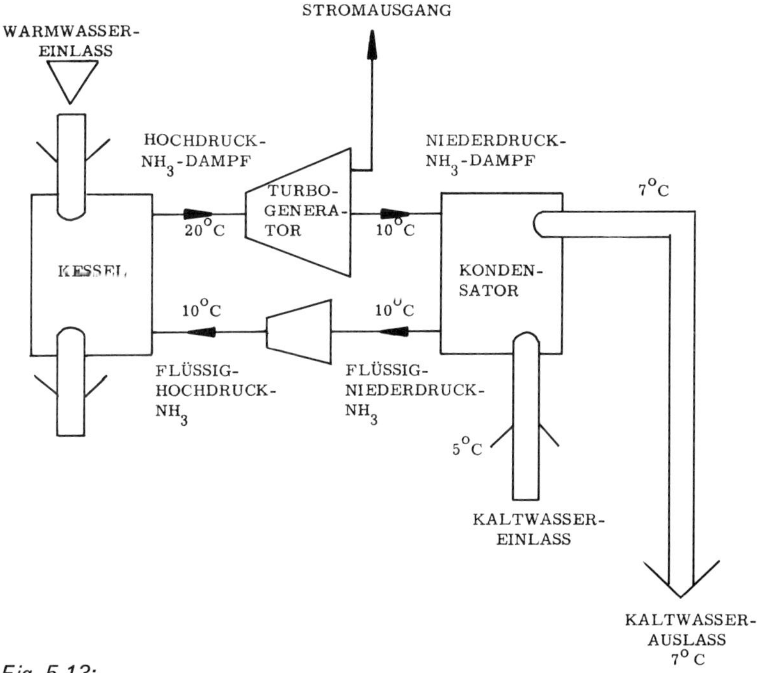

Fig. 5,13:
Entwurf von G. Claude 1930(5-28) für eine Wärmekraftmaschine zur Nutzbarmachung der geringen Temperaturgradienten im tropischen Ozean mittels Zweikreisprozeß.

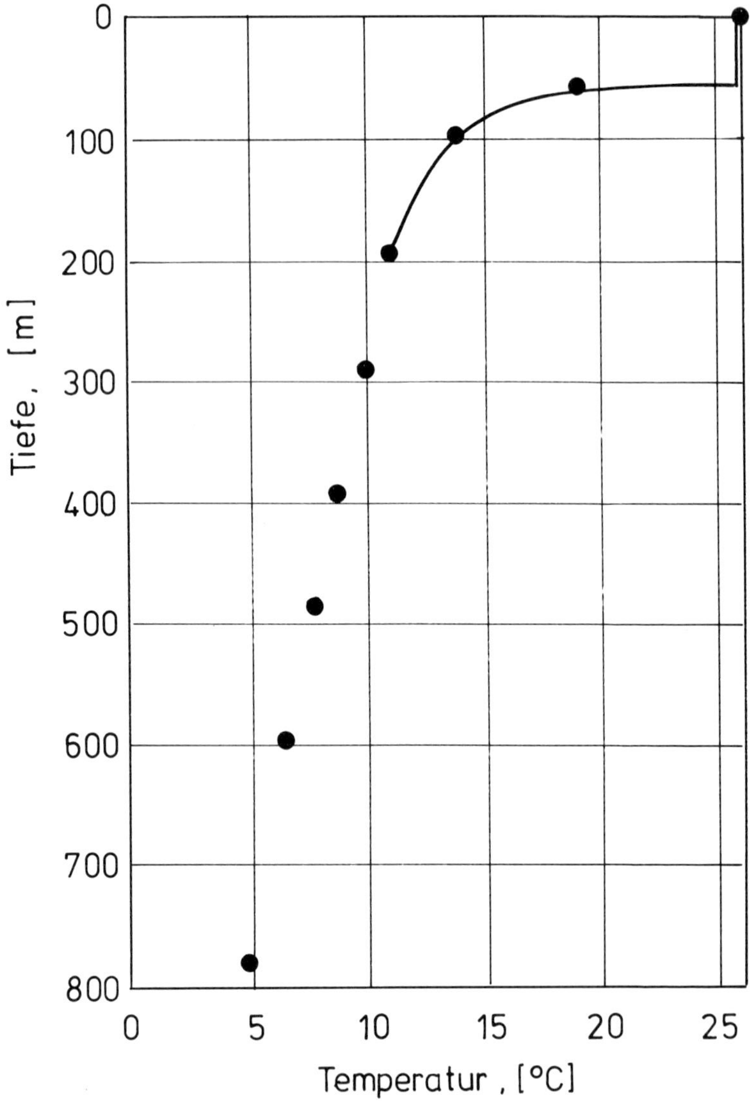

Fig. 5,14:
Typisches Temperaturprofil des tropischen Ozeans in Abhängigkeit von der Wassertiefe. Die Oberflächenschicht, die etwa 200 m dick ist (vgl. das Profil mit Thermokline in Fig. 5,12), entnimmt ihre Wärme der Sonneneinstrahlung und nimmt etwa 25° an. Das Kaltwasser in den größeren Tiefen kommt von der Antarktis und kann bis 5° kalt werden. Nach Lavi und Zener(5-29).

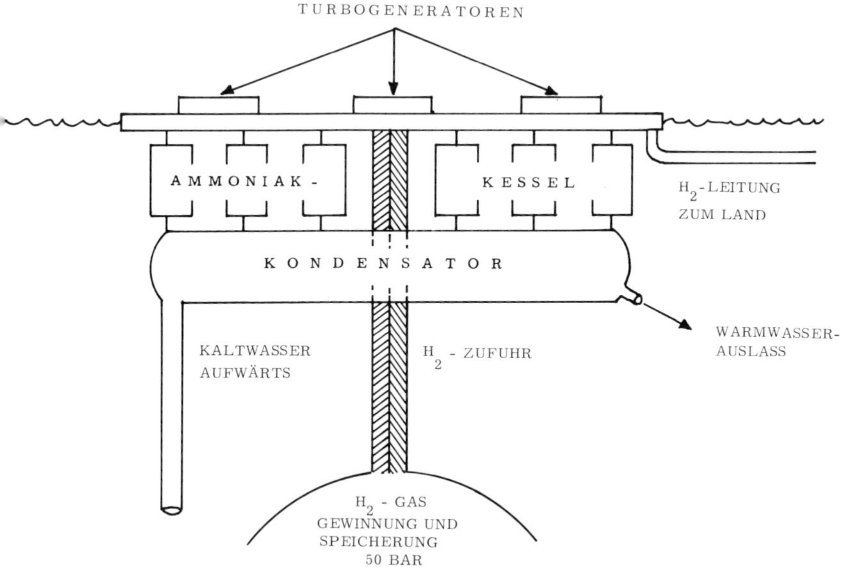

Fig. 5,15:
Blockschema eines Kraftwerkes mit Zweistoffprozessen zur Ausnutzung der ozeanischen Temperaturunterschiede in den Tropen. Nach Lavi und Zener(5-29).

wendung eines Zweistoffsystems, um die mit Wasser erzeugbaren, nur geringen Dampfdruckunterschiede durch Einfügung eines zweiten flüchtigeren Wärmeträgers wie NH_3 oder eines modernen Freon zu vergrößern. Deshalb nimmt der Boiler zunächst aus dem Oberflächenwasser Warmwasser zur Verdampfung von NH_3 (Dampfdruck bei 10° 6,3 bar, bei 20° 8,7 bar) auf, das einen Niederdruck-Turbogenerator antreibt. Das in ihm entspannte NH_3 strömt dann in einen Kondensator, in dem es durch aus der Tiefe heraufgepumptes fünfgradiges Kühlwasser wieder verflüssigt und erneut verdampft wird.

Die von Lavi und Zener berechnete Leistungsdichte ist etwa 12 kW_{el} je m^2 der Meeresoberfläche, die vom Kollektor bedeckt ist; die räumliche Leistungsdichte ist unwichtig, weil die Maschine im Meer schwimmt und sich ihr Volumen größtenteils unter Wasser befindet. Die Investitionskosten sollten nicht 440 DM/kW_{el} überschreiten, verglichen mit 800-1 600 DM/kW_{el} für fossile Brennstoffe und 1 330-2 660 DM/kW_{el} für Kernkraft (Stand 1973); bei dieser Schätzung sollte der Strompreis nur

3 mils = 0,8 Dpf/kW_{el}h ab Werk betragen. Die Überführung über die aus geographischen Gründen weiten Entfernungen zum Verbraucher erfolgt durch H_2.

Der Wirkungsgrad des Ozean-Solarkraftwerkes ist unvermeidlich gering wegen der bescheidenen Temperatur- und auch Druckdifferenz, die das Wasser bietet und die eine Verdopplung von Aufwand und Verlusten wegen des NH_3-Kreislaufs erfordert. Deshalb beträgt der Gesamtwirkungsgrad mit 3 % nur etwa 1/10 des von konventionellen Kraftwerken; das Ozeankraftwerk muß also zehnmal so viel Dampf erzeugen wie ein gleich starkes thermisches Kraftwerk, und das läßt folgern, daß die Dampfkesselanlage des Ozeankraftwerkes mindestens zehnmal größer ausgelegt werden muß. Indessen wird dieser Nachteil teilweise kompensiert durch die geringe Wandstärke der Metallrohre, welche durch die geringen Druckdifferenzen ermöglicht wird; allerdings dürfen die Rohrwände nicht zu dünn sein wegen der Korrosionsgefahr des warmen Salzwassers, die auch die Verwendung beständiger Ni-Legierungen unabweislich macht. Erst in diesem Jahr (1978) hat man beherzigt, daß die verfügbare Temperaturdifferenz von 22° an der Oberfläche bis zu 12° in 200 m (!) Tiefe bei Verwendung herkömmlicher Wärmeaustauscher fast ganz durch den üblicherweise zugestandenen Wärmeübergangssprung von 2 x 10° verzehrt werden würde, und man hat neue Wärmeaustauscher konstruiert, die unter Aufwand riesiger Längen dünnwandiger Ni-Legierungsrohre den Temperatursprung auf unter 1° drücken(5-31). Das bedeutet zwar eine wesentliche Verbesserung des Wirkungsgrades von bisher 3 %, aber umgekehrt erhebliche höhere Investitionen, Verbrauch von hochwertigen Metallen und Störanfälligkeit dieser komplizierten Gebilde auch gegen pflanzlichen und tierischen Befall, wie von Schiffen und Schleusen bekannt. Schließlich muß man nach der Zerstörung des Prototypen von Claude 1930 die Sicherung der Anlage gegen Sturm studieren. – Wir bezweifeln, ob schon jetzt Preisschätzungen für ozeano-solare Energie oder gar H_2 sinnvoll sind.

6. Windenergie ist, wie oben erwähnt, ein Abkömmling der Sonnenenergie und selbst ausreichend, den Globalenergiebedarf etwa 30fach überzuerfüllen; vorteilhaft ist, daß ihre Kraft mechanisch ohne Carnot-Faktor hochprozentig verstromt werden kann. Nachteilig ist ihre zeitliche Unbeständigkeit und geographische Lokalisierung an den Küsten, die ebenfalls die Postierung auf Flößen nahelegen. Die Deutsche Gesellschaft für Sonnenenergie (DGS) hat 1977 eine ganze Tagung nur der Windenergie gewidmet, wobei man lernte, daß die moderne Aerodynamik dieser bisher mehr als nostalgisch geschätzten Technik neue realistische Aussichten verschafft und daß die neuzeitliche Festkörper-IC-Technologie das Problem der Invertierung zwecks frequenz- und phasenrichtiger Einspeisung in das Drehstromnetz befriedigend löst. Auch hier ist der Wasserstoff berufen, das Problem der Speicherung der unbeständigsten aller Energien zu bewältigen, vgl. Kapitel 4. Ein lesenswerter Kurzbericht stammt von Kramer(5-32).

7. *Biophotolyse* unterscheidet sich darin von gewöhnlicher Photosynthese, daß man nicht die von Pflanzen photochemisch in Biomasse umgesetzte Sonnenenergie durch direkte Verbrennung oder durch enzymatische Teilvergasung der Grünsubstanz mit dem eben (Punkt 5 einschl. Tabelle 5,2) behandelten schlechten Wirkungsgrad ausnutzen will; vielmehr beabsichtigt man, die in den Chloroplasten der Grünpflanzen photochemisch aus den Wassermolekülen abgespaltenen und an einem organischen Akzeptor Ferredoxin angelagerten Protonen vor ihrer Verwendung beim Aufbau organischer Substanz als molekularen Wasserstoff H_2 abzuzapfen und so ohne Umwege einen höheren energetischen Wirkungsgrad und den idealen Energieträger überhaupt zu erhalten(5-33, 5-34). Benemann hat zu diesem Zweck solche Chloroplaste aus Spinatblättern ausgequetscht, in Wasser mit die vorzeitige Rekombination mit Sauerstoff bremsenden Enzymen suspendiert und bei Besonnung erhoffte H_2-Bläschen aufsteigen sehen. Leider läßt die Produktion der H_2-Bläschen schnell nach, offenbar wegen der Unmöglichkeit, die Rekombination des H_2 wirksam zu unterdrücken. In ihren Vorträgen auf dem Hamburger Sonnenforum 1977 und 1978 empfahlen daher E. Broda(5-35) und H. Kuhn(5-36) ebenso wie in ihren authentischen Beiträgen in Kapitel 4 auf die Verwendung biologischer Systeme zu verzichten, stattdessen eigens erdachte und synthetisierte monomolekulare Schichtverbände zu entwickeln, die ausschließlich auf Photolyse optimiert werden.

Grundlegende Eigenschaften der Silizium-Sperrschichtzellen

Um die physikalische Problematik zu verstehen, ist es zunächst unumgänglich, die energetische Natur des Lichtes zu rekapitulieren. Entsprechend der modernen Konzeption vom Dualismus von Welle und Korpuskel nach de Broglie können diese zwei verschiedene Beschreibungen von ein und demselben Ding sein. So ist es oft zweckmäßig, eine elektromagnetische Welle als einen

Schauer von Photonen zu betrachten, deren jedes seine unteilbare (quantenhafte) Energie und Moment besitzt. Dementsprechend ist ein Sonnenlichtstrahl als Überlagerung verschieden langer elektromagnetischer Wellen wie auch als ein Schauer von Photonen-Geschossen verschiedener Energie und Momente anzusehen. Nach der Planck-Einsteinschen Beziehung setzt man die Energie des Photons $E = h \cdot \nu$, wobei h eine neue universale Naturkonstante, eben das Plancksche Wirkungsquantum ($6{,}6 \cdot 10^{-34}$ Joule · sec), und ν die Frequenz in sec^{-1} ist. Gewöhnlich drückt man die Energie in Elektronenvolt aus, gemäß $E = e \cdot V = h \cdot \nu = h \cdot c/\lambda$, woraus sich die Spannung der Wellenlänge λ zu $V = h \cdot c/(e \cdot \lambda) = 12\,398/\lambda$ Volt ergibt, mit λ als der in Ångström-Einheiten (1 ÅE $= 10^{-8}$ cm) gemessenen Wellenlänge. Als Gedächtnisstütze benutzt man diese Beziehung mit einem kleinen tolerablen Fehler in der Form $V = 12\,345/\lambda$ Volt. Unter Photonenstrom versteht man die Anzahl der Photonen, die pro sec durch eine zum Lichtstrahl senkrechte Fläche von 1 cm^2 hindurchtreten. Ist Φ die Intensität des Lichtstrahls in $Watt/cm^2$, so gilt für einen monochromatischen Lichtstrom $N = \Phi/(h \cdot \nu) = \Phi \cdot \lambda/(h \cdot c) = 5{,}04 \cdot 10^{14} \cdot \lambda \cdot \Phi \; cm^{-2} \cdot sec^{-1}$.

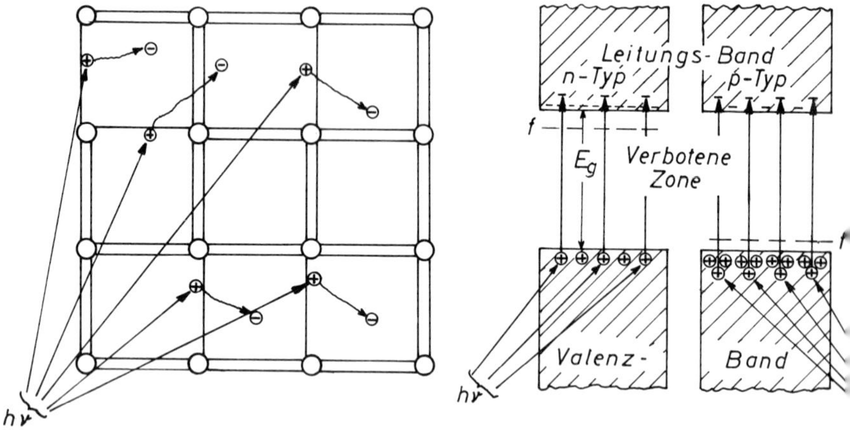

Fig. 5,16:
Energetische Vorgänge in einer Si-Sperrschichtzelle. Links treffen Photonen der Energie h · ν auf das Si-Gitter auf, brechen dort Bindungen auf, und setzen damit Elektron-Defektelektronenpaare frei. („Photogeneration"). Rechts derselbe Vorgang im Bändermodell, in der linken Hälfte durch Dotierung mit einem fünfwertigen Donator (z. B. Sb) zum n-Typ gemacht, in der rechten Hälfte p-Typus durch Dotierung mit z. B. In.

Trifft nun ein Photon mit einer hierfür ausreichenden Energie auf einen geeigneten Halbleiter wie Si auf, so kann es dort eine Bindung aufbrechen und dadurch ein Ladungspaar Elektron-Loch freisetzen, wie es Fig. 5,16 veranschaulicht. Daneben sieht man im Bändermodell, wie diese Ionisation energetisch verläuft, und zwar links in dem durch Dotierung mit einem fünfwertigen Donator (Sb) n-leitend gemachten Si, rechts in einem mit einem dreiwertigen Akzeptor (In) dotierten p-Si. In jedem Falle muß das Photon mindestens 1,1 eV Energie, entsprechend der infraroten Wellenlänge 1,13 μm besitzen, um ein Ladungspaar „photogenerieren“ zu können. Wie aus der Halbleitertheorie bekannt, ist in jedem Falle das Produkt der positiven und negativen Ladungsträgerdichte bei festgehaltener Temperatur konstant und zwar gleich dem Quadrat der Dichte im Eigenhalbleiter („intrinsic state“) gemäß $n_i^2 = n \cdot p$ (für n_i^2 bei Zimmertemperatur etwa 10^{21} cm^{-3}). Für gut leitendes n-Si gilt zum Beispiel $n = 10^{17}$ und daher $p = 10^4$ cm^{-3}. Trifft also ein Photon auf und generiert im Si gleiche Anzahlen von Elektronen und Löchern, so ändert sich dadurch die Dichte der Majoritätsträger (n) kaum, während die Dichte der Minoritätsträger (p) um Zehnerpotenzen ansteigen kann. Diese photogenerierten Ladungsträger werden dann in die Umgebung diffundieren und innerhalb einiger 10^{-4} sec rekombinieren, soweit ihre Konzentration diejenige des thermischen Gleichgewichtes überschreitet.

Die Idee der Sperrschicht-Photozelle besteht nun darin, diese entgegengesetzten Ladungen in entgegengesetzte Richtungen abzusaugen, um sie an der vorzeitigen Rekombination zu verhindern, ehe sie in einem äußeren Lastkreis Arbeit geleistet haben; dies geschieht durch das in der p-, n-Sperrschicht eines Halbleiters eingebaute permanente elektrische Feld, das uns vom Kristallgleichrichter her bekannt ist. So ergeben sich die in Fig. 5,17 schematisierte Konstruktion und Abmessungen einer modernen n^+- auf p-Solarzelle, bestehend aus einem etwa 0,35 mm dicken, durch Dotierung mit ca. 1/10 000 % Indium p-leitend gemachten einkristallinen Si-Scheibchen, unter dessen Oberfläche durch Eindiffusion von Phosphordampf ein flacher p-, n-Übergang erzeugt wird. Sperrschichtfreie Kontakte werden durch Aufdampfung von Al erzeugt, ganzflächig auf der Rückseite, kammförmig auf der Vorderseite. Die Interferenzfarbe einer reflexmindernden Schicht gibt der Zelle ihr charakteristisches blaues Aussehen, nach H. Fischer(5-37).

Um einen möglichst hohen Wirkungsgrad zu erreichen, soll jedes auftreffende Photon innerhalb der Diffusionslänge des p-, n-Überganges ein Elektron-Lochpaar erzeugen; Fig. 5,18 zeigt nach heute schon historischen Messungen von Prince und Wolf(5-38), wie die Absorption der Photonen von ihrer Wellenlänge abhängt. Die kurzwelligen Lichtquanten werden bereits in der oberflächlichen Deckschicht absorbiert, während langwelligere Strahlung Ladungspaare in der Kernschicht freisetzt. Man versucht daher, durch Optimierung des Eindiffusionsprozesses eine Dicke der Deckschicht von nur 0,3 μm herzustellen, die einen guten Kompromiß darstellt. Zu langwelliges Licht ist nutzlos für die Stromerzeugung, zu kurzwelliges Licht setzt seine die Paarbildungsarbeit übersteigende Energie in Wärme um, die nicht nur nutzlos ist, sondern sogar den Wirkungsgrad verschlechtert (Fig. 5,19). Nur ein enger Wellenlängenbereich taugt also zur photoelektrischen Stromerzeugung, so daß dieser der Energieverteilung des Sonnenspektrums (Fig. 5,1) angepaßt werden muß, und zwar durch richtige Wahl des Bandabstands E_g (eV) im Halbleiter. Fig. 5,19 zeigt für verschiedene Halbleiter den unter vereinfachenden Voraussetzungen (siehe Kapitel 6)

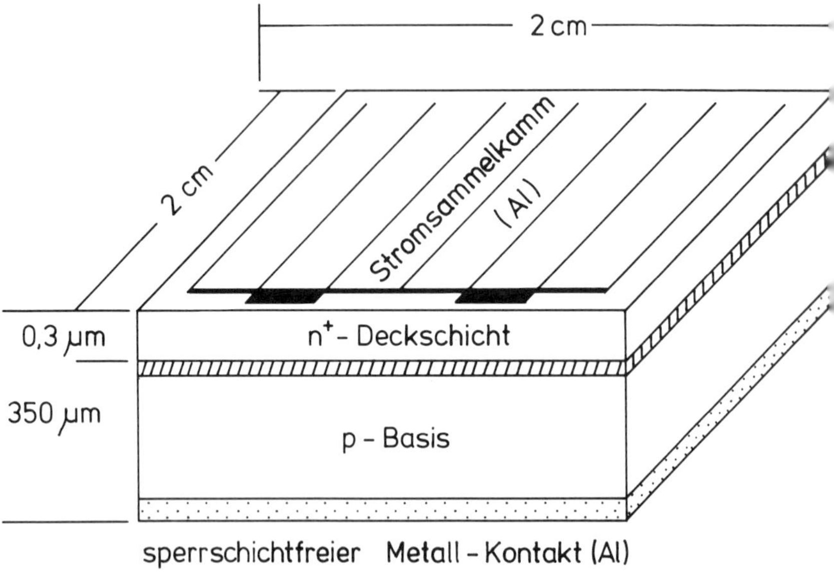

Fig. 5,17:
Schematischer Schnitt durch eine Si-Sperrschicht-Photozelle, die auf einer 355 µm dicken p-Si-Scheibe eine 0,3 µm dünne n^+-Si-Deckschicht trägt. Elektroden: Al.

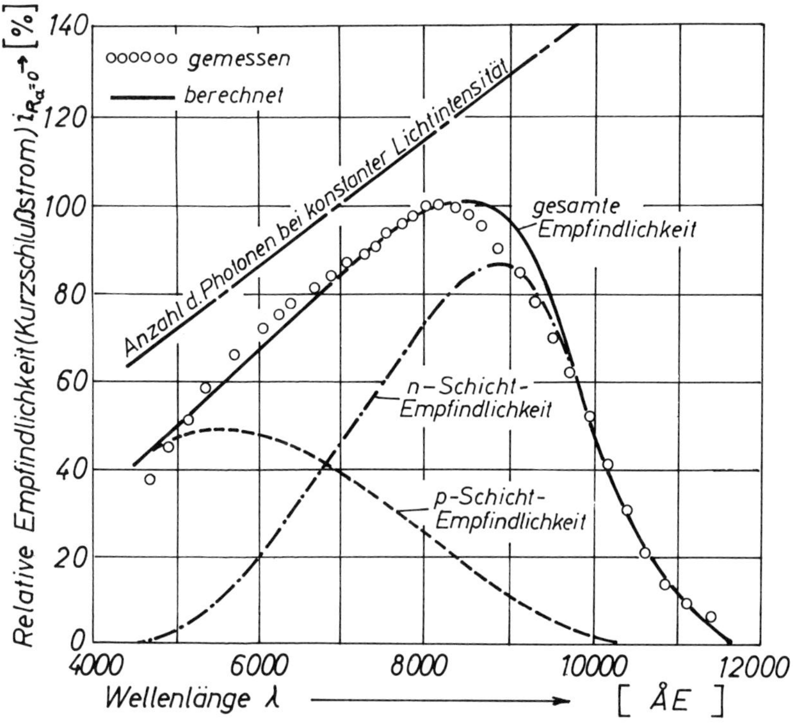

Fig. 5,18:
Ladungsträger-Photogeneration innerhalb einer p- auf n-Si-Solarzelle. Ordinate: relativer Kurzschlußstrom; Abszisse: Wellenlänge des einfallenden monochromatischen Lichtes in ÅE. Die Parameter der Kurven sind in der Zeichnung erklärt. Nach Prince und Wolf(5-37).

von Rappaport(5-39) berechneten maximalen Verstromungswirkungsgrad η_{max} als Funktion des Bandabstandes E_g mit der Betriebstemperatur als Parameter. Diesem Diagramm entnimmt man zwei wichtige Fakten: Erstens, daß der optimale Bandabstand mit steigender Temperatur zunimmt, so daß bei Zimmertemperatur CdTe mit E_g = 1,5 eV der günstigste Halbleiter ist, während bei 300 °C ein Material „Z" mit E_g = 1,8 eV optimal wäre (dieses könnte aus ternären Verbindungen wie z. B. GaAs und GaP erhalten werden). Zweitens, daß zwar die Verschlechterung des Wirkungsgrades von Si durch höhere Betriebstemperaturen – nach Fig. 5,19 durch Halbleiter mit einem größeren E_g wie GaAs – grundsätzlich kompensiert werden könnte, daß aber

GaAs und CdS und CdTe aus vielen anderen Gründen ungeeignet sind. Justi(5-40) hat kürzlich darauf hingewiesen, daß die Abnahme des Wirkungsgrades mit steigender Temperatur nicht zufällig ist, sondern mit der exponentiell zunehmenden thermischen Ionisierung zusammenhängt, die keine Quote mehr für Photogenerierung übrig läßt. Die populäre Ansicht, man

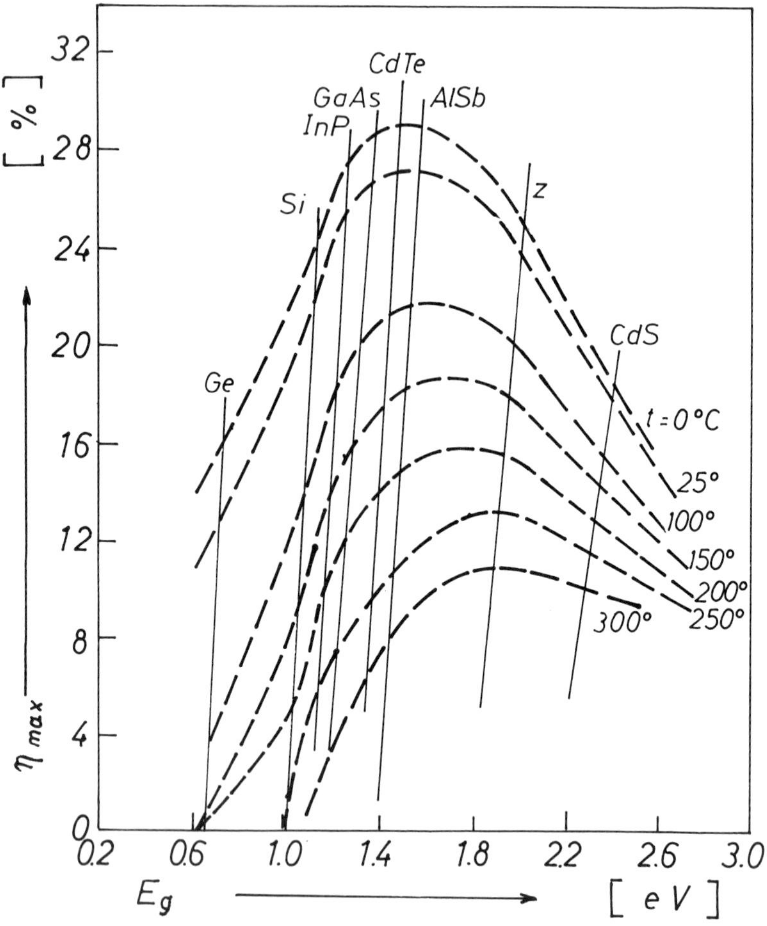

Fig. 5,19:
Maximaler Wirkungsgrad η_{max} (%) von Sperrschichtzellen aus verschiedenen, in der Zeichnung angegebenen Halbleitern als Funktion des Bandabstandes E_g (eV). Parameter: Betriebstemperatur in ^oC. Nach Rappaport(5-33).

könne die Wüstengürtel der Erde mit Solarzellen bedecken, die beliebig viel elektrische Energie liefern, scheitert an der Nichtverfügbarkeit von Kühlwasser, mit dem es wieder keine Wüsten mit wolkenlosem Himmel gäbe; der Autor hat vorgerechnet, daß der photovoltaisch erzeugte Strom nicht ausreichte, Kältemaschinen zu ihrer Kühlung zu betreiben. Obwohl also die Solarzellen in der bisherigen Betrachtungsweise Direktwandler sind, brauchen sie de facto wie Wärmekraftmaschinen ein heißes und ein kaltes Wärmereservoir, sind also in der Bezeichnungsweise von Justi „Quasi-Carnot-Prozesse", welcher Ausdruck vor Illusionen schützt. Tatsächlich verarbeitet ja die Solarzelle nur ≈ 10 % Strom, aber ≈ 90 % Abwärme, wie eine schlechte Dampfmaschine.

Fig. 5,20 zeigt eine schematisierte Spannungs-Strom-Charakteristik einer besonnten Sperrschichtzelle. Bei optimaler Anpassung des äußeren Lastwiderstandes ist der maximale Wirkungsgrad gegeben durch

$$\eta_{max} = \frac{\Lambda \cdot U_{mp}}{(1 + \Lambda \cdot U_{mp})} \; \frac{U_{mp} \cdot i_{mp}}{E_{av} \cdot N_{ph}},$$

worin Λ eine Abkürzung für $\Lambda = e/A \cdot k \cdot T$, A eine zwischen 1 und 2 variierende Zellenkonstante, U_{mp} die Klemmenspannung bei Höchstlast, i_{mp} die mittlere Stromdichte bei Höchstlast, E_{av} die mittlere Energie eines einfallenden Photons und N_{ph} der erwähnte Photonenfluß per Flächen- und Zeiteinheit ist. Die Leerlaufspannung U_{max} hängt mit U_{mp} zusammen gemäß

$$e^{U_{max}} = e^{U_{mp}} \cdot (1 + \Lambda \cdot U_{mp})$$

(e = Basis der natürlichen Logarithmen = 2,7183)

In realen Photozellen ist $U_{mp} \gg 10$; so daß praktisch $U_{max} \approx U_{mp}$ gilt. Der Kurzschlußstrom i_s hängt mit i_{mp} zusammen gemäß

$$i_{mp} = \Lambda \cdot U_{mp} (i_s + i_o)/(1 + \Lambda \cdot U_{mp}),$$

worin i_o die durch die Junction in Sperrichtung fließende Dunkelstromdichte ist. Schließlich gilt für den Zusammenhang zwischen U_{max}, i_s und i_o:

$$e^{\Lambda \cdot U_{max}} = 1 + i_s/i_o$$

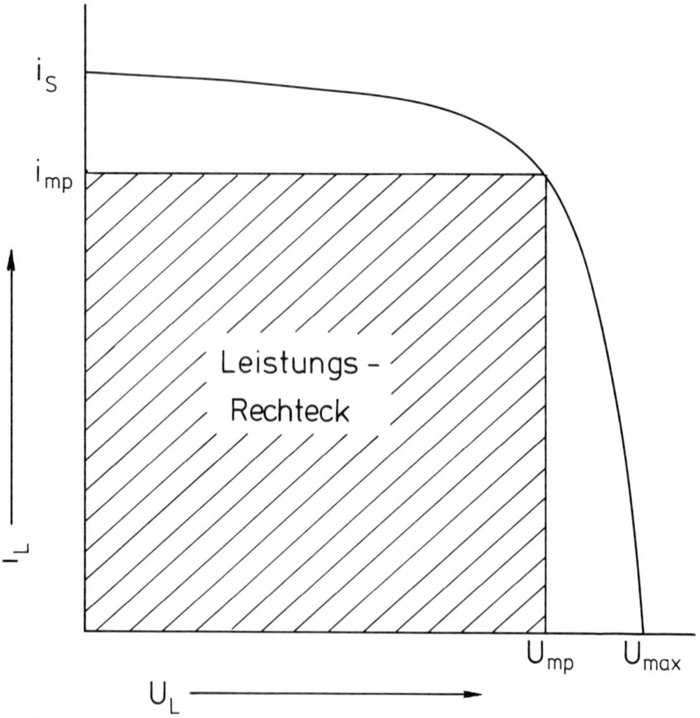

Fig. 5,20:
Schematisierte Spannungs-Strom-Charakteristik einer Sperrschichtzelle beliebiger Zusammensetzung zur elektrotechnischen-phänomenologischen Berechnung ihres Wirkungsgrades.

In realen Zellen gilt $i_s/i_o \gg 1$. Der Kurzschlußstrom kann berechnet werden zu $i_s = Q \cdot e \cdot n_{ph}$, wo Q den „Kollektions-Wirkungsgrad", also das Verhältnis der die Junction durchfließenden Ladungen e zur Zahl n_{ph} derjenigen Photonen bedeutet, die hinreichend energiereich zur Paarbildung sind. Die Dunkelstromdichte in Sperrichtung läßt sich berechnen als $i_o = C \cdot \exp. (-E_g/B \cdot k \cdot T)$, worin C den Einfluß der spezifischen Widerstände, effektiven Massen, effektiven Zustandsdichten und Minoritätsträger-Diffusionslängen der beteiligten Halbleiter enthält. A und B hat man neuerdings als technologische Folgen von offenem p-n-Übergang, endlicher Zellenfläche und lokalen Störungen im p-n-Übergang erkannt. Bei modernen Hochleistungszellen kann man diese Probleme weitgehend vermeiden und A = B = 1 erreichen(5-39).

Fig. 5,21 zeigt die Charakteristik einer historischen p- auf n-Si-Zelle nach Chapin u. M.(5-41), und zwar sieht man als Funktion der in der Abszisse abgetragenen Sonnenstrahlungsintensität (Watt/cm^2) links die Leerlaufspannung U_0 (Volt), rechts die Kurzschlußstromdichte $i_{Ra} = 0$(mA/cm^2). Dieses Diagramm lehrt dreierlei: einerseits, daß mit steigender Lichteinstrahlung die Leerlaufspannung rasch einem konstanten Sättigungswert ($U_{\Phi = \infty}$ = 0,6 V) zustrebt, was praktisch vorteilhaft ist für die

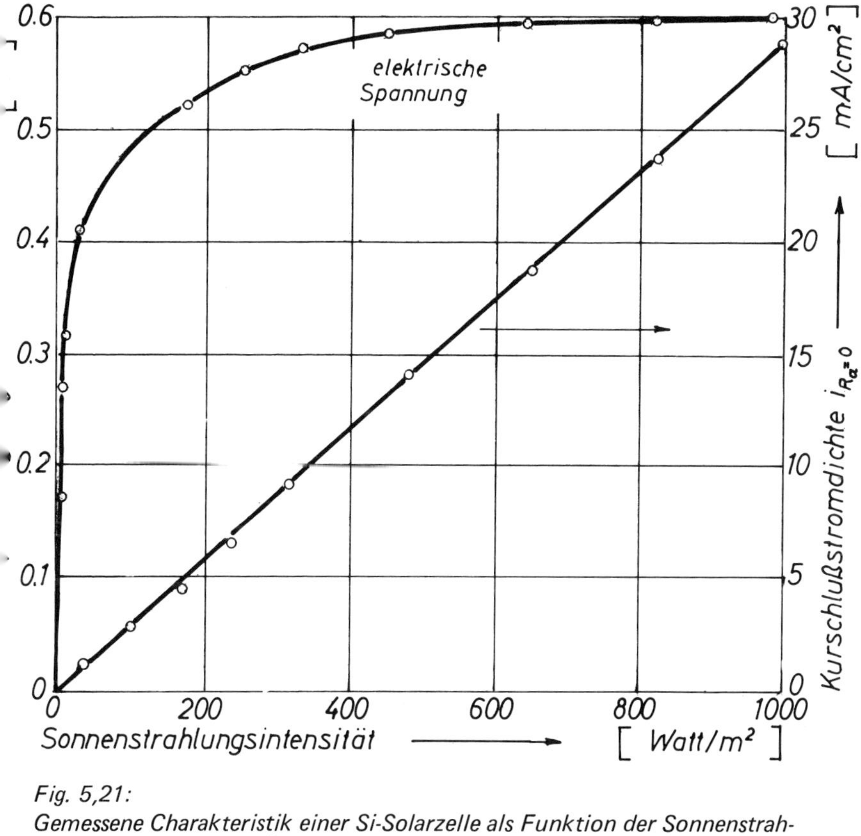

Fig. 5,21:
Gemessene Charakteristik einer Si-Solarzelle als Funktion der Sonnenstrahlungsintensität in W/m^2; linke Ordinate: Leerlaufspannung U_0 (V); rechte Ordinate: Kurzschlußstromdichte $i_{R_a} = 0$ (mA/cm^2). Nach Chapin u. M. (5-40).

Zusammenschaltung solcher von der wechselnden Sonnenstrahlung abhängigen Generatoren mit Akkumulatoren. Andererseits bemerkt man den mit der Lichtintensität streng proportionalen Anstieg der Stromdichte, worin sich die 100 %ige Quantenausbeute beweist. Schließlich zeigt das Diagramm den hohen Betrag der Kurzschlußstromdichte $i_{R\alpha}$ = O, der in äquatorialen Breiten bei 1 000 Watt/m² Insolation 30 mA/cm² = 300 Amp/m² erreicht, bei modernen kommerziellen Typen 40 % mehr. Das nächste Diagramm Fig. 5,22 zeigt die Ausgangsleistungsdichte (Watt/cm²) als Funktion der Ausgangsspannung U, variiert durch veränderlichen Belastungswiderstand; man erkennt ein Leistungsmaximum von 11 mWatt/cm² = 0,11 kW/m² bei 0,47 V Klemmspannung. Dividiert man diese Nutzleistung durch

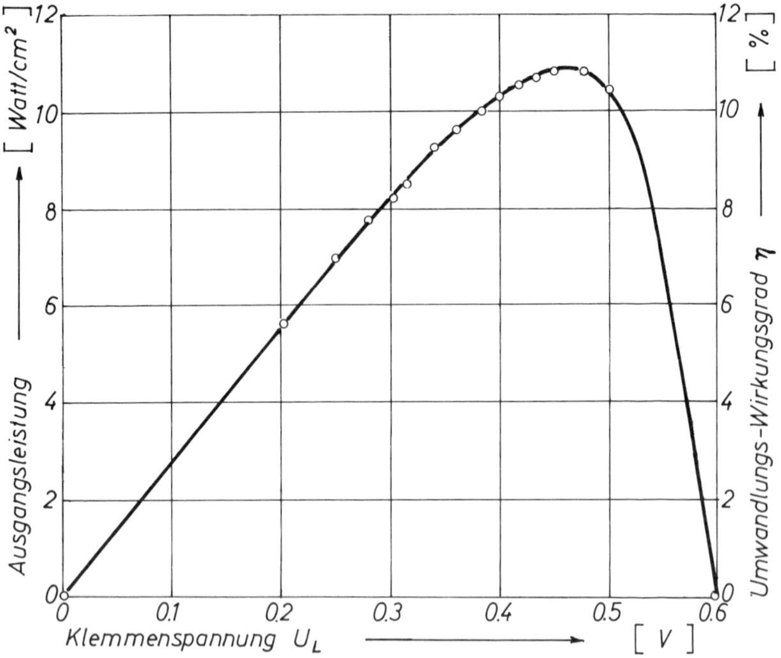

Fig. 5,22:
Ausgangsleistungsdichte (W/cm²) der in Fig. 5,18 behandelten Si-Solarzelle als Funktion ihrer vom äußeren Lastwiderstand R_a abhängigen Klemmenspannung U(V) (linke Ordinate). Rechte Ordinate: Umwandlungswirkungsgrad in (%). Insolation: 1 000 W/m²). Nach Chapin u. M.(5-40).

die dabei wirksame Insolation von 1 000 Watt/m^2, so findet man den auf der rechten Ordinate aufgetragenen Umwandlungs-Wirkungsgrad, der hiernach bis auf 11 %, bei modernen Industrietypen auf 14 % ansteigt(5-36).

Da die Primärenergie Sonnenstrahlung nichts kostet, sie ebenso wie der Rohstoff Si allen Völkern in beliebigen Mengen zugänglich ist, keine giftigen oder radioaktiven Produkte auftreten, bewegliche Teile fehlen und die Betriebslebensdauer entsprechend hoch ist, wäre die photovoltaische Stromerzeugung die ideale Energiequelle der Menschheit, wenn nicht die Investitionskosten prohibitiv hoch wären. Die Raumfahrt und die Nachrichtensatelliten vermögen zwar die Investition von anfangs einigen 10^5 US-Dollar/kW_{el} aufzubringen, weil das Leistungsgewicht mit einigen kg/kW noch leichter ist als das der bisher leichtesten Stromerzeuger, der Automotoren. In der Alltagstechnik dagegen können Investitionen über 1 000 DM/kW_{el} nicht amortisiert

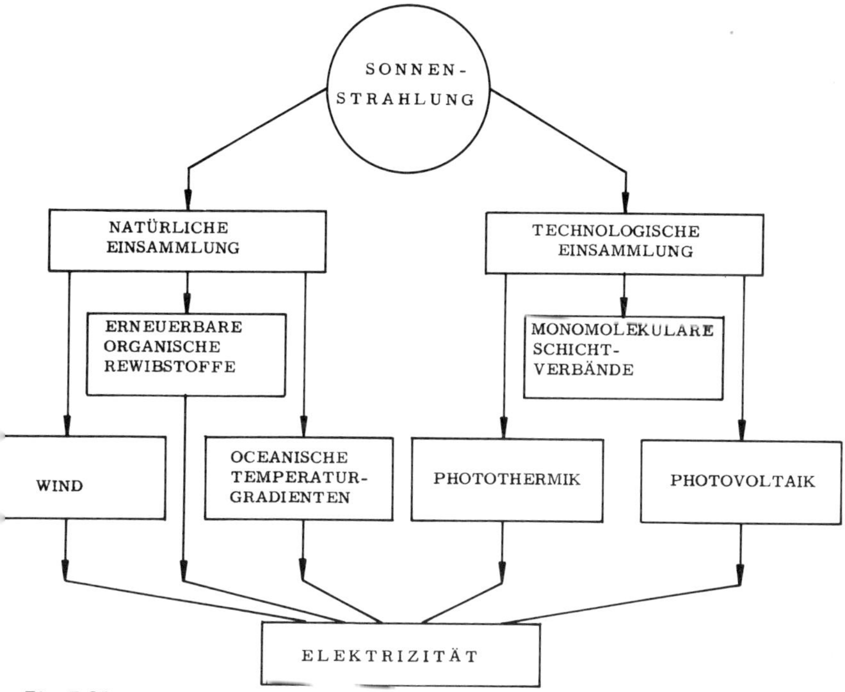

Fig. 5,23:
Blockschema der gegenwärtig bekannten Methoden zur Umwandlung der Solarenergie.

werden. Deshalb konzentriert sich die neuere Entwicklung in den industriell maßgeblichen Ländern darauf, zu versuchen, diese Kosten z. B. durch Vermeidung der teuren Einkristallisation des Si zu senken. Technische Einzelheiten werden im folgenden Kapitel 6 gegeben.

Eine Alternativentwicklung ist die technische Entwicklung von Heterojunction-Zellen mit CdS oder CdTe als n-Halbleiter (Fig. 4,8, 2. Zeile), die in unserem Lande hauptsächlich von der Arbeitsgemeinschaft Sonnenenergie an der T. U. Stuttgart unter Leitung von W. Bloss und G. Hewig(5-41) mit Stützung des BMFT betrieben wird und worüber ein aktueller Bericht von Bloss und Pfisterer(5-42) vorliegt. Hier sind auch die Pionierarbeiten der Braunschweiger Schule(5-43) an Cu_2S-CdS- und Cu_2S-CdTe-Zellen sowie an den Cr-p-Si-Schottky-Zellen(5-44) zu erwähnen.

Grundlagen der Windenergie

Diese sind schon in Kapitel 4 diskutiert und als für bevorzugte Gegenden, insbesondere Küstenländer, als durchaus realistisch beurteilt worden, soweit eine wirtschaftliche Speicherung über ein großes Elektrizitätsnetz oder H_2 gelingt.

Zusammenfassung der Schemata für die Sonnenenergie-Umwandlung

Ein solches Blockschema sieht man in Fig. 5,23; es beweist, daß es außer der schon fast klassischen Nutzbarmachung durch photothermische und photovoltaische Empfänger noch viele andere Wege gibt, insbesondere ganz neue Optionen wie Biophotosynthese, Biophotolyse und Konversion durch monomolekulare Schichtverbände nach H. Kuhn, die sehr aktuell erscheinen und gefördert werden müssen.

Kapitel 6:

Sonnen-Energie Entwicklung in Richtung Technik*

Technologische Probleme der Preissenkung für terrestrische Solarzellen

Aus den bisherigen Ausführungen über die photovoltaischen Zellen als Energiedirektumwandler (4,3) vom Licht in Strom (Kapitel 3), ihre physikalischen Vorgänge (Kapitel 4) und ihre Elektrotechnik (Kapitel 5) haben wir entnommen, daß es sich um äußerlich sehr einfache, leichte und zuverlässige Stromwandler ohne mechanisch bewegliche Teile und ohne Verbrauch von Chemikalien handelt, die mit ca. 14 % Wirkungsgrad einen, an diesen Vorteilen gemessen, hohen Wirkungsgrad erzielen; einer Massenproduktion würde auch die geochemische Häufigkeit des bevorzugten Halbleiters Si entgegenkommen. Das einzige ernsthafte Hindernis hierbei ist der sehr hohe Investitionspreis von ca. 45 000 DM/kW_{el}, den zwar das bisherige Anwendungsgebiet der Raumfahrttechnik aufbringen kann, in der nur das Gewicht zählt, der aber für terrestrische Erzeugung von Sonnenstrom prohibitiv hoch ist. Kurz und genau: die gegenwärtigen Si-Solarzellen brauchten nur im Investitionspreis um etwa den Faktor 50 billiger zu werden, um einen raschen und vollständigen Durchbruch der Solarelektrizität herbeizuführen. Wir können auch sofort vorhersagen, in welche Richtung die Entwicklungsarbeiten gehen müssen. Da von dem gegenwärtigen Preis etwa 45 DM/W auf das hierzu verarbeitete hochreine, perfekt einkristalline Silizium entfallen und alle Anstrengungen zu seiner Verbilligung erschöpft zu sein scheinen, konzentrieren sich die Bemühungen auf die Herstellung weniger defektfrei kristallisier-

*Nach Unterlagen von H. Fischer

ten Siliziums, auch mit einem etwas geringeren Wirkungsgrad, falls die Ausgangsmaterial-Preissenkung größer bleibt als die Wirkungsgrad-Verminderung.

Dies ist das zentrale Thema der Tagung der „Photovoltaic Specialists“ in New York 1978 und des von der Europäischen Gemeinschaft im März 1979 nach Berlin(6-1) einberufenen, über 120 Vorträge bietenden Internationalen Kongresses. Gerade die Fülle der Vorträge verhindert ein deutliches Bild der Entwicklungstendenz; deshalb konzentrieren wir uns hier auf die in unserem Lande durch das BMFT geförderten Entwicklungen bei den Firmen Wacker-Chemitronic und AEG-Telefunken. Eine sehr anziehende Alternative ist also die Benutzung von polykristallinem anstatt einkristallinem Si; in einem zweiten Entwicklungsabschnitt soll dann Si mit einem höheren Verunreinigungsgrad, sog. Solar-Grade-Si („SoG-Si“), anstatt des bisher benutzten Semiconductor-Grade-Si („SeG-Si“) eingeführt werden. Die Entscheidung der Frage, ob niedergradiges, polykristallines Si für Solarzellen benutzt werden kann, besteht im Erfolg der Herstellung einer Zelle mit mehr als 10 % Umwandlungswirkungsgrad; außerdem muß diese Zelle aus niedergradigem Material mit einer geringen Ausschußqote fabriziert werden können, und der Herstellungsprozeß muß mit den Massenfabrikationsschemen kompatibel sein. Obwohl noch 1975 auf einem amerikanischen Kongreß über die photovoltaische Umwandlung von Sonnenenergie für terrestrische Zwecke(6-2) vorhergesagt wurde, daß 10 %ige polykristalline Zellen nicht vor 1983 gelingen würden, konnte diese Frage in einer vom BMFT(6-3) geförderten experimentellen Gemeinschaftsarbeit zwischen dem Telefunken-Entwicklungszentrum in Heilbronn unter der Leitung von H. Fischer(6-4) und den Laboratorien von Wacker-Chemitronic in Burghausen unter Authier(6-5) erfolgreich entschieden werden.

Nichteinkristralline Si-Solarzellen. Grundsätzliche Überlegungen

Die Bezeichnung „polykristallin“ und „Polysilizium“ wird für einen weiten Bereich kristallographischer Strukturen benutzt, die als Zwischenprodukte in der Folge von Prozessen für die Herstellung von SeG-Si auftreten. Im Gegensatz zum einkristallinen Si erscheint polykristallines als ein Konglomerat von individuellen Kristallkörnern, die durch Grenzwände getrennt sind. Diese Korngrenzen wirken als innere Oberflächen im Werkstoff, und die sehr hohe Dichte von Oberflächenzuständen an den Grenzflächen hat zur Folge, daß diese als sehr wirkungsvolle Rekombinationssenken für photogenerierte (also nicht thermisch abgespaltene) Ladungsträger wirken. Außerdem weist die zur Grenzfläche gehörige Verarmungszone eine nichtlineare Widerstandsschranke für den Fluß von Majoritätsträgern auf. Gemeinsam vermindert diese Kombination den Photostrom, erhöht den Dunkelstrom, vermindert den Nebenschlußwiderstand und erhöht den Serienwiderstand der Solarzelle.

Solarzellen können mittels polykristallinem Si entweder als p-n-Übergang oder als Schottky-Zelle verwirklicht werden (vgl. Fig. 4,8). Probleme entstehen dort, wo die zahlreichen Korngrenzen die Raumladungszone schneiden, die sich in einer Verschlechterung der i, U-Kennlinie des Übergangs äußern(6-6). Fig. 6,1 zeigt verschiedene Strukturen von „polykristallinen" Zellen. Wenn die Körner rein statistisch orientiert sind, können nur die obersten Körner zur Ausgangsleistung beitragen (gestrichelte Kurve in Fig. 6,1), während die Körner darunter vom Übergang oberhalb von ihnen isoliert werden. Wenn das Material faserförmig oder säulenförmig orientiert ist, wobei die Korngrenze vorzugsweise senkrecht zur Oberfläche verläuft, dann können die Minoritätsträger innerhalb jedes säulenförmigen Korns den Übergang kreuzen, und die Dicke der Schicht kann zur Ausgangsleistung beitragen; in diesem Fall kann die gesamte Solarzelle als eine parallele Kombination kleiner individueller säulenförmiger Zellen betrachtet werden. Diese kleinen Zellen wirken auf eine normale Art, abgesehen davon, daß Minoritäts-

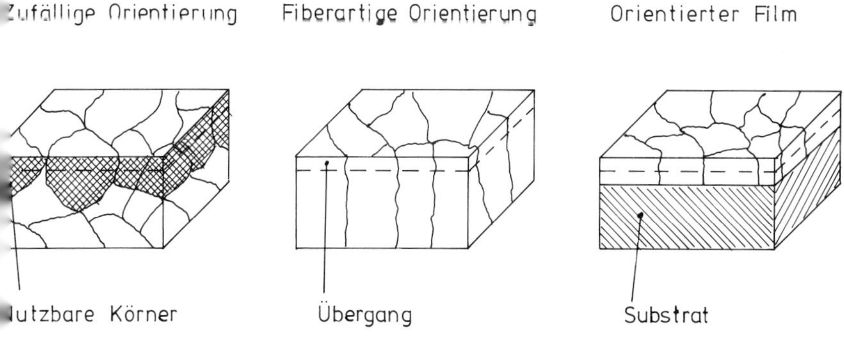

Fig. 6,1:
Verschiedene Strukturen von „polykristallinen" Solarzellen. In zufällig orientiertem Silizium sind nur die obersten Körner brauchbar. Nach Fischer(6-4).

träger sowohl an der Seite eines Fadens als auch an der Vorderseite sowie dem Rückwandkontakt rekombinieren können. Im Gegensatz zu herkömmlichem „polykristallinem" Si, das überwiegend wahllos ausgerichtet ist, kann faserförmig oder säulen-

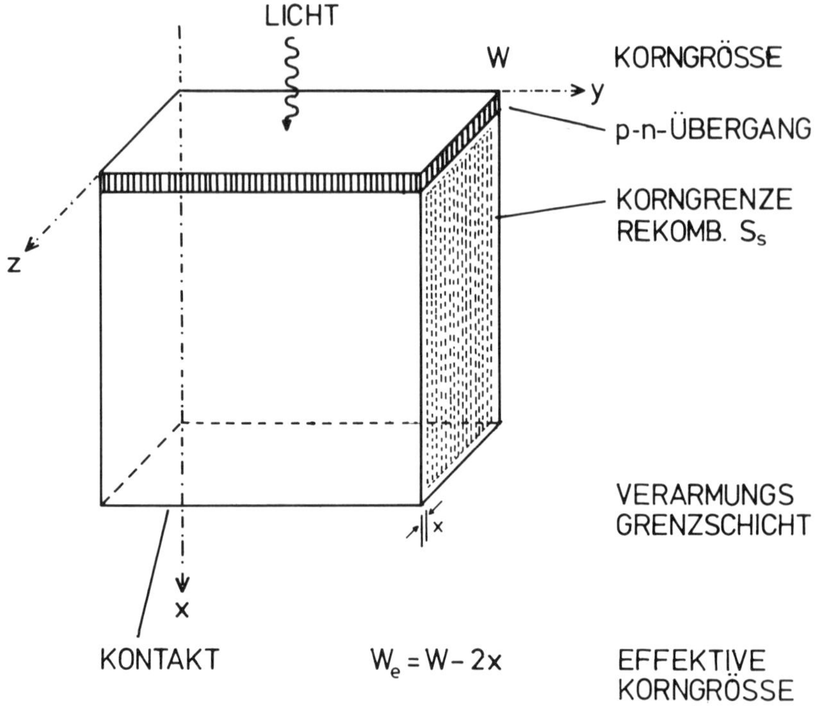

EFFEKTIVE DIFF.-LÄNGE L_n(eff)

$$S_s \rightarrow \infty : \quad \frac{1}{L_n^2(\mathrm{eff})} = \frac{1}{L_n^2} + \frac{2\pi^2}{W_e^2}$$

$$S_s < \frac{2D_n}{W} : \quad \frac{1}{L_n^2(\mathrm{eff})} = \frac{1}{L_n^2} + \frac{4S_s}{D_n W}$$

Fig. 6,2:
Einfaches Modell eines isolierten Si-Korns. Die „effektive" Difusionslänge L_n (eff) ist bestimmt durch die Korngröße und die Korngrenzenrekombination. Nach Fischer(6-4).

förmig geordnetes Si (auch Filme) wirkungsvolle Vorrichtungen liefern. Dieser Typus von Werkstoff wird als „nichteinzelkristallines“ Silizium („nonsingle crystalline“)(6-7) bezeichnet, das eine Säulenstruktur der einzelnen Körner aufweist.

Eine vollständige dreidimensionale Analyse für diesen Werkstoff-Typus gibt es bis heute noch nicht; aber verschiedene Autoren(6-8) haben eine partielle Lösung der Erzeugung von Minoritätsträgern durch das ganze Volumen eines säulenförmigen Kornes hindurch gegeben, wobei sie einen Lebensdauerwert benutzen, der teilweise aus der Lebensdauer im Innern und teilweise aus Korngrenzen-Rekombinations-Termen zusammengesetzt ist(6-9). Fig. 6,2 stellt ein einfaches Modell eines isolierten Kornes dar. In einer quasi-eindimensionalen Näherung kann eine effektive Diffusionslänge definiert werden, und dieser Parameter hängt hauptsächlich von der Korngröße ab. Fig. 6,3 zeigt die „effektive Diffusionslänge“ als Funktion der Korngröße für ver-

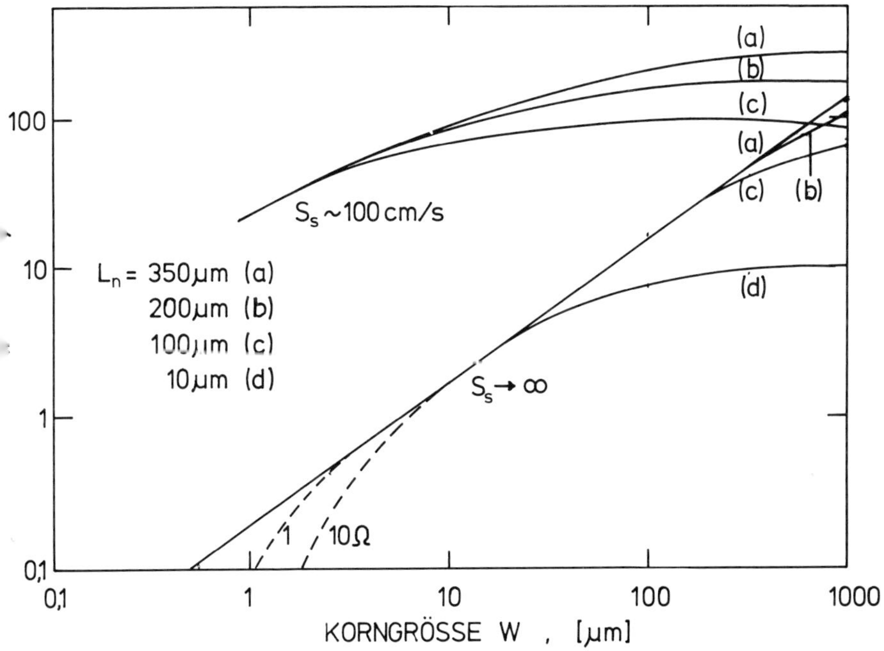

Fig. 6,3:
Die effektive Diffusionslänge L_n (eff) als Funktion der Korngröße für starke und mittlere Korngrenzenrekombination. Parameter: Diffusionslänge im Innern und Dotierung. Nach Shockley(6-9).

schiedene Volumen-Diffusionslängen und Dotierung. Es werden zwei verschiedene Fälle von hoher und mittlerer Korngrenzen-Rekombinationsgeschwindigkeit und Dicke des Si in Betracht gezogen, die den dominierenden Einfluß dieses Parameters erkennen lassen. Eine wirksame Kollektion von photogenerierten Ladungsträgern tritt ein, wenn die Volumen-Diffusionslänge die Dicke der Zelle erreicht(6-10). Sobald die Korngröße größer ist als die Volumen-Diffusionslänge und die Dicke des Si, haben die photogenerierten Träger eine hohe Kollektions-Wahrscheinlichkeit, und die Vorrichtung wird sich ähnlich wie eine Einkristallzelle verhalten. Wie man sieht, kann die starke Abhängigkeit von der Korngröße eliminiert werden, wenn die Korngrenzen-Rekombination vermindert werden kann.

Die Abhängigkeit des Umwandlungswirkungsgrades einer „nichteinzeln-kristallinen" Zelle von der Korngröße ist in Fig. 6,4 aufgetragen. Die Fälle eines Ohmschen Kontaktes und einer

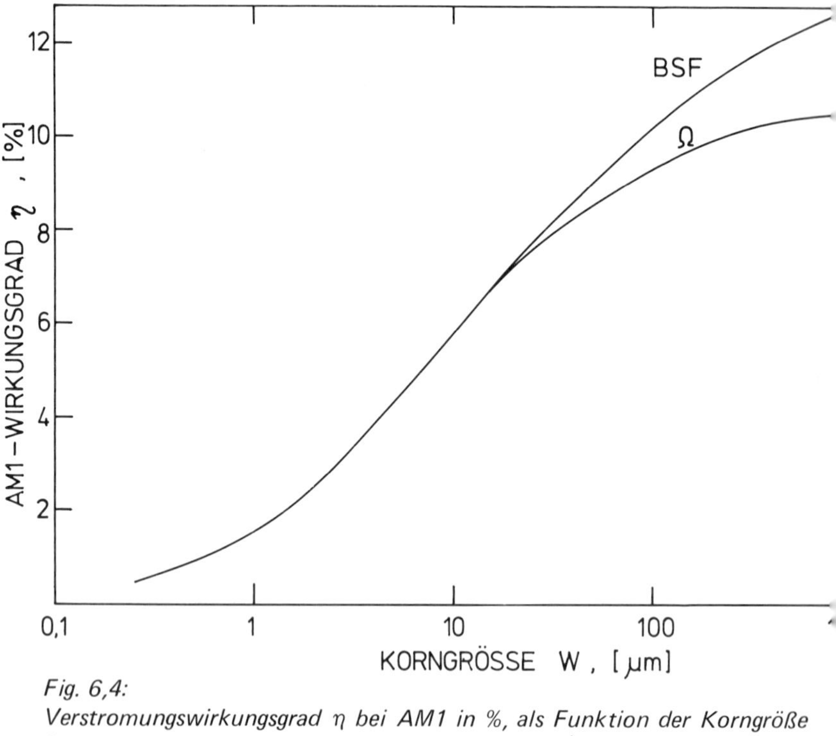

Fig. 6,4:
Verstromungswirkungsgrad η bei AM1 in %, als Funktion der Korngröße für eine „nonsingle-kristalline" Zelle. Parameter: n^+-p-Typ, Dicke 350 μm, ρ_p = 5 Ohm · cm; BSF = hohe-schwache-Junction; „Ω"-Ohmscher Kontakt. Nach Fischer.

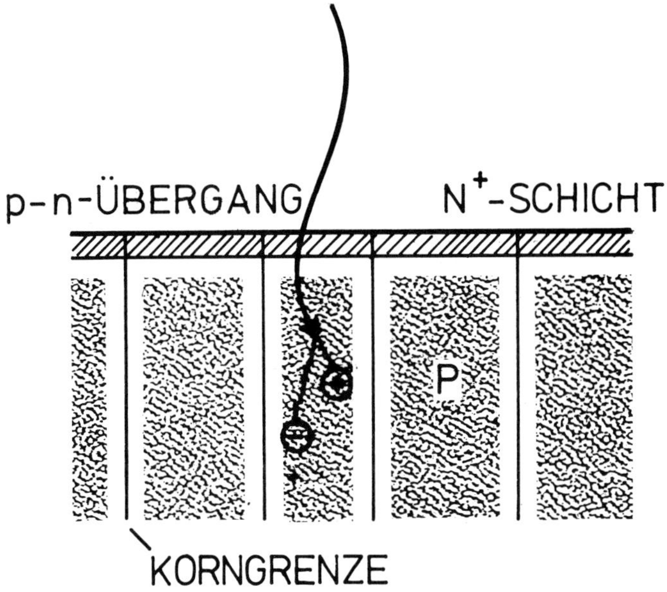

a)

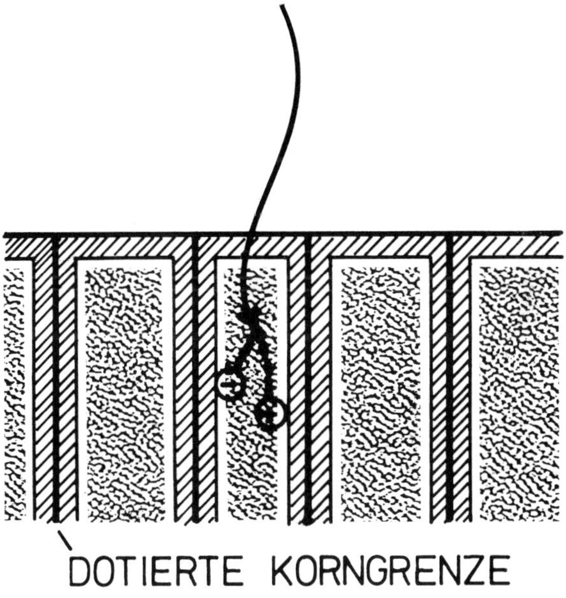

b)

Fig. 6,5:
Schematischer Querschnitt durch eine „nichteinzel-kristalline" Zelle. a) Rekombinierende Korngrenze $S_S \to \infty$; b) einsammelnde Korngrenze $S_S \to O$. Nach Soclov und Iles(6-8) sowie di Stefano und Cuomo(6-11).

hoch-niedrig Junction (BSF) am Boden der Körner konnten so diskutiert werden; offensichtlich kann man Wirkungsgrade über 10 % für säulenartig orientierte Si-Zellen für Korndurchmesser über 100 μm erwarten. Bei dieser Analyse wird angenommen, daß sich der Einfluß der Korngrenzen nicht in die Verarmungszone des Übergangs erstreckt, was lokalisierten Mangel oder erhöhte Rekombinationsströme verursachen könnte. Dies dem nichteinzel-kristallinen Material innewohnende Problem kann durch Verminderung der Rekombination entlang der Korngrenze mittels einer bevorzugten Dotierung der Gegend um die Korngrenze herum überwunden werden(6-11). In Fig. 6,5a und 6,5b wird dieser Effekt für normale und vorzugsweise dotierte Korngrenzen gegenübergestellt. Im letzteren Falle werden photogenerierte Träger, die zur Korngrenze hin diffundieren, als Photostrom eingesammelt anstatt durch Rekombination verloren zu gehen. Dies Schema ermöglicht eine von der Korngrenze ziemlich unabhängige Verbesserung des Wirkungsgrades und kann zu quasi-einkristallinen Bauelementen führen.

Beschreibung eines Si-Gießprozesses*

Nach diesem theoretischen Prolog wollen wir lernen, wie man praktisch das neue Si-Material mit säulenförmiger Struktur herstellen kann, nachdem die Offenlegungsschrift einen Zipfel des Geheimnisses gelüftet hat. Authier stellt den herkömmlichen und den neuartigen Fabrikationsgang von Si-Scheiben für Solarzellen im Blockdiagramm Fig. 6,6 gegenüber; bei den dreiteiligen Prozessen ist die erste Stufe der Herstellung des hochreinen Si-Ausgangsmaterials über Chlorierung gemeinsam. Die beiden Verfahren trennen sich nach dieser ersten gemeinsamen Stufe, und während die Kristallisation bisher (links) durch das bekannte Kristallziehen aus dem Tiegel nach der Czochralski-Methode oder durch Zonenschmelzen üblich war, gießt man jetzt nach Authier u. M. (rechts) das mehr oder weniger hochreine Si in Tiegel, wo es „Poly-Blocks“ bildet. In der 3. Stufe, der eigentlichen Fabrikation, werden die hochreinen Einkristallstäbe („Slabs“) mit Diamantsägen zerschnitten; dasselbe kann man mit den „Poly-Blocks“ (rechts) tun, wodurch man „Poly-Slices“ genannte Scheibchen erhält. Rechts daneben ist die Herstellung von „Poly-Folien“ durch Gießen unter Vermeidung des teuren Zersägens angegeben. Um den unten links angegebenen Energie-

*Nach Unterlagen von A. Authier

bedarf für die Herstellung von 1 kg monokristalliner Si-Scheibchen von 2 290 $kW_{el}h$ zurückzuerstatten, müßten die Zellen einige Jahrzehnte lang Strom erzeugen, vergleichbar ihrer Betriebslebensdauer. Das unterstreicht, was man durch die neuen Verfahren (rechts) einsparen sollte; die weniger geordneten und weniger hohe Fabrikationstemperaturen benötigenden CdS-Cu_{2-x} S-Zellen brauchen trotz ihres Wirkungsgrades von nur ca. 5 % nur etwa ein Jahr für diese Rückerstattung, wie im folgenden Abschnitt auseinandergesetzt.

Die neue Methode von Wacker-Chemitronic beginnt also in der Kristallisationsphase und sie benutzt einen geeigneten Temperaturgradienten in der Schmelze nach dem Gießen; eine derart gewonnene Si-Scheibe zeigt eine ununterbrochene Anordnung von einkristallinen Gebieten unterschiedlicher Orientierung von

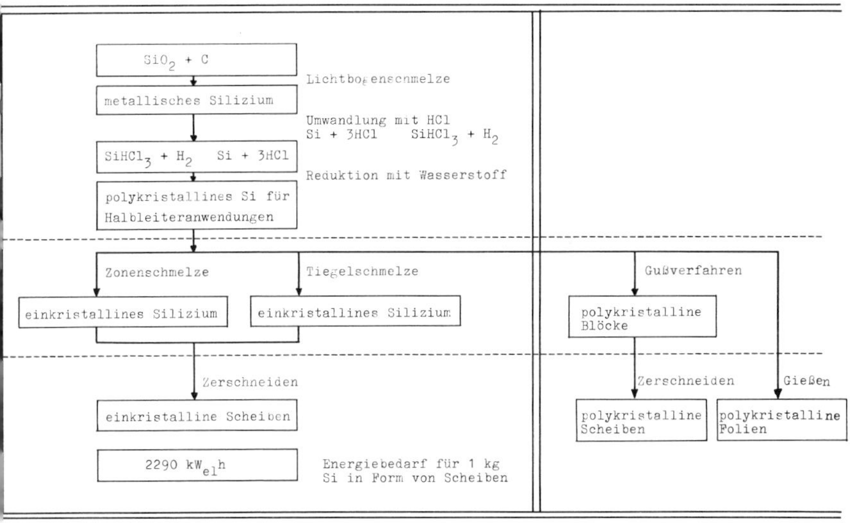

Fig. 6,6:
Blockdiagramm der dreistufigen Herstellung von herkömmlichem hochreinem einkristallinem Si (links) und von säulenförmig struiertem „nicht-einzel-kristallinem" Si (rechts) nach Authier u. M. (6-5). Unten links ist der Gesamtstromverbrauch für die Fabrikation von 1 kg monokristalliner Scheibchen mit dem riesigen Betrag von 2 290 $kW_{el}h$ angegeben, der durch die neuen Verfahren unter Vermeidung allzu hoher Betriebstemperaturen, Hochreinheit und Kristallperfektion vermindert werden soll.

einer zur anderen Oberfläche. Der Gießprozeß liefert eine erheblich größere Menge von Kristalliten je Zeiteinheit und bei verminderten Kosten für Investitionen an Roh- und Hilfsstoffen sowie Personal; gegenüber dem herkömmlichen Ziehen aus dem Tiegel nach Czochralski kann man mindestens eine 25mal größere Kristallisationsgeschwindigkeit erhalten. Die Tatsache, daß die so erhaltene säulenförmige Struktur Zellen von hohem Wirkungsgrad abzugeben vermag, ermutigte die Erfinder dazu, die Möglichkeit der Herstellung sich selbst tragender, „dicker" Folien durch unmittelbares Gießen ohne ein Substrat aus anderen Werkstoffen zu versuchen. Wegen der beträchtlichen technologischen Schwierigkeiten sei auf die Originalarbeiten von Authier u. M. verwiesen; sie seien hier nur kurz aufgezählt:

1. Die hohe chemische Reaktivität des Si, das den Werkstoff der Kokille benetzt,

2. Die anomale Volumänderung beim Erstarren, d. h. Volum*zunahme* beim Erstarren. Sprünge und Spannungen werden durch Verunreinigungen hervorgerufen.

3. Große Schmelzwärme (0,4 kcal/g, 5mal so viel wie bei Eis), daher verlängerte Schmelzzeiten des Si-Einsatzes. Probleme mit der Schmelzwärmeabfuhr.

4. Erstarrung in einem starken T-Gradienten; thermisch induzierte mechanische Spannungen.

Tatsächlich ist es gelungen, auf diese Weise Zellen bis zu 11 x 11 cm Größe herzustellen, und Fig. 6,7 beantwortet die Frage nach der Verteilung des Wirkungsgrades über die Fläche mit ihren verschiedenen Kristalliten, nach Fischer und Pschunder(6-12). Die Wirkungsgrade für AMO (*a*tmospheric *m*ass *O*) schwanken danach zwischen 8,5 % und 10,3 %, entsprechend einem Mittelwert von 10 % bei AM 1, der unserem Planziel von mindestens 10 % Wirkungsgrad bereits entspricht. Interessant erscheint natürlich die Einordnung dieser stark streuenden Meßwerte in das übliche Strom-Spannungsdiagramm. Wenn man dies versucht und als weiteren Ordnungsparameter die jeweilige Korngröße einführt, kommt man zu Fig. 6,8 mit einer sinnvollen Verminderung der Meßpunktstreuung. Zuoberst sieht man die bekannte Charakteristik für eine herkömmliche einkristalline *H*och-*E*ffizienz-*Z*elle („H.E.C.") aus dem bekannten optimalen p-Si von 10 Ohm · cm spezifischem Widerstand. Darunter sitzt ein schmales Band für grob-kristallines Material, zuunterst ein noch etwas breiteres für sehr feinkörniges Si. Die Leerlauf-

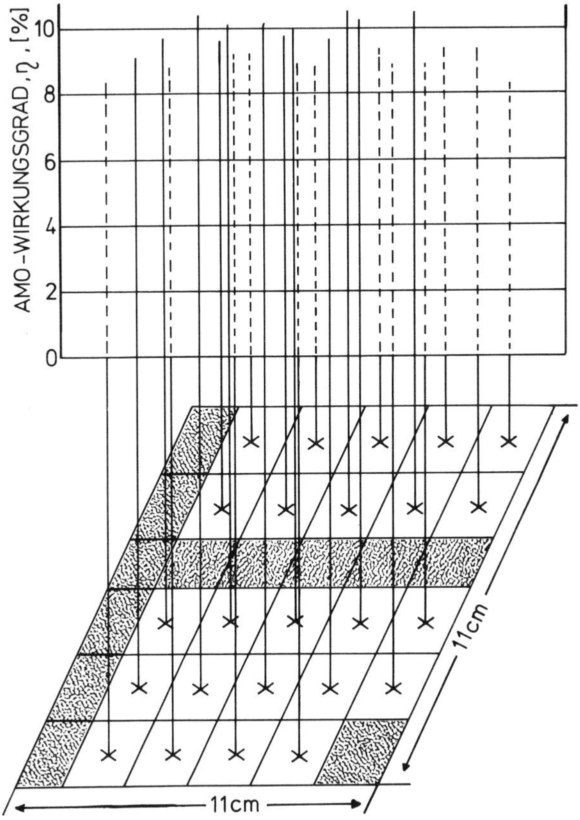

Fig. 6,7:
Verteilung des AMO-Wirkungsgrades über Teilbereiche einer 11 x 11 cm großen Zelle aus nichteinzel-kristallisierten Si-Zellen, nach Fischer und Pschunder(6-12). Die Schwankungsbreite der AMO-Wirkungsgrade zwischen 8,5 und 10,3 % entspricht einem AM1-Mittelwert von 10 % und damit bereits dem Minimal-Planziel.

spannung beträgt beim feinkörnigen 5 Ohm · cm-Material 500 mV, beim grobkörnigen 540 mV, die Kurzschlußstromdichte 28,9 bzw. 32,6 mA/cm^2 und die Leistungsdichte 10,2 gegen 12,8 mW/cm^2, woraus sich Wirkungsgrade von 7,5 % bzw. 9,4 % für AMO oder 9 % bis 11,3 % auf AM 1 umgerechnet ergeben; dabei ist der Füllfaktor mit über 70 % unerwartet gut. Die zuoberst gezeigte H.E.C.-Zelle hatte 12 % bei AMO. Die Unterschiede zwischen den Kurven in Fig. 6,8 erklären sich quantitativ als durch die Abnahme der effektiven Einsammlung durch die Verminderung der effektiven Diffusionslänge mit der reduzierten seitlichen Korngröße hervorgerufen.

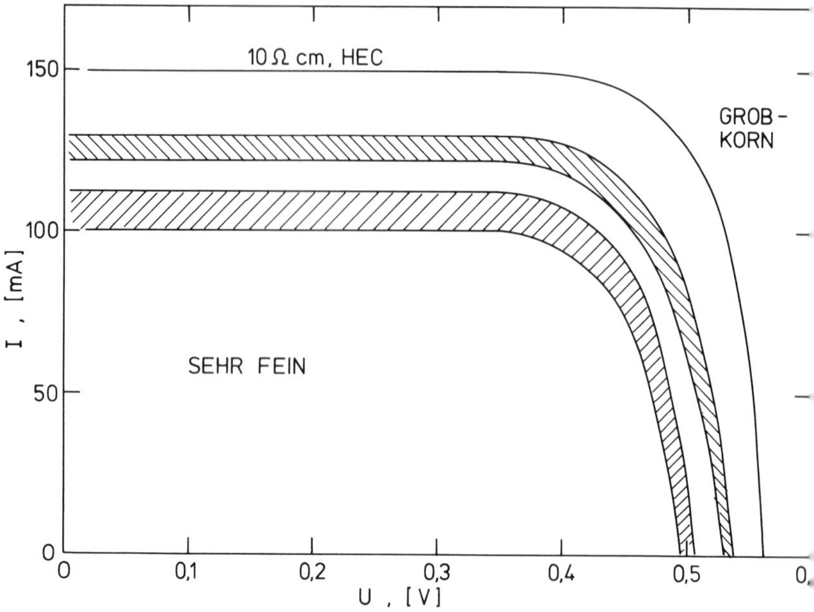

Fig. 6,8:
Versuch einer Darstellung der in Fig. 6,7 gezeigten Streuung der Wirkungsgrade einer Großflächen-Solarzelle aus nichteinzel-kristallinem Si in einem herkömmlichen Stromspannungsdiagramm, in dem die Meßpunkte von links unten nach rechts oben mit steigender Korngröße eingeordnet sind. So ergibt sich zuunterst ein Band für die feinkörnigen Strombeiträge, in der Mitte ein Band für die grobkörnigen Bereiche; zuoberst zum Vergleich die I, U-Kurve einer herkömmlichen einkristallinen hoch-effizienten Zelle (HEC) von 12 % AM0. Nach Fischer und Pschunder(6-12).

Die an diesem BMFT-Programm beteiligten Autoren sind sehr zurückhaltend mit Prognosen; es gibt lediglich das in Fig. 6,9 wiedergegebene Diagramm der geschätzten Zellenherstellungskosten (Ordinate links) und des Produktionsvolumens der Prototypen in kW als Funktion der Phase I (1977–1980), Phase II bis 1983 und Phase III bis 1986. Die erhoffte Verbilligung ergibt sich aus der Differenz der oberen Kurve für die Prototypenherstellkosten und der unteren Kurve der technisch realisierbaren Herstellkosten mit dem endlichen Einfluß einer Automatisierung. Jedenfalls bestätigt sich die Befürchtung der Sachkenner, daß die Verbilligung von Si-Zellen für terrestrische Zwecke ein wissenschaftlich sehr komplexer Prozeß ist, keineswegs die gewohnte einfache Folge einer jährlichen Erhöhung der Produktionszahlen. Wird im Wettlauf um den terrestrischen Sonnenstrom doch die nichteinzel-kristalline Si-Sperrschichtzelle der Sieger bleiben? Oder die im nächsten Abschnitt zu besprechenden polykristallinen aufgedampften Dünnschichtzellen vom Typus Cu_{2-x} S-CdS-Zellen? Oder für Leistungen im MW-Bereich die überraschend nach vorne gelangten Power-Tower-Solarwärme-Kraftwerke? Diese Zukunft ist noch ebenso dunkel wie spannend.

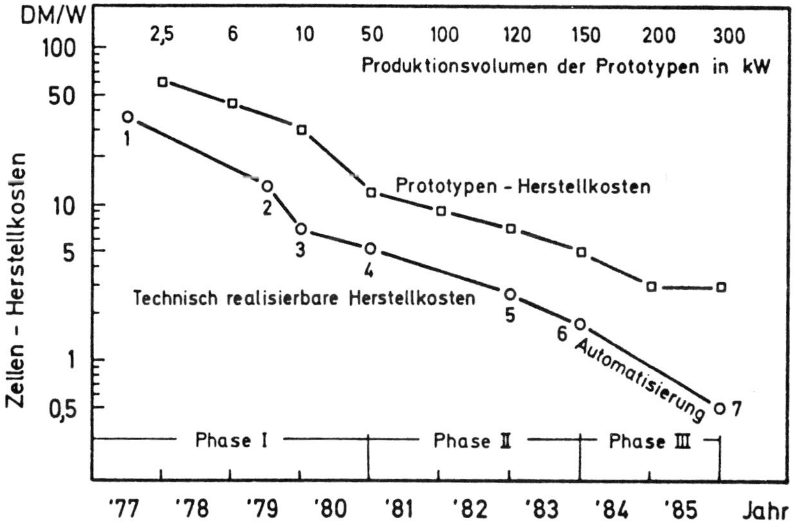

Fig. 6,9:
„Meilensteine des bisherigen BMFT-Forschungs- und Entwicklungsprogramms „Terrestrische Solar-Generatoren“ und erwartetes Volumen der jährlichen Pilot-Produktions-Quantität“. Versuch einer Vorausschau von H. Fischer(6-4).

Langlebige Hetero-Junction-Dünnschicht-Solarzellen aus $CdS\text{-}Cu_{2\text{-}x}S$

Ein Blick auf Fig. 4,8 mit der schematischen Darstellung der drei grundsätzlich möglichen Konfigurationen von Sperrschicht-Photozellen erinnert uns daran, daß unter den Halbleiter-Photozellen die Alternative zur Si-Homojunction die $CdS\text{-}Cu_{2\text{-}x}S$-Heterojunction ist. Grundsätzlich kann sie billiger sein als die technisch führende Si-Monokristallzelle, weil sie durch Verzicht auf eine perfekte Kristallstruktur der n- und p-Schichten und damit auf den Hauptposten der Herstellungskosten die Voraussetzung für eine größenordnungsmäßig billigere spezifische Investition (DM/W) anbietet; leider konnte diese Chance bis vor kurzem nicht genutzt werden, weil die polykristallinen Zellen eine allzukurze Betriebslebensdauer hatten. Über signifikante Fortschritte in der Verlängerung der Lebensdauer haben – zuletzt auf dem Hamburger Sonnenforum 1978 – Martinuzzi (6-13), Pfisterer und Bloss(6-14) referiert.

Betriebslebensdauer von CdS-Zellen

Der Fortschritt beruht auf der Verhinderung der Einwirkung der umgebenden Atmosphäre, insbesondere O_2 und feuchter Luft, auf CdS unter gleichzeitiger Insolation(6-15); dazu werden diese zwischen zwei Glasplatten eingekapselt und hermetisch versiegelt, vorzugsweise in inerter Atmosphäre wie N_2 oder Ar.Cu-Folien dienen zur Stromdurchführung. Auf diese Weise konnte die Lebensdauer bereits auf über 10 Jahre verlängert werden. Messungen der Degradation und deren Auftragung über dem log des Kehrwertes der Temperatur ($1/K^\circ$) entsprechend dem Arrhenius'schen Gesetz der Reaktionsgeschwindigkeit in Festkörpern(6-16) gestatten eine lineare Extrapolation, die zu nutzbaren Lebensdauern von über 20 Jahren bei 50° und über 100 Jahren bei 25° bei wirksamem Ausschluß von O_2 und Feuchtigkeit führt. Fig. 6,10 ist ein solches Diagramm von Partain und Sayed; man sieht auch deutliche Unterschiede bei Betrieb mit Gleichlicht oder Wechsellicht. Ein Teil der Degradation rührt von der Wanderung und Diffusion von Ionen her, die durch Dotierung nahe dem p-n-Übergang vermindert werden kann. Die folgende Tabelle 6,11 stellt die aus den erwähnten und illustrierten Messungen abgeleiteten Lebensdauern dar.

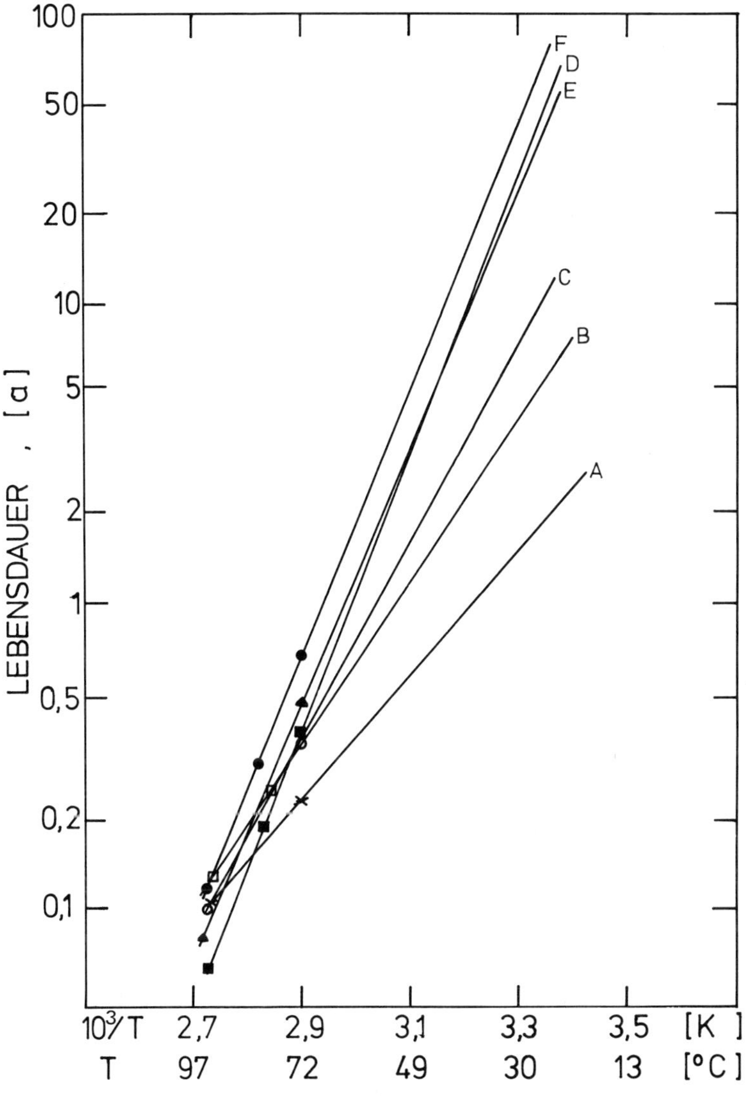

Fig. 6,10:
Einfluß des Umgebungsgases (Luft, N_2, Ar) auf die Betriebslebensdauer von CdS Cu_2S Solarzellen im Temperaturbereich von 70° bis 95 °C, mit Gleichlicht- oder Wechsellichtbestrahlung als Parameter. Nach Partain und Sayed(6-16). A: *Luft, Gleichlicht;* B: *Luft, Wechsellicht;* C: *Argon, Gleichlicht;* D: *Argon, Wechsellicht;* E: *Stickstoff, Wechsellicht;* F: *Stickstoff, Gleichlicht.*

Versuchsbedingungen	bei 25 °C	bei 75 °C
1. Luft, Gleichlicht	2,1 Jahre	0,67 Jahre
2. Luft, Wechsellicht	5,4 Jahre	1,2 Jahre
3. Argon, Gleichlicht	8,0 Jahre	1,5 Jahre
4. Argon, Wechsellicht	38,0 Jahre	3,2 Jahre
5. Stickstoff, Gleichlicht	32,0 Jahre	3,2 Jahre
6. Stickstoff, Wechsellicht	60,0 Jahre	5,1 Jahre

Fig. 6,11:
Zusammenstellung der extrapolierten Meßergebnisse aus Fig. 6,10 betr. Betriebslebensdauern von CdS-Cu_2S-Dünnschichtzellen nach Partain und Sayed(6-16).

Herstellungsverfahren für Dünnschicht-Solarzellen aus CdS-$Cu_{2-x}S$

Die umfassendsten Fortschritte auf dem Wege von der Auffindung des Sperrschicht-Photoeffektes bis zur ersten kommerziellen Fabrikation von CdS-$Cu_{2-x}S$ hat Shirland(6-17) bei der Clevite-Corp. in Cleveland, Ohio, in den 60er Jahren erzielt. Abgesehen von den verschiedenen geometrischen Anordnungen unterscheiden sich die Fabrikationsprozesse hauptsächlich durch die Methoden der Herstellung der photoelektrisch aktiven Halbleiterschichten CdS und Cu_2S, die ihrerseits viele verschiedene Kombinationen ermöglichen. CdS wird durch Kathodenzerstäubung aufgebracht („gesputtert“) oder aus der Dampfphase kondensiert oder aus CdS-Suspensionen durch Siebdruck deponiert und anschließend getempert, oder schließlich durch Sinterung von CdS-Pulver kompaktiert. Cu_2S kann auch aus Dampf niedergeschlagen oder in Argonatmosphäre gesputtert werden, ebenfalls analog zum CdS durch Sprühen oder durch pyrolytische Reaktion aufgebracht werden oder auch durch Kombination mit Reaktionen wie Sulfidierung von Cu-Schichten oder reaktivem Sputtern von Cu in H_2S bzw. in einer Ar-H_2S-Atmosphäre deponiert werden.

Unter den zahlreichen Kombinationsmöglichkeiten der beiden eben aufgelisteten Verfahren gibt es solche, die vom Standpunkt der Billigkeit, des leichten Leistungsgewichtes oder der Betriebslebensdauer dominieren; beispielsweise sind Plastikfolien als Substrat und auch als Abdeckung vorteilhaft, weil sie das Traumgewicht von nur 1 g/Watt erreichen und sich vor dem Start eines mit ihnen bestückten Satelliten aufrollen und danach im Orbit zu großen Flächen ausrollen lassen. Alle Arten organischer Folien lassen aber Feuchtigkeit und O_2 diffundieren, die unter Einwirkung des Sonnenlichts eine mehr oder weniger rasche Degradation verursachen. Kapselt man dagegen für terrestrische Zwecke, wo die Zellen der Einwirkung der Atmosphäre ausgesetzt sind, die empfindlichen Teile zwischen zwei dünnen Glasplatten ein, so erreicht man die oben belegte Verlängerung der Lebensdauer auf über 10 Jahre und gewinnt auch einen Teil des Mehrgewichtes wieder durch Einsparung besonderer Einrahmungen.

In Deutschland wird die technologische Entwicklung terrestrischer CdS-Cu_{2-x} S-Zellen mit erheblicher und langfristiger Unterstützung durch das BMFT hauptsächlich im Institut für Physikalische Elektronik der TU Stuttgart durch Bloss, Hewig, Pfisterer u. M.(6-18) betrieben, die dazu vom Clevite-Prozeß(6-19) ausgehen. Die Autoren berichteten hierüber beim 2. Internationalen Sonnenforum in Hamburg 1978 und verglichen den Wirkungsgrad, die Kosten, Produktionsausbeute, Reproduzierbarkeit und Langzeitstabilität ihrer Zellen mit denen anderer Laboratorien. Demnach werden die Substrat-Glasscheiben von 7 x 7 cm^2 Fläche eingangs der bekannten chemischen Reinigung unterzogen und anschließend mit Cr als Haftvermittler und Ag als Kontakt zur CdS-Schicht bedampft; diese sind ca. 1 μm dick und müssen peinlichst vor Staub geschützt werden, weil dessen Teilchen das Kristallwachstum der folgenden CdS-Kondensation stark stören können. Der zentrale Prozeß ist die CdS-Aufdampfung im Hochvakuum und ist zwecks Reproduzierbarkeit automatisch gesteuert; anstatt der sonst bevorzugten Öfen und Heizelemente aus Ta, Mo oder W werden solche aus Graphit benutzt, die schwefelfest sind und deshalb eine längere Betriebszeit bieten. Bei der Stuttgarter pilot line wurden im Rezipienten drei solche Verdampfer eingebaut, über denen sich ein drehbarer Substratteller für 12 Substratgläser von 7 x 7 cm^2 befindet, von denen durch ein Maskenblech jeweils ein Glas über jedem der Verdampfer freigegeben wird. Durch umfangreiche Optimierungsversuche wurden folgende günstigste Parameter ermittelt: Verdampfertemperatur 1 050°, Substrattemperatur 200 °C, Aufdampfzeit je Schicht 20 min., Abstand Verdampfer-Substrat 20 cm. Dabei ist der Haftkoeffizient für das CdS möglichst hoch, der für Cd klein genug, was wichtig für die an sich unvermeidlich geringe Ausbeute ist. Die CdS-Schichten sind vom n-Typ mit 10^{17} bis 10^{18} Schwefelfehlstellen, die einen spezifischen Widerstand von $10^0 - 10^3$ Ohm · cm einstellen, ähnlich wie bei den entsprechenden Si-Schichten.

Die so entstandenen CdS-Schichten sind eigentlich nicht ganz amorph, sondern aus mit der c-Achse senkrecht auf dem Substrat stehenden hexagonalen Säulchen mit pyramidenförmiger Spitze zusammengesetzt (Fig. 6,12). Um oberflächliche Verunreinigungen und stark gestörte Bedeckungen zu entfernen

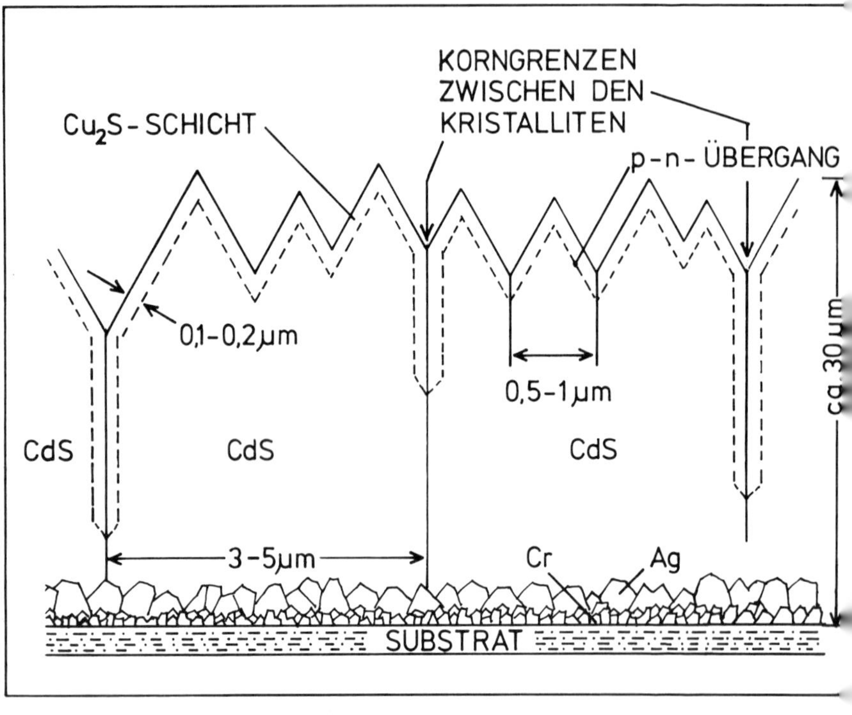

Fig. 6,12:
Schematische Schnittzeichnung durch eine $Cu_{2-x}S$-CdS-Dünnschicht-Solarzelle, nach einer Rasterelektronenmikroskop-Aufnahme. Der Schnitt zeigt von oben bis unten auf das Substrat (Glas) durchgehende Korngrenzen, innerhalb deren die CdS-Kristallite mit ihrer c-Achse geordnet, aber in den beiden andern Koordinaten ungeordnet stehen, oben von Prismen bedeckt. Auf diesen sieht man die p-$Cu_{2-x}S$-Schicht, die infolge ihres Cu-Unterschusses positiv leitet. Der p-n-Übergang ist mit den angezeichneten Dicken durchlässig genug für das oben einfallende Sonnenlicht. Nach Pfisterer und Bloss(6-14).

sowie die Lichtreflexion zu vermindern, wird das Scheibchen bei 60° mit 1 n-Salzsäure angeätzt und sorgfältig abgespült. Zur Aufbringung der p-$Cu_{2-x}S$-Deckschicht haben sich die Stuttgarter für den sehr billigen, aber inhaerent weniger effektiven Naßprozeß entschieden, bei dem die CdS-Schicht in eine mit HCl angesäuerte CuCl-Lösung kurz eingetaucht wird und folgende Substitutionsreaktion durchläuft:

$$\text{CdS (kristallin)} + 2\,\text{Cu}^{+} \rightarrow \text{Cu}_2\text{S (kristallin)} + \text{Cd}^{++} + \text{Q}.$$

Wiederum wurden die optimalen Parameterwerte bestimmt: CuCl-Konzentration: 10 g/L, Tauchbadtemperatur: 90°, pH-Wert der Tauchlösung: 4–5, Tauchzeit: 10 sec. Die so erhaltenen p-leitenden $Cu_{2-x}S$-Schichten sind mit 0,2–0,3 μm Dicke genügend lichtdurchlässig, und die Dichte der Cu-Fehlstellen als Akzeptoren liegt bei $x = 10^{19}$ bis 10^{20} cm^{-3}. Diese Deckschicht kann noch weiter optimiert werden durch die Bogus-Nachbehandlung(6-20), die aus der Aufdampfung einer nur 50 bis 150 Å dicken Cu-Schicht im Hochvakuum und anschließender Temperung bei 180 °C in Luft bis zur Erreichung eines Optimums besteht; der Prozeß ist zwar in der Zeitdauer unkritisch, aber im Wesen verwickelt, weil das System Cu-S mehrere stabile Cu_xS-Phasen aufweist, von denen nur das Chalkocit die höchste Leistung ergibt. Von ähnlicher Wirkung wie die Nachbehandlung nach Bogus ist das Glimmen der Zellen in H_2-Atmosphäre. Die Nachbehandlung kann erhebliche Verbesserungen bewirken, sie kann die Produktionsausbeute verbessern und muß bei der Kontaktierungs- und Verkapselungstechnologie berücksichtigt werden.

Nach dem Stuttgarter Verfahren wird der gitterförmige Frontkontakt der Zelle auf der 7 x 7 cm^2-Glasscheibe selbst hergestellt, die dann im abschließenden Verkapselungsprozeß als Deckglas aufgeklebt wird. Dazu wird das Deckglas zunächst mittels einer Filmziehrakel mit Heißsiegelkleber einer solchen Dicke beschichtet, daß sie beim Verkapselungsprozeß gerade die Dicke des Cu-Gitters annimmt. Auf die Kleberschicht wird dazu eine 35 μm dicke Cu-Folie zwischen zwei beheizten Laminierwalzen aufgeklebt und die Kontaktgitterstruktur im Siebdruckverfahren mit Ätzreserve auf die Cu-Folie aufgebracht. Die Ätzung erfolgt dann in einer Sprühätzmaschine mit alkalischer Ätze über etwa drei Minuten, wobei die Unterätzung quer zur Sprührichtung ca. 5 % erreicht. Nach Ablösen der Ätzreserve wird das Cu-Gitter galvanisch ca. 0,1 μm dick vergoldet und dann in einer Klebepresse unter 2,5 bar und 160 °C im Vakuum verklebt. Die auf diese Weise erzeugten Zellen ergeben 5–6 % Wirkungsgrad und eine Lebensdauer von wenigstens einem Jahrzehnt.

Natürlich ist es äußerst wichtig, den Einfluß der verschiedenen, oben aufgezählten Technologien auf den Wirkungsgrad anhand der Struktur der CdS- und Cu_2S-Schichten zu diskutieren, wie dies Pfisterer und Bloss loc. cit. in aufschlußreicher Weise tun. In diesen polykristallinen Gebilden existieren ja Korngrenzen, in deren Nähe der entscheidend wichtige Parameter der Diffusionslänge stark verkürzt wird. Deshalb sind die „topotaktischen" Herstellungsverfahren vorzuziehen, bei denen die Bildung der Cu_2S-Schicht derart erfolgt, daß alle S-Atome auf ihrem Platz bleiben, während alle Cd-Atome durch zwei Cu-Atome ersetzt werden, gemäß der oben angegebenen Austauschreaktionsgleichung. Wie die nach einer rasterelektronenmikroskopischen Aufnahme angefertigte Querschnittszeichnung Fig. 6,12 erkennen läßt, wird dabei der p-n-Übergang durch die Reaktion von der Oberfläche und den Korngrenzen aus in das Innere der mit iher c-Achse senkrecht auf dem Substrat stehenden Kristallite vorgeschoben, also in den ungestörten Bereich mit nicht verminderter Diffusionslänge der Ladungen. Das ist nicht der Fall bei den oben angegebenen additiven Verfahren, wo der p-n-Übergang mit der CdS-Oberfläche zusammenfällt, der Übergang vom n- in den p-Bereich also unvermeidlich gestört und die Höhe der Rekombinationsverluste entsprechend größer wird; nachteilig ist auch, daß dann die Korngrenzen der CdS-Schicht in besonnte Teilbereiche der p-n-Schicht münden, wo die Rekombinationsverluste besonders hoch werden. Umgekehrt liegen die von Korngrenzen durchstoßenen Teile des p-n-Überganges bei dem von Bloss, Pfisterer u. M. bevorzugten nassen Verfahren besonders tief (2–5 μm) unter der Oberfläche, also im Dunkeln, wo sie die Quantenausbeute nicht vermindern können.

Auf diese Weise versteht man die Variation der Wirkungsgrade von ca. 4 bis 8 %. Ein kommerzieller Preis läßt sich mangels großer Fabrikationszahlen noch nicht genau angeben; die reinen Materialkosten einschließlich der Verkapselung betragen etwa 50 DM/m^2. Nicht weniger wichtig ist der energetische Preis, also die Betriebsdauer, welche die Zelle Ausgangsleistung liefern muß, um den Energieaufwand für ihre Herstellung (30 $kW_{el}h$) zurückzuerstatten. Nimmt man die jährliche Insolation in Norddeutschland zu 600 kWh/a an und entsprechend

5 % Wirkungsgrad die Stromausbeute mit 30 kW_{el} h/a, so ist dies 30 kW/30 kW/a = 1 Jahr, also weit weniger als bei anderen Wandlern, die Jahrzehnte sammeln müßten. Eine Fortsetzung dieser Entwicklungsarbeiten ist also dringend anzuraten.

Solarthermische Kraftwerke mit optischen Konzentratoren

Solarkraftwerke mit *Direkt*verstromung der Sonnenstrahlung durch Sperrschichtzellen erscheinen zwar grundsätzlich als die richtigste Lösung, jedoch sieht man noch keine Möglichkeit, die notwendige Senkung der Investitionskosten um mindestens den Faktor 100 zu verwirklichen, wie oben in diesem Kapitel auseinandergesetzt. Es bleibt aber die herkömmliche Möglichkeit der *Indirekt*umwandlung mit Sonnenwärme als Zwischenstufe, die wegen des Carnot-Faktors für die Umwandlung von ungeordneter in geordnete Energie zwar im Prinzip ungünstiger erscheint, aber tatsächlich den trotz seiner Direktumwandlung geringen Wirkungsgrad von höchstens 14 % der besten Si-Sperrschichtzellen ohne weiteres übertreffen kann. Dazu kommt, daß auch die Sperrschichtzellen nach unserer obigen Analyse „Quasi-Carnot-Prozesse" darstellen, d. h. auch Kühlwasser beanspruchen, andererseits aber solarthermische Elektrizitätswerke im Gegensatz zu den konventionellen Wärmekraftwerken weder Brennstoff benötigen noch eine teure zusätzliche Rauchgasentschwefelung oder gar die Lösung des Problems der CO_2-Immission in die Atmosphäre.

Hierfür haben schon die Pioniere der Solarenergietechnik zwei verschiedene Wege der Einsammlung der Sonnenstrahlung und ihrer Umwandlung in Wärme erkannt und erprobt: entweder schaltet man dazu eine ausreichende Fläche von ebenen Kollektoren zusammen, in denen man Wasser oder ein noch höher siedendes Wärmeübertragungsfluid (z. B. Gilotherm, Kapitel 5, Tabelle 5,2) erhitzt bzw. verdampft und der Wärmekraftmaschine zuführt (Fig. 1,15), oder man verwendet nur einen einzigen Kessel mit Hohlraumabsorber (Fig. 6,13), auf den man das Sonnenlicht über eine Vielzahl von dem Sonnenstand nachgeführten Hohlspiegeln konzentriert. Die erste Alternative der „Solar Farms" oder „Distributed Systems" hat den Vorzug, daß die benutzten Flachkollektoren inzwischen dank Massenfertigung praktisch erprobt und verbilligt sind, daß sie überhaupt keiner Nachführung nach dem Sonnenstand bedürfen, womit eine Hauptstörquelle und parasitäre Antriebsleistung entfällt, und daß dank der in den letzten Jahren vervollkommneten selektiven Schwärzung die mögliche Frischdampftemperatur um ca. 50°, und damit die ideale Carnot-Leistungsziffer um fast 10 Punkte (z. B. von 24,8 auf 33,1 %) gestiegen ist. Indessen eignen sich Wärmesammler ohne optische Konzentration zweifellos nur für kleinere Anlagen, wie z. B. Wasserpumpen, weil bei größeren Kollektorflächen bzw. -zahlen die Herstellung der großen Mengen von Kaltwasser- und Heißdampfverbindungen und deren akkumulierte Wärmeverluste nachteilig sind. Es erscheint heute fast einfacher, auf dem besonnten Grundstück eine große Zahl von quadratmetergroßen Flachspiegeln, besser noch schwach gekrümmten Hohlspiegeln aufzustellen, deren Strahlen, durch Computer nachgeführt, je ein Sonnenbild auf dem Dampfkessel abbilden, der sich auf einem etwa hundert m hohen Turm befinden; daher spricht man vom „Central Receiver System“ und dem „Power Tower“-Kraftwerk; mit der „Solar Farm“ verglichen hat es den Nachteil, daß bei der optischen Konzentration nur die *gerichtete* Strahlung, nicht das

Fig. 6,13:
Photographische Ansicht des helioelektrischen Demonstrations-Wärmekraftwerkes von Francia in Ilario bei Genua. Man erkennt deutlich die Vielzahl von dem Sonnenstand nachgeführten schwach parabolischen Heliostaten, die ihre Strahlen auf den Hohlraumabsorber auf der vorne stehenden Turmspitze konzentrieren. Thermische Leistung 400 kW_{el}.

*Streu*licht ausgenutzt werden kann, das in unserem Lande durchschnittlich rund die Hälfte ausmacht; andererseits steigt der thermische Wirkungsgrad bis auf (Fiktiv) 38 %.

Es hängt wohl mit der Ineffizienz der früheren Flachkollektoren und der damals verfügbaren Niederdruck-Dampfmaschinen zusammen, daß die Pioniere der Sonnenkraftmaschinen optische Konzentration durch parabolische oder linear-parabolische Spiegel bevorzugten; die Idee der Power-Tower-Anordnung wurde erstmals von Barr 1896 geäußert und 1957 in Südrußland von Baum, Aparasi und Garf(6-21) als Modell im Maßstab 1 : 50 gebaut und studiert, aber wegen des Sinkens der Erdölpreise nicht realisiert. Pioniere der Flachkollektor-Generatoren waren Willsie und Boyle jr. ab 1902, die schon ein Zweistoff-System verwendeten, bei dem das im Kollektor erwärmte H_2O über einen Wärmeaustauscher eine flüchtigere Substanz wie Ammoniak, Äther oder Schwefeldioxyd verdampfte, das die erwünschten höheren Betriebsdrucke für die Dampfmaschine lieferte. Ein 1905 verkauftes H_2O-NH_3-Modell leistete 15 kW und diente zur Bewässerung der Wüste am Colorado-River, wobei das abgepumpte Wasser auch als Kühlwasser für die Maschine diente; wegen der interessanten historischen Entwicklung sei auf die Monographie von A. B. Meinel und M. P. Meinel(6-22) verwiesen. Der gegenwärtige Stand der Solarkraftanlagen in den USA wurde von R. Köhne(6-23) beim 1. Deutschen Sonnenforum Hamburg 1977 dargestellt, den wir nachstehend zugrundelegen gemeinsam mit weiteren Berichten beim Internationalen Sonnenforum 1978 und dem XVII. Internationalen COMPLES-Treffen in Tunis 1977(6-24); danach haben sich fünf europäische Regierungen zusammengetan, solche teuren Pilotanlagen nach beiden Alternativen schon im MW-Bereich zu konstruieren, in südlichen Mitgliedsländern zu bauen und zu erproben(6-25).

Das 1 MW_{el} solarelektrische Wärmekraftwerk mit Zentralturm der EWG

1975 beschloß die Kommission der EWG im Rahmen ihres 1. einschlägigen Forschungs- und Entwicklungsprogramms die Möglichkeiten der Demonstration eines helioelektrischen Wärmekraftwerkes unter Verwendung des von Francia in Ilario bei Genua konzipierten und erbauten Prototypen mit Zentralturm und 1 MW_{el}-Leistung (Fig. 6,13) zu untersuchen; Ziel ist, die europäische Industrie mit einschlägiger Hardware-Erfahrung auf Komponenten- und System-Niveau für thermische Solar-Kraftwerke zu versehen. Nachdem die Phase A der Verwirklichbarkeits- und Systemstudien 1976 abgeschlossen war und auch Phase B der Festlegung des Gesamtentwurfes, der Einsetzung eines Management-Konzeptes für die Anlage, Planung und Kostenschätzung sowie ingenieurmäßige Bearbeitung der Details und Herstellungsspezifikationen fast fertig ist, beginnt Phase C mit Aufbau und Installation und schließt Phase D mit Erprobung und experimentellen Arbeiten. Die EWG-Kommission hat für die Gesamtkosten des Projektes 7 Mio. AU = 8,4 Mio DM veranschlagt, wovon sie als einer „indirekten Aktion" die Hälfte aufbringt, während der Rest von den über ihre Firmen beteiligten Ländern BRD, Frankreich und Italien übernommen wird (England übernimmt nur Überwachungsarbeiten). Die folgende Tabelle faßt die technischen Spezifikationen übersichtlich zusammen:

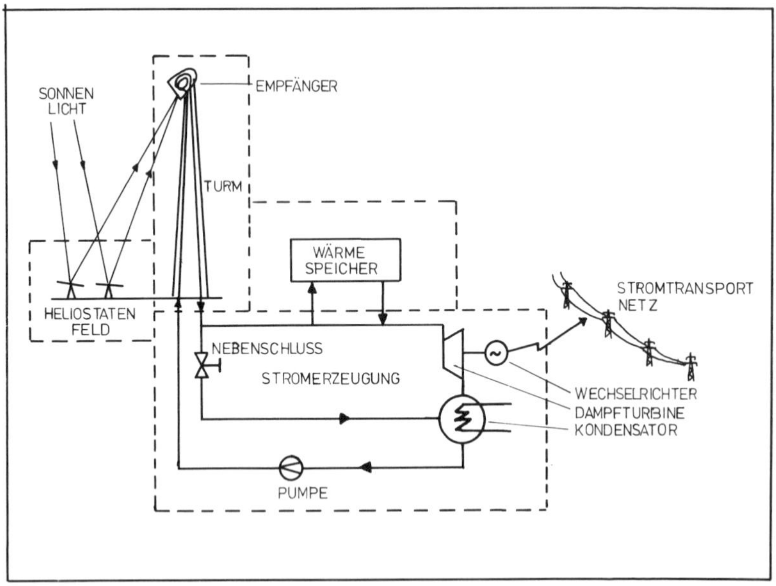

Fig. 6,14:
Blockdiagramm des von der EWG geplanten solarthermischen Demonstrationskraftwerkes für 1 MW_{el} Nennleistung in Sizilien. Die quantitativen Angaben sind in der folgenden Fig. 6,15 enthalten. Nach Hofmann und Gretz(6-25).

Tabelle 6,15. Technische Parameter des 1 MW_{el} Solarkraftwerkes der EWG

Allgemeine Kennzeichen
Experimentelle Anlage des Zentral-Empfänger-Multiheliostat-Typus
Ort: 37,5° N; 15,25° Ost (Sizilien)
Entwicklungs-Ausgangspunkt: Aequinoktien Mittag und Insolation von 1 000 W/m^2
Erzeugte Nennleistung: 1 MW_{el} in das vorhandene Netz am Ort des Entwurfes

Entwurfs-Parameter (Leistungszahlen am Ort des Entwurfes)
Heliostatenfeld: 4 800 kW_{th} in die Empfänger, aus insgesamt 7 800 m^2 Spiegelfläche

Heliostaten:
2 Typen, durch 2 Achsen gesteuert, Gesamtgenauigkeit ± 4 mrad
CETHEL-Typ ca. 52 m^2, zylindrische Segmente, 57 % des Spiegelfeldes
MBB-Typ ca. 23 m^2, 16 quadratische Elemente, 43 % des Spiegelfeldes

Turm-Empfänger:
Hohlraum-Typ mit 4,5 x 4,5 m Apertur in 50 m Höhe, 110° Inklination
Empfängeraustritt-Dampfzustand: 510°; 64 bar; 4 700 kg/h (5 300 möglich)

Dampfprozeß:
Turbine ohne Wärmetauscher direkt mit Empfänger verbunden.
Nennleistung: 1 200 kW_{mech} mit Dampf von 450 °C, 64 bar.
Speisewassertemperatur am Empfängereintritt 36 °C
Kühlwassertemperatur maximal 25 °C

Thermische Speicherung:
Ausreichend für ca. 30 min. reduzierte elektrische Leistung
Energiespeicherung: Dampf 300 kWh; Hitec*: 78 kWh
Ausrüstung: Druckwasserbehälter (16 bar) für 7 500 kg Dampf von 6 bar
2 Speichertanks jeder enthaltend 600 kg Hitec*
Wärmeaustauscher für 16 bar, 490° und 240 °C Temperatur
Elektrische Systeme: Krafterzeugung: Wechselstromgenerator für min. 1 100 kW bei ca. 100 kW Eigenbedarf und 1 000 kW für auswärtige Verbraucher.
Transformatoren, Notstromaggregat
Einspeisung in das Netz: Anschaltung von Trafos an das öffentliche Netz
Dampfprozeßüberwachungsanlagen
Befehlsgabe, Betrieb und Regelung in Kontrollzentrum zusammengefaßt.

---

*„Hitec" ist ein eutektisches Gemisch aus 53 % KNO_3, 40 % $NaNO_2$ und 7 % $NaNO_3$

Nach diesen quantitativen Einzelheiten zeigt Fig. 6,14 ein Blockdiagramm der Gesamtanlage; die nächste Fig. 6,16 ist eine schematische Zeichnung eines der Heliostaten System MBB von je 23 m^2 Spiegelfläche. Fig. 6,17 ist eine Konstruktionsskizze des 50 m hohen Zentralturmes, der ebenfalls von MBB stammt.

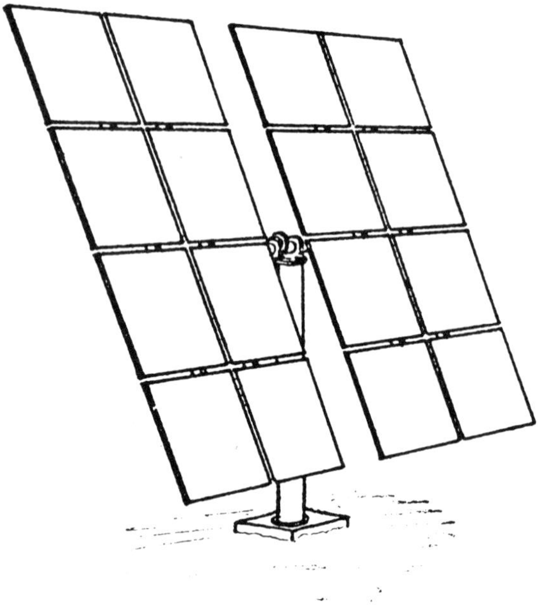

Technische Daten:

MBB:	
Spiegeloberfläche	23 m^2
Spiegelelemente	16 Elemente, flaches 3 mm dickes Gießglas 1,2 m x 1,2 m
Gesamthöhe	5,5 m
Höhe der Spiegelkonstruktion	5,01 m
Breite	5,67 m
Gewicht	ca. 1000 kg
Bodenfreiheit	ca. 0,50 m
Höhe der Drehachsen über dem Boden	3,00 m

Fig. 6,16:
Schematische Zeichnung eines der Heliostaten System MBB von je 23 m^2 Spiegelfläche.

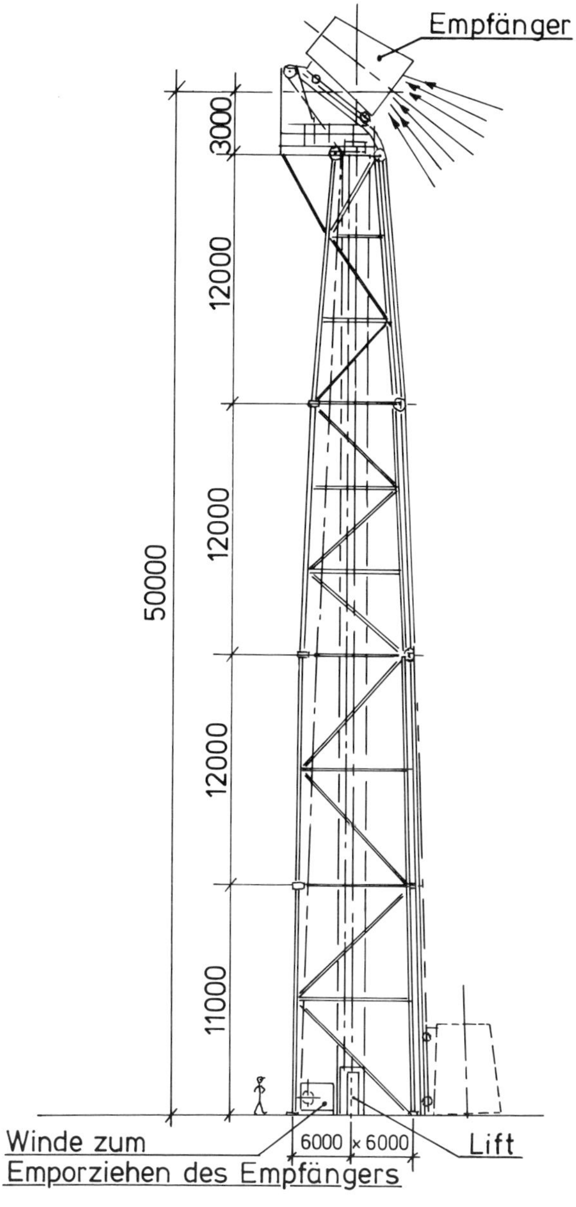

Fig. 6,17:
Konstruktionsskizze des 50 m hohen Zentralturmes, der ebenfalls von MBB stammt; an seiner Spitze der Empfänger vom Typus des Hohlraumstrahlers.

An seiner Spitze erkennt man den Empfänger vom Typus der Hohlraumstrahler; man erinnert sich aus der Schulphysik, daß selbst ein äußerlich bestmöglich geschwärzter Kasten noch nicht so schwarz erscheint wie ein in ihn gebohrtes Loch, weil alle möglichen Lichtstrahlen in seinem Inneren durch Mehrfachreflexion restlos absorbiert werden. Der von Ansaldo in Genua nach Anregungen von Francia konstruierte Prototyp ist in Fig. 6,18 zu sehen; zweifellos treten erhebliche werkstofftechnische Probleme auf, da der Strahlungsempfänger bei bis zu 600 °C Höchsttemperatur bei stark wechselnden thermischen und mechanischen Belastungen lange Betriebslebensdauern erreichen soll. Fig. 6,19 ist eine malerische Ansicht im Heliostatenfeld mit dem Turm. Eingehende werkstoffkundliche Untersuchungen hierüber hat Walton auf der COMPLES-Tagung in Tunis 1977 vorgetragen(6-26).

Fig. 6,18:
Der von der Fa. Ansoldo in Genua konstruierte Prototyp des Strahlungsempfängers.

Fig. 6,19:
Blick auf das Heliostatenfeld und den Zentralturm. Zeichnung: MBB

Die 400 kW_{th}-Hochtemperatur-Solar-Versuchsanlage des Georgia Tech in Atlanta USA

Obwohl diese thermische Nennleistung nur etwa 15 % derjenigen des eben beschriebenen EWG-Projektes mit 1 000 kW_{el} entspricht, ist sie nicht minder interessant, weil sie auf den Erfahrungen der ERDA (US Energy Research & Development Administration) mit der Konstruktion der bekannten 5 MW_{th}-Versuchsanlage in den Sandia-Laboratorien in Albuquerque, New Mexiko, basiert, die schon im Mai 1977 1,8 MW_{th} und Anfang 1978 5 MW_{th} tatsächlich erreicht hat. Die neue Anlage wurde ebenfalls von der ERDA finanziert, für 400 kW_{th} nach der Methode des Zentral-Empfängerturms ausgelegt und dem

Georgia Institute of Technology in Atlanta zugeordnet; diese Anlage geht ebenfalls auf Entwürfe von Francia gemeinsam mit der Fa. Ansaldo(6-27–31) zurück und begann mit ihren Experimenten schon im Juli 1977.

Nach dem Bericht von Walton u. M. besitzt die Anlage 550 runde Spiegel von 111 cm Durchmesser, die verformbar sind, um flach oder konkav den Brennpunkt variieren zu können und um den Strahlungsenergiefluß von 25 bis 200 W/cm^2 auf einer Versuchsfläche auf dem Turm über dem Spiegelfeld konzentrieren zu können. – Das Hauptziel dieser Installation ist, Dampf von 600 °C und 150 bar zu erzeugen. Während dieser vorläufigen Versuche sollen studiert werden:

1. Das System der Orientierung der Heliostaten, die Präzision der Nachführung, der in der Fokalzone ankommende Wärmefluß,

2. Das Funktionieren des Dampfkessels, der Einfluß der Honigwabenstruktur aus Pyrex-Glas auf die Verminderung der Strahlungsverluste und die thermische Leistungsziffer,

3. Die Verluste an Speisewasser und die durch den thermischen Prozeß ausgeübten Drücke sowie die Bedingungen, die daraus für den Dampf im Empfängerkessel entstehen,

4. Die Ingangsetzung der Heliostaten und die Korrelation zwischen der Verteilung des Strahlungsflusses und der Häufigkeit von Deklinations-Nachstimmungen.

Die Prozeduren für die Benutzung der auch Gästen zugänglichen Solar-Test-Anlage werden zusammengefaßt und der Typus der Experimente erörtert, für die die Versuchsanlage ausgerüstet ist. Die Liste der Themen beweist, wie vielseitige Erfahrungen erst noch gesammelt und gesichert werden müssen, ehe die Tower-Power-Methode Alltagstechnik werden kann. Umso wichtiger sind die hierzu beim Hamburger Sonnenforum 1978 gehaltenen Vorträge: Visentin u. M.(6-32) berichten über „Probleme beim Entwurf einer hydraulischen Vernetzung in einem linearen Kollektorkraftwerk", Boese u. M.(6-33) über „Sonnenkraftwerke mit Natriumprimärkreislauf, Konzept, Energiefluß und Wirtschaftlichkeit", Petrescu u. M. über „Experimentelle Forschungen auf dem Gebiet der Solarenergienutzung zur Erzeugung elektrischer Energie" und Shishodia(6-34) referierte über „Ein 5-10 kW Sonnenenergiekraftwerk: eine Konzeptentwicklung und Analyse". DeGezelle(6-35) über Nachführung von Heliostaten.

Solarkraftanlagen in den USA

Die Initiative der EWG mit ihrer 1 MW_{el}-Versuchsanlage ist für uns umso wichtiger, als offenbar die USA mehrere Jahre Vorsprung haben, wie auch ein Reisebericht von R. Köhne vor dem 1. Deutschen Sonnenform 1977 für die wichtigsten Anlagen sowohl der „distributed systems" (Solarfarmen) als auch der „central receiver systems" (Solar Tower) nachweist. Bereits besprochen hatten wir eine „Solar Total Energy Test Facility" der Sandia Laboratories in Albuquerque, die nebenbei das über 1 100 m^2 große Bürogebäude voll klimatisiert. Außer den oben erwähnten Paraboloidspiegeln sind mehrere Reihen Linear-Parabolspiegel von insgesamt 800 m^2 Spiegelfläche in Ostwestrichtung auf einer gemeinsamen Drehachse montiert und werden um diese nachgedreht, wie schon bei der bekannten Anlage von Perrot und Touchais(6-36) in Marseille. Als Wärmeträgermedium dient Therminol 66 (modifiziertes Terphenyl), das solar bis auf ca. 315 °C erhitzt wird und über einen Wärmeaustauscher überhitzten Toluoldampf erzeugt, der einen 32 kW-Turbogenerator treibt. Nach Albuquerque haben die Sandia Laboratories in Willard N. M. eine Solarfarm von 20 kW_{el}-Leistung zur Bewässerung einer Landfläche von 40 ha in Betrieb; sie besteht aus 14 horizontal in Nord-Südrichtung montierten Spiegelreihen von 1,44 x 31 m einer Gesamtfläche von 625 m^2, deren Absorberrohre mit einer Schwarzchromschicht selektiv geschwärzt sind und ein hochsiedendes Öl als Wärmeüberträgerfluid benutzen. Die Nachführung der gemeinsamen horizontalen Achsen, die bei Linear-Parabolspiegeln im Gegensatz zu den stark konzentrierenden Paraboloidspiegeln des Tower-Power-Systems keine hohen Genauigkeitsansprüche stellt, geschieht über einen Zahnrad-Schneckenantrieb durch einen 60 Watt-Motor; er wird durch Sensoren gesteuert, die erst ansprechen, wenn sich der Stundenwinkel um etwa 0,25° geändert hat, so daß der Motor täglich weniger als 1 h arbeitet. Seine Kraft reicht aus, um auch bei sehr starkem Wind die reflektierende Spiegelseite nach unten zu drehen und damit gegen Flugsand zu schützen. Diese Anlage findet großes praktisches Interesse, da in den USA über 160 000 Bewässerungsanlagen laufen und diese auch für sonnenreiche Entwicklungsländer mit ungenügender Infrastruktur bedeutungsvoll sind.

Als drittes Objekt beschreibt Köhne die nahe Phoenix, Arizona, vom renommierten Battelle-Institute betriebene Solarfarm mit neun Reihen Zylinderparabolspiegeln von ca. 510 m^2, die wieder zur Landbewässerung dient. Es gibt Unterschiede zur

Anlage von Albuquerque; so sieht man Gegengewichte auf der Rückseite der Spiegel, um die Drehmomente möglichst klein zu halten, und die Absorberröhren werden mit den Spiegeln zusammen gedreht. Als Wärmeträger dient Wasser, das auf 150 °C erhitzt wird und in einem 2. Kreislauf Freon in einem Turbogenerator von 37 kW_{el} entspannt. Dabei werden aus einem 4 m tiefen Brunnen stündlich 2 200 m^3 Wasser gefördert. Die Spiegel sind in Sandwich-Bauweise hergestellt, wobei auf einer genau parabolischen Al-Honigwabenstruktur Al-Bleche aufgebracht sind, die als reflektierende Oberfläche rückseitig aluminisierte Plastikfolien tragen.

Geplante Solarkraftwerke für höhere Leistungen in den USA

Von geplanten weiteren Pilotanlagen nennt Köhne ein Kraftwerk mit 10 MW_{el} Nennleistung, das bei Barstow, Kalifornien, ebenfalls unter der wissenschaftlichen Leitung der Sandia Laboratorien betrieben werden soll. Hierfür bieten die andern ebenfalls beteiligten Firmen verschiedene Komponenten an, die in Fig. 6,20 und 6,21 dargestellt sind. Boeing offeriert einen Leichtbau-Heliostaten, welcher aus einer über einen Metallrahmen gespannten verspiegelten Plastikfolie besteht, die durch ein halbkugelförmig aufgeblasenes Tedlar-Zelt vor Umwelteinwirkung geschützt wird. Martin Marietta hat einen Hohlraumempfänger mit seitlichem Fenster, Honeywell einen solchen mit Öffnung nach unten konstruiert. McDonnell Douglas hat einen zylindrischen, ein Rohrenbündel enthaltenden Empfänger entworfen. Die Heliostaten enthalten je 30 bis 40 m^2 Spiegelfläche, und bei Stückzahlen von 1 700 bis 2 200 Spiegeln beträgt die Gesamtfläche etwa 65 000 m^2; als Turmhöhen werden 75 bis 130 m vorgesehen. Stets wird als Wärmeübertragerfluid Wasser benutzt, das wieder wie beim modernen Steinkohlenkraftwerk 510° Frischdampf liefert (Kapitel 1). Die für 6 h ausgelegten Speicher werden mit Öl, Steinen und dem oben schon erwähnten Hitec (ein eutektisches Gemisch aus 53 % KNO_3, 40 % $NaNO_2$ und 7 % $NaNO_3$) gefüllt. Zwischen 1980 und 1985 werden zwei weitere Demonstrationsanlagen mit 50 und 100 MW_{el} Nennleistung und anschließend das erste kommerzielle Kraftwerk mit 100 bis 300 MW_{el} errichtet werden, von dem man sich bereits Strom zu mit den konventionellen Kraftwerken konkurrenzfähigem Preis erwartet (s. u.). Da besonders der SW der USA mit 3 600 bis 4 000 Sonnenscheinstunden/Jahr über optimale Voraussetzungen verfügt, darf man die Erwartung

a)

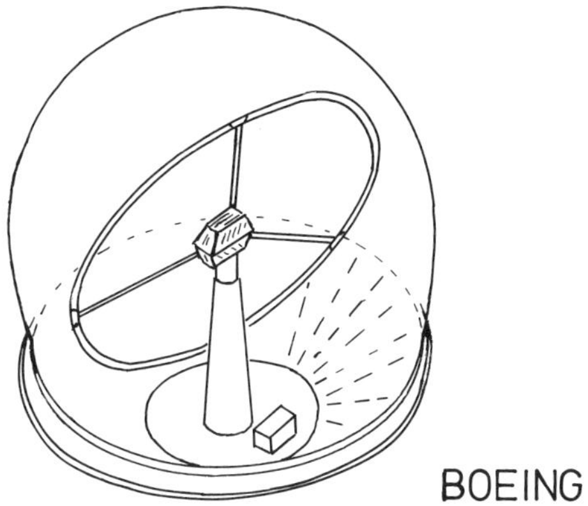

b)

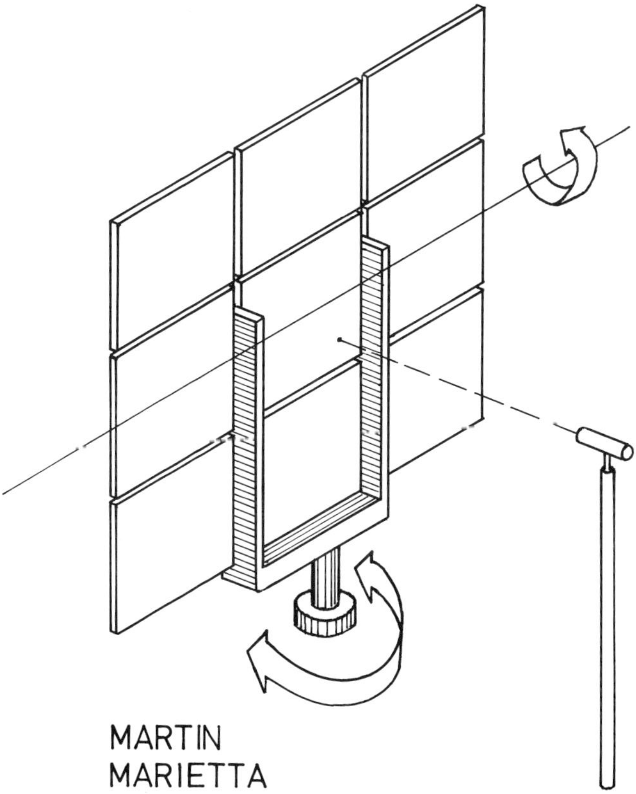

Fig. 6.20:
Verschiedene Heliostaten-Konstruktionen amerikanischer Firmen. Nach Köhne(6-23).

der Amerikaner, bis zum Jahr 2020 bereits 25 % ihres Gesamtenergiebedarfs aus der Sonne zu decken, als ernst nehmen; dabei wird die Energieverteilung durch H_2-Druckleitungen schon wegen der geographischen Randlage der optimalen Lieferländer finanziell unausweichlich werden.

Wenn auch noch keine detaillierte Kostenanalyse für Solar-Großkraftwerke bekannt ist, können wir doch eine Abschätzung

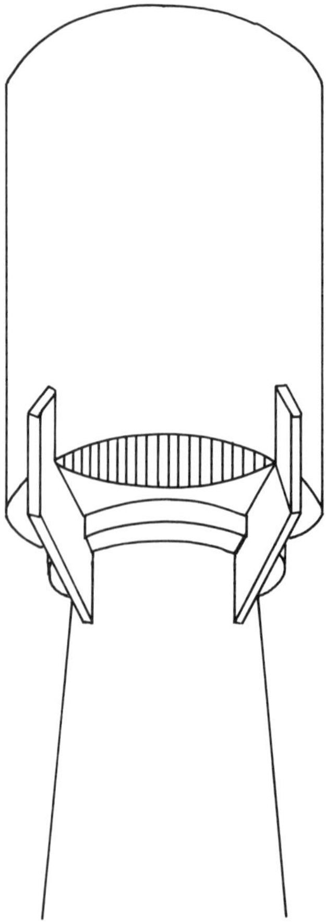

Fig. 6,21:
Hohlraumempfänger-Konstruktion der amerikanischen Firma Honeyvell. Nach Köhne(6-23).

machen, indem wir vom Gesamtpreis von 8,4 Mio. DM für das 1 MW_{el} -Versuchskraftwerk der EWG, also 8 400 DM/kW, ausgehen. Dieser Preis ist natürlich sehr aufgeblasen durch den Anteil der erstmaligen Entwicklungskosten und sollte bei späteren Bauten erheblich sinken, z. B. auf die Hälfte, also 4 200 DM/kW_{el}; das ist kaum das Doppelte der in Kapitel 1 nach Buch wiedergegebenen spezifischen Investition für das modernste Kohlekraftwerk mit Vollentschwefelung der Rauchgase, also 2 300 DM/kW_{el}. Der Vergleich ist ungerecht insofern, als er sich auf einen Block von nur 1 MW_{el} für die Solaranlage, aber 50 MW_{el} für die herkömmliche Anlage bezieht, der dabei die Kostendegression mit steigender Blockleistung zugutekommt (vgl. Kapitel 1). Nach der neuesten Analyse von Buch(6-37) betragen die Festkosten bei 8 % Zinsen und 20 Jahren Lebensdauer 15 %/a bzw. bei 5 000 h/a Benutzungsdauer 5,7 Dpf/kW_{el}h; dazu kommen die Brennstoffkosten, die bei einem Wärmepreis von 24 DM/Gcal (1 Gcal = 1/860 MW_{th}h) einschließlich der Subvention „Kohlepfennig" 5 Dpf/kW_{el}h ausmachen. Der Gesamtpreis des Kohlestroms von 10,5 Dpf/kW_{el}h ist zu vergleichen mit demjenigen des Sonnenstromes, der bei 4 000 h/a Sonnenschein in New Mexiko 630/4 000 = 15,7 Dpf/kW_{el}h kostet, Brennstoffkosten entfallen. Dieser Preis ist umgekehrt proportional der Sonnenscheindauer und würde bei 2 000 h/a wie bei uns mit 31 Dpf/kW_{el}h kaum wettbewerbsfähig sein.

Insofern bestätigen wir die Schätzung der Amerikaner, daß ihr Solarstrom schon in naher Zukunft mit unserem Kohlestrom konkurrieren kann – sofern man eben über Standorte mit maximalen Sonnenstunden und reichlich kaltem Kühlwasser verfügen kann. Während also die terrestrische Nutzung der Sperrschicht-Solarzellen wegen ihrer immer noch größenordnungsmäßig zu hohen Investitionskosten stagniert, ist die eigentlich seit Archimedes(6-38) bekannte Tower Power zum Favoriten aufgerückt.

Die Möglichkeit der Einsammlung von Sonnenenergie durch Satellitenplattformen (SSPS)

Einleitung

Als größtes Hemmnis für die Einsammlung von Sonnenleistung auf der Erde wird vielfach ihre angeblich geringe Flächenkonzentration (kW/m^2) angesehen. Diesen Nachteil sucht ein Konzept von P. Gläser(6-39) „Satellite Solar Power Station" (SSPS) zu überwinden. Dabei befindet sich der Satellit in einer Synchronbahn solcher Höhe, daß er täglich fast 24 Stunden besonnt ist; die Raumplattform soll größtenteils mit photovoltaischen Sammlern bestückt sein. Der mittlere Teil des Satelliten würde den gesammelten Gleichstrom zu Mikrowellen umrichten, und in dieser Form würde die empfangene Elektrizität auf die Erde gestrahlt. Der terrestrische Empfang würde entweder auf einer schwimmenden Plattform (Fig. 1,10) oder in einem Sammelzentrum nahe einem Verbrauchsort erfolgen. Diese Energie könnte zu Wasserstoff elektrolysiert, und dieser als universeller Energieträger benutzt werden.

Für den Orbit schlägt Gläser einen stabilen Knoten einer synchronen äquatorialen Bahn vor(6-40). Ein solcher Kollektor würde in den Erdschatten nur um die Zeit der Äquinoktien eintauchen, wobei er täglich 72 min. verdunkelt würde; wegen der höheren Insolation und Besonnungsdauer stiege die Tagesernte auf das 6-15fache der von einem terrestrischen Kollektor auf der Flächeneinheit empfangenen Energiemenge(6-41). Dieser Vorteil hilft den grundsätzlichen Nachteil zu kompensieren, nämlich die Kosten für die Beförderung der Plattform in den Umlauf; in dieser Hinsicht will die Boeing Aerospace Co. 1978 einen Durchbruch erzielt haben (Nansen,6-42).

Das Gewicht erfordert, für das vorliegende Konzept nicht Si als photovoltaisches Material zu verwenden, weil es eine etwa 10mal größere Dicke als Dünnschichtzellen – wie die auf CdS-Basis – erfordern würden; wie man aus den Absorptionskurven entnimmt, muß Si mindestens 50 bis 100 μm dick sein (Fig. 5,17), GaAs aber nur wenige μm. Dagegen ist die Technologie des Si mit Abstand am besten bekannt, und es ist – anders als Ga – in beliebigen Mengen verfügbar. Gläser meint, daß eine optische Konzentration die Leistungsdichte verdoppeln könnte und schätzt, daß etwa 1 kg Si je kW für eine Zellenzeile einschließlich Verbindungen und Umformern erreichbar wären. Danach würde ein 10 000 MW Solargenerator etwa 10^7 kg wiegen. Man muß zugeben, daß der Abschuß eines Raumflosses von 100 km^2 Fläche in 36 000 km Höhe unrealistisch erscheint, solange der gegenwärtige Preis von 20 000 DM/kg – also $2 \cdot 10^7 \times 2 \cdot 10^4 = 200$ Mia. DM – nicht um mehrere Größenordnungen gesenkt wird.

Die Mikrowellen-Sendefrequenz soll nach den Vorstellungen von Gläser im Bereich von 3,3 GHz liegen; Brown(6-43) hatte 1963 gezeigt, daß Mikrowellen große Leistungen übertragen könnten. Der Empfang soll für die Hauptkeule der Richtungscharakteristik 90 % betragen, und die Seitenkeulen sollen unterdrückt werden. Die Ionosphäre absorbiert bekanntlich(6-44) Mikrowellen nur zu etwa 0,1 %, die Troposphäre zu 1 %. Regenfall verringert die Mikrowellenstrahlung um etwa 3 %. Der Gesamtwirkungsgrad würde auch bei Einschluß von Regen über 75 % liegen. Die Teilwirkungsgrade sind in Tabelle 6,22 aufgelistet.

Tabelle 6,22. Teilwirkungsgrade der Leistungsüberführung durch Mikrowellenstrahlung*

Eigenschaft	Wirkungsgrade: Stand der Technik 1973	Erwartet bei der gegenwärtigen Technik	Erwartet bei zusätzlicher Entwicklung
Mikrowellenleistungs-Erzeugungs-Wirkungsgrad	76,7**	85,0	90,0
Überführungswirkungsgrad vom Generatorausgang zur Kollektor-Apertur	94,0	94,0	95,0
Kollektions- und Gleichrichtungs-Wirkungsgrad („Rectenna")	64,0	75,0	90,0
Transmissions-, Kollektions- und Gleichrichtungswirkungsgrad	60,2	70,5	85,0
System	26,5***	60,0	77,0

*Frequenz 2 450 MHz = 12,2 cm Wellenlänge
**Dieser Wirkungsgrad wurde bei 3 000 MHz und 300 kW Dauerlast demonstriert.
***Dieser Wert könnte sofort auf 45 % erhöht werden, wenn ein effizienter Generator derselben Leistungshöhe vorhanden gewesen wäre, bei der $\eta = 60,2$ % erreicht wurden.

Der Mikrowellen-Generator würde mit gekreuzten Feldern und einer selbst startenden, ganzmetallenen, sekundär emittierenden Kaltkathode arbeiten, die eine Breitbandverstärkung liefert (6-45). Moderne Permanentmagneten vom Samarium-Kobalt-Typ würden das Gewicht vermindern, so daß der einzelne Generator nur Bruchteile von kg je kW Ausgangsleistung wiegen würde. Die Raumantenne würde ca. 1 km lichten Durchmesser haben, die Empfangsantenne 7 km für 90 % Transmission. Sehr wichtig wäre ein Hauptphasennormal, um den Strahl im Ziel zu behalten.

Bei einem *umlaufenden Satelliten*, der 5 000 kW bei einer Leistungsdichte von 1 kW/m^2 abgibt, würde seine Fläche $4 \cdot 10^7$ m^2 betragen und könnte aus 2 Panelen von je 4,3 x 5,2 km^2 bestehen. Er müßte seine Position exakt beibehalten und benötigte dafür 15 000 kg/a Treibstoff. Fig. 6,23 ist das Bild eines SPS über dem Globus.

Die Wirtschaftlichkeit eines solchen umlaufenden Satelliten hängt viel mehr von Voraussagen für die Zukunft ab als bei andern Solarkollektoren. Gläser(6-46) selbst gibt die folgenden Schätzungen für die Daten 1990 (in US-Dollar 1973) ab:

Solarzellen und Solarkollektor-Panele	310 US-Dollar je vom Prototyp erzeugten kW
Mikrowellengeneratoren und Sendeantennen	130 US-Dollar/kW
Gleichrichter und Empfangsantennen	100 US-Dollar/kW
Transport in die Umlaufbahn und Zusammenbau	1 380 bis 800 US-Dollar/kW.

Der angepeilte Preis von etwa 1 600 US-Dollar/kW setzt eine Verminderung der Kosten für Hinaufbringen von Gewichten in den Kreislauf um etwa eine Größenordnung voraus. Diese Schätzung ist günstiger, als auf den ersten Blick erwartet, weil tageszeitliche und meteorologische Probleme entfallen. Die Hauptzweifel hängen von der Verminderung dieser Abschußkosten in den Orbit ab und von der Verfügbarkeit hinreichend dünner photovoltaischer Werkstoffe. Gegenwärtig scheint es so, als ob die erste Hürde noch leichter genommen werden kann als die zweite.

Erst kürzlich hat die Boeing Aerospace Corp. vor dem American Institute of Aeronautics & Astronautics erklärt, daß die Lösung des Problems der Abschußkosten solcher SPS (Solar Power Satellites) wegen der Selbststimulierung in Reichweite sei. Tatsächlich erscheint der amerikanischen Öffentlichkeit das SPS-Projekt sehr attraktiv zu sein wegen seines „Future-Look“ und seiner „large-minded“ Lösung des Energieproblems. Allerdings hat Präsident Carter kürzlich erklärt, dies Projekt sei schon derartig im Status der Technik, daß nicht die Regierung, sondern die Industrie die Finanzierung übernehmen sollte. In unserer öffentlichen Meinung stört seinerseits gerade diese

Fig. 6,23:
Bild eines SPS über dem Erdball. Nach Gläser(6-47).

Gigantik und der Wagemut so, wie die Nachrichten, daß das amerikanische Spacelab mit seinen 78 t Gewicht wegen Versagen seiner solarelektrischen Energieversorgung nicht mehr steuerbar sei und in einer nicht mehr auswählbaren Gegend (Australien) abgestürzt ist; der Schock vom nicht weit zurückliegenden Absturz des sowjetischen, durch einen Atomreaktor angetriebenen militärischen Satelliten ist noch nicht vergessen, auch wenn er anstatt über unserem Land über dem fast menschenleeren nördlichen Kanada abstürzte und lediglich eine Entschädigungsforderung an die Sowjets über 20 Mio US-Dollar zur Folge hatte.

Von der neuesten Literatur über die SPS erwähnen wir zwei umfangreiche Vorträge von Gläser,6-47, 48), die über inzwischen bearbeitete technische Details berichten; wir reproduzieren daraus als Fig. 6,24 Vorschläge für die Konfigurationen der SPS von vier führenden amerikanischen Luft- und Raumfahrtunternehmen.

Zusammenfassend kann man nur feststellen, daß diese Entwicklung in die engere Auswahl von Technologien kommen wird, die nicht vor ein bis zwei Jahrzehnten in größerem Maßstab gebaut werden.

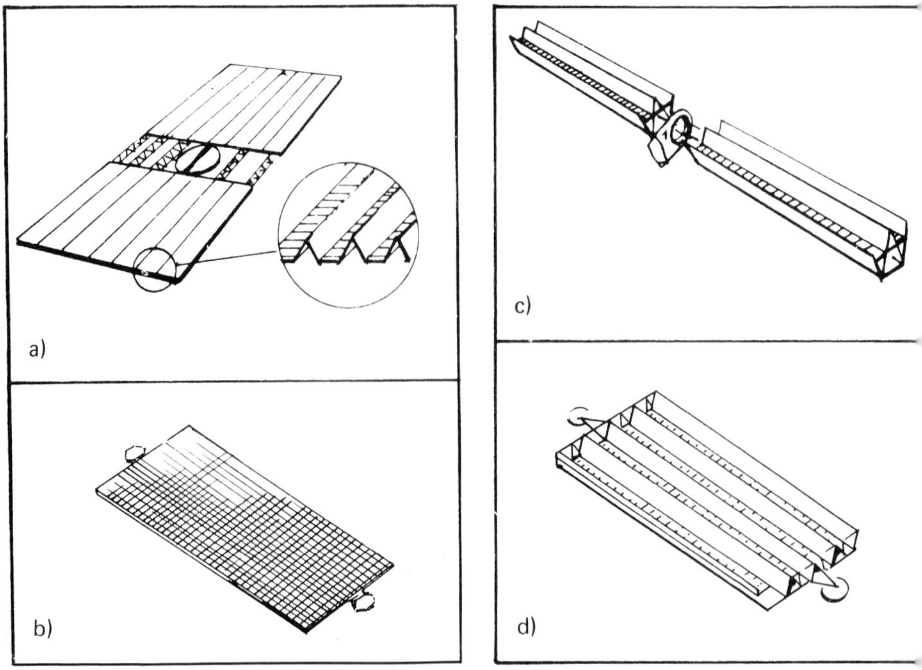

Fig. 6,24:
Vier verschiedene Vorschläge für die Konfiguration von SPS. a) Vorschlag von Grunnman/A. D. Little/Raytheon/Spectrolab: – Planare Anordnung mit Spiegeltrögen 13,1 x 4,9 km – Konzentration < 3 : 1 mit ebenen Spiegeln – Aufeinanderfolgende oder parallele Zusammensetzung der Struktur – Mikrowellenantenne mit Umhüllung durch die elektrische Struktur. b) Vorschlag der Boeing Aerospace Co.: – 10 MW-System mit 2 Antennen zur Balancierung der Mikrowellenkräfte – Verzicht auf Konzentration bedeutet Wegfall künftiger Probleme mit Degradation reflektierender Oberflächen – Anordnungs-Panele getragen von einem Haupt-Textur-Tragesystem, das alle 20 m an der Struktur befestigt ist. c) Vorschlag Rockwell International Co.: – Konfiguration mit großer Länge: Breite-Verhältnis 25,5 : 2,0 km – Kompatibel mit kontinuierlicher Zusammenbaustruktur – Konzentration 3 : 1 mit Planspiegeln – Einzelne Strukturelemente mit zentrischer Antenne. d) Vorschlag des Lyndon B. Johnson Space Center: – Dieselbe Konfiguration wie in a), außer einer solchen Plazierung der Mikrowellen-Antennen, daß keine dielektrische Struktur nötig ist – Konzentration 3 : 1 mit Planspiegeln – 2 Antennen balancieren Mikrowellenkräfte. Nach P. E. Gläser(6-48).

Kapitel 7:

Methoden für die Überführung von Energie auf große Entfernungen

Die Konzeption einer Wasserstoffwirtschaft (Kapitel 2) wurzelte in der Einsicht, daß, falls H_2 der universelle Energieträger würde, sein Transport über weite Entfernungen billiger wäre als der des energetischen Äquivalents von elektrischem Strom durch Kabel. Die Vorteile des H_2 als Energieträger für Autos (7-1), für Flugzeuge(7-2), für den allgemeinen Industriebedarf (7-3) und die Lösung der Probleme der Luft- und Wasserverunreinigung(7-4) wurden unabhängig voneinander auseinandergesetzt.

Die Notwendigkeit, über eine Langstreckenüberführung von Energie zu verfügen, wird in Fig. 7,1(7-5) belegt. Danach wäre z. B. Kohle aus Alaska unwirtschaftlich wegen der Transportkosten zu den Verbrauchszentren in den USA. Würde diese Kohle vergast und dies Gas zu den Verbrauchszentren geleitet, so würde diese Schwierigkeit überwunden. Die Energiequellen der Zukunft werden wohl weit von den Ballungszentren der Bevölkerung entstehen; dies trifft für die Kohle zu, weil die großen, noch unentwickelten Vorkommen in Alaska, Australien und Sibirien tatsächlich weit weg von den Ballungsgebieten liegen. Auch im Fall der Kernenergie würde eine große Distanz zu den Verbrauchergegenden die gesundheitlichen Gefahren stark vermindern. Im Fall der Solarenergie befinden sich Maxima der Insolation und verfügbarer Landflächen in Nordafrika, Saudi-Arabien, Australien und der Kalahari sowie in den tropischen Meeren. Grundsätzlich werden drei verschiedene Verfahren für Überführungen über 700 km Distanz in Betracht gezogen:

Direkte elektrische Überführung: Die Kosten der elektrischen Überführung durch Kabel hängen von der Betriebsspannung ab, wobei solche über 1 Million V unrealistisch wären; Freileitungen sind vielleicht unschön, aber nicht so teuer wie unterirdische Kabel. Die Chancen von Kryo- und Supraleitkabeln werden diskutiert.

Raumschiff-Zwischenstation für gebündelte Leistung: Es erscheint manchen Autoren möglich, via Satellit Energie von z. B. Australien nach USA zu strahlen.

Durchleitung von H_2-Gas durch Rohrleitungen: In der verschmutzungsfreien Technologie, die aufgebaut werden muß, müßte man sogar elektrische Energie, die von weither eingestrahlt würde, in H_2-Gas *vor* der Verteilung in Industrie, Haushalt und Transportwesen konvertieren. H_2 für die Verbrauchszentren würde aber nicht nur die Energieüberführung wirtschaftlich annehmbar machen, sondern auch jetzt bereits beunruhigende Verteilungsschwierigkeiten vermeiden:

Nach Festellungen der UNIPEDE betrug schon 1970 die mittlere elektrische Lastdichte europäischer Länder 2 MW/km^2, in den Großstädten dagegen 50-400 MW/km^2, wobei 24 Ballungszentren auf nur 6,4 % der Fläche rund 50 % des Stromes verbrauchten. Für Stromverteilung durch Freileitungen und ihre Trassenbreite fehlt dort der Platz, und die teuren Erdkabel sind schon an einer Grenze angelangt, die durch ihre Wärmeentwicklung im Erdboden bedingt ist, für deren Ableitung die meisten Böden nicht naß genug bleiben, insbesondere seit Einführung der nächtlichen Last durch Speicherheizung. Da eine forcierte Kühlung kaum möglich erscheint, bleibt die Energieverteilung über H_2-Leitungen und damit die Wasserstoffwirtschaft als Ultima Ratio.

Ein typischer Leistungsverlust in einem 4 500 km langen Cu-Kabel beträgt 55 %, selbst bei einer Überführungsspannung von 600 kV; da dieser Verlust $\approx I^2 \cdot R$ ist, kann er durch Übergang zu höheren Überführungsspannungen und entsprechend geringeren Stromstärken bei unverändertem Widerstand verringert werden. 700 kV sind möglich, 1 000 kV sind in Diskussion und existieren in einer Versuchsanlage. Eine Schwierigkeit besteht in der Corona-Entladung, die in der Nähe von Gebäuden gefährlich ist, sowie elektromagnetischen Einflüssen in der Nachbarschaft. Man könnte zwar mit flüssiger Luft (83 K) den Widerstand von Cu oder Al auf 15 bzw. 11 % senken (Kryokabel); aber die Luftverflüssigung hat einen geringen Wirkungsgrad; sie kostet ≈ 1 kWh/kg, die Kühlleistung ist nur 0,080 kWh/kg, so daß man nicht einmal eine geringe Verlustwärme laufend wegkühlen sollte. Insofern kommt allenfalls eine so tiefe Abkühlung in Frage, daß man den Widerstand *restlos* wegkühlt, d. h. bis Supraleitung eintritt(7-6). Im Anfang waren nur Supraleiter mit Sprungtemperaturen unterhalb von 10 K bekannt, die zur Tiefkalthaltung das bei 4,2 K flüssig werdende Helium benötigen; nach der Carnotformel verlangt die Erzeugung von 1 Kältekalorie bei 4 K die Abfuhr von idealiter 300 K/4 K = 75 Kalorien des Heliumverflüssigers bei 300 K Betriebstemperatur, realiter können es bis zu 1 000 werden. Da außerdem die Weltvorräte an He schnell zur Neige gehen, hat man in den USA staatliche Forschungsmittel für Supraleitungstechnologie gestrichen, soweit diese LHe benötigt. Erst 1942 entdeckten Justi u. M. (7-7) in nichtstöchiometrischem NbN einen Supraleiter, der in siedendem H_2 schon bei 16 K springt und erstmals die öffentliche Vorführung der Supraleit-Phänomene und supraleitender Magnete erlaubte; obwohl inzwischen in den Industrieländern jährlich Millionenmittel für die Auffindung von Supraleitern höherer Sprungtemperatur aufgewandt wurden und große Fach-

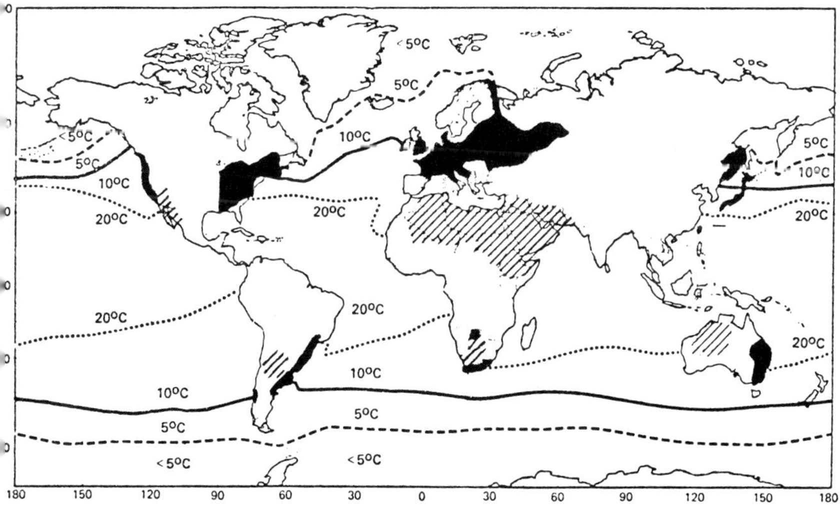

Fig. 7,1:
Weltkarte mit Markierung der Gebiete maximaler Insolation (schraffiert ////) und maximalen Energieverbrauches (punktiert bis schwarz) zur Veranschaulichung von deren gegenseitiger Entfernung. Nach Ehricke(7-5).

kongresse stattfinden, springen die derzeit besten makroskopischen Supraleiter immer noch unterhalb des H_2-Siedepunktes von 20 K (NB_3SN 18,02 K), und selbst in mikroskopischen Bereichen ist man nur zu etwa 23 K gelangt(7-8). Auch die in den verflossenen 35 Jahren ausgestaltete Theorie läßt erwarten, daß und weshalb wesentlich höhere Sprungtemperaturen als kaum möglich erscheinen. Große technologische Schwierigkeiten bietet auch der Kontakt zwischen Supra- und Normalleiter mit den in letzterem entstehenden riesigen elektrischen und thermischen Stromdichten. Ferner sind es die praktischen Schwierigkeiten der Tiefstkühlung langer Kabel, die Störanfälligkeit des Systems und seine hohen Kosten, deretwegen wir auch diese Alternative zunächst ausklammern.

Übertragung durch gerichtete Mikrowellenstrahlung

Die von P. Gläser(7-9) propagierte Konzeption, riesige mit Solarzellen und Mikrowellenanlagen bestückte Raumschiffe aufzubauen, die entweder dort oben geernteten Sonnenstrom oder von terrestrischen Mikrowellensendern empfangene Energie regelmäßig an Bodenstationen nahe den Verbrauchszentren einstrahlen, ist bereits erwähnt worden. Im vorangegangenen Kapitel 6 sind bereits viele auch quantitative Details enthalten, deren Wiederholung hier wegen des noch nicht konkreten Status ebenfalls ausgeklammert werden darf.

Übertragung durch Wasserstoff

In Erinnerung an unsere einleitenden Betrachtungen(7-10) und unter Vorwegnahme der nachfolgenden genaueren Berechnungen resümieren wir, daß H_2 die Vorzüge konventioneller Technologie, billigsten Transportes, Bequemlichkeit für eine Vielzahl von Anwendungen hat, die Engpässe der Stromverteilung in Ballungszentren vermeidet und mit reinem Wasser als Verbrennungsprodukt als 100 %ig umweltkonform dominiert(7-11). Fig. 7,2 vergleicht die in Tabelle 7,1 und 7,2 spezifizierten Zahlenwerte für Investitions- und Transportkosten von Strom als Funktion weiter Distanzen mit denjenigen von Erdgas und H_2. Danach kostet der Energietransport mittels H_2 über die ersten 1 000 Meilen (1 609 km) 415 DM/kW_{th} (Stand 1972), für die folgenden Strecken jedoch nur noch 71 DM/kW_{th}, nur wenig mehr als für Erdgas (s. u.), wie aus der nur wenig größeren Steigung der CH_4-Geraden hervorgeht; im vertikalen Abstand der H_2- über

Tabelle 7,1. Überführungskosten elektrischer Energie

Daten	Schätzpreis*
Durchschnittliche Kosten von 5 seit 1969 gebauten 500 kV-Leitungen incl. Wegerechten, excl. Kosten für 1 Stadtleitung	323 kM/km
Kosten einer Gleichstromleitung bei 65 % der Kosten einer vergleichbaren Wechselstromleitung	210 kM/km
Typische Leistungskapazität einer 500 kV-Leitung	900 000 kW
Typische Kosten einer Wechselstrom-Umrichterstation	31,90 DM/kW
Typische Kosten einer Gleichstrom-Umrichterstation	120 DM/kW
Durchschnittliche Kosten 500 kV-Freileitung	0,36 DM/kW · km
Durchschnittliche Kosten einer Gleichstrom-Freileitung	0,22 DM/kW · km
Kosten von 2 Umrichterstationen für Wechselstrom	64 DM/kW
Kosten von 2 Umrichterstationen für Gleichstrom	240 DM/kW
Kostenverhältnis von Untergrund- zu Freileitungs-Energieübertragung	10 : 1 bis 30 : 1
Kosten einer Bodenleitung	3,57 DM/kW · km
Gesamtkosten für Freileitung + Umrichter für 320 km	0,275 DM/kW · km
Gesamtkosten für Erdleitung + Umrichter für 320 km	4,18 DM/kW · km

Umrechnungskurs für 1969: 1 US-Dollar = 4,00 DM. Preissteigerungen nicht erfaßbar.

Tabelle 7,2. Spezifizierter Preisvergleich für Energielieferung per Strom, CH_4, oder H_2 Preise in Dpf/kWh_{th}. Stand 1972

	Elektrizität	CH_4	H_2
Herstellung	2,90*	0,185**	3,2-3,5+
Überführung	0,66	0,22++	0,57
Verteilung	1,75	0,29	0,37
Total	5,32	0,70	4,15 . .4,4

*Äquivalent zu 2,90 Dpf/kWh_{th} **Preise 1975 etwa 300 % teurer

+Angenommener Stromeinkaufspreis 2,90 Dpf

++Angenommener Leitungs-H_2 zu 3,3 Dpf/kW_{th} zum Kompressorantrieb verwendet in optimierter Pipeline, verglichen mit Erdgas zu 0,29 Dpf/kWh_{th}.

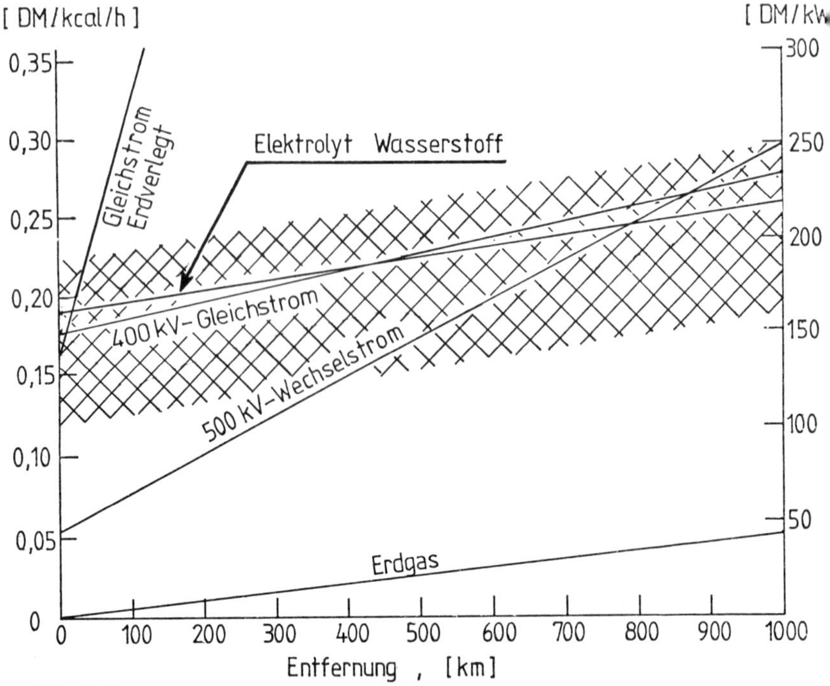

Fig. 7,2:
Vergleichende Darstellung der Investitionskosten in DM/kW als Funktion der Entfernung zwischen Energieerzeugungs- und Verbrauchsort für Wechselstromerdkabel, für 400 kV-Gleichstrom-Freileitungen, für 500 kV-Wechselstromfreileitungen, für Erdgasrohrleitungen 762 mm ND und H_2-Rohrleitungen 762 mm ND. Die Schraffur um die H_2-Kurve veranschaulicht die Variationsbreite des H_2-Elektrolysegrades nach Gregory u. M.(7-12).

der CH_4-Kurve spiegeln sich die gegenwärtig noch hohen Elektrolysierkosten wieder. Bei 450 km unterschreitet die H_2-Kurve diejenige der 400 kV-Gleichstromübertragung, bei 900 km die der 500 kV-Wechselstrom-Freileitung. Erdkabelverteilung wird schon über 50 km teurer als H_2(7-12).

Unterschiede von für Erdgas oder für H_2 ausgelegten Druckgasrohrnetzen

H_2 dominiert zwar mit seinem maximalen Heizwert (H_u = 28,57 kcal/kg), den es dem minimalen Gewicht seines extrem kleinen Moleküls verdankt und der 2 1/2mal größer als der des CH_4 (H_u = 11,30 kcal/kg) ist; aber eben wegen seines minimalen Litergewichtes (ρ_N = 0,00899 L/g) ist sein Heizwert je Volumeinheit (H_u = 2 570 kcal/Nm³) 3,31 mal geringer als der des CH_4 mit H_u = 8 550 kcal/Nm³ (7-13). Insofern erscheint also H_2 dem konkurrierenden CH_4 hinsichtlich der Wirtschaftlichkeit des Transportes durch Rohrleitungen zunächst unterlegen; aber auf Grund seiner minimalen Dichte und Viskosität ist es doch ein sehr leicht fließendes Medium und erreicht bei gleichem Druckverhältnis (p_1/p_2 = 1,35) und Rohrweite (d = 1 m) eine 2,68fach höhere Flußgeschwindigkeit als CH_4, wodurch der transportierte Heizwert des H_2 nur um 9,9 %

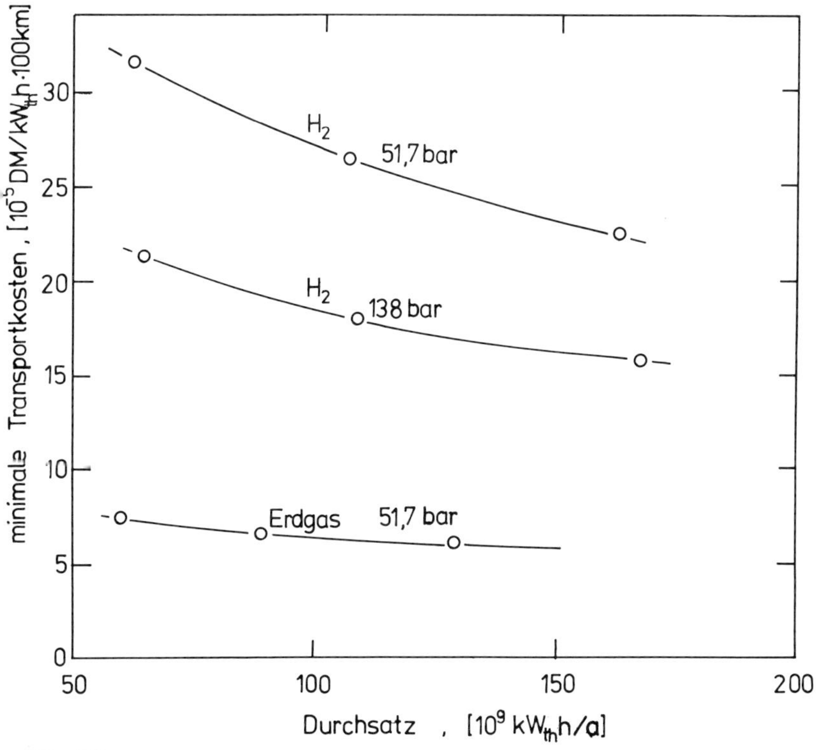

Fig. 7,3:
Vergleichende Darstellung der Energietransportkosten in DM/kWh$_{th}$ · 100 km für CH_4-Rohrleitung (unten) gegenüber H_2-Leitungen (Mitte und oben) als Funktion des Durchsatzes in kW$_{th}$/α. Die H_2-Verdichtungskosten sind mit 3,3 Dpf/kWh$_{th}$ angesetzt. Parameter: Gasdruck. Man beachte die Degression der Energietransportkosten mit Betriebsdruck und Durchsatz. Nach Gregory u. M.(7-12).

niedriger ausfällt als der des CH_4. Allerdings verlangt der H_2 dafür die 3,3fache Verdichterleistung, womit sich nach Gregory u. M. die in Fig. 7,3 verglichenen Transportkosten als Funktion des Durchsatzes ergeben. Wegen der gegenseitigen Abhängigkeit von Rohrweite, Druckverhältnis und Durchsatz sowie Einführung von Zwischenverdichtungen ist weitere Optimierung mög-

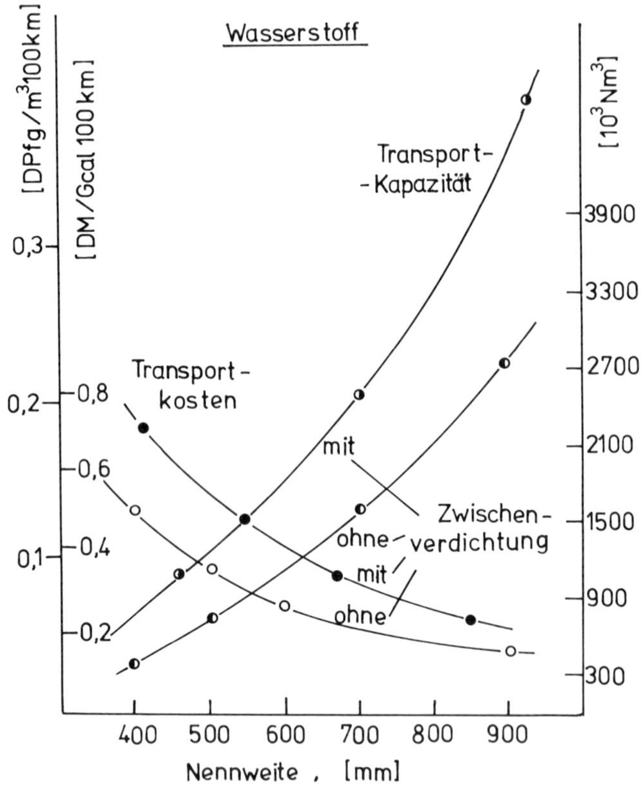

Fig. 7,4:
Energieübertragungskosten mittels H_2-Druckgas in Dpf/m^3 · 100 km als Funktion der Rohrnennweite in mm ohne (untere Kurve) bzw. mit Zwischenverdichtung p_2/p_1 = 1,35; p_1 = 67,5 bar, wonach die Zwischenverdichtung mit abnehmender Nennweite die Transportkosten zunehmend vermindert. Die rechte Ordinate zeigt in 10^3 Nm^3 H_2 die mit steigender Nennweite zunehmende Transportkapazität durch Zwischenverdichtung (7-14).

lich; da ferner eine Potenzabhängigkeit der Investitionskosten K (DM) vom Rohrdurchmesser D (m) gemäß $K = K_o \cdot D^n$ mit $n = 1{,}09$ ($0{,}5 < D < 1$ m) besteht, und ähnlich für die Durchflußgeschwindigkeit V (Nm^3/h) gemäß $V = V_o \cdot D^{2,5}$, lassen sich die spezifischen Investitionskosten K/V durch geringe Vergrößerung der Rohrweite D erheblich senken, wie Fig. 7,4 veranschaulicht(7-14). Fig. 7,5 vergleicht die Energieübertragungskosten durch Hochspannungsleitungen (ausschließlich Schaltfeldern) mit denen durch CH_4- oder H_2-Rohrleitungen (ausschließlich Verdichtungskosten) in Abhängigkeit von der Lei-

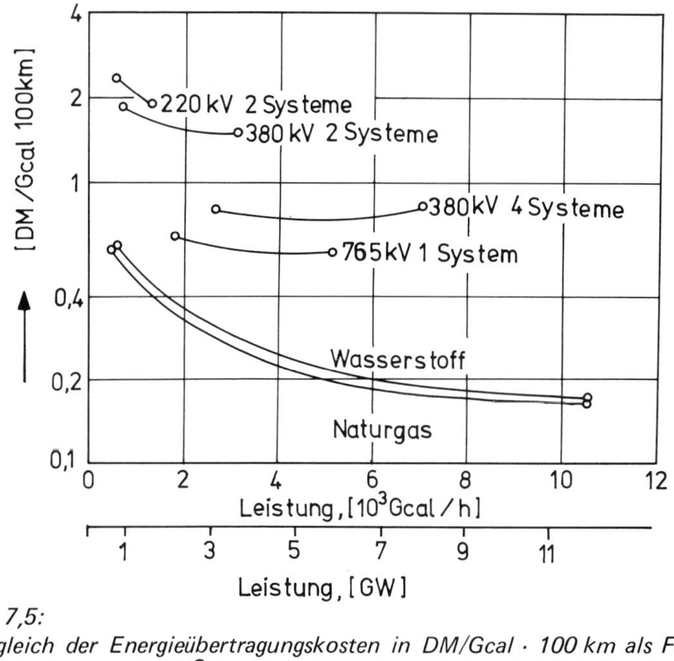

Fig. 7,5:
Vergleich der Energieübertragungskosten in DM/Gcal · 100 km als Funktion der Leistung in 10^3 Gcal/h (obere Abszisse) bzw. in GW; GVA (untere Abszisse) für elektrische Freileitungen mit 220 kV und 380 kV in zwei Systemen, 380 kV in vier Systemen, 765 kV in einem System, gegenüber H_2 und CH_4 in optimierten Druckgasrohren. Hierbei berücksichtigt sind nur die reinen Freileitungs- bzw. Druckrohrnetz-Investitionen ohne Kosten für Schaltfelder, Übergabestationen, Transformatoren und Verdichtung, die nur bei Vorliegen der Entfernungen kalkuliert werden können. Nach G. Thissen, VDI-Tagung 1974.

stung, wobei sowohl der absolut geringere Preis beim Gastransport wie auch seine Degression mit Leistungszunahme wieder deutlich werden. Fig. 7,6 ist ein von Gregory u. M. berechnetes Diagramm der Transmission und des Leistungsbedarfs von Kompressoren für H_2 und CH_4 in Abhängigkeit vom Betriebsdruck.

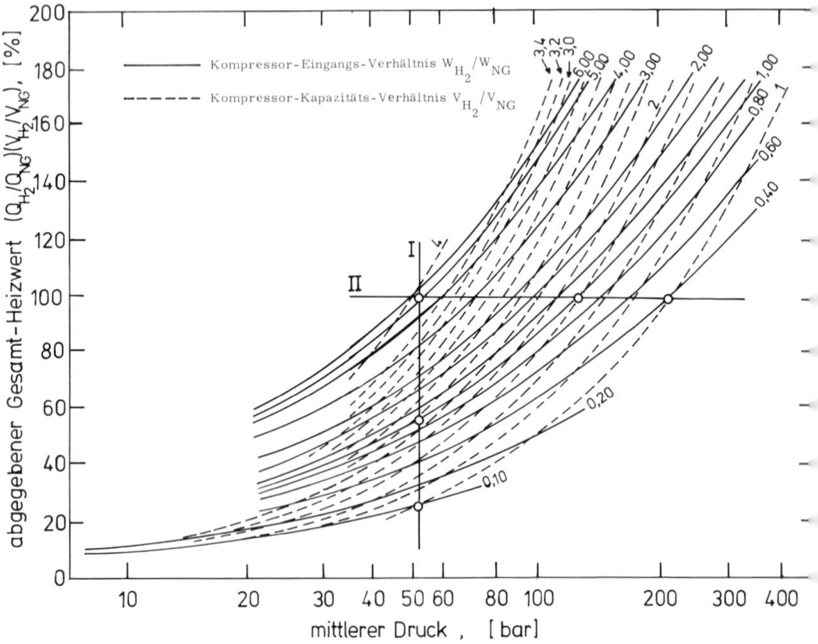

Fig. 7,6:
Vergleich des Energie-Überführungsvermögens, der erforderlichen Kompressorkapazität und der Antriebsleistung einer H_2-Pipeline bei verschiedenen Drucken, mit denjenigen von Erdgas bei 51,7 bar und 15,6 °C sowie einem Kompressorabstand entsprechend einem Druckverhältnis von π_{NG} = 1,3 : 1. Zugrundegelegte Annahmen sind: 1. der H_2-Druck ist veränderlich; 2. dieselbe Qualität von Röhre; 3. Strömung völlig turbulent; 4. volumetrische und thermodynamische Wirkungsgrade dieselben; 5. Brennstoffverbrauch und Hilfsenergieverbrauch dieselben; 6. Referenzbedingungen für NG im Mittel; 51,7 bar und 15,6 °C, Druckverhältnis 1,3; 7. Mittlere H_2-Temperatur 15,6 °C. Ordinate: Abgegebener Gesamtheizwert (Q_{H_2}/Q_{NG}) (V_{H_2}/V_{NG}) in %; Abszisse: mittlerer Druck in bar; ausgezogene Linien Kompressor-Eingangs-Verhältnis W_{H_2}/W_{NG}; gestrichelte Linien Kompressor-Kapazitätsverhältnis V_{H_2}/V_{NG}. Nach Gregory(7-12).

Bereits betriebene H_2-Rohrleitungsnetze*

Speziell in unserem Lande verfügen wir dank der Pionierarbeit der deutschen chemischen Industrie über mehr als 40 Jahre praktischer Erfahrungen in Konstruktion und unfallfreiem Betrieb von H_2-Hochdruckleitungen. Besonders haben die Chemischen Werke Hüls („CWH") zur Versorgung ihrer Werke mit 22 verschiedenen reaktiven Gasen ein 875 km langes Rohrnetz ausgebaut, darunter 208 km für den Verbund westdeutscher petrochemischer Werke, die H_2 in dieses teils abgeben, teils entnehmen (Fig. 7,7); dies ist die bisher längste H_2-Transport- und Speicherleitung der Welt und wichtigste Erfahrungsquelle. So fallen bei der thermischen Crackung von Kohlenwasserstoffen im elektrischen Lichtbogen und bei der Chloralkalielektrolyse beträchtliche Mengen H_2 an, die nur zu einem Teil bei CWH selbst verbraucht werden können. Es mußte deshalb ein Weg gefunden werden, größere Mengen H_2 zu entfernt liegenden Verbrauchern billig und sicher zu transportieren. Während der H_2 aus der Lichtbogenanlage mit einem Druck von 15 bar anfällt, muß derjenige aus der Chlorelektrolyse auf diesen Druck verdichtet werden. Bereits 1938 wurde eine H_2-Fernleitung von 14 km zu den Hydrierwerken in Gelsenkirchen-Scholven (VEBA-Chemie) und eine weitere von 9 km nach Gelsenkirchen-Horst (Gelsenberg A.G.) verlegt. Zur Abgabe weiterer H_2-Mengen wurde 1954 ein systematischer Ausbau des H_2-Netzes mit dem Ziel des Anschlusses zahlreicher Verbraucher betrieben, besonders im Rhein-Ruhr-Gebiet. Durch Erweiterung der Fabrikationsanlagen bei der Bayer AG in Leverkusen und Krefeld-Uerdingen wurde auch dort H_2 erzeugt, so daß diese sowohl Erzeuger wie Abnehmer wurden. Ebenso erhielt die ESSO-Raffinerie in Köln einen Anschluß, so daß sie in das Verbundnetz H_2 sowohl einleiten wie entnehmen kann. Es wurden während der 30jährigen Betriebszeit unter den Betriebsbedingungen dieser Pipeline keinerlei Werkstoffschäden durch den H_2 beobachtet; dies gilt insbesondere für die oft befürchtete Gefahr des Diffundierens von H_2 entlang der Korngrenzen des Rohrwerkstoffes und die damit verbundene Entkohlung durch Karbidbildung. Das steht in Übereinstimmung mit der Erfahrung, wonach eine Versprödung durch H_2 oder Korngrenzenrissigkeit erst bei höheren Drücken und Temperaturen auftritt++ (vgl. Kapitel 11).

---

*Nach Unterlagen von Christian Isting und Bernd Thier

++Hierzu sei auf Kapitel 12 „Material Aspects of a Hydrogen Economy" des Originalbuches von Bockris nur hingewiesen.

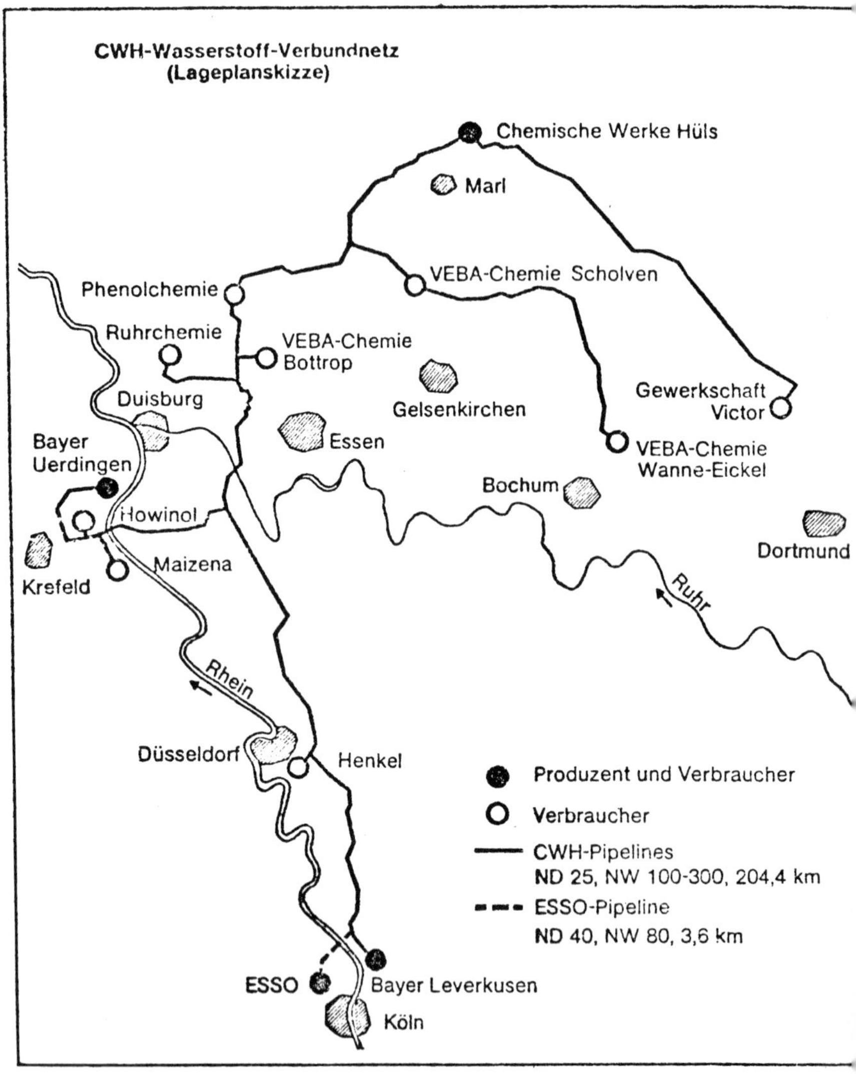

Fig. 7,7:
Karte des H_2-Rohrleitungsnetzes der Chemischen Werke Hüls in Nordwest-Deutschland nach Isting und Thier(7-15).

Die Rohre aus gewöhnlichem Stahl bis zu max. 400 mm NW haben außen einen Bitumengrundanstrich und eine etwa 4 mm starke Bitumenisolierung mit Glasvliesband; neuerdings wird auch Kunststoffisolierung verwendet. Zusätzlich sind alle Leitungen gegen Außenkorrosion durch Kathodenschutzanlagen gesichert. Die Rohrleitungen des H_2-Verbundnetzes sind erdverlegt mit etwa 1,0 m Erddeckung in einem nur 10 m breiten Schutzstreifen, in dem Bebauung nicht zugelassen wird. Druckgasleitungen in Bergbaugebieten erfordern besondere konstruktive Vorsichtsmaßnahmen; die durch den Kohlenabbau hervorgerufenen Erdbewegungen (Pressungen und Zerrungen) bewirken bei der Rohrleitung Längenveränderungen, die durch den Einbau von Dehnungselementen kompensiert werden müssen. Die Festlegung der Abstände für die Einfügung dieser Dehnungselemente wird gemeinsam mit den Markscheidereien der betreffenden Bergbauunternehmen getroffen.

Fig. 7,8:
Zentraler Leitstand des H_2-Druckrohrnetzes der Chemischen Werke Hüls im westdeutschen Industriegebiet. Nach Isting und Thier(7-15).

Der Betrieb eines Pipeline-Verbundnetzes für H_2 unterscheidet sich nicht wesentlich von dem für Erdgas, Koksofengas oder Äthylen. Die Überwachung des gesamten Netzes erfolgt von einem zentralen Leitstand aus (Fig. 7,8), der Tag und Nacht besetzt ist und in meist direkter telefonischer Verbindung mit allen an das Netz angeschlossenen Einspeisern und Abnehmern steht. Deren Mengen, Drücke und Temperaturen werden gemessen, zum zentralen Leitstand fernübertragen und dort automatisch registriert. Im Leitstand ist über den Meßinstrumenten ein Schema des gesamten Verbundnetzes angebracht, aus dem alle fernbetätigten Absperrorgane und deren Schaltzustand ersichtlich sind. Diese jahrzehntelange quantitative Kontrolle erlaubt die bemerkenswerte Feststellung, daß seit Betriebsbeginn nie die Meßgenauigkeit übersteigende H_2-Mengen verlorengegangen sind, so daß also an der Gasdichtigkeit nicht zu zweifeln ist.

Die Verwendungszwecke des H_2 bei den Verbrauchern setzen eine besondere Reinheit voraus; beispielsweise ist CO ein Kontaktgift und darf deshalb nur wenige ppm betragen, ebenfalls stören O_2 und Wasserdampf. Die Überwachung der Reinheit obliegt den Einspeisern selbst, die bei Überschreitung festgelegter Grenzwerte die Einspeisung unterbrechen müssen.

Zusammenfassend ist im Einklang mit den Aussagen der Experten und des zuständigen TÜV zu folgern, daß diese Pipeline nicht nur das wirtschaftlichste, sondern auch sicherste H_2-Transportmittel ist und daß auch nie Probleme durch den Verzicht auf Sonderstähle entstanden sind. Der jährliche H_2-Durchfluß betrug dabei bis zu $312 \cdot 10^6$ Nm^3 (7-15).

Investitions- und Betriebskosten einer H_2-Transport- und Speicherröhre*

Die einmaligen und laufenden Kosten einer H_2-Fernleitung im Vergleich zu denjenigen einer Hochspannungsleitung sind für die sachgemäße Beurteilung eines Übergangs zur H_2-Wirtschaft so ausschlaggebend, daß man sie nicht von unvermeidlich praxisfernen Wissenschaftlern, sondern von der Offertabteilung einer einschlägig qualifizierten Großfirma erfragen sollte. Deshalb hat sich Justi 1973 an die Messer Griesheim GmbH Industriegase in Düsseldorf mit der Bitte gewandt, eine Projektstudie über

*Nach Unterlagen von K. Baumgärtner und R. Kipker i. Fa. Messer Griesheim GmbH Industriegase, Düsseldorf („MG")

Investitions- und Betriebskosten einer H_2-Ferngasleitung von über 2 000 km Länge mit einem Jahresdurchsatz von $1 \cdot 10^{10} Nm^3/a = 10\ GNm^3/a$ auszuarbeiten, wobei das später von ihm veröffentlichte Schema(7-16) zugrundegelegt werden sollte, welches ein solarthermisches Kraftwerk mit angeschlossenen H_2/O_2-Elektrolyseuren und Kompressorstation etwa bei Huelva in Südspanien, eine 2 150 km lange H_2- und evtl. auch O_2-Leitung nach Karlsruhe zu einem dort beginnenden Verteilernetz vorsah. Wie Fig. 7,9 zeigt, handelt es sich dabei um eine Konkretisierung des historischen Blockdiagramms Fig. 2,3 der „Solar Hydrogen Economy", das er 1964 publiziert hatte.

Der jetzt einfachheitshalber vorgegebene runde Betrag von $10\ GNm^3\ H_2/a$ entspricht einem gleichmäßig über die 8 760 Jahresstunden gemittelten H_2-Strom von $1{,}15 \cdot 10^6 Nm^3/h = 1{,}15\ MNm^3/h$; um eine Größenvorstellung zu vermitteln, so ist dies 43 % mehr als der gegenwärtige deutsche Jahresverbrauch bzw. 5 % des Weltverbrauchs von $17{,}8 \cdot 10^8$ to/a = 200 GNm^3/a. Die tägliche Lieferung eines vorgegebenen H_2-Stromes über 24 h erfordert während der 10-täglichen Sonnenstunden h_s die 24/10 = 2,4fache Produktion, also $2{,}4 \cdot 1{,}15\ NMm^3/h_s = 2{,}76\ MNm^3/h_s$. Derselbe Faktor 2,4 steckt auch in der Bemessung der im Blockschema angegebenen Kollektorfläche $F_{koll} = 137\ km^2$ in der Nähe von Huelva, wo es außer landwirtschaftlich minderwertigem billigem Land und Insolation $I_m \cdot h_s$ genügend Kühlwasser von etwa 18° für moderne Niederdruckdampfturbinen gibt, die außerdem noch reines Wasser für den nachfolgenden Druckelektrolyseur kondensieren sollen. Der projektierenden Firma war aufgegeben, daß dieser täglich 27,5 $MNm^3\ H_2$ an die Kompressorstation *vor* der Transportleitung und die Hälfte dieser Menge, also 13,7 $Mm^3\ O_2/h_s$ für eine mögliche O_2-Fernleitung (s. u.) abgibt.

Die spezifische Kompressionsarbeit des H_2* von 1 auf 100 bar beträgt nach bekannten Formeln 0,20 kWh/Nm^3, was für die sonnentäglich zu verdichtenden 2,75 MNm^3 550 MW zuzüglich 25 MW für ein geschlossenes Kühlsystem ausmacht; hierfür hat MG insgesamt 35 Maschinen vorgesehen, darunter 13-stufige Axial- und 7-stufige Radialverdichter mit Zwischenkühlung für die Vorverdichtung von 1 auf 25 bar und Kolbenmaschinen für die Nachverdichtung auf den für optimal befundenen Betriebsdruck von 100 bar. Die Pipeline ist, wie bei der Planung einer

*H_2 befindet sich im „überidealen" Zustand ($p \cdot V > R \cdot T$), weshalb Realkorrekturen entfallen, im Gegensatz zu CH_4 ($p \cdot V < R \cdot T$), vgl. Justi(7-13)

WASSERSTOFF-ENERGIESPEICHERRÖHRE NACH JUSTI (HYDROGEN ECONOMY)

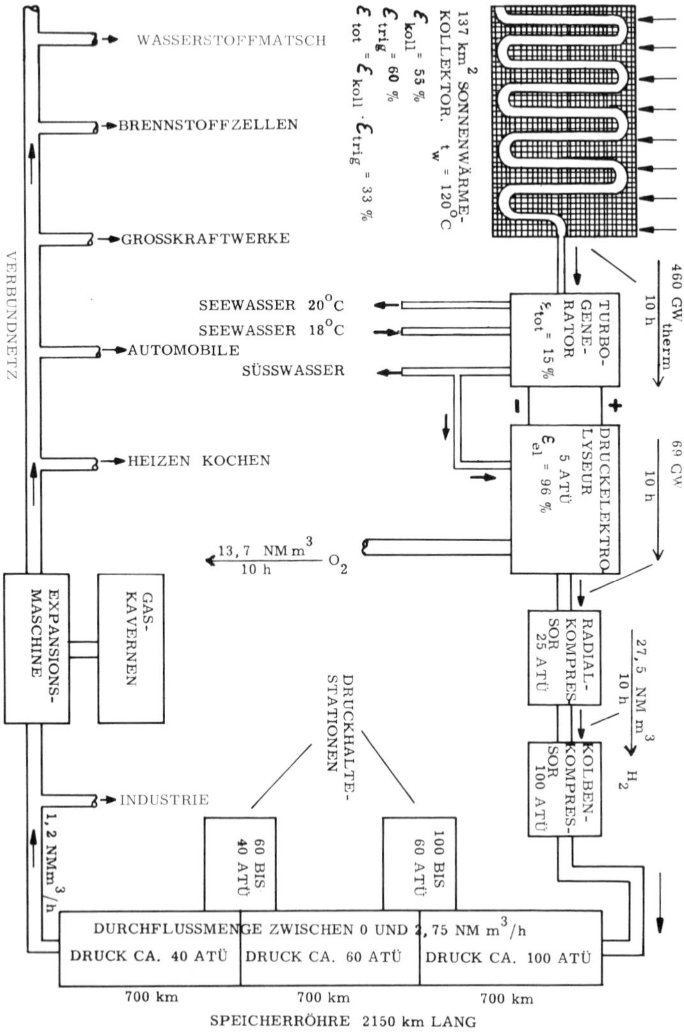

Erdgasleitung üblich, im geographischen Verlauf realistisch genau kartographiert; sie umfaßt dann von Huelva bis Karlsruhe 2 150 km und ist, wie aus Fig. 7,9 ersichtlich, durch 2 Druckhaltestationen in einen 725 km langen Anfangsabschnitt aus geschweißtem X-70-Stahlrohr von 1 1016 x 20 mm für 100 bar Betriebsdruck, einen gleich langen Mittelabschnitt aus 1 120 x 14,2 mm X-70-Rohren und einen 700 km langen Endabschnitt aus 1 120 x 14,2 mm X-52-Rohren für 40 bar unterteilt. Gewiß hat es am Beginn der Ammoniaksynthese Schwierigkeiten mit der Wasserstoffbrüchigkeit gewöhnlicher Stähle bei mehreren 100° Betriebstemperatur, Hochdruck und Druckwechseln gegeben; die von Bockris gesammelten Informationen über diese werkstoffkundlichen Probleme beweisen aber, daß die von MG vorgesehenen und in dem bereits beschriebenen deutschen H_2-Drucknetz bewährten Daten praktisch ausreichen, ohne Verwendung von teuren Sonderstählen.

Bei diesen im Blockschema angegebenen Abmessungen beträgt der Durchsatz infolge der bekannt geringen Viskosität des H_2 (20 % kleiner als bei CH_4) $1 \cdot 10^{10}$ Nm^3/a, und die bei einem mittleren Druck von 60 bar im Leitungsvolumen von $1{,}96 \cdot 10^6$ m^3 gespeicherte H_2-Menge $1{,}18 \cdot 10^8$ Nm^3 = 118 MNm^3, für deren elektrolytische Gewinnung bei dem im Braunschweiger Laboratorium von Brennecke u. M.(7-17) erzielten Elektrolysewirkungsgrad rund 700 MWh erforderlich sind. So hat man eine 60-stündige H_2-Reserve, die nach Fig. 7,9 dem Stand der Technik entsprechend durch Verbund mit norddeutschen Salzkavernen leicht vervielfacht werden kann. Diese Transportröhre erreicht dann als Energiespeicher auch ohne

Fig. 7,9:
Erster konkreter Plan einer europäischen Solar-H_2-Wirtschaft von Justi (7-16) 1974 mit einer Flachkollektorfläche von 137 km^2 und von 460 GW_{th}/Sonnentag in Südwest-Spanien, daran angeschlossenen Niederdruck-Turbogeneratoren mit 15 % Wirkungsgrad, die Druckelektrolyseure mit 27,5 MNm^3 H_2/d = 10 GNm^3/a. Der H_2 wird auf 100 bar verdichtet und in eine dreiteilige Transport- und Speicherröhre mit zwei Druckhaltestationen für 100, 60 und 40 bar eingespeist. Sie ist 2 150 km lang und endet bei Karlsruhe. Daran schließt sich eine Expansionsmaschinenstation zur Wiedergewinnung von Kompressionsleistung, Gaskavernen als zusätzliche Speicher und verschiedene Verbraucher in Haushalt, Industrie und Transportwesen an; dies Schema ist eine Fortentwicklung des 1. quantifizierten Blockdiagramms einer Solar-H_2-Wirtschaft von Justi 1965(7-3), vgl. Fig. 2,2 in diesem Buch.

zusätzliche Investitionen ungefähr das größte europäische Pumpspeicherwerk, den Tauern-Stausee mit seinen einzigartigen orographischen Vorbedingungen und hohen Baukosten (Kapazität $2{,}3 \cdot 10^9$ kWh).

Die Projektstudie bestätigt auch unabhängig die Feststellung, daß die Bewegung eines H_2-Stromes durch eine Leitung mit Druckgefälle einen der billigsten Energietransporte darstellt, denn die für die Verdichtung 1 : 100 erwähnte Kompressionsarbeit von 0,2 kWh/Nm^3 beträgt auf die freie Enthalpie des H_2 von G = 4,0 kWh/Nm^3 bezogen nur 0,2/4,0 = 5 %. Selbst wenn wir wegen unvermeidlicher Verluste statt mit 5 % mit 10 % rechnen, könnten wir also die Kompressionsarbeit weitgehend reversibel durch arbeitsleistende Entspannung des Druckwasserstoffs in einer Turbine anstatt isenthalpisch in einem Drosselventil wiedergewinnen. Bekanntlich sind ja Kompression und Expansion beide proportional zum Logarithmus des Druckverhältnisses, also ~log (100/1) = 2,00 bei der Kompression, und ~log (40/1) = 1,602 bei der Expansion, so daß man im Idealfall 1,602/2,00 = 80 % der Kompressionsenergie von 5-10 % der freien Enthalpie G des H_2 wiedergewinnen könnte. Realiter wird man mit einem Transportpreis von nur 3 bis 7 % der transportierten freien Enthalpie G rechnen, gegenüber > 25 % beim Strom.

Der Kürze halber können nach den technischen Daten der 13-seitigen Projektstudie von MG auch die kalkulatorischen nur kurz referiert werden, und zwar mit den Material- und Personalkosten vom Stand 1973. Damals betrugen die Investitionskosten für die Transport- und Speicherröhre von 2 150 km Länge einschließlich aller Nebenkosten für Betriebsüberwachungs-Einrichtungen und Verwaltungsgebäude 1,850 Mrd DM. Die jährlichen Personalkosten für vier leitende Mitarbeiter, zehn Angestellte und Techniker sowie für zwanzig Reparatur- und Überwachungshandwerker belaufen sich auf 1,2 Mio DM, der Kapitaldienst bei einer angenommenen Lebensdauer von 25 Jahren mit 4 % Abschreibung, 1,5 % Reparaturen und 1,5 % Steuern und Versicherung, insgesamt also 7 % von 1,85 Mrd DM auf ≈ 130 Mio DM/a. Lohnkosten und Kapitaldienst zusammen dividiert durch 10^{10} Nm^3 H_2/a ergeben Durchleitungskosten von 1,32 Dpf/Nm^3 H_2 *ohne* kalkulatorische Zinsen und 8 % Rendite, welche – auf 1,85 Mrd DM und wiederum 10^{10} Nm^3 H_2 bezogen – 0,74 bzw. 1,48 Dpf/Nm^3 H_2 ausmachen würden, *insgesamt* also im geldtechnisch ungünstigsten Falle

$$3{,}54 \text{ Dpf/Nm}^3 \text{H}_2 .$$

Nach den Durchleitungskosten folgen hier die entsprechenden Preise für die Kompressorstationen: die Investition für die erwähnten 35 Maschinen usw. beträgt 900 Mio DM, der Leistungsbedarf von 550 MW zuzüglich 25 MW für das geschlossene Kühlsystem beträgt 575 MW und wird mit 1 Dpf/Nm^3, die Kosten für 44 Mitarbeiter mit 2,4 Mio DM/a, der Kapitaldienst mit wiederum 11,5 % von 900 Mio DM = 104 Mio DM/a, Hilfs- und Betriebsstoffe mit 0,1 Dpf/$Nm^3 H_2$, insgesamt also 2,164 Dpf/$Nm^3 H_2$, (wozu ggf. noch 4 % kalkulatorische Zinsen und 8 % Rendite von 900 Mio DM zuzuschlagen wären) insgesamt also

$$2{,}16 + 0{,}36 + 0{,}72 = 3{,}24 \text{ Dpf/Nm}^3 H_2$$

veranschlagt, also erheblich billiger als über Hochspannung.

Ohne diese Zinsen und Rendite belaufen sich die eigentlichen *technischen* Kosten auf 3,48 Dpf/$Nm^3 H_2$, die auf ein Energieäquivalent von 3 kWh/$Nm^3 H_2$ *total 1,16*, auf eines von nur 2 kWh/$Nm^3 H_2$ bezogen *1,74 Dpf/kWh* bedeuten, also nur ein Bruchteil der Transportkosten durch Elektrizitätsleitung. Obwohl also die elektrische Energieeinheit am Erzeugungsort an sich billiger ist als eben dort das Energieäquivalent in Form von Elektrolyse-H_2, kehrt sich doch diese Preisrelation bei größeren Entfernungen zwischen Erzeugungs- und Verbrauchsort um, wie das Diagramm Fig. 7,10 nach Unterlagen von Gregory u. M. unabhängig zeigt.

Zwei Jahre nach dieser Studie hat einer von deren beiden Verfassern, Kipker(7-18), festgestellt, daß wegen der geringen Viskosität der H_2 so leicht fließt, daß er auch bei Fortfall der beiden Zwischenverdichter (die wegen ihrer relativen Geringfügigkeit in der Kostenrechnung vernachlässigt wurden) ohne Minderung der Durchflußleistung am Ende mit 25 bar entnommen werden kann; die Baukosten der Leitung haben sich bis 1975 nur auf 2,53 Mrd DM entsprechend 1 200 DM/m erhöht. Interessant ist seine Antwort auf die Frage, ob es wirtschaftlich sinnvoll ist, die anfangs erwähnten, als Beiprodukt zum H_2 anfallenden 13,7 $MNm^3 O_2$/d ebenfalls zu einem entfernten Verbrauchsort zu transportieren, so daß beim Verkauf des O_2 eine Gutschrift für den H_2 übrigbleibt. Beträgt die Länge der zusätzlichen O_2-Fernleitung nur ca. 500 km, so bleiben nach Abzug der Durchleitungskosten noch ca. 4 Dpf/$Nm^3 O_2$ übrig, so daß jeder $Nm_3 H_2$ um 2 Dpf billiger würde; wenn aber die Entfernungen steigen, so werden die Durchleitungskosten höher, so daß man die Frage der Wirtschaftlichkeit des Langstreckentransportes des O_2 von Fall zu Fall prüfen muß.

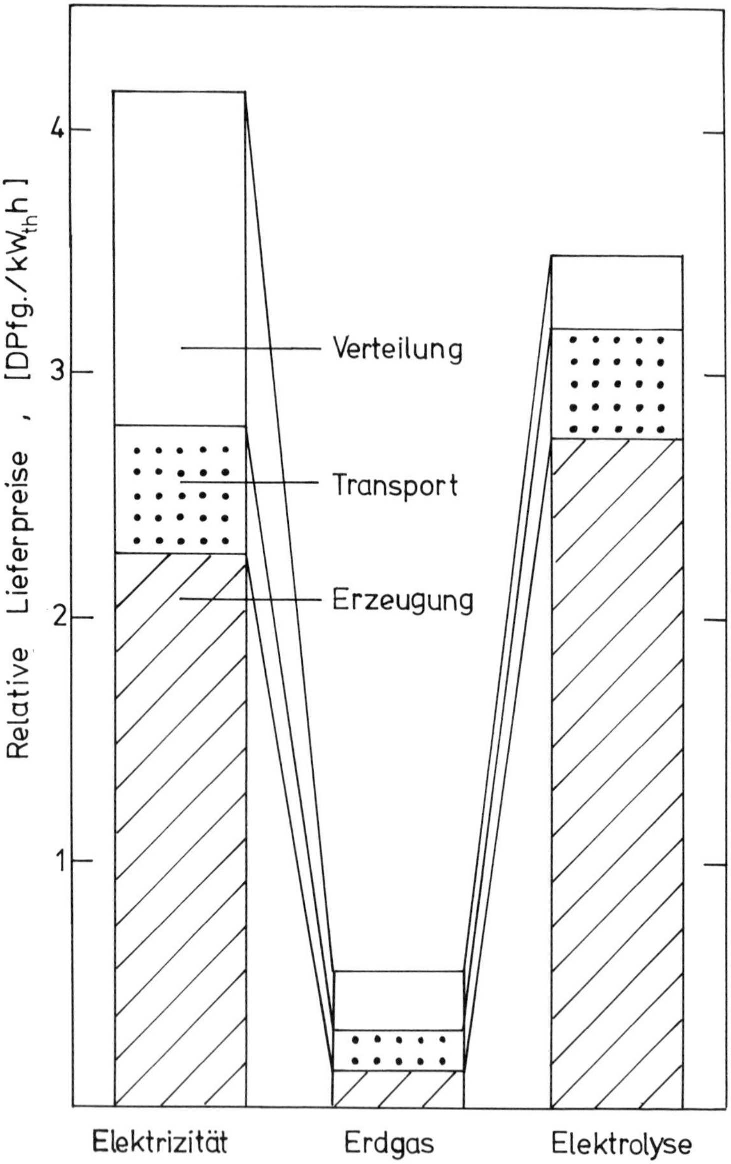

Fig. 7,10:
Vergleich der Endkosten von je einer Energieeinheit aus Elektrizität, Erdgas und H_2 bei 1 000 Meilen Distanz zwischen Erzeugungs- und Verbrauchsort und aufgeschlüsselt nach Erzeugungs-, Transport- und Verteilungskosten. Nach D. P. Gregory(7-24).

Schließlich seien zwei Schlußbemerkungen gemacht:

1. Bei dem hier referierten Projekt einer H_2-Transport- und Speicherröhre handelt es sich nicht um eine Science Fiction, sondern um eine Angebotsstudie der auf dem Gebiet erfahrensten deutschen Großfirma mit *Fest*preisen und schlüsselfertiger Übergabe binnen 2 Jahren nach Auftragserteilung, was den problemlosen konventionellen Charakter der Technologie beweist.

2. Die Röhre, die rund $^1/10$ des deutschen Gesamttransportes durchzuleiten und zu speichern vermag, kostet, obwohl hardware, mit 2,75 Mrd DM nur ca. $^1/6$ der bisherigen deutschen Aufwendungen für Atomenergie einschl. problematischer Entwicklungen und der hypothetischen Fusion – dies zum finanziellen Größenvergleich.

Können die vorhandenen CH_4-Rohrleitungen für H_2 eingesetzt werden?

Diese für den Übergang von CH_4- zur H_2-Wirtschaft und auch Betrieb mit CH_4/H_2-Gemischen wichtige Frage ist nach obigen Darlegungen grundsätzlich zu bejahen; allerdings wird dann der Leistungsfluß – hauptsächlich wegen des geringeren volumspezifischen Heizwertes des H_2 – c. p. etwas geringer ausfallen. Nach den hier in Tabellen und Diagrammen mitgeteilten Daten kann dies, falls die kapitalintensiven Rohrweiten nicht zu ändern sind, teilweise durch Erhöhung des Betriebsdruckes, vollständig aber durch Zwischenverdichtung (Fig. 7,4) auch nachträglich geschehen. Hierbei muß aber die Dichtigkeit der Ventile für den schneller ausströmenden H_2 sorgfältig nachgeprüft werden. Man erwägt auch, den H_2 wie z. B. Erdgas durch Geruchszusätze wahrnehmbar zu machen.

Verteilung von Druck-H_2 in transportablen Stahlbehältern*

Wie die Elektrizität über weite Entfernungen durch Hochspannungsleitungen transportiert und dann durch gewöhnliche Drähte stufenweise verteilt bzw. unterverteilt wird, wird dies auch in der H_2-Wirtschaft analog geschehen müssen und ist in Deutschland durch die Pionierarbeiten von Messer Griesheim GmbH bereits seit Jahren Alltagstechnik. Jetzt handelt es sich noch darum, bei nicht für den wirtschaftlichen Bau und Betrieb

*Nach Unterlagen von R. Kipker verfaßt von H. H. Ewe und E. W. Justi

einer Stahlrohrleitung ausreichenden Distanzen und Durchflußmengen mittelgroße H_2-Mengen in geeigneten stählernen Druckbehältern mit geeigneten Fahrzeugen bei einer H_2-Erzeugungsstelle oder Pipeline-Zapfstelle zu tanken und zu einzelnen Kunden zu fahren.

Bekanntestes Beispiel eines konventionellen Stahlbehälters ist die Normalstahlflasche mit 40 L Volumen, einem Betriebsdruck von 150 bar, einem Leergewicht von 70 kg und einem Verhältnis von Ware zu Verpackung wie 0,6 : 70 = 1 : 110. Ein bemerkenswerter Fortschritt des letzten Jahrzehntes war die Einführung von Leichtflaschen aus Chrom-Molybdän-Stahl mit einer Streckgrenze von 755 N/mm^2 gegenüber nur 390 N/mm^2 des bisher üblichen Kohlenstoffstahls. Die neue Flasche enthält bei 50 L Volumen und 200 bar Betriebsdruck 10 Nm^3 H_2 und bei 63 kg ein um 40 % auf 1 : 70 verbessertes Gewichtsverhältnis. Bei einem Monatsverbrauch um 500 Nm^3/m werden zweckmäßig Flaschen*bündel* eingesetzt. Dabei ist in einem fahrbaren Gestell eine bestimmte Zahl von Einzelflaschen gebündelt, über Hochdruckrohre verbunden und mit nur einem Füll- bzw. Entnahmeventil versehen. Gebräuchlich sind Ausführungen mit 12 und 28 Flaschen, die bei 200 bar 120 bzw. 280 Nm^3 H_2 enthalten. Das Verhältnis von Füll- zu Leergewicht ist zwar ebenso ungünstig wie bei Einzelflaschen, aber es ergibt sich eine Kostenersparnis durch vereinfachte und beschleunigte Be- und Entladung. Mit der steigenden Bedeutung des H_2 für die Industrie und dem wachsenden Lieferumfang wurde die Verbesserung des Gewichtsverhältnisses bei den Cr-Mo-legierten Stählen zur Entwicklung von Spezialfahrzeugen für den Schienen- und Strassentransport aktuell. Dabei unterscheidet man zwischen Bündelanhängern, Sattelaufliegern (auch für Straßentransport) und Druckgasflaschenwagen (für Schienentransport). Bei einem Bündelanhänger sind rund 100 Einzelflaschen je 50 L in 3 bis 4 Paketen gebündelt, durch Druckleitungen untereinander verbunden und fest auf dem Anhänger montiert, wodurch 1 000 Nm^3 H_2 gespeichert werden. Der wirtschaftliche Einsatzbereich liegt bei einem Monatsverbrauch von 5 bis 25 kNm^3, bei größeren Liefermengen werden zweckmäßig Sattelauflieger mit einem Fassungsvermögen von 2,7 bis 4,2 kNm^3 bevorzugt, wobei eine Vielzahl solcher Bündel auf einem LkW-Auflieger-Fahrgestell fest montiert sind (Fig. 7,11). Tabelle 7,3 enthält Daten über die weltweite Entwicklung seit 1966, wobei der Volumfaktor von 9,654 um fast 30 % auf 6,933 kg/Nm^3 beim neuesten Messer-Griesheim-Industriegase-Modell („MGI") sank.

Fig. 7,11:
LKW-Sattelauflieger mit 60 fest montierten und untereinander fest verbundenen schlanken Druckbehältern aus Chrom-Molybdänstahl. Fassungsvermögen 4 200 Nm^3 H_2, Fülldruck 200 bar. Konstruktion von Messer Griesheim GmbH Industriegase, Stand 1973. Nach Kipker(7-19).

Sofern beim Verbraucher ein Gleisanschluß vorhanden ist, lohnt sich ab 5 kNm^3/m der Transport per Schiene; ein Vergleich von Fig. 7,12 mit dem des Straßentransporters zeigt, daß auf dem Schienenfahrzeug nur noch 5 die ganze Wagenlänge ausnutzende Druckbehälter vorhanden sind, ohne weitere Erhöhung des Fassungsvermögens von 4,2 kNm^3. Dies ist darin begründet, daß man beim Schienenfahrzeug nicht so peinlich genau auf das Gesamtgewicht zu achten braucht, weil die zulässige Belastung wesentlich höher als auf der Straße ist und das Gewicht bei diesem Frachttarif keine Rolle spielt.

Nicht selbstverständlich ist die optimale Prozedur beim Abtanken der Wagenladung in stationäre Behälter des Kunden, vielmehr sind zwei Verfahren zu unterscheiden: entweder das einfache Überströmen bis zum Druck*ausgleich* oder das gruppenweise, zeitlich bei verschiedenen Druckstufen durchgeführte Umschleusen nach dem Kaskadenverfahren. Bei letzterem werden, wie in Fig. 7,13 veranschaulicht, stationäre Speichergruppen mit verschiedenem Betriebsdruck eingesetzt, z. B. 150 und

40 bar. Die 60 Stück 200 bar-Behälter des Transportfahrzeugs werden in mehrere Gruppen aufgeteilt und zuerst in die Behälter höheren Druckes, dann in die des niedrigeren Druckes stufenweise nacheinander abgefüllt. Damit kann das Transportfahrzeug zu einem weitaus höheren Grade entleert werden; der Zeitaufwand für den Umfüllvorgang ist jedoch höher als beim einstufigen Überströmen in einen Behälter mittleren Druckes bis zum Druckausgleich. Die Umfülltechnologie ist praktisch sehr wichtig, denn nur wenn der Inhalt der teuren Spezialfahrzeuge hochprozentig und rasch umgeschlagen wird und täglich möglichst viele Einsätze gefahren werden, ist es möglich, den H_2-Preis zu verbilligen.

Fig. 7,12:
Schienenwagen mit fünf fest montierten und untereinander verbundenen Großraumbehältern aus Chrom-Molybdänstahl von je 800 Nm^3 H_2-Inhalt. Vierachsiges Modell mit fünf Behältern = 4 000 Nm^3; Betriebsdruck 200 bar. Wesentlich ist die gute Ausnutzung der Gesamtlänge des Langwagens. Konstruktion Messer Griesheim Industriegase, Stand 1973. Nach Kipker(7-19).

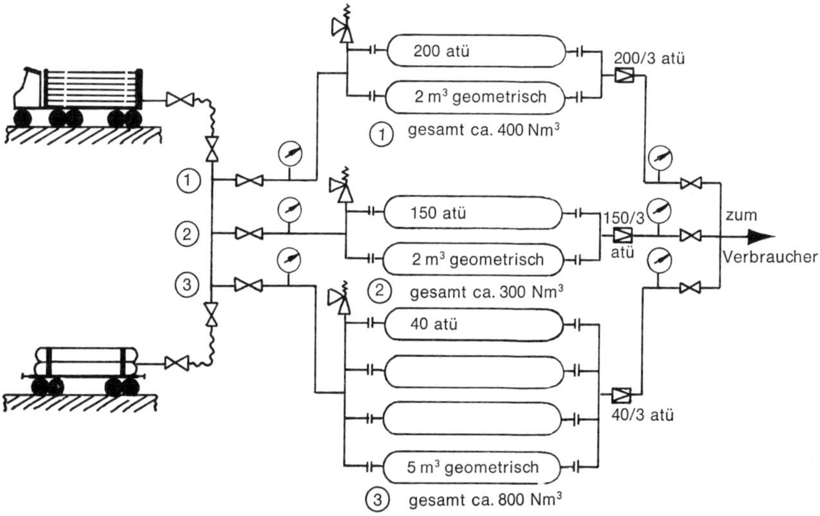

Fig. 7,13:
Blockschema für die Abfüllung von LKW-Straßenfahrzeugen oder Schienenfahrzeugen mit Chrom-Molybdänstahlbehältern für H_2 nach dem Kaskadenverfahren. Nach Kipker und Neuroth(7-14).

Benutzung von Metallhydriden zum Transport von H_2

Die Metallhydride besitzen den Vorzug großer volumspezifischer Dichte und Abwesenheit von Verflüssigungs- und kältetechnischen Problemen; auch Sicherheitsprobleme entfallen völlig. Die Technik bietet viele Möglichkeiten; so ist es Ewe und Justi(7-20) sogar gelungen, rein elektrochemisch auf- und entladbare $LaNi_5H_6$-Elektroden zu konstruieren. Näheres(7-21) in unserem Kapitel 9.

Energiespeicherung und Übertragung mit Flüssig- und Matsch-H_2

Bisher haben wir in der H_2-Wirtschaft die H_2-Überführung in Gasform betrachtet und gezeigt, daß sie für große Entfernungen (> 700 km) billiger als Energieübertragung mit Strom durch Drähte oder über Satelliten ist. Wenn der H_2 zunächst verflüssigt würde, würde dieser Kostenunterschied verringert (mit Strom für 2,233 Dpf/kWh würde die Verflüssigung je Nm^3 0,81 bis 1,03 Dpf kosten). Davon abgesehen, bestehen aber Schwierigkeiten in der Tiefkälteisolation von Transportleitungen(7-22) (Fig. 7,14); trotzdem würde der Rohrtransport von LH_2 wohl Anwendung finden:

1. Es könnten Situationen eintreten, wo H_2 bereits verflüssigt per Tanker ankommt; es wäre dann praktisch, den LH_2 durch tiefstkälteisolierte Rohre (Fig. 7,13) unverdampft in eine Tankstelle (wie in Fig. 9,5c) umzufüllen.
2. Falls erwartungswidrig doch noch makroskopische Supraleiter mit genügend hoher Sprungtemperatur (d. h. über 20 K) gefunden werden sollten, könnte man vielleicht LH_2-Rohrleitungen mit Supraleitkabeln kostensparend kombinieren. Weil einerseits LHe zu aufwendig für Supraleitkabel ist (s. o.), andererseits die Supraleiter mit den höchsten bekannten Sprungtemperaturen bei Kühlung mit LH_2 (T_s = 20,4 K) nicht tief genug unter diese Temperatur gekühlt sind, bietet sich als grundsätzlicher Ausweg eine Tiefstkühlung mit sog. H_2-Matsch („slush hydrogen") an, einem Gemisch von flüssigem und erstarrtem H_2, die bei der Erstarrungstemperatur von 14,0 K miteinander thermisch im Gleichgewicht stehen, wie Wasser mit H_2O-Eis. Gründliche Berechnungen und Experimente wurden von Schräwer (7-23) bei Messer-Griesheim in Frankfurt mit Unterstützung des BMFT durchgeführt und publiziert. Näheres in unserem Kapitel 9.

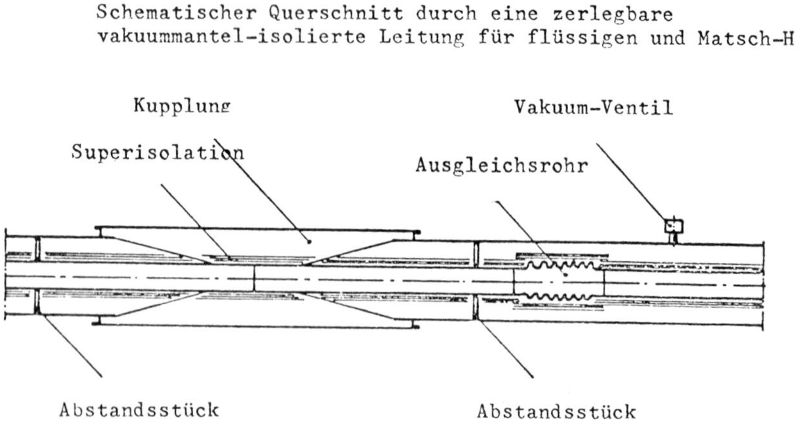

Fig. 7,14:
Schematischer Querschnitt durch eine zerlegbare vakuumisolierte doppelwandige Leitung für flüssigen oder matschförmigen Wasserstoff. Nach Schraewer(7-22).

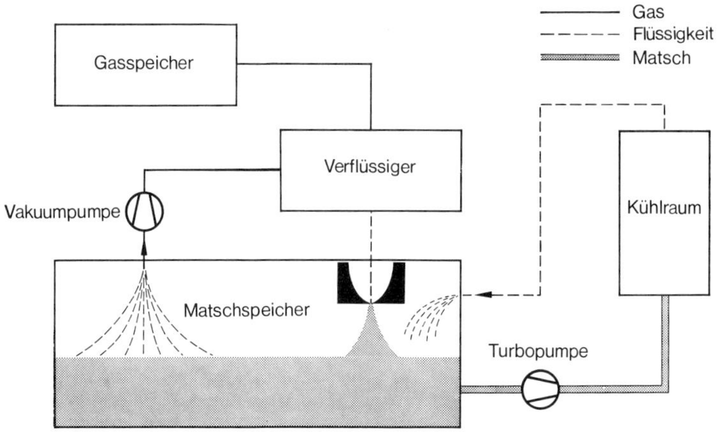

Fig. 7,15:
Blockbild einer LH_2-Speicheranlage mit Pulsbetrieb zur periodischen Erzeugung von Wasserstoffmatsch bei ca. 14 K (= –259 °C) zwecks laufender Kühlung supraleitender Kabel. Verfahren Messer-Griesheim GmbH, nach Schraewer(7-23).

Schlußfolgerungen

1. Die direkte Überführung von elektrischer Energie durch Erdkabel ist bei jeder realisierbaren Betriebsspannung extrem teuer; auch Freileitungsüberführung ist noch bei der möglichen Höchstspannung von 700 kV bei Entfernungen über 800 km teurer als Überführung durch Wasserstoff-Gas. Eine Überführung durch tiefgekühlte metallische Kryokabel oder durch tiefstgekühlte Supraleiter erscheint technisch undurchführbar und, falls doch noch gelingend, als unwirtschaftlich.

2. Mikrowellenstrahlen hinauf zu einem synchron kreisenden Satelliten und Hinunterstrahlen auf entfernte Verbrauchszentren könnten zwar grundsätzlich zur Darbietung von Sonnenenergie führen, die in stark besonnten Wüsten- und Ozean-Gegenden eingesammelt wurde; sie wären etwas weniger teuer als die vorgeschlagenen großen kreisenden Plattformen, die Sonnenstrahlung direkt im Weltraum einsammeln und zu Verbrauchszentren weitersenden sollten. Der Unterschied bleibt sehr groß, solange ein Schuß in die Kreisbahn über 250 DM/kg kostet.

3. Es könnte Situationen geben, die zur Bevorzugung einer Verflüssigung des H_2 (die allerdings einen großen Teil seiner Energie verbraucht) und nachfolgendem Transport des LH_2 durch Spezialtankdampfer oder tiefkältegedämmte Rohrleitungen führen, mit nachfolgender LH_2-Betankung der großen Speicher, wie sie auf Cape Kennedy zur Auffüllung der Raumschiffe dienen (Fig. 9,5c)

4. Der Umstand, daß einerseits LHe zu aufwendig für die Tiefstkühlung supraleitender Kabel auf 4,2 K ist, andererseits siedender H_2 mit 20 K für eine ausreichende Unterschreitung der bisher höchsten bekannten Sprungtemperaturen nicht kalt genug ist, kann vielleicht durch Verwendung von „Wasserstoffmatsch", einem Gleichgewichtsgemisch aus kristallinem, flüssigem und dampfförmigen H_2 bei der Tripelpunktstemperatur 14 K überwunden werden; H_2-Matsch könnte durch entsprechend gekühlte, mit den Supraleitkabeln kombinierte Rohre gepumpt werden.

Kapitel 8:

Die Erzeugung von Wasserstoff aus Wasser im großen Maßstab*

Die Grundlage einer zukünftigen modernen Wasserstofftechnologie bildet die wirtschaftlich und energetisch möglichst günstige H_2-Erzeugung. Über die verschiedenen bekannten Herstellungsverfahren gibt Justi einen ausführlichen Überblick(8-1).

Wasserstoff wird heutzutage zum überwiegenden Teil (ca. 80 % der Weltjahresproduktion) durch petrochemische Verfahren wie katalytische Reforming-Prozesse und partielle Oxidation oder thermische bzw. katalytische Spaltung von Kohlenwasserstoffen gewonnen(8-2). Von den übrigen Herstellungsverfahren steht die Vergasung von Kohle und Koks mit einem Anteil von etwa 16 % an erster Stelle. Beim Übergang zur H_2-Technologie scheiden diese Methoden wegen ihres Verbrauchs an fossilen Energieträgern wie Kohle, Rohöl und Erdgas aus, die als Rohstoffe der Industrie vorbehalten werden müssen. Zur großtechnischen Bereitstellung der erforderlichen H_2-Mengen verbleiben daher speziell die elektrolytischen Prozesse, die sowohl in verfahrenstechnischer als auch in qualitativer Hinsicht eine Sonderstellung einnehmen: Der erforderliche Rohstoff Wasser liegt in fast unbegrenzter Menge vor, und in nur einem einzigen Produktionsschritt werden hochreiner Wasserstoff und Sauerstoff getrennt vom Elektrolyseur abgegeben, der hinsichtlich Aufbau, Betrieb und Unterhalt nur vergleichsweise geringe Anforderungen stellt. Einen interessanten energetisch-technischen Aspekt eröffnet die H_2-Erzeugung mittels thermochemischer Kreisprozesse, bei denen die benötigte Energie primär durch Kern- oder

*Verfaßt von Dr. P. Brennecke, Institut für Technische Physik der TU Braunschweig

Solarkraftwerke in thermischer Form aufgebracht werden soll (8-3). Auf die Photolyse des Wassers sowie die erst seit kurzer Zeit intensiv untersuchten biotechnischen Reaktionen zur H_2-Herstellung soll hier nicht eingegangen werden; diese Verfahren wurden bereits in Kapitel 4 besprochen.

Nach der Schilderung der thermodynamischen Grundlagen der Wasserzersetzung sollen in diesem Kapitel die elektrolytischen Prozesse beschrieben, deren Verbesserungsmöglichkeiten diskutiert und schließlich die thermochemischen Zyklenprozesse kurz erläutert werden.

Thermodynamik der Wasserzersetzung

Als Elektrolyse wird allgemein die elektrochemische Abscheidung oder Zerlegung einer im Elektrolyten befindlichen Substanz bei Stromfluß bezeichnet. Der Stromdurchgang durch die Phasengrenzen Kathode/Elektrolyt bzw. Elektrolyt/Anode ist mit einer Reihe nacheinander ablaufender elektrochemischer Reaktionsschritte verknüpft, bei denen im Falle der Wasserelektrolyse nicht der Elektrolyt, sondern das Lösungsmittel Wasser in seine Bestandteile Wasserstoff und Sauerstoff zerlegt wird. Im alkalischen Elektrolyten setzt sich die vereinfachte Bruttoreaktion

$$H_2O + \text{Energie} \rightarrow H_2 + {}^1/2\ O_2$$

aus der kathodischen Reduktion (Elektronenaufnahme) von Wassermolekülen in elektrisch negativ geladene Hydroxylionen unter Wasserstoffentwicklung gemäß $2\ H_2O + 2\ e^- \rightarrow H_2 + 2\ OH^-$ und der anodischen Oxidation (Elektronenabgabe) von OH^--Ionen in neutrale Wassermoleküle unter Sauerstoffabscheidung nach $2\ OH^- \rightarrow {}^1/2\ O_2 + H_2O + 2\ e^-$ zusammen. Im Idealfall ist die minimale Energie, die bei adiabatischer und isobarer Prozeßführung zur Spaltung der Wassermoleküle aufgebracht werden muß, gleich der Reaktionsenthalpie ΔH; dieser Energiebetrag ist dem System in rein elektrischer Form zuzuführen. Läuft der Elektrolyseprozeß dagegen isotherm und isobar ab, kann aufgrund der thermodynamischen Beziehung $\Delta H = \Delta G + T\,\Delta S$ ein Teil der erforderlichen Zersetzungsenergie als Wärmemenge $Q = T\,\Delta S$ von außen zugeführt werden. Der minimale, rein elektrische Energieaufwand entspricht dann der freien Reaktionsenthalpie ΔG. Bei kleineren Energien als ΔG ist die elektrolytische Wasserzersetzung nicht möglich. Wird nur ΔG in elektrischer Form aufgebracht, verläuft der Prozeß endotherm, da noch die dem Term TΔS entsprechende Wärmemenge benötigt wird. Oberhalb der thermoneutralen Energie ΔH verläuft der Prozeß exotherm, die überschüssige Energie wird als Verlustwärme abgegeben.

Um einen Überblick über die Größe der aufzuwendenden Energiebeträge zu erhalten, sind in Fig. 8,1 deren mit Hilfe thermodynamischer Daten berechneten Temperaturabhängigkeiten für den Bereich zwischen 25 °C und 1 200 °C aufgetragen(8-4). Im betrachteten Temperaturintervall bleibt ΔH bis auf den Verdampfungsenergiesprung praktisch konstant, während sich die freie Reaktionsenthalpie ΔG und die Wärmemenge TΔS stärker ändern: ΔG nimmt um 875 Wh/Nm³ ab, TΔS um 443 Wh/Nm³ zu*. Aufgrund dieser energetischen Verhältnisse erscheint es als sinnvoll, den Elektrolyseprozeß bei höheren Temperaturen zu führen, so daß ein Teil der benötigten Energie durch billige thermische Energie aufgebracht werden kann.

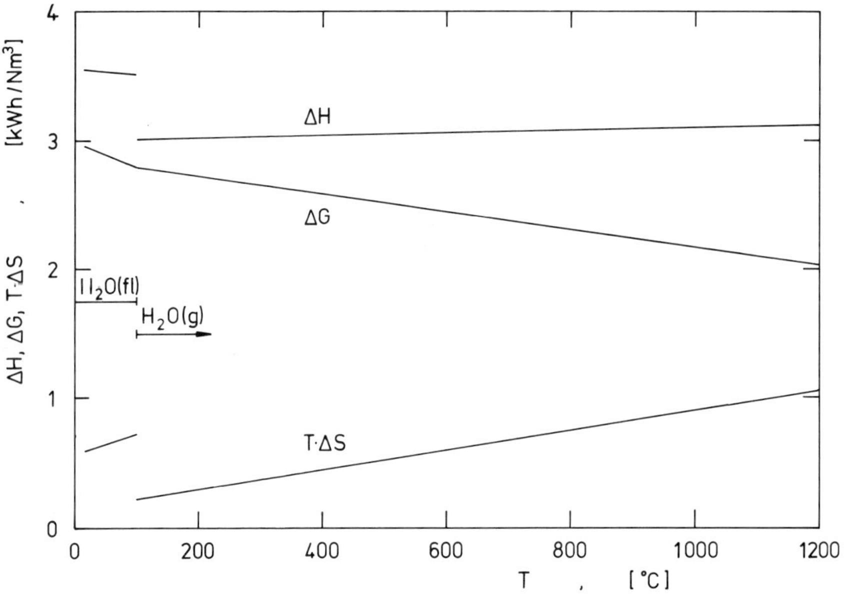

Fig. 8,1:
Temperaturabhängigkeit von ΔH, ΔG und TΔS bei der elektrolytischen Wasserzersetzungsreaktion.

*1 Nm^3 = 1 m^3 bei T = 0 °C und p = 1 bar

Für einen einmolaren vollständigen Formelumsatz entsprechend dem 1. Faradayschen Gesetz ist die freie Reaktionsenthalpie ΔG über die elektrochemische Gleichgewichtsbedingung $\Delta G = n F \in$ mit der reversiblen Zellenspannung $\in$ verknüpft. Die theoretische Mindestspannung für das Einsetzen der Wasserzersetzungsreaktion folgt somit zu $\in = \Delta G/nF$ [V]; bezogen auf die Enthalpieänderung ΔH ergibt sich der analoge Ausdruck $\in' = \Delta H/nF$ [V].

Der Temperaturkoeffizient der reversiblen Zellenspannung ist durch

$$\left(\frac{\partial \in}{\partial T}\right)_p = \frac{1}{nF}\left(\frac{\partial \Delta G}{\partial T}\right)_p = -\frac{\Delta S}{nF}$$

gegeben, d. h. mit steigender Temperatur verkleinert sich die Zellenspannung. $(\partial \in/\partial T)_p$ entspricht der negativen Entropieänderung bei Ablauf der Zellenreaktion und errechnet sich unter Verwendung der von Barin u. Knacke angegebenen Daten für $25\,^\circ C \leqslant T \leqslant 100\,^\circ C$ zu $-0{,}8$ mV/K und für $100\,^\circ C \leqslant T \leqslant 1\,200\,^\circ C$ zu $-0{,}2$ mV/K. Die Temperaturabhängigkeit der Zellenspannung erhält man durch Integration der obigen Beziehung; in Fig. 8,2 sind $\in$ und $\in'$ im Bereich von 25 °C bis 1 200 °C dargestellt. Die aufgetragenen Abhängigkeiten $\in = \in(T)$ und $\in' = \in'(T)$ entsprechen dem nach Fig. 8,1 zu erwartenden Verlauf: Während sich $\in'$ im betrachteten Temperaturintervall bis auf den Verdampfungsenergiesprung nur wenig ändert, nimmt $\in$ wesentlich stärker ab. Die auf Standardbedingungen bezogenen reversiblen Wasserzersetzungsspannungen errechnen sich zu $\in_o = 1{,}229$ V bzw. $\in'_o = 1{,}481$ V. Ihre Kenntnis ermöglicht sofort die Bestimmung des zur elektrolytischen Abscheidung von 1 Nm^3 Wasserstoff und 0,5 Nm^3 Sauerstoff notwendigen minimalen elektrischen Energieaufwandes W_e^{min} sowie die Definition des Elektrolysewirkungsgrades η. Allgemein gilt für die erforderliche Energiemenge $W_e = U_{Kl}\ N\ n\ F$ [kWh], wobei U_{Kl} die Klemmenspannung der Elektrolysezelle, N die erzeugte Molzahl H_2 und n F die zur Abscheidung von 1 Mol H_2 benötigte Elektrizitätsmenge bezeichnen. Mit $U_{Kl} = \in$ bzw. $\in'$ folgt aus dieser Gleichung der minimale Aufwand zu W_e^{min} $(T = 25\,^\circ C) = 2{,}94$ bzw. 3,54 kWh; wird die Temperatur auf 100 °C erhöht, verkleinert er sich auf W_e^{min} $(T = 100\,^\circ C) = 2{,}79$ bzw. 3,51 kWh. Der elektrochemische Wirkungsgrad der Elektrolysezelle wird als das Verhältnis von theoretisch notwendigem zu experimentell ermitteltem Energieaufwand definiert:

$$\eta = W_e^{min} / W_e^{exp} = \in / U \quad [\%].$$

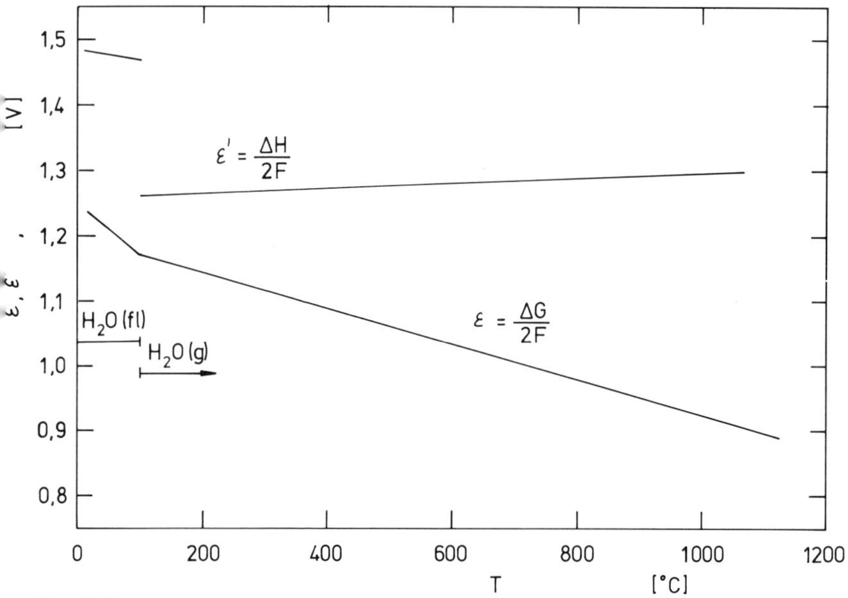

Fig. 8,2:
Temperaturabhängigkeit der thermodynamisch berechneten Mindestabscheidungsspannungen ∈ (bezogen auf ΔG) und ∈' (bezogen auf ΔH).

Aufbau von technischen Wasserelektrolyseuren

Der schematische Aufbau einer Elektrolysezelle ist in Fig. 8,3 dargestellt. Die mit der Gleichstromquelle verbundenen Elektroden tauchen in den meist mit wässriger KOH-Lösung als Elektrolyten gefüllten Zellentrog ein. Zur Durchführung des Elektrolyseprozesses bei konstanter Elektrolytkonzentration muß laufend frischer Elektrolyt durch die Zelle gepumpt werden. Kathode und Anode werden durch ein gasundurchlässiges, jedoch ionendurchlässiges Diaphragma voneinander getrennt. Die abgeschiedenen Gase werden aus dem Kathoden- und Anodenraum zur Reinigung und Speicherung abgeleitet. Da die anodischen und kathodischen Teilreaktionen beeinflußt durch Art, Konzentration und Temperatur des Elektrolyten sowie durch den konstruktiven Aufbau der Zelle gehemmt ablaufen, treten Abweichungen (Polarisationen oder Überspannungen) von der theoretischen Zersetzungsspannung auf.

Eine großtechnische Wasserelektrolyseanlage setzt sich aus der Gleichrichteranlage zur Gleichstromerzeugung, dem eigentlichen Zellenblock sowie den erforderlichen Nebenanlagen wie Speisewasser- und Elektrolytaufbereitungseinrichtungen, Gaskühlern und -waschern, Katalysatoren zur H_2- und O_2-Nachreinigung sowie der Trocknungs- und Speicheranlage zusammen. Je nach Schaltung der Elektroden unterteilt man die Elektrolyseure in unipolar und bipolar verschaltete Zellen. Die unipolare Tankzelle besteht aus einer Reihe von Zellentrögen, in die ein oder mehrere parallel geschaltete Anoden/Kathoden-Paare eintauchen; in Fig. 8,4 ist diese Zellenkonstruktion schematisch wiedergegeben. Obwohl sich diese Anordnung sehr einfach aufbauen läßt und der Ausfall einer einzelnen Zelle nicht zur Betriebsunterbrechung führt, gilt sie wegen ihres großen Platzbedarfs, der niedrigen Betriebstemperatur (60 °C) und geringen Stromdichte (max. 70 mA/cm^2) sowie des hohen Gesamtstroms und Energieverbrauchs bereits als überholt(8-5, 8-6).

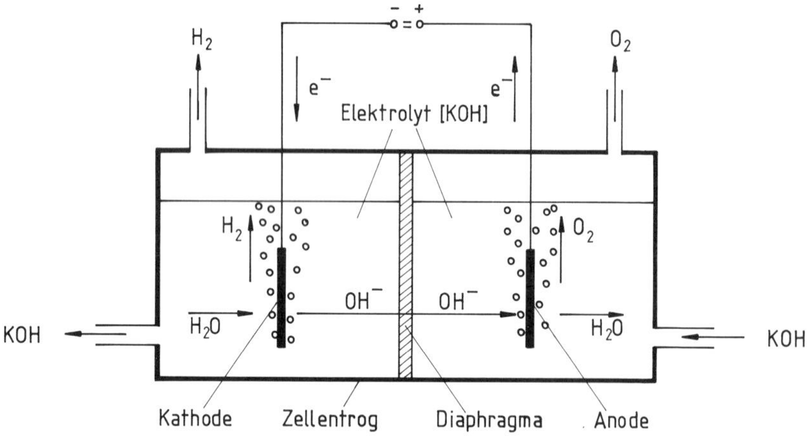

Kathodische Reaktion : $4H_2O + 4e^- \rightarrow 2H_2\uparrow + 4OH^-$

Anodische Reaktion : $4OH^- \rightarrow O_2\uparrow + 2H_2O + 4e^-$

Bruttoreaktion : Energie $+ 2H_2O \longrightarrow 2H_2 + O_2$

Fig. 8,3:
Schematischer Aufbau einer alkalischen Wasserelektrolysezelle und vereinfachte Darstellung des Reaktionsablaufs.

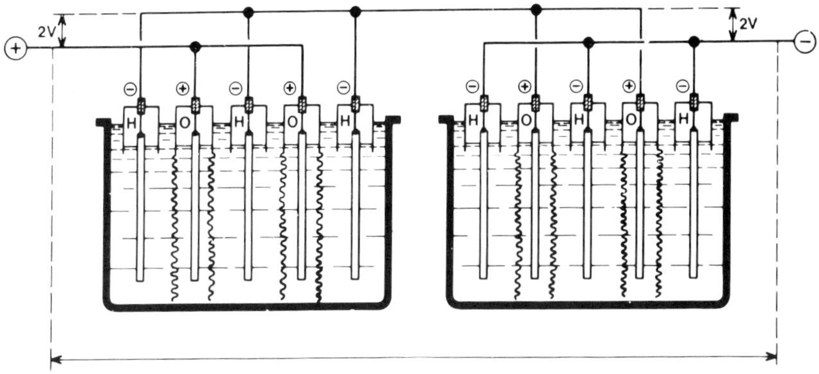

Fig. 8,4:
Schematischer Aufbau eines unipolar geschalteten Elektrolyseurs.

Die meisten Wasserelektrolyseure werden als bipolare Plattenzelleneinheiten aus einer Vielzahl von hintereinandergeschalteten Einzelzellen gefertigt, die nach dem Filterpressenprinzip in mehreren kompakten Zellenblöcken zusammengefaßt sind. In diesen Bipolarzellen ist jede Elektrode so geschaltet, daß ohne äußere Stromverbindung eine Seite als Anode, die andere Seite als Kathode arbeitet.

Atmosphärische oder Normaldruck-Elektrolyseure arbeiten im Bereich zwischen 10 und 70 mbar oberhalb des Atmosphärendrucks(8-7, -8, -9). Wie die in Fig. 8,5 wiedergegebene Schnittzeichnung zeigt, sind die aus perforierten, porenfrei vernickelten Eisen- und Stahlblechen bestehenden Anoden und die meist aus Flußstahl gefertigten Kathoden als Vorelektroden auf eine Mittelelektrode montiert. Zur Verkleinerung der Polarisationsspannungen werden die Oberflächen der Vorelektroden entweder mechanisch durch Sandstrahlen aufgerauht oder chemisch nach verschiedenen Methoden aktiviert bzw. vergrößert. Die vertikale Anordnung der Elektroden erleichtert den Elektrolytumlauf allein durch die aufsteigenden Gasblasen. Die Anoden- und Kathodenräume sind durch das im Zellenrahmen eingespannte Reinasbestdiaphragma voneinander getrennt, an das die perforierten Vorelektroden zur Vermeidung größerer Ohmscher Spannungsabfälle durch die im Elektrolyten aufsteigenden Gasblasen möglichst dicht herangeführt werden. Durch die Löcher

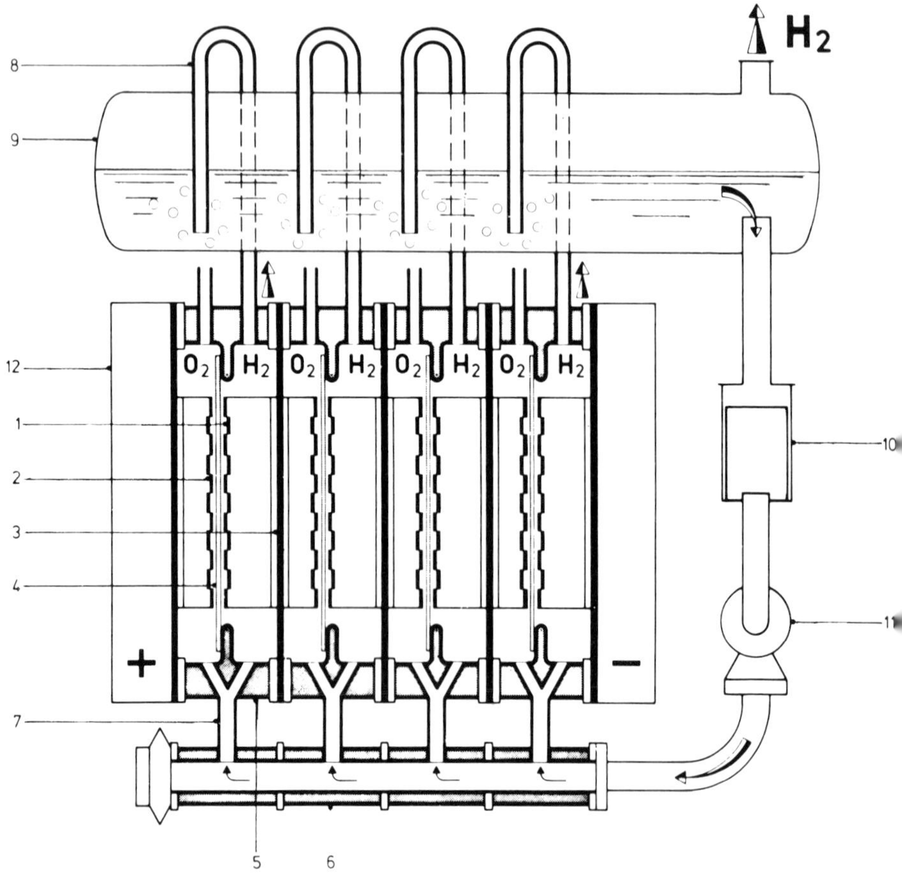

1 Kathode	7 Speiserohr
2 Anode	8 Überlaufrohr
3 Mittelelektrode	9 Gasabscheider
4 Diaphragma	10 Filter
5 Zellenrahmen	11 Pumpe
6 Verteilleitung	12 Preßplatte

Fig. 8,5:
Schematischer Aufbau eines bipolar geschalteten atmosphärischen Elektrolyseurs.

in den Elektrodenblechen gelangen die abgeschiedenen Gase in den stromfreien Bereich zwischen Vor- und Mittelelektrode, von dem aus sie als Gas/Wasserdampf/Elektrolyt-Gemisch in den oberhalb des Zellenblocks angebrachten Gasabscheider und -kühler gelangen. Im Anschluß an ihre Reinigung werden die Elektrolysegase getrocknet, komprimiert und gespeichert. Je nach geforderter Gasleistung bzw. angelegter Betriebsstromstärke schwankt die Zellenspannung derartiger Normaldruckelektrolyseure zwischen 1,88 V und 2,27 V, während sich der spezifische Energieverbrauch pro erzeugtem Nm^3 H_2 und 0,5 Nm^3 O_2 auf 4,5-5,45 kWh beläuft.

Zur Einschränkung des Primärenergieverbrauchs stellt sich die im Zdansky-Lonza-Verfahren vorgenommene Erhöhung des Betriebsdrucks auf ca. 30 bar als vorteilhaft heraus(8-5, -10, -11). Bei steigendem Druck vergrößert sich zwar die Zersetzungsspannung, doch wird diese Zunahme mehr als kompensiert, weil die Größe der sich unter dem Druck bildenden Gasblasen stark verkleinert ist und dadurch der Ohmsche Spannungsabfall im Elektrolyten vermindert wird sowie sich die Betriebstemperatur ohne störende Dampfblasenbildung in unmittelbarer Nähe der Elektroden auf 90 °C erhöhen läßt. Die Druckelektrolyse kann daher entweder mit einem im Vergleich zu atmosphärischen Elektrolyseuren um ca. 20 % geringeren spezifischen Energieaufwand oder bei gleicher Zellenspannung mit erhöhter Stromdichte bzw. Leistungskapazität durchgeführt werden.

Ähnlich wie Normaldruckzellen sind die als „Elektrolytore" bezeichneten Druckelektrolyseure nach dem kompakten Filterpressenprinzip aufgebaut. Als Mittelelektrode dient eine waffelartig geprägte, vollständig vernickelte Blechwand, auf die in einem ringförmigen Rahmen vernickelte und aktivierte Stahldrahtgewebe als Vorelektroden aufgelegt sind. In Fig. 8,6 ist einer dieser Elektrolytore abgebildet. Druckelektroyseure arbeiten bei Zellenspannungen bis zu max. 1,95 V und benötigen zur Herstellung von 1 Nm^3 H_2 und 0,5 Nm^3 O_2 einschließlich der Gaskompressionsenergie zwischen 4,3 und 4,6 kWh.

Die bisher größten Wasserelektrolyseanlagen wurden für die Stickstoffindustrie gebaut, wobei der erzeugte Wasserstoff zur Ammoniaksynthese für die Kunstdüngerherstellung verwendet wird. Derartige Großanlagen, für die die erforderliche elektrische Energie durch Nutzung der Wasserkraft sehr kostengünstig bereitgestellt werden kann, befinden sich in Ägypten, Indien, Norwegen und Peru. Die derzeit größten, jeweils mit bipolar verschalteten Normaldruckelektrolyseuren aufgebauten An-

Fig. 8,6:
Druckelektrolyseur nach Zdansky-Lonza.
(Werksphoto: Lurgi GmbH, Frankfurt a. M.)

lagen befinden sich in Rjaken, Norwegen (Tagesproduktion: 1 434 000 Nm^3 H_2), und am Assuan-Staudamm, Ägypten (Tagesproduktion 894 000 Nm^3 H_2)(8-12). In der indischen Anlage wird wie in dem norwegischen Werk Norsk-Hydro das sich während des Elektrolyseprozesses im Elektrolyten anreichernde schwere Wasser zusätzlich gewonnen. Alle diese Anlagen haben sich in langen wartungsfreien Standzeiten bewährt und zeichnen sich durch einfache Bedienung, hohe Betriebssicherheit und eine gute Wirtschaftlichkeit aus.

Da die Wasserlektrolyse wegen ihres großen elektrischen Energiebedarfs ein teures Verfahren ist – der hohe Preis des benötigten Stroms wird durch den thermischen Wirkungsgrad bei der Umwandlung von Wärmeenergie in elektrische Energie verursacht, der in heutigen Kraftwerken maximal 35-40 % beträgt –, unterblieb aus Kostengründen der weitere Bau von Großanlagen. Im Rahmen einer zukünftigen Solar-Wasserstoff-Technologie würde dagegen der Elektrolysestrom grundsätzlich von regenerativen Energiequellen geliefert: Dazu könnte entweder mit Hochtemperaturkollektoren(8-13) bzw. nach dem Power-Tower-Konzept(8-14) erzeugter Heißdampf in Niederdruckturbinen geleitet werden, die den erforderlichen Strombedarf decken, oder er könnte direkt von Solarzellen-Großkraftwerken bereitgestellt werden; möglich wäre eventuell auch die zusätzliche Ausnutzung von Wind- oder Gezeitenkraftwerken.

Verbesserungsmöglichkeiten und neuartige Elektrolyseverfahren

Zur Erzeugung von 1 Nm^3 H_2 und 0,5 Nm^3 O_2 benötigen technische Elektrolyseure viel mehr Energie als thermodynamisch berechnet. Wie die genaue Analyse des spezifischen Energieverbrauchs zeigt, muß der zusätzliche Energieanteil überwiegend aufgrund von Spannungsverlusten aufgebracht werden, die auf anodischen und kathodischen Polarisationen sowie auf dem Ohmschen Spannungsabfall im Elektrolyten beruhen. Die Stromausbeute bzw. der Stromwirkungsgrad fast aller konventionellen Elektrolyseure liegt oberhalb von 98 %. Daher muß das Ziel aller Verbesserungen der Wasserelektrolysetechnik die Verkleinerung der Klemmenspannung bzw. des zusätzlichen elektrischen Energieaufwandes sein. In Abänderung der bekannten Systeme können dazu entweder neue Elektrodenmaterialien und -strukturen eingeführt, die Katalysatoren verbessert, Zellenkonstruktionen und Betriebsparameter abgeändert oder völlig neue Elektrolyseverfahren entwickelt werden.

Da die an Anode und Kathode auftretenden unerwünschten Polarisationen additiv zur Klemmenspannung beitragen, dürfen zur Elektrodenherstellung nur Metalle oder Legierungen mit möglichst geringen Überspannungen verwendet werden. Darüber hinaus eignen sich bei starker Belastung in hohen positiven Potentialbereichen nur korrosionsbeständige Anoden, wodurch die Zahl der insgesamt zur Auswahl stehenden Materialien stark eingeschränkt wird. Nach heutigem Wissensstand zeichnen sowohl die elektrokatalytischen Eigenschaften als auch die gute Beständigkeit gegenüber heißen, stark konzentrierten Kalilaugelösungen nach wie vor Nickel als den optimalen Elektrodenwerkstoff aus(8-15, -16).

Getrennt von den Werkstofffragen ist die Elektrodenstruktur zu betrachten. Aus der Brennstoffzellentechnik ist bekannt, daß sich Polarisationsspannungen durch Verwendung von hochporösen Elektroden mit großer innerer Oberfläche stark reduzieren lassen(8-17). Bei derart strukturierten Elektroden ist die katalytisch aktive Oberfläche über die äußeren geometrischen Abmessungen hinaus entscheidend vergrößert worden, so daß die auf die spezifische Elektrodenoberfläche entfallende Stromdichte stark vermindert ist und damit sich nur vergleichsweise geringe Überspannungen einstellen. Die Vorteile poröser Elektroden werden sowohl in der von der Fa. Allis-Chalmers(8-18) in halbtechnischem Maßstab gebauten als auch in der im nächsten Abschnitt gesondert beschriebenen ELOFLUX-Wasserelektrolysezelle genutzt. Den schematischen Aufbau der Allis-Chalmers-Zelle zeigt Fig. 8,7: Die aus Nickel ohne Katalysatorzusatz hergestellten Elektroden sind auch nach dem Filterpressenprinzip angeordnet, bipolar geschaltet und werden durch eine 0,76 mm starke Asbestpapiermatrix getrennt. Die Elektrolysegase werden von den Rückseiten abgeführt und strömen zusammen mit dem Elektrolyten durch die Hohlräume des äußeren Zellenrahmens bis zu den Gasabscheidern. Bei einer Stromdichte von 300 mA/cm^2 beträgt die bei 93 °C gemessene Zellenspannung 1,8 V, so daß zur Abscheidung von 1 Nm^3 Wasserstoff und 0,5 Nm^3 Sauerstoff 4,3 kWh erforderlich sind. Obwohl die großtechnische Realisierung wegen ungelöster Korrosionsprobleme und Lebensdauerfragen noch nicht erfolgt ist, läßt sich aufgrund der einfachen Zellenkonstruktion und des geringen Energiebedarfs trotzdem schließen, daß die Verwendung poröser Elektroden eine entscheidende Verbesserung der heutigen Wasserelektrolyseverfahren darstellt.

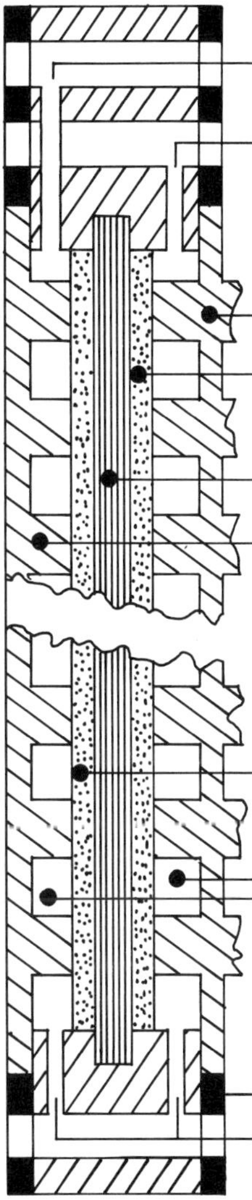

Fig. 8,7:
Schematischer Aufbau der Allis-Chalmers-Wasserelektrolysezelle.

Da nach *Vuilleumier* u. *Braun* bei höheren Stromdichten vorwiegend die Ohmschen Spannungsabfälle die Größe der Zellenspannung bestimmen(8-7), können sich neue Zellenkonstruktionen und abgeänderte Betriebsbedingungen vorteilhaft auswirken. Bei der Konstruktion einer Elektrolysezelle sind daher die Elektroden- oder Hilfselektrodenabstände unter Beachtung von eventuell auftretenden Konzentrationspolarisationen so klein wie möglich zu halten. Außerdem sind Spannungsverluste durch im Elektrolyten aufsteigende Gasblasen zu vermeiden; die abgeschiedenen Gase sollten von den Elektrodenrückseiten abgeführt werden.

Als mögliche Weiterentwicklung der Wasserelektrolysetechnik sind die Konzeptionen einiger neuer Verfahren zu nennen, die unter Verzicht auf jegliche Diaphragmen Feststoffelektrolyte aus stabilisierter ZrO_2-Keramik oder in Form von synthetischen Ionenaustauscher-Membranen benutzen. Dadurch werden die aggressiven alkalischen oder sauren Elektrolyte vermieden, und als besonderer Vorteil ist die konstante Elektrolytkonzentration zu erwähnen. Zu den interessantesten Neuentwicklungen zählen das Solid-Polymer-Electrolyte-Verfahren (SPE) und die Hochtemperatur-Dampfphase-Elektrolyse.

Das seit 1967 von der Fa. General Electric entwickelte SPE-Verfahren nutzt ein speziell perfluoriertes Schwefelsäure-Polymer als Feststoffelektrolyt aus, der sich durch teflonartige physikalische Eigenschaften, eine hohe Wasserstoffionenleitfähigkeit und ausreichende Beständigkeit gegenüber Sauerstoff auszeichnet(8-19). Nach Fig. 8,8 werden Anode (katalytisch aktive Speziallegierung) und Kathode (1-5 mg Platinschwarz/cm^2) direkt auf den ca. 0,5 mm starken Ionenaustauscher aufgebracht. Durch die Zelle zirkuliert nur destilliertes dampfförmiges Wasser, das an der Anode in Wasserstoffionen und Sauerstoff zersetzt wird. Die H^+-Ionen migrieren in hydratisierter Form über Anlagerung an im Polymer fixierte SO_3^--Gruppen zur Kathode, um dort zu Wasserstoff entladen zu werden. Nach bisherigen Kennlinienmessungen ist für $T = 93\ ^\circ C$ und $i = 300\ mA/cm^2$ eine Zellenspannung von 1,55 V zu erwarten; damit reduziert sich der notwendige Energieaufwand für 1 Nm^3 H_2 und 0,5 Nm^3 O_2 auf 3,7 kWh. Der großtechnische Einsatz des SPE-Verfahrens hängt allerdings von den noch zu bewältigenden Dichtungsproblemen sowie dem Ersatz der teuren Edelmetallkatalysatoren ab.

Als zweites neues Verfahren ist die Hochtemperatur-Dampfphase-Elektrolyse zu nennen. Anknüpfend an die in Fig. 8,1 dargestellten energetischen Verhältnisse wird versucht, einen größeren Anteil der zur Wasserzerlegung benötigten Gesamtenergie in thermischer Form dem Elektrolyseprozeß zuzuführen(8-20). Für eine Temperatur von z. B. 1 000 °C errechnen sich die erforderlichen Energien zu ΔH = 3,1 kWh/Nm^3, ΔG = 2,2 kWh/Nm^3 und $T\Delta S$ = 0,89 kWh/Nm^3, die reversible Wasserdampf-Zersetzungsspannung vermindert sich auf $\in$ = 0,92 V. Wegen der in diesem Temperaturbereich fast völlig fehlenden kinetischen Hemmungen können hohe Leistungsdichten erzielt werden. Für die Zersetzung des heißen Wasserdampfs wird als hochtemperaturbeständiger Feststoffelektrolyt mit Y_2O_3 oder Yb_2O_3 dotiertes ZrO_2 eingesetzt. Wie der in Fig. 8,9 skizzierte Zellenaufbau zeigt, sind die Elektroden ringförmig um den keramischen Hohlzylinder-Feststoffelektrolyten angeordnet. Während sich

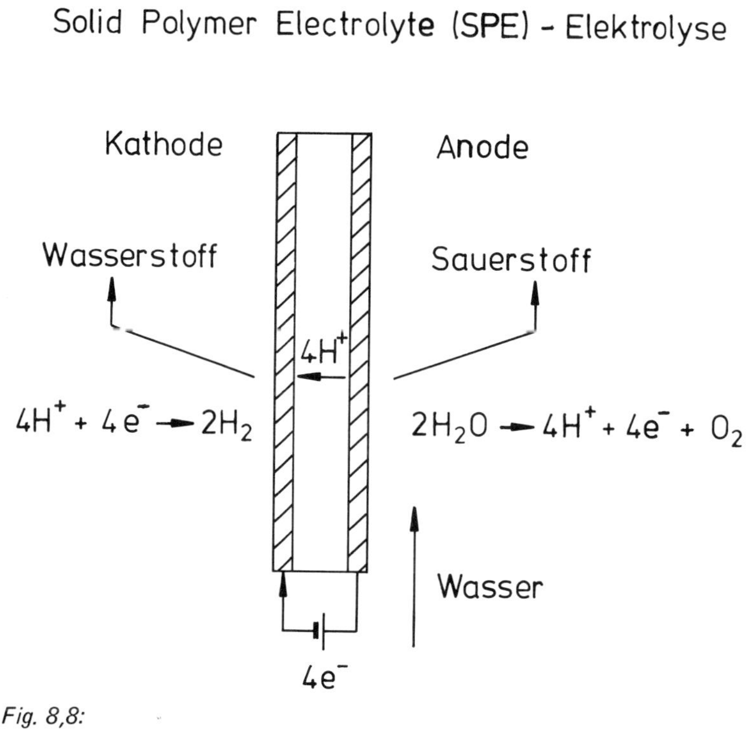

Fig. 8,8:
Schema der SPE-Wasserelektrolyse.

der Wasserstoff gemäß $H_2O + 2e^- \rightarrow H_2 + O^{--}$ im Wasserstoff-Wasserdampf-Gemisch anreichert, migriert der Sauerstoff in ionisierter Form durch den festen Elektrolyten zur Anode. Der Energieaufwand pro Nm^3 H_2 und 0,5 Nm^3 O_2 soll sich bei diesem Verfahren zwar auf weniger als 3 kWh erniedrigen(8-21), über seinen Einsatz entscheiden jedoch die Lösung der technologisch sehr schwierigen Probleme wie Korrosionsverhalten des Keramikelektrolyten, Auswahl und Haftung der Elektrodenwerkstoffe und die Handhabung von O_2 bei 1 000 °C sowie der Verfügbarkeit von billiger Hochtemperaturwärme (Prozeßwärme).

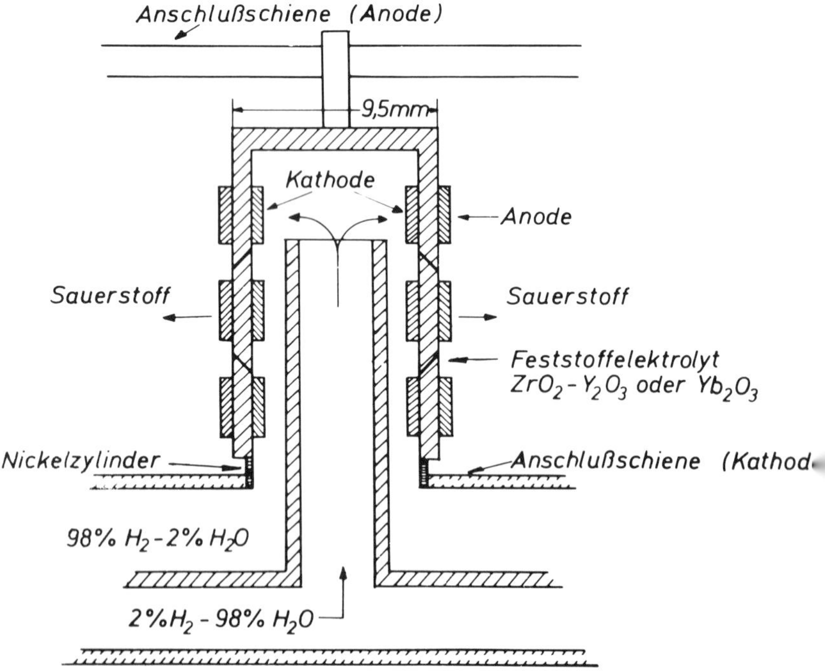

Fig. 8,9:
Prinzipieller Aufbau einer Hochtemperatur-Wasserdampf-Elektrolysezelle.

Die ELOFLUX-Wasserelektrolysezelle

Die Entwicklungsprobleme der im vorausgehenden Abschnitt beschriebenen, neu konzipierten Wasserelektrolyseverfahren sind noch so schwerwiegend, daß bisher mit keiner der vorgestellten Möglichkeiten der technische Durchbruch gelungen ist. Weil die elektrolytische Wasserzersetzung die Umkehr der Brennstoffzellenreaktion darstellt, versuchte *Brennecke* daher, mit den bei der Untersuchung von alkalischen Niedertemperaturbrennstoffzellen gesammelten Erfahrungen die konventionelle, bewährte Wasserelektrolysetechnik zu verbessern(8-16). Aus der Brennstoffzellentechnik ist bekannt, daß sich Polarisationsspannungen durch die Verwendung von hochporösen Elektroden mit großer innerer Oberfläche deutlich reduzieren lassen. Bei derart strukturierten Elektroden ist die katalytisch aktive Oberfläche über die äußeren geometrischen Abmessungen hinaus entscheidend vergrößert worden, so daß die auf die spezifische Elektrodenoberfläche entfallende Stromdichte stark verkleinert ist und damit vergleichsweise geringe Überspannungen erreicht werden. Am vorteilhaftesten lassen sich poröse Elektroden nach dem von *Justi, Pilkuhn, Scheibe* u. *Winsel* entwickelten Doppel-Skelett-Katalysator-Prinzip (kurz: DSK-Prinzip) herstellen. DSK-Elektroden bestehen aus einem metallischen, mechanisch sehr stabilen Stützgerüst, in das der stark fehlgeordnete hochaktive Katalysator eingelagert ist. Zur Erzielung möglichst hoher Porositäten werden sie nicht durch Sintern, sondern durch das in der pulvermetallurgischen Verfahrenstechnik bekannte simultane Heißpressen aus Metallpulvergemischen mit großen, nach dem Pressen wieder herauszulösenden Salzfilleranteilen hergestellt. Die Struktur einer solchen Elektrode zeigt das in Fig. 8,10 wiedergegebene Schliffbild: Während die durch den Salzfiller erzeugten Poren schwarz erscheinen, stellen die hellen Bereiche die Stützgerüst- und die grauen Bereiche die in ihnen eingelagerten Katalysatorkörner dar.

In DSK-Elektroden durchdringen sich zwei Porensysteme gegenseitig: Das feinere System wird durch die Mikroporosität der einzelnen Katalysatorkörner bestimmt, während das gröbere System sowohl durch die zwickelförmigen Bereiche zwischen den einzelnen Stützgerüst- und Katalysatorkörnern als auch durch die vom wieder herausgelösten Salzfiller erzeugten Makroporen gebildet wird. Durch die vergrößerte Elektrodenoberfläche nehmen insbesondere die Durchtrittsüberspannungen in der Phasengrenzfläche zwischen Elektrode und Elektrolyt ab –

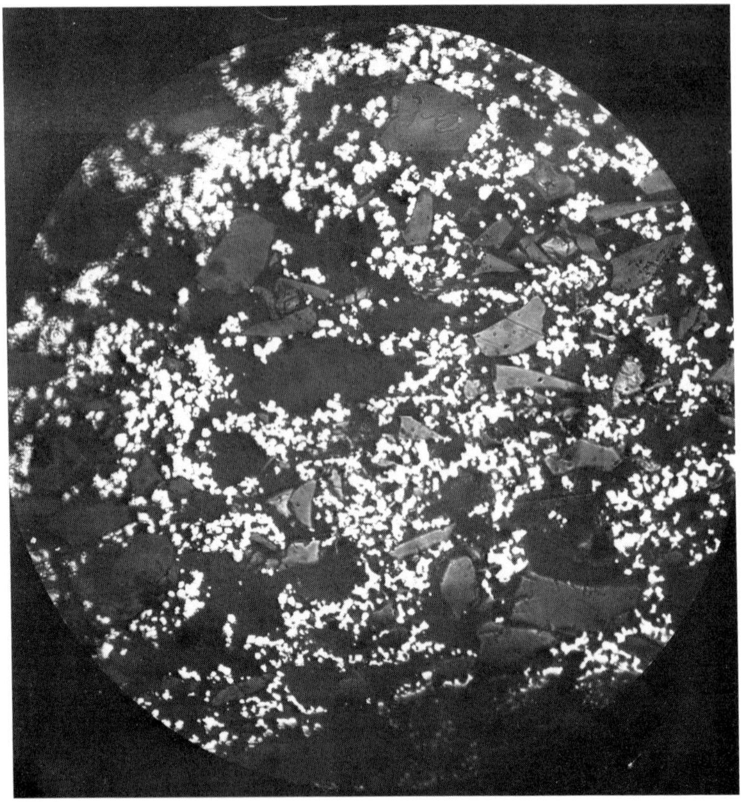

Fig. 8,10:
Schliffbild einer DSK-Elektrode (hell: Stützgerüstkörner; grau: eingebettete Katalysatorkörner; schwarz: durch Salzfiller erzeugte Makroporen (Vergrößerung 1 : 500).

was entweder zu einem verminderten Primärenergiebedarf führt oder bei gleicher Zellenspannung höhere Stromdichten ermöglicht. Diesen Sachverhalt spiegelt Fig. 8,11 wider, in der die sich bei einer Elektrolyttemperatur von 80 °C an Sauerstoff entwickelnden Ni-Anoden einstellenden Potentiale über der Elektrodenporosität P aufgetragen sind. Mit wachsender Porosität nehmen die Überspannungen stark ab, und zwar verringern sie sich z. B. bei i = 350 mA/cm^2 von P = O (Nickelblech) bis auf P = 83,5 % (heißgepreßte Carbonylnickelelektrode) um ca. 375 mV.

Die Leistungsfähigkeit von porösen Anoden bzw. Kathoden läßt sich durch die von *Justi, Scheibe* u. *Winsel* in die Brennstoffzellentechnik eingeführten hochaktiven, unedlen und billigen Raney-Nickel-Katalysatoren erheblich steigern(8-22). Übliches Raney-Nickel ist eine Legierung aus 50 Gew.-% Ni und 50 Gew.-% Al, deren Aluminiumanteil nach dem Heißpressen der Elektroden aus ihnen wieder herausgelaugt wird. Dadurch entsteht eine stark fehlgeordnete, schwammartige Nickelstruktur mit hoher innerer Oberfläche (ca. 100 m^2/g) und großer Porosität. Die Verwendung eines Raney-Nickel-Mischkatalysators, dessen Aktivität durch Zulegierung von 2 Gew.-% Titan zusätzlich erhöht wurde, führt zu besonders niedrigen Überspannungen(8-16).

In den Poren von in H_2-O_2-Brennstoffelementen eingesetzten Gasdiffusionselektroden stellen sich vor allem bei hoher Belastung elektrolytseitige Konzentrationspolarisationen ein, die die Stromverteilung bzw. das Grenzstromverhalten beeinflussen. Um diese unerwünschten Konzentrationsunterschiede zwischen der im Elektrodeninnern und im freien Elektrolytraum enthaltenen Kalilauge zu vermeiden, müssen die porösen Anoden und Kathoden laufend von frischem Elektrolyten durchspült werden

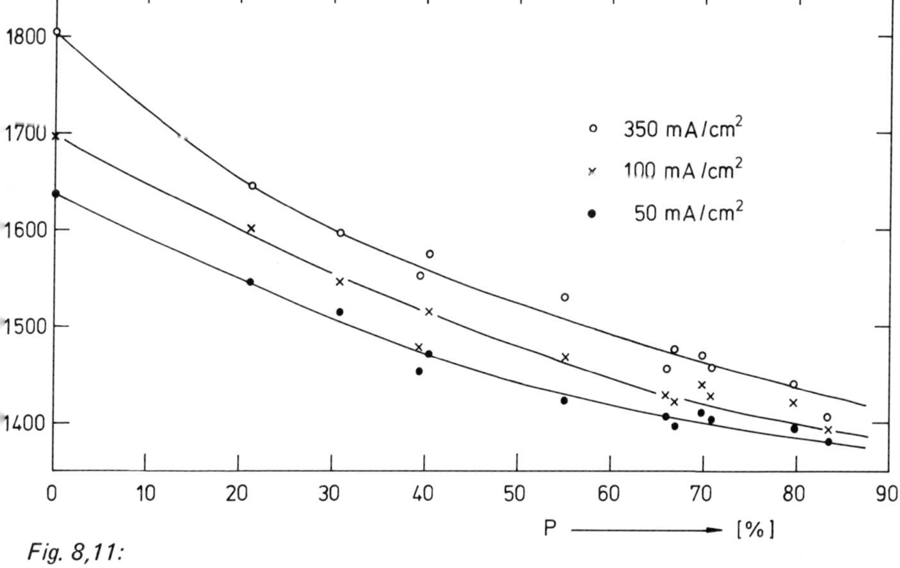

Fig. 8,11:
Einfluß der Porosität von heißgepreßten Nickelelektroden auf die sich bei der anodischen Sauerstoffabscheidung bei 80 °C einstellenden Potentiale.

(8-23). Dies ist insbesondere bei DSK-Elektroden leicht möglich, da sich mittels eines hydrostatischen Druckgefälles eine langsame, kontinuierliche Elektrolytspülung durch das zusammenhängende feine Porensystem schnell erzwingen läßt. Die konsequente Anwendung dieser Spülmethode führte schließlich zur sog. ELOFLUX-Anordnung(8-24).

Der Aufbau einer nach dem ELOFLUX-Prinzip arbeitenden Wasserelektrolysezelle(8-25) beruht auf den beiden sich in DSK-Elektroden gegenseitig durchdringenden Porensystemen, von denen das feinere wegen des höheren Kapillardrucks mit Elektrolyt und das gröbere mit abgeschiedenem Wasserstoff oder Sauerstoff gefüllt ist. Nach Fig. 8,12 sind bei dieser Zellenkon-

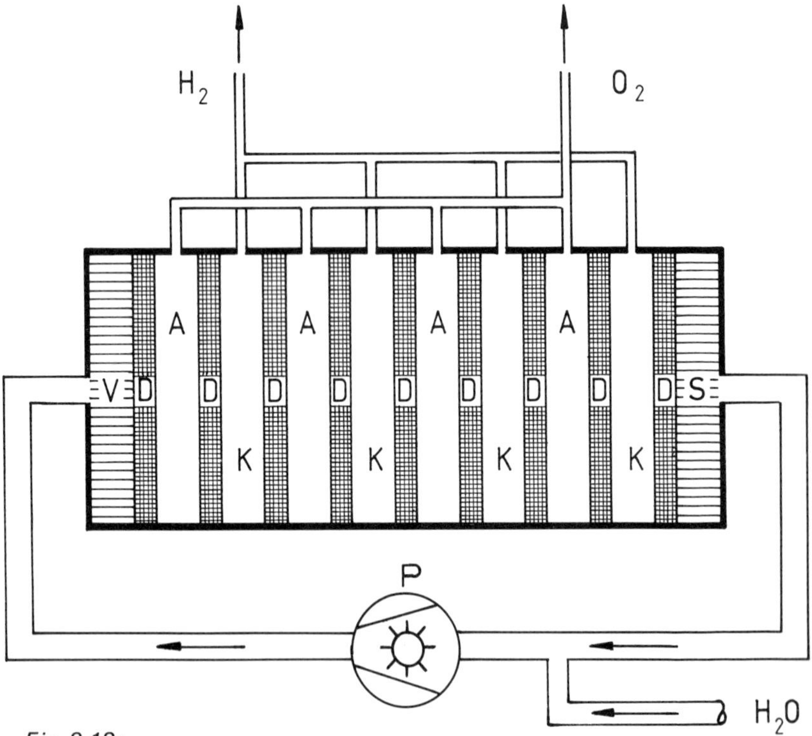

Fig. 8,12:
Schematischer Aufbau der ELOFLUX-Wasserelektrolysezelle (A: Anoden; K: Kathoden; D: Asbestpapierdiaphragmen; V: Elektrolytverteiler; S: Elektrolytsammler; P: Elektrolytpumpe).

struktion unter Verzicht auf jegliche freie Elektrolyt- oder Gasräume abwechselnd poröse Anoden und Kathoden mit dazwischenliegenden feinporigen Asbestdiaphragmen zur Trennung der Gase sowie zur elektrischen Isolation zu einem kompakten Zellenblock vereinigt. Zur Randabdichtung werden die Elektroden in laugefeste Edelstahlringe eingepreßt. Über grobporige Elektrolytverteiler und -sammler erfolgt die Elektrolytströmung axial durch das Zellenpaket; selbst bei starker Zellenbelastung wird sie nur geringfügig beeinträchtigt, wenn der Gasdruck auf den Elektrolyten zurückgekoppelt und damit feine Poren kaum freigeblasen werden. Da die abgeschiedenen Elektrolysegase radial zum Rand hin abgeführt werden, kreuzen sich innerhalb der Elektroden die Gas- und Elektrolytströme. Weitere Einzelheiten finden sich bei *Brennecke*(8-16, -25, 26).

Gegenüber anderen Wasserelektrolyseuren weist die ELOFLUX-Zelle mehrere Vorteile auf:

1. durch die kompakte Bauweise ist das Zellenvolumen klein und die Auslegung als Druckelektrolysezelle möglich;

2. in die nach dem DSK-Prinzip hergestellten Anoden und Kathoden lassen sich leicht Raney-Nickel-Katalysatoren mit großer innerer Oberfläche einbauen;

3. die Stärke der verwendeten Asbestpapierdiaphragmen bestimmt den Abstand der einzelnen Elektroden und damit die Ohmschen Spannungsabfälle;

4. die axiale Elektrolytspülung eliminiert weitgehend die Konzentrationspolarisationen bei hohen Stromdichten und

5. es ist leicht möglich, sie in eine Drei-Elektroden-Speicherzelle umzubauen, die sowohl als Elektrolyseur wie auch als Brennstoffzelle arbeiten kann(8-27).

Damit erfüllt die ELOFLUX-Zelle den Großteil der an die konstruktive Gestaltung einer verbesserten Elektrolysezelle zu erhebenden Forderungen.

Die für den Aufbau eines ELOFLUX-Paketes benötigten Anoden und Kathoden sind aus einer Mischung aus Carbonylnickel, Raney-Nickel mit 2 Gew.-% Titan und Na_2CO_3-Filler hergestellt; die Porosität der Elektroden beträgt ca. 80 %. Bei einem Spüldruck von etwa 145 mbar strömen maximal 0,6 cm^3 KOH/h und cm^2 Elektrodenquerschnittsfläche durch die Zelle. Der Energieaufwand für diese geringe Spülung ist vernachlässigbar klein. In Fig. 8,13 ist die bei 90 °C und einem Gasüberdruck

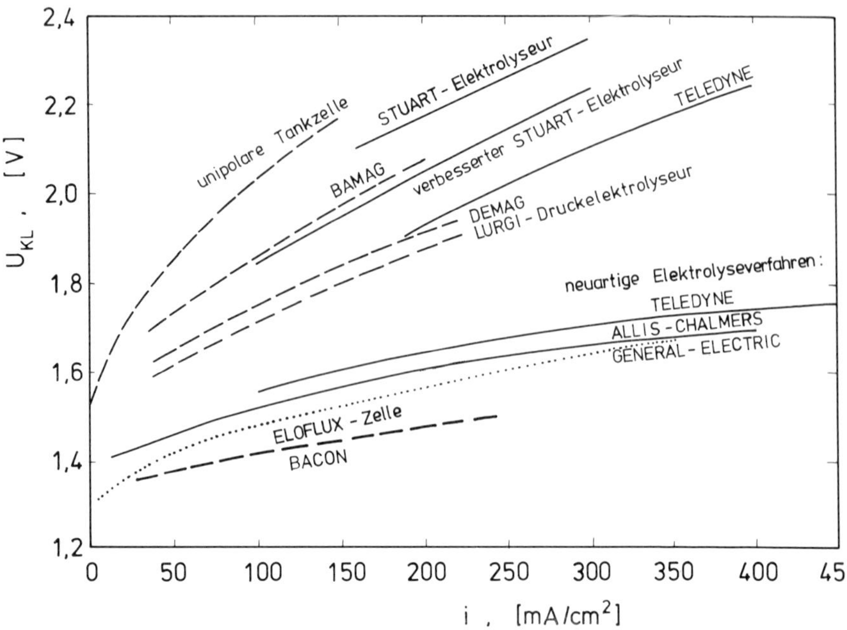

Fig. 8,13:
Stationärer Stromspannungskennlinie einer ELOXFLUX-Wasserelektrolysezelle (gepunktet eingezeichnet) im Vergleich zu technischen Elektrolyseuren und anderen Neuentwicklungen.

von 0,5 bar gemessene stationäre Stromspannungs-Kennlinie (gepunktet eingezeichnet) mit den entsprechenden Kennlinien von technischen sowie neuartigen Elektrolysezellen verglichen. Es zeigt sich, daß die elektrolytische H_2-Erzeugung mit der ELOFLUX-Zelle bei geringen Zellenspannungen erfolgt bzw. mit einem sehr kleinen Primärenergieaufwand möglich ist: Bei 90 °C und 200 mA/cm^2 beträgt die Klemmenspannung 1,57 V, während unter gleichen Betriebsbedingungen die Zellenspannung von konventionellen Normaldruckelektrolyseuren zwischen 1,88 V und 2,27 V schwankt.

Die in Fig. 8,14 über der Zellenstromdichte aufgetragenen Elektrolysewirkungsgrade η bzw. η' sind dementsprechend hoch: Der auf die freie Reaktionsenthalpie ΔG (90 °C: $\in$ = 1,76 V), also auf den rein elektrischen Energieaufwand bezogene Wirkungsgrad η beträgt bei i = 200 mA/cm^2 etwa 75 % und übertrifft damit deutlich die Wirkungsgrade von technischen Elektrolyseuren, die zwischen 60 % und 70 % liegen(8-28). Bezieht man den Wirkungsgrad dagegen auf die Enthalpie ΔH bzw. auf die für 90 °C aus ihr folgende Heizwertspannung von 1,471 V, ergeben sich z. T. Werte von über 100 %. Die zusätzliche Energie TΔS = ΔH – ΔG wird dabei einerseits durch die von der Zelle dissipierte Joulesche Verlustwärme aufgebracht und andererseits dem Elektrolyten in Form von Wärme entzogen.

Während sich bei atmosphärischen Elektrolyseuren der spezifische Energieverbrauch zur Erzeugung von 1 Nm^3 H_2 und 0,5 Nm^3 O_2 auf 4,5-5,45 kWh beläuft und beim Zdansky-Lonza-Druckelektrolyseur auf 4,3-4,6 kWh abnimmt, ist beim Betrieb der ELOFLUX-Elektrolysezelle eine sehr viel geringere Energiemenge aufzubringen: Bei 90 °C und 200 mA/cm^2 genügen bereits 3,75 kWh. Zum Vergleich sei noch der auf ΔH

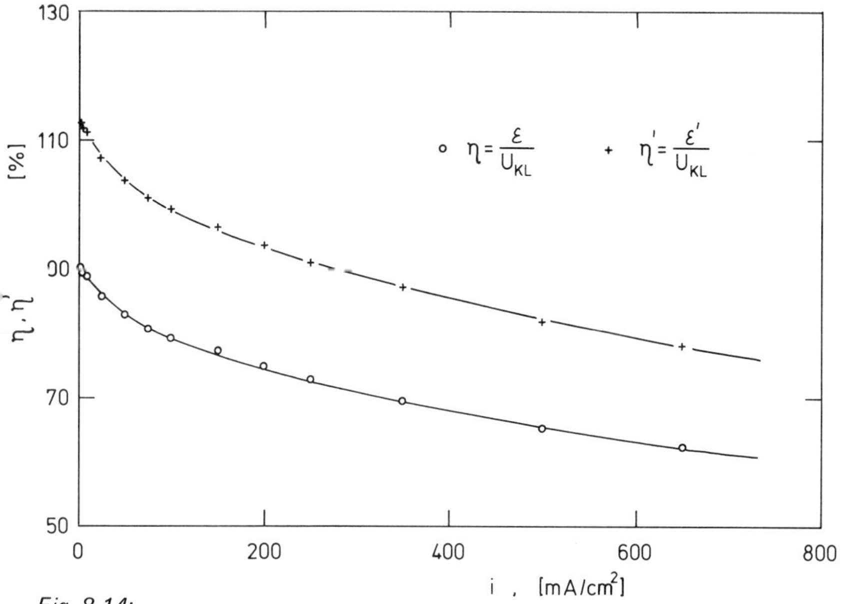

Fig. 8,14:
Elektrolysewirkungsgrade η (auf ΔG bezogen) und η' (auf ΔH bezogen) der bei 90 °C betriebenen ELOFLUX-Wasserelektrolysezelle in Abhängigkeit von der Zellenstromdichte.

bzw. ΔG bezogene theoretisch-minimale Energieaufwand genannt:
Bei $T = 90\,^{\circ}C$ sind $W_e(\Delta H) = 3{,}51$ kWh bzw. $W_e(\Delta G) = 2{,}81$ kWh erforderlich.

Thermochemische Kreisprozesse

Nach zahlreichen Veröffentlichungen der letzten Jahre werden als Alternative zur elektrolytischen H_2-Erzeugung die thermochemischen Verfahren angesehen, mit deren Hilfe ohne den Umweg über elektrische Energie Wasserstoff aus Wasser ausschließlich unter Verwendung von Prozeßwärme gewonnen werden soll(8-3, -29, -30). Obwohl noch keiner dieser thermochemischen Kreisprozesse vollständig ausgereift ist, erscheinen sie z. T. als sehr vielversprechend.

Die direkte thermische Dissoziation von H_2O-Molekülen, die erst oberhalb des technisch nicht beherrschten Temperaturbereichs von 2 000-3 000 °C nennenswert einsetzen würde, scheidet für die H_2-Produktion aus. Dagegen ist es möglich, den Gesamtprozeß der Wasserzersetzung in einen geschlossenen Zyklus von nacheinander ablaufenden Teilreaktionen aufzuspalten, im Verlaufe derer nur das zu zersetzende Wasser zu-, der gewonnene Wasserstoff und Sauerstoff abgeführt sowie die Zwischenprodukte mit nur möglichst geringen Verlusten rezykliert werden müssen. Gemäß der thermodynamischen Beziehung $\Delta H = \Delta G + T\Delta S$ wird dabei von den bei den höchsten Temperaturen ablaufenden Teilreaktionen eine positive Entropieänderung ΔS gefordert, während nur die sich auf niedrigeren Temperaturniveaus abspielenden Teilreaktionen ein negatives ΔS aufweisen dürfen; die Änderung der freien Enthalpie ΔG des Gesamtprozesses sollte minimal sein. Derartige Kreisprozesse bestehen i. a. aus 3-4 Reaktionsschritten, wobei durch eine Senkung der oberen Grenztemperatur die Zahl der Teilreaktionen wächst und mit wachsender Stufenzahl der thermische Wirkungsgrad des Gesamtprozesses abnimmt(8-3). Auf diese Weise wäre es nach Abschluß der noch laufenden Entwicklungsarbeiten möglich, die von Hochtemperaturreaktoren oder Solarkraftwerken bereitgestellte thermische Energie direkt zur H_2- und O_2-Gewinnung auszunutzen.

Die bisher aus der Kenntnis der thermochemischen bzw. thermodynamischen Reaktionsdaten mit Hilfe umfangreicher Rechenprogramme aufgestellten Kreisprozesse werden je nach den verwendeten Substanzen in sog. Familien eingeteilt, die sich um bestimmte Metallsalze wie z. B. Halide oder Sulfate gruppieren. Die bekanntesten Familien stellen die Eisen/Chlor-, Eisen/Schwefel- und Mangan/Schwefel-Familien dar. Zu den klassischen Zyklen gehört der von de *Beni* und *Marchetti* entwickelte sog. Mark I-Kreisprozeß, bei dem als Ausgangsstoffe $CaBr_2$ und Hg verwendet werden(8-31):

$CaBr_2 + 2\ H_2O$	→	$Ca(OH)_2 + 2\ HBr$	730 °C
$Hg + 2\ HBr$	→	$HgBr_2 + H_2$	250 °C
$HgBr_2 + Ca(OH)_2$	→	$CaBr_2 + H_2O + HgO$	200 °C
HgO	→	$Hg + 1/2\ O_2$	600 °C

Im Vergleich zu einer Vielzahl von anderen Mehrstufenprozessen ist der Mark I-Zyklus technisch am ausgereiftesten und energetisch am günstigsten.

Ein typischer Vertreter aus der Eisen/Chlor-Familie ist der folgende 4-Stufen-Prozeß(8-32, -33):

$3\ FeCl_2 + 4\ H_2O$	→	$Fe_3O_4 + 6\ HCl + H_2$	930 °C
$Fe_3O_4 + 8\ HCl$	→	$FeCl_2 + 2\ FeCl_3 + 4\ H_2O$	380 °C
$2\ FeCl_3$	→	$2\ FeCl_2 + Cl_2$	330 °C
$Cl_2 + H_2O$	→	$2\ HCl + 1/2\ O_2$	1 030 °C

Bei dieser Reaktionsfolge liegen abgesehen von den Material- und Werkstoffproblemen die Schwierigkeiten insbesondere in der Einkopplung der notwendigen Prozeßwärme, im internen Wärmeaustausch sowie in der Trennung der gasförmigen Reaktionsprodukte und in den besonderen Eigenschaften des Eisen(II)chlorids, das sich bei ca. 680 °C verflüssigt. Als sehr problematisch hat sich auch der bei 330 °C erfolgende chlorabspaltende Schritt $2\ FeCl_3 \rightarrow 2\ FeCl_2 + Cl_2$ herausgestellt.

Zum gegenwärtigen Zeitpunkt können die Einsatzmöglichkeiten dieser Verfahren nicht beurteilt werden, da noch zahlreiche reaktionskinetische und verfahrenstechnische Erkenntnisse über Einzelreaktionen und bestimmte Prozeßkombinationen gewonnen werden müssen(8-29). Bei den Zyklen aus der Eisen/ Chlor-Familie werden z. B. die wesentlichsten Schwierigkeiten durch die Hydrolyse des $FeCl_2$ und durch die thermische Zersetzung des $FeCl_3$ verursacht(8-34). Außerdem existieren noch keine einwandfrei arbeitenden Hochtemperaturreaktoren oder Solarkraftwerke, die die benötigte thermische Energie auf Temperaturniveaus bis zu 1 000 °C liefern könnten. Als weitere grundlegende Fragen sind die Materialforderungen und schwerwiegenden Korrosionsprobleme zu nennen; als besonders gravierend erscheinen jedoch die großen Sicherheitsrisiken, die auf den bei hohen Temperaturen umgewälzten aggressiven und sehr giftigen Substanzen wie Cl_2, CO, SO_2 oder Hg beruhen. Da diese gefährlichen Gase unter Umständen aus dem Prozeß herausgetragen werden könnten und damit eine starke Umweltbelastung verursachen würden, erscheinen die thermochemischen Kreisprozesse vom Sicherheitsstandpunkt aus als sehr bedenklich.

Schlußfolgerungen

Gegenüber allen anderen Herstellungsverfahren ist die Wasserelektrolyse eine bekannte und vergleichsweise einfache Methode zur H_2-Produktion. Obwohl sich die derzeitigen technischen Wasserelektrolyseure in langen wartungsfreien Standzeiten bei wirtschaftlichem Betrieb bewährt haben, ist aufgrund der benötigten elektrischen Energie der auf diesem Wege gewonnene Wasserstoff relativ teuer. Insofern wird der Elektrolysewasserstoff eine echte Alternative darstellen, sobald elektrische Energie mit Hilfe von Sonnengroßkraftwerken kostengünstig bereitgestellt wird.

Um den zur H_2O-Zersetzung erforderlichen Primärenergiebedarf möglichst weitgehend zu reduzieren, sollte die heutige Wasserelektrolysetechnologie durch konstruktive Maßnahmen, geeignetere Elektrodenmaterialien bzw. Katalysatoren sowie durch modifizierte Betriebsbedingungen weiterhin verbessert werden. Auch die Entwicklung der thermochemischen Kreisprozesse wäre fortzusetzen, wobei insbesondere in ersten Versuchsanlagen geprüft werden müßte, inwieweit sich durch direkte Ausnutzung von nuklearer oder solarer Prozeßwärme diese Mehrstufenprozesse großtechnisch überhaupt realisieren lassen.

Kapitel 9:

Die Speicherung von Wasserstoff*

Die Hauptprobleme bei der Nutzung der Sonnenenergie sind deren tägliche und jahreszeitlichen Schwankungen, die nicht mit den Schwankungen der Energienachfrage zusammenfallen. Für eine sinnvolle und wirtschaftliche Anwendung der Sonnenenergie ist deshalb die Speicherung großer Mengen Energie unerläßlich.

Thermische Energiespeicherung

Erhebliche Wärmemengen können durch Ausnutzung der latenten Wärmen bei Phasenübergängen gespeichert werden. Bei der Abkühlung einer Flüssigkeit unter ihren Gefrierpunkt wird bei ihrer Erstarrung die Schmelzwärme frei, die auf die Gewichtseinheit bezogen einen erheblichen Betrag haben kann. Bekannt sind verschiedene eutektische Gemische für diesen Zweck(9-1). Andere Phasenübergänge wie die Kristallisation von Glaubersalz $Na_2SO_4 \cdot 10\,H_2O$ werden ebenfalls diskutiert(9-2). Dieses Salz speichert ca. das 1,7fache des Energiebetrages pro Volumeneinheit, den Wasser speichern würde.

Für diese Art der Energiespeicherung werden ein geringer Materialpreis, eine hohe spezifische latente Wärme, Langzeitstabilität und geringe chemische bzw. elektrochemische Aggressivität (Korrosion) gegenüber preiswerten Behältermaterialien verlangt.

*Verfasser: Prof. Dr. H. H. Ewe und Dipl.-Phys. H.-J. Selbach, Braunschweig

Die meisten der bisher untersuchten Materialien sind Eutektika einfacher anorganischer Salze, deren Phasenübergänge bei 150 bis 850 °C liegen. Fig. 9,1 zeigt das Speicherungsvermögen dieser Systeme(9-3), das um ein Vielfaches höher ist als das z. B. von elektrochemischen Systemen wie dem bekannten Blei-Akkumulator, der ca. 30 Wh/kg, allerdings als elektrische Energie, speichert.

Die Schwierigkeiten dieser thermischen Energiespeicherung liegen bei der erforderlichen Isolierung, dem Langzeitverhalten des Speichermaterials und der Korrosion der Behälterwände (i. a. wird Stahl verwendet). Die Kosten dieser Speichereinheiten mit Salzschmelzen werden auf ca. 1 DM pro kWh geschätzt. Ein weiterer Nachteil dieses Verfahrens ist, daß ein Transport der Energie mit großen Massenbewegungen verbunden und deshalb unwirtschaftlich ist.

Elektrochemische Energiespeicherung

Das Prinzip der elektrochemischen Energiespeicherung ist von den Pb- und Ni-Cd-Akkumulatoren her wohl bekannt. Ihre Vorteile sind ebenfalls deutlich: Keine Umweltbelastungen wie Lärm oder Abgase, Speicherung hochwertiger elektrischer Energie mit ca. 60 % Wirkungsgrad. Leider vermögen die Pb- und Ni-Cd-Akkumulatoren nur relativ kleine Energiebeträge von 30 bis 40 Wh/kg zu speichern. Auch die Lebensdauer und erreichbaren Zyklenzahlen sind beschränkt. Für die Speicherung grösserer Energiemengen werden Akkumulatoren benötigt, die den folgenden Mindestanforderungen genügen müssen: 50 W/kg; 200 Wh/kg; 4-6jährige Lebensdauer; 1 000 Vollzyklen. Die ersten beiden Bedingungen werden durch die in Tabelle 9,1 aufgeführten neuen Akkumulatoren erfüllt. Für die erreichbare Betriebszeit und Zyklenzahlen sind noch keine genauen Daten anzugeben(9-4, 5, 6).

Die Kosten der neuen, noch nicht in größerem Umfange produzierten Akkumulatoren sind nur schwer abschätzbar. Die umfangreichsten Entwicklungsanstrengungen galten der Na-S-Zelle, deren Kosten auf ca. 2 DM pro kWh geschätzt werden(9-7) (im Vergleich kostet der bekannte Pb-Akkumulator 2 bis 10 DM/kWh). Der Na-S-Akkumulator arbeitet bei ca. 350 °C, um einen genügend raschen Reaktionsablauf im festen Elektrolyten zu erreichen(9-8). Die Hauptschwierigkeiten liegen beim β-Al_2O_3-Festelektrolyten, der bei längerer Betriebszeit reißt und empfindlich auf Temperaturschwankungen reagiert. Er-

Tabelle 9,1. Parameter neuartiger Akkumulatoren

	Leistung W/kg	Energiedichte Wh/kg
Zink – Luft	100	100
Ni-H_2 (komprimiert)	300	80
Ni-Fe	132	50
Zn – O_2	300	160
Al – Luft	150	240
Na – S	100	100
Na – Luft	200	400
Li-Cl_2 (flüssig)	300	500
H_2 – Luft	100	2 000
Pb, sauer	200	20-30

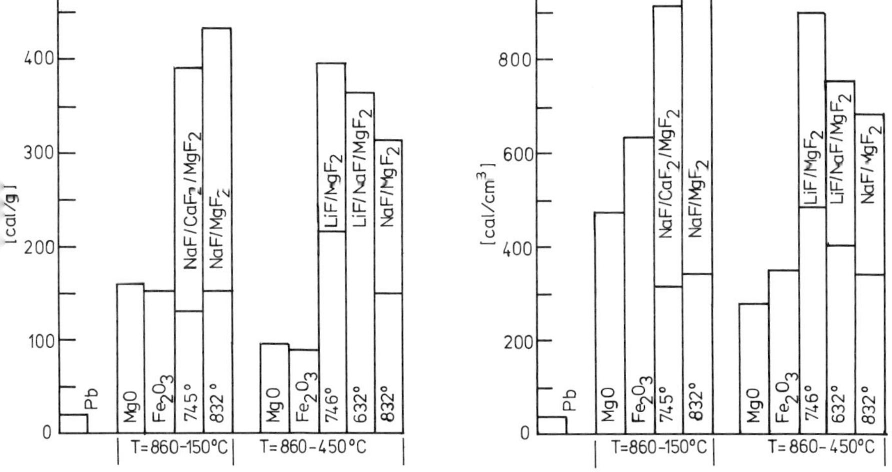

Fig. 9,1:
Neue Materialien zur Wärmespeicherung mit erhöhter Speicherkapazität. Links: Speicherkapazität auf Gewichtseinheit bezogen. Rechts: Speicherkapazität pro Volumeneinheit.

schwerend erweist sich die erforderliche hohe Temperatur. Andere Akkumulatorentwicklungen, die mit „milderen" Betriebsbedingungen arbeiten wie der Fe-Luft- oder der Co-Ni-Akkumulator, erscheinen erfolgversprechender(9-9, 10).

Ein entscheidender Nachteil aller elektrochemischen Akkumulatoren bleibt ihr erheblicher Massenbedarf. Die erforderlichen Metalle sind nicht alle in unbeschränktem Maße verfügbar bzw. zu teuer für große Speicheranlagen.

Akkumulatoren werden deshalb bevorzugt auf kleine Speichereinheiten für Autos, Notstromaggregate usw. beschränkt bleiben, da hier der Vorteil der Speicherung elektrischer Energie die anderen Nachteile überwiegt.

Supraleitende Magnete

Energie kann im Magnetfeld einer von einem elektrischen Strom durchflossenen Spule gespeichert werden. Diese Art der Energiespeicherung ist unter Verwendung üblicher Spulen aus Cu-Draht jedoch nicht sinnvoll, da durch den Ohmschen Widerstand der Cu-Wicklungen die Magnetfeldenergie in Niedertemperatur-Wärme überführt wird. Bei Verwendung supraleitender Spulen, deren Ohmscher Widerstand Null ist, ist eine derartige Energiespeicherung auch über lange Zeiträume möglich. Allerdings ist eine Abkühlung der Spulen auf sehr tiefe Temperaturen erforderlich (unter 20 K). Eine Anlage für 100 bis 10 000 MWh benötigt Nb-Ti-Spulen mit 50 m Radius und 50 m Höhe. Eine derartige Technologie ist z. Zt. noch nicht verfügbar und auch nicht vor dem Jahr 2000 zu erwarten.

Energiespeicherung mit Schwungrädern

Energie kann in mechanischer Form als Rotationsenergie von Schwungrädern gespeichert werden, wobei die gespeicherte Energie umso größer ist, je größer die Masse, der Radius und die Rotationsgeschwindigkeit sind. Diese drei Größen und ihr Verhältnis werden durch die auftretenden großen Flächenkräfte und die endliche Reißfähigkeit des Materials begrenzt.

Übliche Schwungräder werden i. a. aus Stahl konstruiert und besitzen Speicherkapazitäten von ca. 6 Wh/kg. Erst neuere Entwicklungen aus stark anisotropen Materialien mit extremer Reißfestigkeit in einer Richtung wie z. B. Glas-, Graphit- oder Borfasern ergeben bessere Speicherkapazitäten bis 60 Wh/kg (9-11).

Aufgrund ihrer aufwendigen Konstruktion werden Schwungräder auf spezielle Anwendungsgebiete beschränkt bleiben(9-12).

Speicherung von Wasserstoff

Wie bereits eingangs beschrieben, können große Energiemengen chemisch in Form von Wasserstoff gespeichert werden. Diese Möglichkeit des Wasserstoffs stellt einen Hauptvorteil der Solar-Wasserstoff-Wirtschaft dar. Erforderlich ist eine kostengünstige Speicherung bei größtmöglicher Sicherheit und wirtschaftlich vernünftigen Gewichts- und Volumenverhältnissen. H_2 besitzt gewichtsspezifisch gesehen eine sehr hohe Energiedichte. Andererseits ist der volumenspezifische Heizwert von H_2-Gas durch dessen geringe Dichte niedrig.

H_2-Gas müßte auf 3 500 bar komprimiert werden, um die Heizöl-Energiedichte zu erreichen. Die Speicherung von Wasserstoff ist deshalb überwiegend eine Volumenfrage, insbesondere bei mobilen Systemen.

Speicherung von gasförmigem Wasserstoff

Druckflaschen

Gasförmiger Wasserstoff wird heute nahezu ausschließlich in Stahlflaschen unter einem Druck von 150 bis 300 bar gespeichert.

Die genauen Daten und Anwendungsbereiche für H_2-Druckflaschen sind in Kapitel 7 aufgeführt.

Oberirdische Drucktanks

Größere H_2-Gasmengen können in unter- oder oberirdischen stationären Drucktanks gespeichert werden. Bekannt sind die oberirdischen Drucktanks für Stadt- bzw. Erdgas. Niederdrucktanks arbeiten mit Drücken bis zu 500 mm WS bzw. 49 mbar und haben Fassungsvermögen bis zu 600 000 Nm^3, was bei H_2-Gas einem Energieinhalt von $1{,}8 \cdot 10^6$ kWh entspricht. Hochdruckbehälter arbeiten mit Drücken bis zu 14 bar und fassen i. a. ca. 50 000 Nm^3. Die Investitionskosten betragen 25 bis 30 DM/Nm^3 (9-14, 15, 16).

Das Fassungsvermögen oberirdischer Drucktanks wird sich durch die den Betriebsdruck begrenzende Werkstoffestigkeit nur noch wenig steigern lassen. Unterirdische Drucktanks oder Unterwassertanks können dagegen mit erheblich höheren Drükken betrieben werden(9-17).

Kavernen, Aquifere, Erdgas- und Erdölfelder

Als unterirdische Drucktanks bieten sich natürliche Lösungen wie leergeförderte Erdgas- und Erdölfelder, Aquifere und künstliche Kavernen an. Vor allem in Norddeutschland lassen sich in den vorhandenen zahlreichen Salzstöcken Gaskavernen durch Aussolen des Salzes herstellen. Auf der gesamten Erde (insbesondere in den USA) werden bereits ca. 700 derartige Kavernen zur Gasspeicherung betrieben. Typische Kavernen liegen in 600 bis 1 200 m Tiefe und haben Volumina von 20 000 bis 800 000 m^3, wobei die Betriebsdrücke bei 60 bar liegen, die wahrscheinlich aber bis auf 200 bar erhöht werden können. Die Investitionskosten werden zum Großteil durch die Solebeseitigung bestimmt und liegen für große Kavernen bei 1 bis 2 DM/Nm^3 (9-18, 19, 20).

Die Speicherung in ausgebeuteten Erdöl- und Erdgasfeldern ist ebenfalls eine Möglichkeit zur Lagerung sehr großer Gasmengen. In Deutschland sind jedoch nur an wenigen Stellen die geologischen Voraussetzungen in verbrauchernaher Lage gegeben. Betrieben werden z. Zt. in der Bundesrepublik zwei derartige Speicher bei Hamburg und München mit 10^8 bzw. $3 \cdot 10^8$ Nm^3 Fassungsvermögen. Der Vorteil dieser Speicher besteht u. a. in den geringen Investitionskosten von unter 0,5 DM/Nm^3 (9-19, 20, 21, 22).

Ähnlich wie Erdgas- und Erdölfelder sind auch wasserführende poröse Schichten (Aquifere) in zur Gasbefüllung bzw. zur Wasserverdrängung geeigneten Formationen mit daraufliegendem gasdichtem Material zur Gasspeicherung geeignet. In Deutschland werden bereits sieben Speicher dieses Typs mit $3 \cdot 10^7$ bis $3 \cdot 10^8$ Nm^3 Fassungsvermögen betrieben. Die Investitionskosten hängen naturgemäß von den geologischen Voraussetzungen ab und streuen deshalb stark. Die Speicherkosten der in der BRD betriebenen Aquifer-Speicher betragen 3,3 bis 16,4 Pfg pro Nm^3, wobei die Investitionskosten mit 0,2 bis 1,3 DM pro Nm^3 eingehen(9-14, 19, 23, 24, 25).

Speicherung in Rohrsystemen

Meist werden die H_2-Erzeuger und -Verbraucher lokal getrennt sein und müssen deshalb durch Pipelines zur Überbrückung grosser Strecken und Rohrsysteme zur Verteilung des H_2-Gases verbunden werden. Die Betriebsdrücke der Pipelines und Rohrsysteme können in einem bestimmten Bereich schwanken, wodurch die darin enthaltene Gasmenge variiert wird und als Energiespeicher wirkt.

Tabelle 9,2. **Speicherkapazitäten und Kosten verschiedener existierender großer Gasspeicher**

	Kapazität Mio Nm^3	Investitions-kosten DM/Nm^3	Speicher-kosten Pfg/Nm^3
Aquifer-Speicher	1–170	0,2–1,3	3,3–16,4
trockene Niederdruck-Gasbehälter	0,01–0,5		4–15
Hochdruck-Gasbehälter	bis 0,33	25–35	
Kavernenspeicher	1–70	0,7–4	2–6

Diese Speicherart ist im Prinzip etwa gleich teuer wie die in oberirdischen Drucktanks, durch gleichzeitige Ausnutzung zum Gastransport und zur Gasspeicherung ergeben sich aber doch geringe kostenmäßige Vorteile(9-26). Einzelheiten über diese Rohrsysteme sind in Kapitel 7 nachzulesen.

Speicherung von tiefkaltem Wasserstoff

Flüssiger Wasserstoff

Die Siedetemperatur des H_2 beträgt 20,4 K und seine Dichte im flüssigen Zustand 0,071 g/cm^3. Bei der Verdampfung von 1 Liter flüssigem H_2 erhält man also 0,79 Nm^3 H_2-Gas, wobei eine Verdampfungswärme von 129 Wh_{th}/kg erforderlich ist.

Dem H_2-Inhalt einer 200 bar-Stahlflasche mit 10 Nm^3 entsprechen also nur 12,7 l Flüssig-H_2. Die Verflüssigung des H_2 kann nach mehreren Verfahren mit zahlreichen Varianten geschehen; in größeren Anlagen wird das Gas meist in der ersten Stufe durch flüssigen N_2 und in der zweiten Stufe durch eine Expansionsmaschine gekühlt. Die eigentliche Verflüssigung findet dann über ein Drosselventil mit dem Joule-Thomson- und dem isothermen Drosseleffekt statt (s. Fig. 9,2). Die Spins der H-Kerne des H_2-Moleküls können sich entweder parallel (Ortho-H_2) oder antiparallel (Para-H_2) ausrichten, wobei deren Verhältnis von der Temperatur abhängt (s. Fig. 9,3). Bei der Verflüssigung des H_2 wird langsam ein Teil des o-H_2 in p-H_2 umgewandelt. Diese Umwandlung wirkt sich für eine längerfristige Speicherung des flüssigen Wasserstoffs erschwerend aus, weil sie sich normalerweise über mehrere Tage hinzieht, wobei die freiwerdende Umwandlungswärme ca. 70 % des gesamten flüssigen H_2 zum Verdampfen bringen würde. In den technischen H_2-Verflüssigern muß deshalb das Gleichgewicht von o- zu p-H_2 mit Hilfe von Katalysatoren beschleunigt eingestellt werden, um die spätere Verdampfungsrate auf ein vertretbares Maß zu senken; für die o-p-H_2-Umwandlung wird ein zusätzlicher Energieaufwand von ca. 20 bis 30 % benötigt(9-27, 28, 29, 30). Der für die Verflüssigung erforderliche Energieaufwand ist in Fig. 9,4 als Funktion des Eingangsdruckes für das Linde-Verfahren (Gegenstrom-Verfahren) und Claude-Verfahren (Kühlung durch Expansionsmaschine) dargestellt.

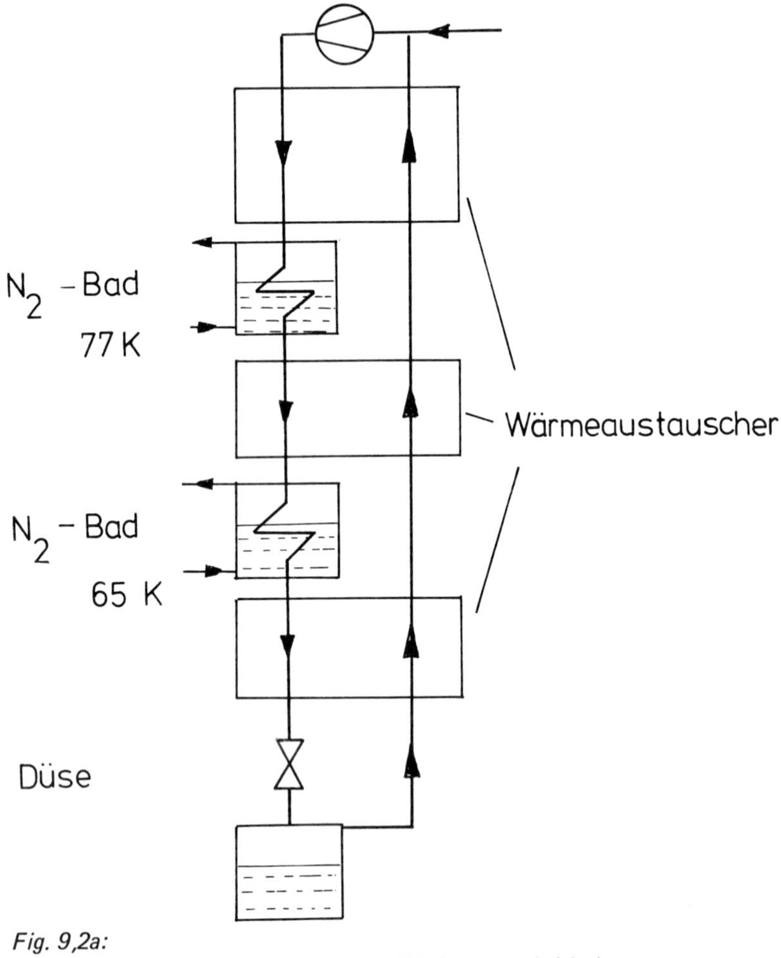

Fig. 9,2a:
Schematische Darstellung der H_2-Verflüssigung nach Linde

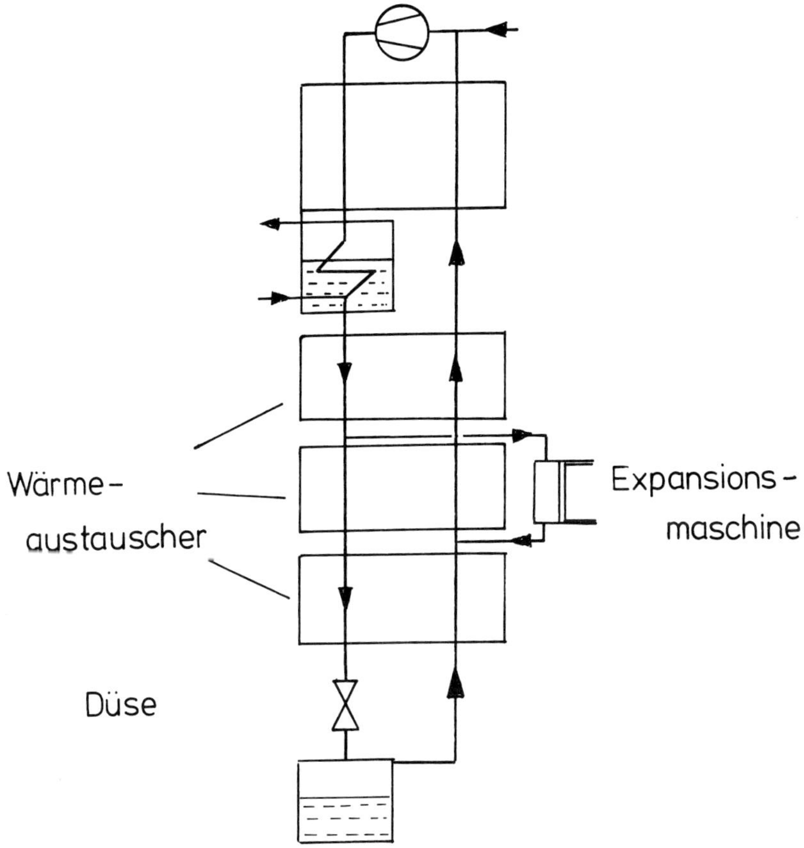

Fig. 9,2b:
Schematische Darstellung des Gegenstromverfahrens mit Kühlung durch Expansionsmaschine nach Claude.

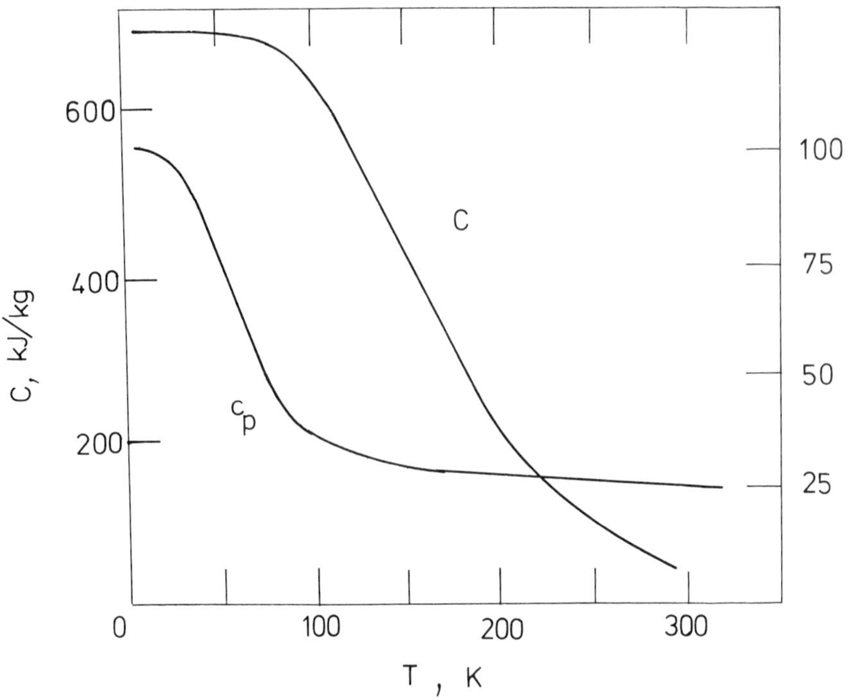

Fig. 9,3:
Gleichgewichtskonzentration c_p und integrale Umwandlungswärme C des Para-Wasserstoffes im LH_2 als Funktion der Temperatur(9-24).

Flüssiger Wasserstoff muß seiner tiefen Temperatur wegen in gut wärmeisolierten Kryotanks gespeichert werden. Die Wärmezufuhr von außen zum LH_2 im Tankinneren kann über drei Wege laufen: durch Konvektion, Wärmeleitung und Wärmestrahlung. Die Konvektion wird meist durch einen evakuierten Raum oder eine Schaumfüllung verhindert (s. Fig. 9,5). Auch die Wärmeleitung wird dadurch weitgehend unterdrückt. Die Wärmestrahlung, die proportional zu T^4 verläuft, wird durch ein reflektierendes Material meist aus dünner Al-Folie oder Ag-Verspiegelung herabgesetzt. Da der Wärmetransport aller drei Prozesse mit zunehmender Außenfläche ansteigt, haben Kryotanks meist eine kugelförmige oder zylindrische Gestalt mit möglichst geringer Oberfläche.

Bei der Ausführung großer Kryotanks sind neben den technischen Möglichkeiten die entstehenden Kosten von ausschlaggebender Bedeutung. Für die oberirdische Lagerung von LH_2 werden heute Einfach-Wandtanks und Doppel-Wandtanks verschiedener Größen verwendet (s. Fig. 9,5). Bei den Einfach-Wandtanks wird die Schaumstoffisolation (mit und ohne Evakuierung) direkt auf die mechanisch tragende Wand aufgebracht. Insbesondere in der Raumfahrttechnik wurden derartige, meist freongeschäumte Isolationen verwendet. Bei externer Isolation besteht die tragende Tankzelle aus tiefkaltzähem Stahl, bei interner Isolation kann üblicher Baustahl verwendet werden (9-31). Eine 21 cm dicke Isolationsschicht aus Polyurethanschaum weist eine Wärmedurchgangszahl von $k = 0{,}02$ W/m·K auf. Der tägliche Verdampfungsverlust beträgt 1 bis 2,5 %.

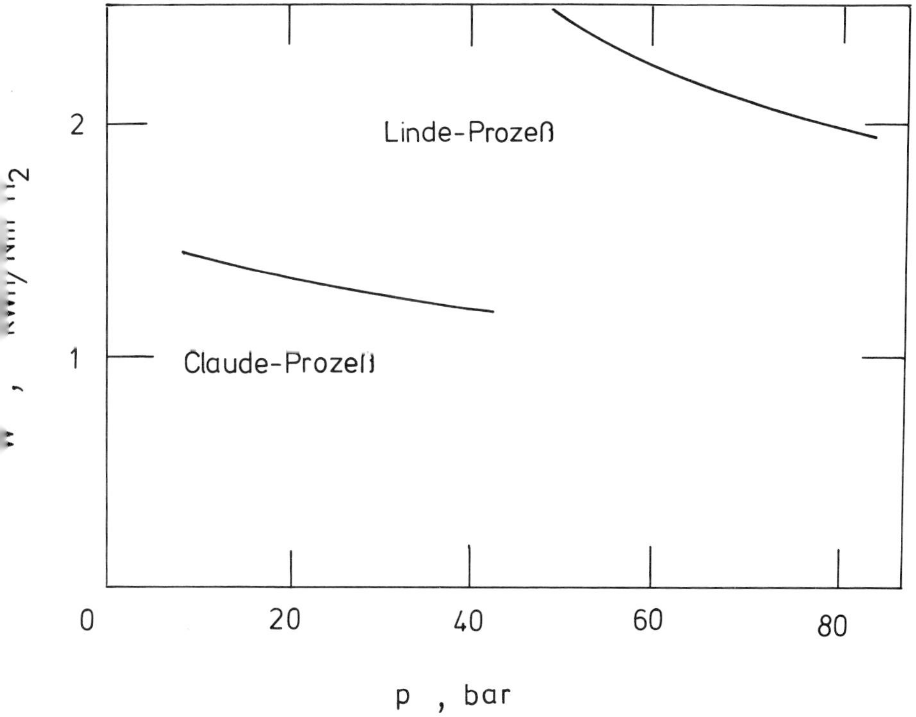

Fig. 9,4:
Energieaufwand W für die Verflüssigung von Wasserstoff für das Claude- und das Linde-Verfahren als Funktion des Eingangsdruckes(9-27).

Die meisten heute verwendeten Lagerbehälter für LH_2 sind Doppelwandtanks mit evakuierter Perlit-Isolationsschicht (s. Fig. 9,5). Der LH_2-Speicher auf Cape Kennedy mit einem Fassungsvermögen von $2{,}4 \cdot 10^5$ kg LH_2 besitzt dieses Isolationssystem. In Europa existieren nur kleinere derartige Kryotanks mit je 50 m^3 Fassungsvermögen bei CERN, deren Kosten bei einem maximal zulässigen Überdruck von 3 bar je ca. 450 000 DM betragen. Die Ausführung eines gleichen Tanks mit Superisolation würde ca. 600 000 DM Investition erfordern (9-32). Tabelle 9,3 zeigt die von Hallet für derartige Doppelwandtanks zusammengestellten Daten.

Bei Wärmeleitwerten von k = 0,0015 W/m · K sind die täglichen H_2-Verluste durch die Wärmeleitung bereits sehr gering und kommen denen von Tanks mit Vakuum-Superisolation sehr nahe. Die Investitionskosten dieser Tanks sind jedoch durch den komplexen Aufbau der Isolation und des Tanks etwa doppelt so groß wie die von Einfach-Wandtanks.

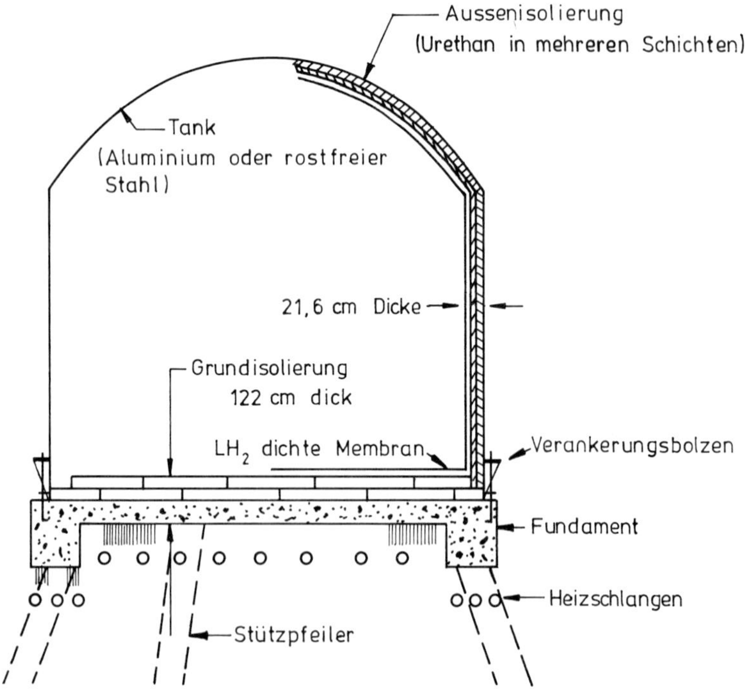

Fig. 9,5a:
Einwandiger, mehrschichtig isolierter LH_2-Tank

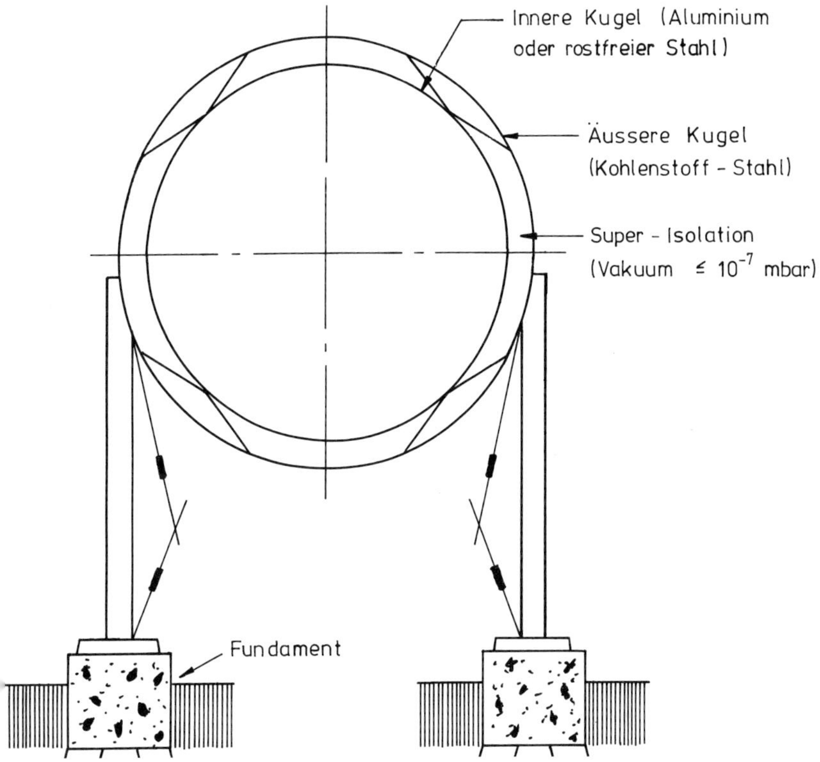

Fig. 9,5b:
Schematische Darstellung eines Doppelwandtanks für LH_2

Tabelle 9,3. Kapazität und Kosten von Doppelwandtanks mit evakuierter Perlit-Isolation

Kapazität (kg)	Isolations-dicke (cm)	Wärme-fluß (kW)	Ver-dampfungs-verlust (%/d)	Ver-dampfungs-kosten* ($\cdot 10^6$ DM/a)	System-kosten ($\cdot 10^6$DM)
$3 \cdot 10^5$	90	0,47	0,0034	1,8- 2,2	1,8- 2,2
$9 \cdot 10^5$	90	0,94	0,023	3,7- 4,4	5,0- 6,0
$18 \cdot 10^5$	90	1,50	0,018	5,7- 6,8	9,4-11,2
$36 \cdot 10^5$	90	2,40	0,015	9,4-11,2	18,0-21,6

*bei einem Wasserstoffpreis von 0,5 bis 0,6 DM/kg LH_2

Fig. 9,5c:
Doppelwandtank für flüssigen Wasserstoff. Standort: Cape Kennedy

Flüssiger H_2 kann wie flüssiger O_2 und N_2 in Spezialtankwagen oder Spezialbehältern gespeichert und transportiert werden. Beim Verbraucher wird Flüssig-H_2 in Kaltvergasern gespeichert. Diese Kaltvergaser sind kleinere Kryotanks mit Regeleinrichtungen, die den eingestellten Arbeitsdruck konstant halten. Zum Verdampfen des flüssigen H_2 liefert die Umgebungsluft die erforderliche Wärme.

Wasserstoff-Matsch

Wasserstoff-Matsch stellt ein Gemisch aus flüssigem und eisförmigem H_2 dar, das mit der Gasphase am Tripelpunkt 13,8 K im Gleichgewicht steht. Die Dichte des Eises ist ca. 20 % höher als die der siedenden Flüssigkeit. Zur Eisbildung muß man der Flüssigkeit bei 20,3 K die Flüssigkeitswärme bis zum Tripelpunkt und die Schmelzwärme entziehen; der „Kälteinhalt" des H_2-Eises ist deshalb ca. 25 % höher als der des Sattdampfes bei 20,3 K. Zur Herstellung des H_2-Matsches wird zwar gegenüber dem H_2-Eis ein Teil der Dichte- und Kältespeicherzunahme verschenkt, durch die Beimengung der Flüssigkeit erhält man jedoch ein durch Rohrleitungen transportierbares Medium. Der H_2-Matsch kann mit Hilfe eines Abpumpverfahrens und der Düsenentspannung von flüssigem H_2 erzeugt werden.

Gegenüber dem flüssigen bietet der matschförmige H_2 durch seinen größeren „Kälteinhalt" Vorteile. Als Nachteil des H_2-Matsches ist seine noch in der Erprobung befindliche Herstellungs-Technologie zu nennen, wodurch sein Preis z. Zt. noch nicht realistisch kalkulierbar ist. Auf jeden Fall dürften die Herstellungskosten des H_2-Matsches jetzt und auch in absehbarer Zeit die Verflüssigungskosten von H_2 wegen des dafür erforderlichen höheren Energieaufwandes deutlich überschreiten. Seine Verwendung ist deshalb nur für spezielle Zwecke zu erwarten, wenn die höhere Dichte und der größere Kälteinhalt des H_2-Matsches von Vorteil sind. Seine Speicherung und sein Transport werden analog zu der des flüssigen Wasserstoffs durchgeführt.

Physikalisch oder chemisch gebundener Wasserstoff

Wie schon erwähnt, ist ein Hauptproblem der Speicherung von H_2-Gas dessen großes Volumen bzw. geringe Energiedichte. Die spezifische Dichte des Wasserstoffs kann durch Anlagerung, Lösung oder chemische Bindung des Wasserstoffs an andere Elemente oder Verbindungen drastisch erhöht werden. Von den zahlreichen denkbaren derartigen Speichermethoden sind jedoch nur einige wenige aus wirtschaftlichen und energetischen Gründen sinnvoll.

Metallhydrid-Tanks

Auf der Suche nach H_2-Speicherverfahren insbesondere für mobile Anwendungen wird seit einigen Jahren den hydridbildenden Metallen und intermetallischen Verbindungen erhöhte Aufmerksamkeit gewidmet. Vom Prinzip her ist zwar jedes H aufnehmende und wieder H abgebende Material als H_2-Speicher geeignet. Für einen brauchbaren und wirtschaftlich verwendbaren H_2-Speicher müssen jedoch mehrere einschneidende Bedingungen erfüllt sein: das Speicherungsmaterial muß preiswert sein und ein großes Speichervermögen bei geringem Gewicht besitzen, muß große Zyklenzahlen mit minimaler Abnahme der Speicherkapazität, kleine Ad- und Desorptionswärmen mit großer Reaktionsgeschwindigkeit, gute Reversibilität mit befriedigenden physikalischen und chemischen Eigenschaften vereinen.

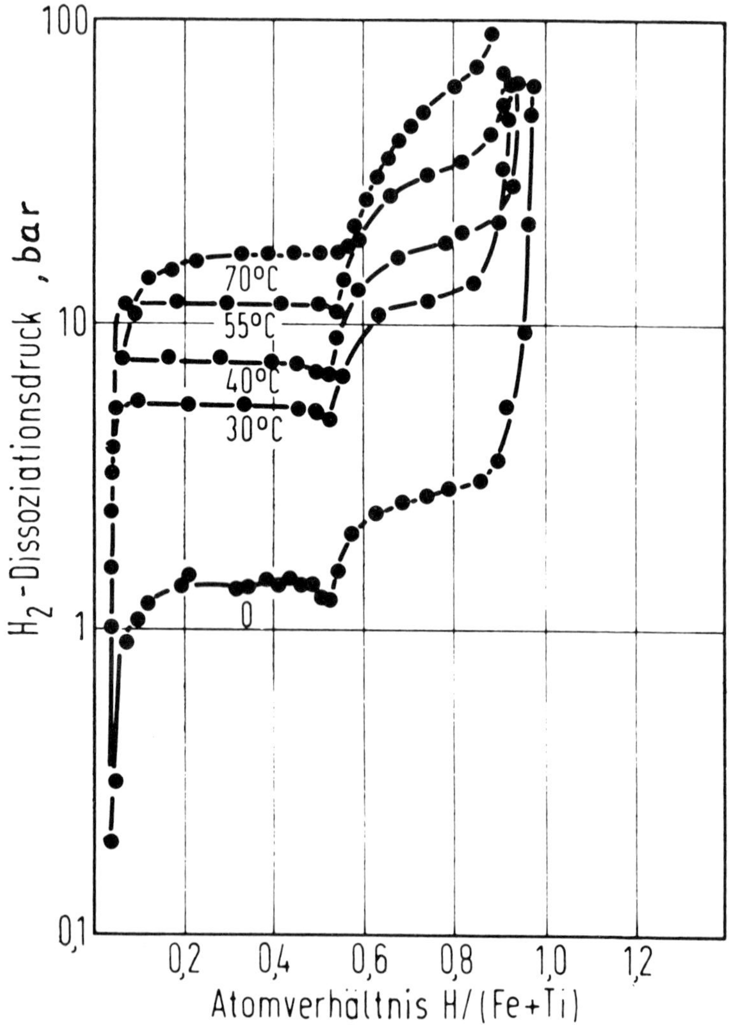

Fig. 9,6a:
Isothermen des H_2-Dissoziationsdruckes als Funktion der TiFeH-Zusammensetzung (die Temperatur ist Parameter).

Die Hydridbildung ist ein exothermer Prozeß, folglich muß für die Dissoziation Energie bzw. Wärme aufgebracht werden. Aus energetischen Gründen benötigt man Hydride mit kleiner Dissoziationswärme. Weiter ist der Temperatur-Druck-Bereich wichtig, in dem das verwendete Material den Wasserstoff abgibt. Aussagen hierüber geben die Konzentrations-Druck-Isothermen; Fig. 9,6 zeigt die Isothermen von $LaNi_5$ und FeTi. $LaNi_5$ nimmt maximal ca. 6 Atom-% Wasserstoff auf, wobei dieser H-Gehalt mit ansteigender Temperatur abnimmt bzw. der Gleichgewichtsdruck wächst rasch an, wodurch bei erhöhten Temperaturen Druckbehälter erforderlich werden(9-37,

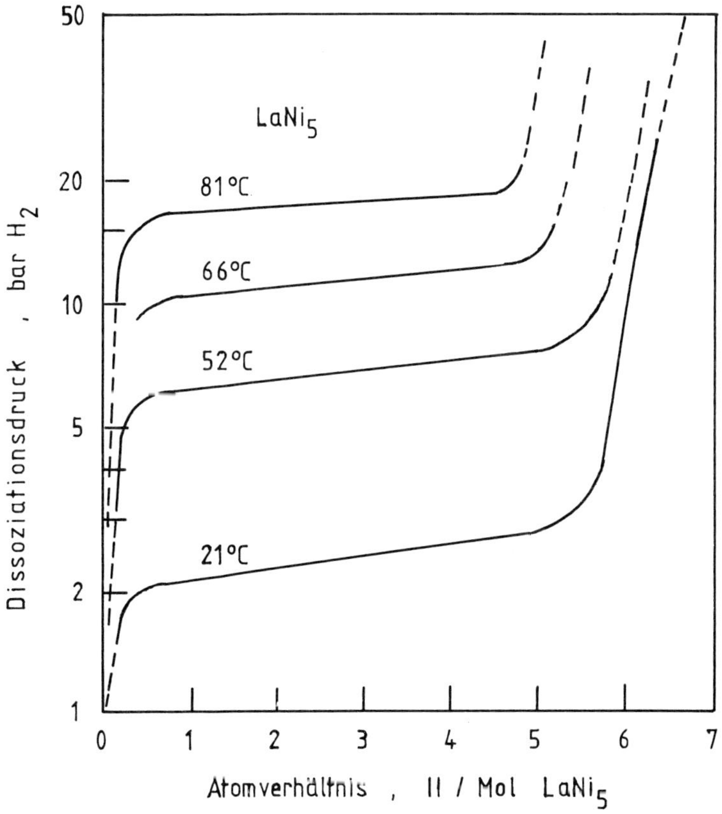

Fig. 9,6b:
Isothermen des H_2-Dissoziationsdruckes von $LaNi_5$ als Funktion des H-Inhaltes mit der Temperatur als Parameter.

38). FeTi zeigt deutlich unterscheidbare Bereiche: Bis zur vollständigen Ausbildung von FeTiH entsteht ein Plateau, dann steigen die Isothermen scharf bis $FeTiH_{1,6}$ an. Letzterer Teil ist zur H_2-Speicherung nur noch bedingt geeignet, da die erforderlichen Drücke rasch anwachsen(9-29 bis 42).

In Tabelle 9,4 und Fig. 9,7 sind die für das Speichervermögen wichtigen Daten der bekannten, zur H_2-Speicherung geeignet erscheinenden hydridbildenden Metalle und Legierungen zusammengetragen. Diese Daten sind nur als Richtwerte zu betrachten, da schon geringe Materialverunreinigungen diese Werte stark ändern können. So vermindert schon ein Si-Zusatz von 0,92 Gew.-% zum Vanadium dessen maximalen H-Gehalt um 10 % und erhöht den Dissoziationsdruck von ca. 4 auf 15 bar bei 45 °C. Ebenso empfindlich gegenüber Verunreinigungen reagiert das Niob(9-37 bis 46).

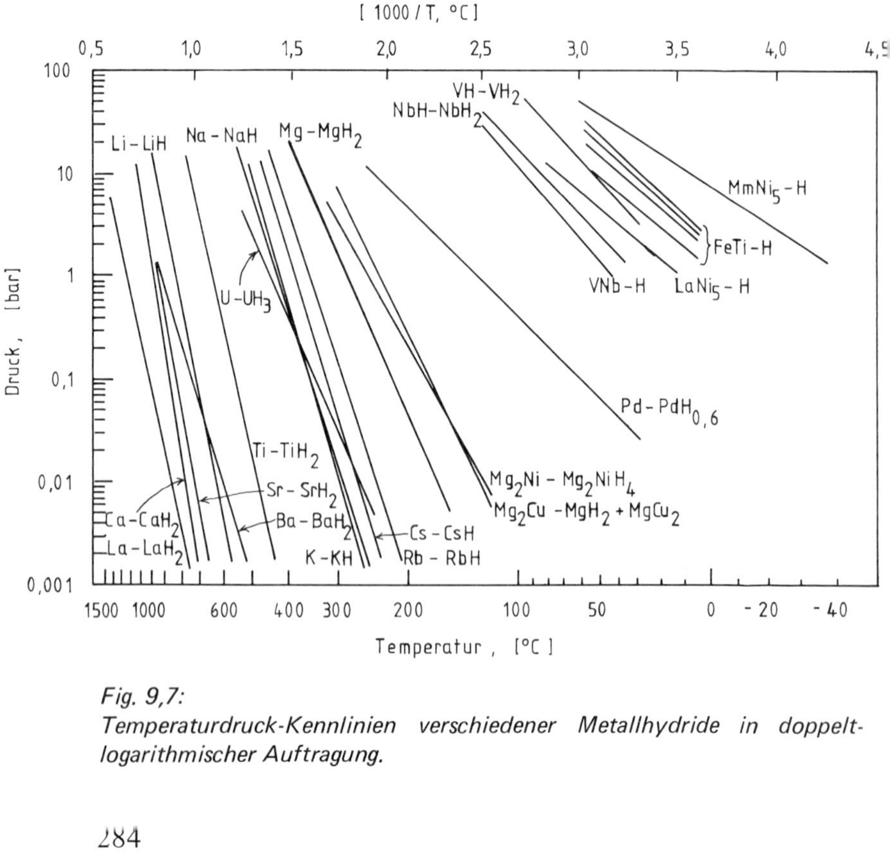

Fig. 9,7:
Temperaturdruck-Kennlinien verschiedener Metallhydride in doppelt-logarithmischer Auftragung.

Am geeignetsten erscheinen die Legierungen $LaNi_5$ und TiFe, wobei erstere aber durch den hohen Materialpreis auf einige wenige Sonderfälle beschränkt bleiben wird. Tatsächlich konzentrieren sich die Anstrengungen für technische Anwendungen auf die Legierung TiFe, die eine Wasserstoff-Speicherdichte von 10 g H_2/kg TiFeH bzw. ca. 65 g H_2/l ergibt. Die Dissoziationsenergie beträgt 9,7 % der in Form von Wasserstoff gespeicherten Energie. Infolge der niedrigen Dissoziationstemperatur kann diese Energie durch Abwärme aufgebracht werden.

Die in Tabelle 9,4 angegebene Speicherkapazität der TiFe-Legierung wird durch den erforderlichen Drucktank, die Stützmatrix usw. sicher noch vermindert. Andererseits sind durch weitere Entwicklungen noch höhere Speicherkapazitäten zu erwarten. Ein einigermaßen realistisch erscheinender Schätzwert für die Speicherkapazität, der die Tankmasse, Material für die Stützmatrix usw. berücksichtigt, wird bei 1 bis 2 Gew.-% Wasserstoff liegen. Über die Kosten ist z. Zt. noch keine Aussage möglich.

Tabelle 9,4. Daten verschiedener wichtiger Metall-Hydride

		$LaNi_5H_{6,7}$	$FeTiH_{1,95}$	$MgNiH_{4,2}$	$Mg_4Cu_2H_6$
Wasserstoffgehalt Gew.-%		1,5	1,8	3,8	2,6
Gleichgewichts-Temperatur bei 1 bar, °C		10	-19	250	240
p-T-Gleichung $\log p_{bar} = A/T + B$	A	–	1760	3360	–
	B	–	6,92	6,39	–
Zersetzungswärme kJ/mol H_2		30,2	29,8	64,8	73,2

Adsorption

Wasserstoff kann u. a. durch Adsorption auf der Oberfläche von hochdispersen Adsorbentien gebunden werden. So adsorbieren Fe, Ni und Pt ca. 1 H-Atom pro Metall-Oberflächenatom. Da jedoch maximal nur jedes 4. Atom ein Oberflächenatom ist, verringert sich die auf das gesamte Speichermaterial bezogene Speicherfähigkeit auf ca. 0,25 H-Atome pro Metallatom, was gewichtsmäßig ein zu ungünstiger Wert ist(9-47). Wenn diese Me-

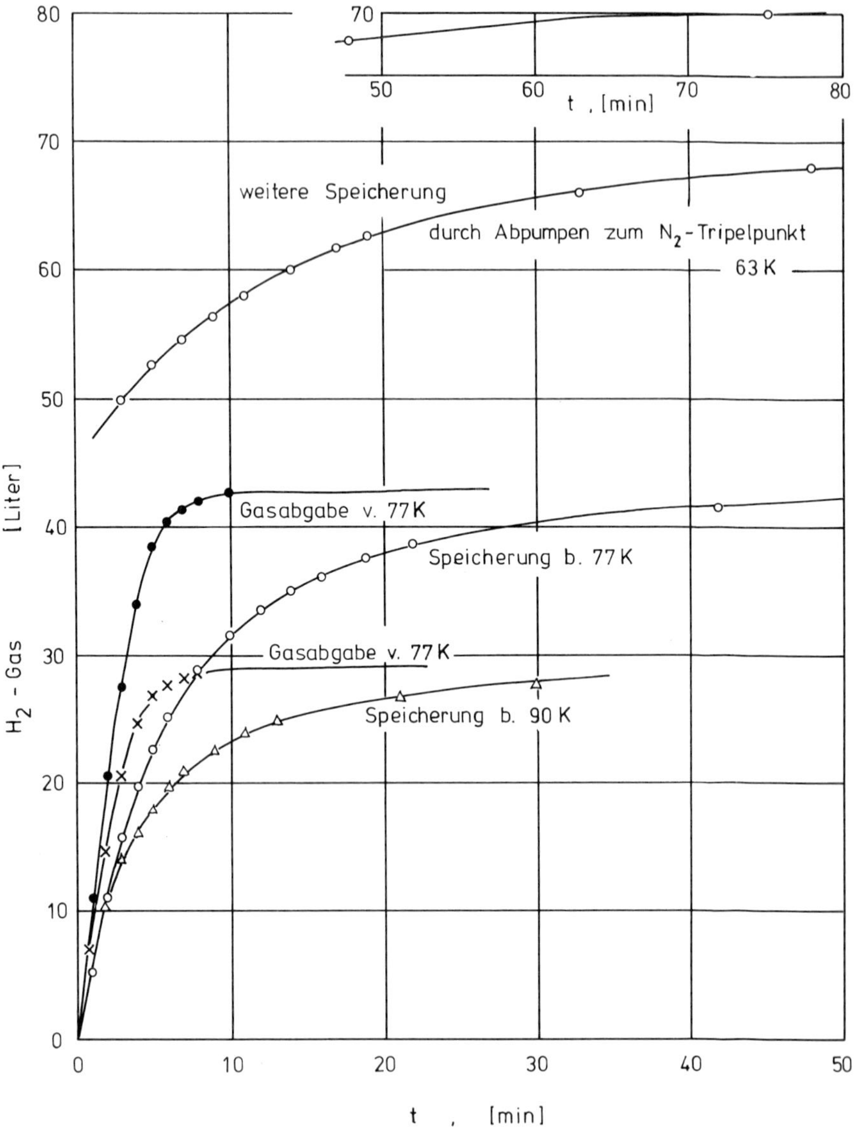

Fig. 9,8:
Adsorption und Desorption des Wasserstoffs als Funktion der Zeit bei 63 K, 77 K und 90 K. Gekörnte Adsorptionskohle ATK III, Schüttvolumen 500 cm^3, Schüttgewicht 0,58 g/cm^3; vor der Beladung 2,5 h bei 470 ^{o}C ausgeheizt. (Nach Justi 48, 49)

thode der H_2-Speicherung Erfolg haben soll, muß man auf ein extrem leichtes hochdisperses Adsorbens übergehen. Hierfür hat Justi schon 1962 großoberflächige Holzkohlen eingeführt. Eine von ihm zitierte Kokosnußkohle kann bei 77 K und 1 bar H_2 86 Ncm^3 H_2 je cm^3 Kohle adsorbieren, wobei diese ein Schüttgewicht von nur 0,58 g/cm^3 beiträgt, also dabei 1,5 % Gew.-Prozent speichern kann. Wie seine Fig. 9,8 veranschaulicht, nimmt die adsorbierte Menge mit sinkender Temperatur bzw. Siededruck erheblich zu, von 77 K auf 63 K des am Tripelpunkt unter etwa 100 mm Hg-Säule siedenden N_2 um den Faktor 2. Die Methode wird gegenwärtig erneut untersucht, und der Übergang zu modernen kommerziellen Kohlesorten sowie zu der bei ca. 52 K eutektisch erstarrenden flüssigen Luft läßt weitere erhebliche Fortschritte erwarten. Vorteilhaft ist auch die geringe Adsorptionswärme von 3,8 bis 4,2 J/mol H_2 (9-48, 49).

Der grundsätzliche Vorteil dieser Methode ist, daß es durch Einfügung einer zusätzlichen (adsorptiven) Phase gelingt, von der sehr tiefen Siedetemperatur des H_2 von nur 20 K loszukommen und mit der ca. viermal so hohen Temperatur des heute auf der ganzen Welt in großen Mengen billig (z. B. bei der Kunstdüngerproduktion) erzeugten Flüssigstickstoffs auszukommen. Dieser Gewinn an Kühltemperatur muß natürlich im Verhältnis zum Verlust an Dichte des LH_2 gesehen werden. Immerhin erreicht die Dichte des adsorbierten H_2 nach den Ergebnissen der Fig. 9,8 schon jetzt die Größenordnung des LH_2, nämlich ca. 1/6 von 0,071 g/cm^3, und weitere Fortschritte könnten dieser Methode zum Durchbruch verhelfen, wobei die Konstruktion von Leichtgewichts-Kryostaten nur für transportable Anlagen wichtig wäre.

Wasserstoffhaltige Verbindungen

Im Gegensatz zu H_2-Gas kann man flüssige H-Verbindungen mit geringem Aufwand und günstigem Brennstoff- zu Behälter-Gewichtsverhältnis speichern. Ähnlich gute Werte können auch mit gasförmigen Verbindungen mit niedrigem Siedepunkt, die deshalb unter relativ geringem Gasüberdruck in flüssiger Form aufbewahrt werden können, erreicht werden.

Große Mengen von Wasserstoff lassen sich z. B. mit Stickstoff-Wasserstoff-Verbindungen speichern. Diese Verbindungen haben den großen Vorteil, daß Stickstoff überall verfügbar ist und bei der Zersetzung der N-H-Verbindung der Stickstoff an die Umgebungsluft abgegeben werden kann. Die energiereichste, am leichtesten zu spaltende N-H-Verbindung ist das Hydrazin, welches als Monohydrat die Formel $N_2H_4 \cdot H_2O$ hat. Hydrazin kann beispielsweise durch Raney-Nickel in alkalischer Lösung gespalten werden; der in einer Nebenreaktion auftretende NH_3-Anteil muß durch geeignete Reaktionsführung herabgesetzt oder ebenfalls zersetzt werden(9-50). Der H_2-Gehalt des Hydrazins beträgt theoretisch 8 Gew.-%; die Zersetzung ist exotherm, so daß keine Zusatzenergie für die Hydrazinspaltung aufgebracht werden muß(9-51). Für eine breitere Anwendung ist Hydrazin jedoch sicher zu teuer.

Als billigste N-H-Verbindung ist Ammoniak zu nennen. Zwar ist NH_3 bei normalem Druck und normaler Raumtemperatur flüchtig, kann jedoch bei Umgebungstemperatur unter einem Überdruck von ca. 10 bar flüssig gespeichert werden. Für die NH_3-Spaltung auch in kleinerem Maßstab sind bereits mehrere gut funktionierende Anlagen realisiert worden. Bei etwa 600-800 °C wird das NH_3 katalytisch in N_2 und H_2 zerlegt. Für die Gewichte gelten etwa folgende Zahlen: Eine 40 L NH_3-Flasche wiegt leer ca. 42 kg, die Füllung ca. 21 kg. Diese 21 kg NH_3 enthalten ca. 41 Nm_3 H_2. Für die Beheizung des Reaktors werden ca. 20 % des H_2 benötigt, so daß man insgesamt mit einem Speichergewicht von 1,9 kg/Nm^3 H_2 rechnen kann. Hinzu kommt das Gewicht des Spalters, das stark vom Gasdurchsatz, der Betriebsart usw. abhängt und ca. 2 bis 5 kg pro Nm^3 und pro h beträgt.

Schlußfolgerungen

Im Vergleich zu anderen Verfahren bietet die Energiespeicherung mit Wasserstoff die vielfältigsten Möglichkeiten. Darüber hinaus können mit Wasserstoff vor allem riesige Energiemengen mit relativ niedrigen Unkosten gespeichert werden. Für große Energiemengen bietet sich die unterirdische Speicherung in Aquiferen, Gasfeldern oder künstlichen Kavernen an. Auch das Röhrennetz für den Gastransport besitzt eine erhebliche Pufferkapazität.

Die Speicherung von flüssigem, tiefkaltem Wasserstoff ist dagegen wie die in Hydriden oder die elektrochemische Energiespeicherung in Akkumulatoren deutlich kostenaufwendiger. Die zu veranschlagenden Mehrkosten von ca. 40-50 % dürften diese Arten der Energiespeicherung auf mobile Systeme mit deren Forderung nach kleinen Volumina beschränken. Hierfür sind aber auch die Wasserstoffverbindungen wie Hydrazin und Ammoniak geeignet, wobei der Preis, das Gewicht und die Sicherheitsfaktoren den Ausschlag geben werden.

Kapitel 10:

Sicherheitsaspekte

So überzeugend sich auch H_2 als Hauptbewerber für die Rolle des zukünftigen universellen Energieträgers aufgrund seiner physikalischen und chemischen Daten präsentiert, ist er doch – besonders in Deutschland – mit dem emotionalen Vorurteil seiner Explosionsgefahr behaftet; es beruht nicht nur auf der Erinnerung an Schauversuche der Schulchemie mit dem nur auf deutsch existierenden Ausdruck „Knallgas", sondern auch auf dem Gedenken an den Brand des 200 000 Nm^3 H_2 enthaltenden Luftschiffes „Hindenburg" in Lakehurst 1938. Dabei lehrt gerade das Studium eines der existierenden Photos des Unglückes (Fig. 10,1), daß es dabei keineswegs explodiert ist, sondern wie eine schmale hohe Fackel allmählich abgebrannt ist. Das liegt natürlich am Auftrieb des leichten H_2 in der umgebenden schwereren Atmosphäre (Tabelle 10,1), die an der Grenzfläche zum H_2 schnell an O_2 verarmt und als chemisch indifferente N_2-Umhüllung die seitliche Ausdehnung des Brandes einschränkt, so daß ein großer Teil des H_2, auch dank seiner geringeren Viskosität, unverbrannt nach oben entweichen konnte. Infolge seiner extrem großen Diffusionsgeschwindigkeit verdünnt er sich dann schnell in der Luft und hat so die Möglichkeit, die untere Entflammungsgrenze von 4 % H_2 in Luft zu unterschreiten. Zudem sind die H_2-Moleküle keine elektrischen Dipole und können deshalb keine Hitze ausstrahlen, abgesehen von den relativ kühlen schwachroten Balmerschen Spektrallinien des H-Atoms.

Aus diesen Gründen konnten tatsächlich die meisten Passagiere den Brand überleben. Man vergleiche hiermit die Katastrophen der Flugzeugbrände, die bei Bruchlandungen oder

Fig. 10,1:
Originalphoto des Brandes des Luftschiffes „Hindenburg" mit 200 000 Nm^3 H_2-Füllung in Lakehurst 1938. Man beachte die aufsteigende Fackel.

Starts auftreten und bei denen die Fluggäste durch die intensive T^4-Strahlung der Rußteilchen in den unvollständig verbrannten Kohlenwasserstoffen lebendig versengt werden, wie 567 Todesopfer 1977 beim Zusammenstoß zweier Jumbos auf Teneriffa, was die Zeitungen anders als den „Hindenburg"-Brand herunterzuspielen versuchten.

Diese Analyse eines konkreten H_2-Unglücksfalles lehrt uns überzeugend, daß es keine sicheren oder unsicheren Energieträger schlechthin gibt, sondern daß je nach der Gefahrensituation ein Brennstoff wie z. B. H_2 oder ein anderer wie sein Hauptrivale CH_4 ungefährlicher sein kann, wie aus der Gegenüberstellung

Tabelle 10,1. Vergleich der für die Betriebssicherheit maßgeblichen Daten von H_2 und CH_4

Eigenschaft	H_2		CH_4	
Wichte bei 273 K und 1 bar (Luft 1,2929 g/L)	0,08988	(+)	0,7168	(−)
Unterer Heizwert H_u ($kW_{th}h/Nm^3$)	2,99	(+)	10,01	(−)
Unterer Heizwert ($kW_{th}h/kg$)	32,2	(−)	13,35	(+)
Zündenergie (mJ) bei 30 % H_2 in Luft	0,02	(−)	0,3	(+)
Zündenergie (mJ) bei 4 % H_2 in Luft	0,6	(+)	0,3	(−)
Diffusions-Koeffizient (cm^3/sec)	0,63	(+)	0,2	(−)
Entflammbarkeitsgrenze in Luft (Vol.-%)	4,1-75	(−)	5,3-15	(+)
Detonationsgrenze in Luft (Vol.-%)	18-59	(+)	6,3-14	(−)
Zündtemperatur K	858	(+)	807	(−)
Flammentemperatur K	2400		2190	
Flammengeschwindigkeit (m/sec)	2,75	(−)	0,37	(+)
Flammenemissionsgrad	0,1	(+)	1,0	(−)
Flammenfarbe	unsichtbar	(+)	grellblaugelb	(−)
Relative Ausströmgeschwindigkeit (L/sec)	0,857	(−)	0,28	(+)
Molekülgeschwindigkeit bei 273 K (m/sec)	1692	(+)	600	(−)
Löschungsstrecke (cm)	0,06	(+)	0,25	(−)
Joule-Thomson Koeffizient (Grad/bar)	+ 0,04*		− 1,6	

*Neuberechnet aus der Berthelot'schen Zustandsgleichung von E. Justi (10-1)

der für die Sicherheit relevanten Eigenschaften in Tabelle 10,1 zu folgern ist. Als ein Hauptnachteil des H_2 gegenüber CH_4 gilt die geringe Energie, die zur Zündung von H_2-Luft-Gemischen genügt, so daß schon die Reibungselektrizität von Synthetic-Textilien ausreichen kann; sie beträgt nur 0,02 mJ bei H_2 gegenüber 0,3 mJ bei CH_4. Man übersieht aber dabei, daß dies Verhältnis nur bei *höheren* H_2-Konzentrationen (30 %) gilt, während näher der *unteren* Entflammungsgrenze (4 Vol.-% H_2) die erforderliche Zündenergie mit 0,6 mJ sogar doppelt so groß wie die des CH_4 ist! Tatsächlich ist der Entflammbarkeitsbereich des H_2 von 4-75 % siebenmal so ausgedehnt wie der des CH_4, aber die gefährlichere Detonation droht bei diesem schon ab 6,3 %, beim H_2 erst ab 18 %. Wegen des geringeren volumspezifischen Heizwertes des H_2 ist seine Wärmeentwicklung bei Entzündung an der unteren Grenze (4 %) nur 1/4 derjenigen des CH_4 bei dessen unterer Zündgrenze von 5,3 %. Weil CH_4 nicht wesentlich leichter ist als Luft, kann es bei einem etwaigen Rohrbruch o. ä. auch nicht schnell aufsteigen und sich über die obere Zündgrenze verdünnen, sondern muß an der Stelle eine Gefahr wie z. B. einen Raucher abwarten; noch schlimmer ist dieselbe Situation bei Propan (C_3H_8) oder Benzindampf mit ihren die Luft übertreffenden Wichten. Erinnern wir uns außerdem der grellen versengenden Wärmestrahlung der CH_4-Dipole und der in der unvollständig verbrennenden Flamme schwebenden, wegen des hohen CH_4-Heizwertes besonders heiß ($\sim T^4$!) emittierenden Rußteilchen im Vergleich mit der nur schwachdunkelroten H_2-Blakflamme über den Schornsteinen petrochemischer Werke – verstehen wir den volkstümlichen Ausdruck der Kumpels „Schlagende Wetter" für „Grubengas"-Detonationen (= CH_4); diese früher gefürchteten Unglücke sind längst ausgerottet durch eine ebenso einfache wie konsequent mit lückenloser Disziplin durchgeführte Sicherheitsordnung – ein Vorbild für die künftige H_2-Technologie! Bemerkenswert ist in Tabelle 10,1 die letzte Zeile über den Joule-Thomson-Effekt μ, d. h. die Temperaturänderung ΔT, die ein Gasstrom bei Drosselung in einer Verengung wie Ventil, Rohrbruch o.ä. je bar Druckerniedrigung Δp erleidet, also $\mu = (\Delta T/\Delta p)_H$, wobei die Enthalpie H als Index die thermische Isolation der Meßstelle anzeigt. Bei fast allen Gasen und Dämpfen bewirkt die Ausdehnung gegen die Anziehungskräfte eine *Abkühlung* ($\mu_{CH_4} = -1{,}6$), nur bei den „superidealen" tiefstsiedenden Gasen He und H_2 eine *Erwärmung* wegen Arbeit gegen die Abstoßungskräfte der Moleküle. Nach der landläufigen Meinung sollte diese Erwärmung z. B. bei plötzlichem Rohrbruch den H_2 entflammen; eine Neuberechnung des wegen seiner Kleinheit schwer meßbaren μ-Wertes von H_2 aus der recht genau zutreffenden Berthelotschen Zustandsgleichung(10-1) durch Justi hat nun den genauen Zahlenwert $\mu = +\ 0{,}05°/\text{bar}$ ergeben, der selbst für $\Delta p = 100$ bar (linear extrapoliert) eine ΔT-Spitze von nur + 5° ergeben würde – weit entfernt von der Zündtemperatur 850 K = 577 °C nach Tabelle 10,1. Dieser gravierende Vorwurf gegen die H_2-Konzeption ist also hinfällig.

Die Analyse der sicherheitsrelevanten Eigenschaften der Energieträger H_2 und CH_4 bestätigt also unsere obige Meinung, daß keines der beiden Brenngase dem anderen durchweg überlegen oder unterlegen ist; um diesen Befund objektiver sichtbar zu machen, sind in Tabelle 10,1 bei jeder Eigenschaft das jeweils günstigere Gas durch ein (+), das ungünstigere durch (–) markiert; 10 : 5 Punkte für H_2! Man muß generell feststellen, daß es unsinnig wäre, von einem Brennstoff zu verlangen, daß er zwar hohen Heizwert und Reaktionsgeschwindigkeit besitzt, aber trotzdem keine Explosionsneigung.

Sicherheitsrichtlinien für Wasserstoffanlagen

Die oben erwähnte Feststellung, daß das westdeutsche H_2-Druckrohrnetz in den über 40 Jahren seines Bestehens weder einen Unfall hatte noch durch die dort gegen Umweltbedrohungen jeder Art sehr aktiven Bürgerinitiativen kritisiert wurde, obwohl es durch das dichtest besiedelte deutsche Land führt und exzeptionellen Beanspruchungen durch die im Zentrum des Kohlebergbaues verbreiteten Bodenbewegungen ausgesetzt ist, ist umso bemerkenswerter, als die offensichtlich 100 %ig erfolgreiche Sicherheitstechnologie lediglich durch die Eigenverantwortung der CWH und der später angeschlossenen anderen kapitalistischen Unternehmungen geformt wurde; das Energiewirtschaftsgesetz vom 13. 12. 1935 bezog sich nur auf die damals bekannten *Gas*fernleitungen. Das Land Nordrhein-Westfalen erließ ebenfalls eine *Gas*fernleitungsverordnung erst am 30. 7. 1971. Der Trend zur Perfektionierung der Bürokratie lieferte erst 1977 eine Bundesverordnung über Gashochdruckleitungen(10-2), die das Bewährte wiederholt. Technisch griffen die CWH soweit wie möglich auf VDI-Normen und DIN-Richtlinien zurück, z. B. die Einteilung in Gebietsklassen nach DIN 2470, die Werkstoffanforderungen nach DIN 17172, die Berechnung des Innendruckes in Stahlrohren und -Rohrbögen nach DIN 2413. Richtlinien für den Umgang mit LH_2 bestehen in Deutschland noch nicht.

Im Industrieland mit dem größten H_2-Umsatz, den USA, haben die NASA und die US Air Force aufgrund ihrer umfassenden und erfolgreichen Erfahrungen Sicherheitsrichtlinien für den Umgang mit H_2-Anlagen ausgearbeitet, die gedruckt und erhältlich sind. Hauptdokument ist hierbei das NASA Tech. Memo. TMX-5-5254(10-3); es ist ein H_2-Sicherheitshandbuch und beschäftigt sich im Einzelnen mit den Entwicklungsgrundsätzen in der Herstellung von Apparaten, der Ausschaltung von Zündungsquellen, dem Schutz des Personals, den Details der

Prozeduren usw. Ein anderer wertvoller Bericht ist der NASA-Report SP 5092, 1970, über „Hydrogen Leakage and Fire Detection : A Survey". Der Bedeutung der einschlägigen amerikanischen Richtlinien entsprechend sind diese in Tabelle 10,2 aufgelistet.

Tabelle 10,2. U.S. Vorschriften und Richtlinien für die Verteilung von Wasserstoff

Verteilungsmethode	Spezifikationen für Ausrüstung	Versand-vorschriften	Installations-Normen
Behälter für LH_2	TCG 173.57	TCG 173.316	NFPA 50 B
Anhängewagen für LH_2	ASME/(Ref. CGA 341)	Sondererlaubnis	---
Flüssigkeits-Tankwagen	TCG 173.316	TCG 173.316	---
LH_2-Kundenstation	ASME	---	NFPA 50B
Stählerne Druckflaschen	ASME/TCG 178.36.-37	TCG 173.301	NFPA 567
Anhängewagen mit Stahl-Druckflaschen	ASME/TCG 178.36.-37	TCG 173.301	NFPA 567
H_2-Pipeline	ANSI B31.8	---	DOT title 0 Part 192

Die deutsche H_2-Pipeline unterscheidet sich in ihren Sicherheitsarmaturen kaum von anderen Gasleitungen; so wurden außer Streckenschiebern, Rohrbruch-Sicherheitsschiebern und je einem federbelasteten Sicherheitsventil am Anfang und Ende jeder Leitung keine weiteren Sicherheitsarmaturen eingebaut. Die Rohrleitungen sind geschweißt, lediglich die Armaturen haben Flanschverbindungen. Die Rohrbruchsicherung (Fig. 10,2) wird als praktisch wichtig angesehen, denn im Falle eines Leitungsbruchs sinkt der Gasdruck in Abhängigkeit von der Druckhöhe, dem Rohrleitungsvolumen, den Zu- und Abströmverhältnissen sowie von der hervorgerufenen Ausströmfläche. Die zeitliche Änderung des Druckes $\Delta p/\Delta t$ wird für die vorliegende Gasbruchautomatik eine bestimmende Größe und über eine Steuervorrichtung erfaßt; diese soll aber auf betriebsbedingte zeitliche Druckschwankungen nicht ansprechen, weshalb diese bekannt sein müssen. Nach einem automatischen Schließen dieser

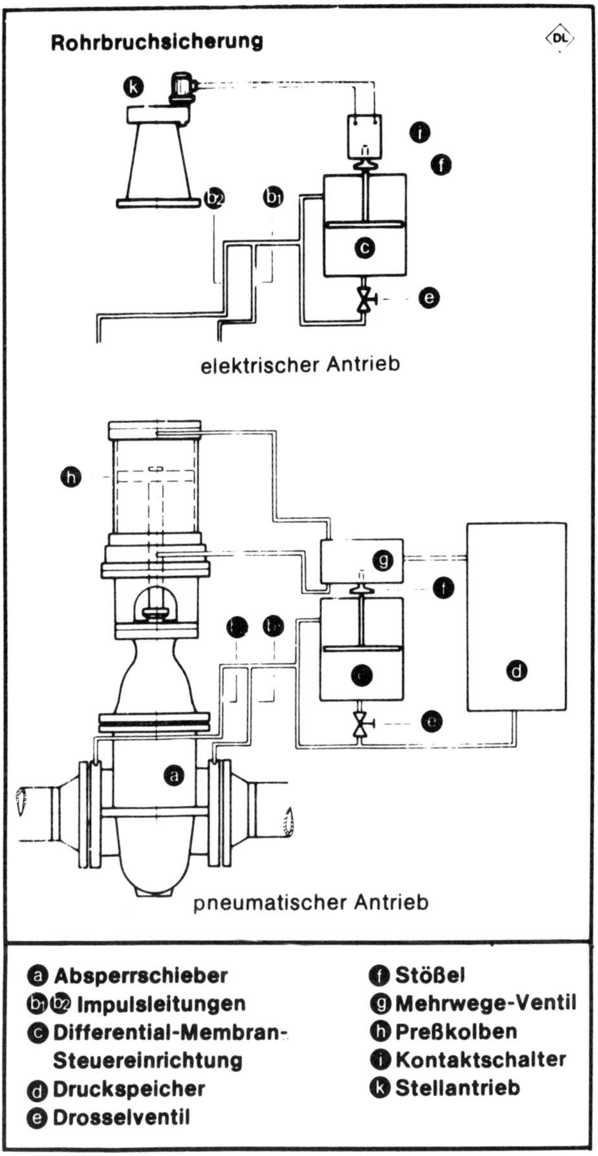

Fig. 10,2:
Rohrbruchsicherung mit elektrischem (oben) oder pneumatischem (unten) Antrieb im H_2-Hochdruck-Verbundnetz der CWH. a: Absperrschieber; b1, b2: Impulsleitungen; c: Differential-Membran-Steuereinrichtung; d: Druckspeicher; e: Drosselventil; f: Stößel; g: Mehrwegeventil; h: Preßkolben; i: Kontaktschalter; k: Stellantrieb. Nach Isting und Thier, 1975.

Schieber soll gemäß einer inneren CWH-Festlegung die Wiederöffnung der Schieber grundsätzlich nur vor Ort erfolgen, damit jede Fehlbedienung durch die Leitstände ausgeschlossen wird. Der zentrale Leitstand wurde bereits in Zusammenhang mit der Konstruktion des CWH-Rohrnetzes beschrieben und abgebildet (Fig. 7,8).

Kapitel 11:

Wege der Umwandlung und Nutzung von Wasserstoff*

Einleitung

In einer Wasserstoffwirtschaft wird der Wasserstoff wahrscheinlich von einer weit entlegenen, stark besonnten Stelle kommen, in Rohrleitungen als Gas oder in Tankern als tiefkalte Flüssigkeit, und würde dann am Zielort in mechanische oder elektrische Energie umgewandelt werden. Dafür gibt es drei mögliche Wege:

- In einer Erweiterung des gegenwärtigen Systems kann H_2 zur Speisung von Wärmekraftmaschinen eingesetzt werden; nach Kapitel 13 sind nur geringfügige Änderungen erforderlich, um Motoren von Benzin auf H_2 umzustellen. Eine Entwicklung innerhalb der Automobilindustrie zu H_2 als Motorentreibstoff würde wahrscheinlich in eine universelle Wasserstoffwirtschaft ausufern. Die Störung der Industrie würde geringer und daher wirtschaftlich attraktiver sein als die andere umweltfreundliche Alternative, daß die Wagen durch elektrochemische Kraftquellen angetrieben würden, was weitgehende Umstellung der Fabrikeinrichtungen bedingen würde.
- Für Haushaltselektrizität könnte man das gegenwärtige System fortsetzen, indem man H_2 zwecks Verstromung zu einem zentralen Punkt der Stadt leitete und von dort zum häuslichen Gebrauch durch Kabel. Allerdings würde man dabei das durch die Wasserstoffwirtschaft ermöglichte Totalenergiekonzept durchbrechen, das mit der Erzeugung von Elektrizität und Wärme im

*Verfasser: Prof. Dr. H. H. Ewe, TU Braunschweig

Hause selbst verknüpft ist. In unserem gegenwärtigen System würden die etwa 70 % nicht in Strom umgewandelter thermischer Primärenergie der Wärmekraftwerke mit Wasser weggekühlt, das dann weggeleitet wird und gratis Flüsse und Seen aufheizt statt Häusern und Menschen zu nützen. Freilich darf man von unserem gegenwärtigen Energiesystem keine Rationalität erwarten, denn es entwickelte sich ja in einer Epoche billiger und anscheinend unerschöpflicher Brennstoffe.

• Alternativ könnte H_2 zur Stromerzeugung in Brennstoffelementen am Verbrauchsort selbst benutzt werden. Wie stark lokal begrenzt dieser Ort sein würde, wäre eine Aufgabe der Systemanalyse; so würde es für Haushaltsstrom besser sein, für etwa 100 Häuser eine Unterstation zu haben, anstatt in jeder Wohnung einzeln. Der Vorteil läge dann in der Vereinfachung der Wartung, und das Konzept einer totalen Energie könnte gerettet werden durch H_2-Rohrleitungen zu den Nachbargebäuden. Mechanische Energie würde man über Elektromotoren erhalten. Bei Speisung mit H_2 können Brennstoffzellen ein Verstromungswirkungsgrad bis zu 75 % praktisch erreichen, leicht über 60 %.

Der chemische Konverter

Die mit H_2 betriebene Wärmekraftmaschine wird in Kapitel 13 durchgenommen; ihr Hauptvorteil ist, daß sie bei weiterer Anwendung gestattet, das in den Fabrikationseinrichtungen der gegenwärtigen Automobilindustrie investierte Kapital fortgesetzt zu amortisieren. Ferner haben moderne Automotoren höhere Leistungsdichten (kW/kg) als die gegenwärtig entwickelten elektrochemischen Wandler, und das gleicht ihr schlechteres Abschneiden hinsichtlich spezifischer Leistung und Wirkungsgrad ein wenig aus. Tatsächlich erreichen die neuzeitlichen Automotoren die Traumgrenze von 1 kW/kg – fünfmal mehr als die Brennstoffzellen – und werden nur noch durch Dünnschichtsolarzellen übertroffen. Angeblich ist der Kapitalaufwand für einen Verbrennungsmotor niedriger als für einen gleich starken elektrochemischen Wandler, aber dies liegt an der durchgearbeiteten Massenproduktion der Automotoren, denen die Brennstoffzellen noch nichts entgegenzusetzen haben. Tatsächlich ist die Brennstoffzelle im Aufbau einfacher als ein Verbrennungsmotor, besonders wenn letzterer noch einen Generator betreiben muß; sie hat weniger Einzelteile, diese sind alle unbeweglich, und der zur Wandlung des elektrochemischen Stromes in mechanische Kraft erforderliche Elektromotor ist viel robuster als der Benzinmotor. Bei den Antriebsmotoren elektrischer Lokomotiven sind über 1 Million km zwischen zwei Überholungen nichts Seltenes, während ein gewöhnliches Auto nach etwa 100 000 km ausrangiert wird.

Weiterbenutzung von Wärmekraftmaschinen in Automobilen hängt also in einer H_2-Wirtschaft weniger von technologischen als von sozio-ökonomischen Gesichtspunkten der gegenwärtigen Technologie und der Notwendigkeit der Erhaltung des Kapitals ab. Von der wissenschaftlichen Sicht her war das anfängliche Fehlen von edelmetallfreien Elektrokatalysatoren ein ernstes Handicap, das durch Entwicklung der Raney-Elektrokatalysatoren der Schule von Justi(11-1) behoben wurde – sie haben inzwischen die Traumgrenze von 1 000 mA/cm^2 bei 80 °C und Lebensdauer von einigen 10 000 h erreicht. Zwar konnte inzwischen auch der Pt-Bedarf unedler Elektroden unter 1 mg Pt/cm^2 gesenkt werden, aber die Pt-Metalle sind nicht nur teuer, sondern ihre Weltproduktion ist größenordnungsmäßig unzureichend für eine Umstellung auf Seltenmetall-Katalysatoren; auch stellt ihre Betriebslebensdauer Probleme.

Der prinzipielle Nachteil der mit den bisherigen Verbrennungsmotoren verknüpften Tatsache, daß sie primär Verursacher der Luftverschmutzung sind, wird durch Übergang zu H_2 als Treibstoff überwunden; gewiß bleibt NO_x als bei hoher Temperatur gebildete Vergiftung, wird aber in geringerer Konzentration als in Kohlenwasserstoffabgasen gefunden (vgl. Kapitel 13). Geräuschbelästigung bleibt allerdings, ebenso die Vibrationen der Verbrennungsmotoren, die stärkere Erosion und Korrosion der herkömmlichen Autos verursachen, verglichen mit dem schwingungsfreien Betrieb der Elektromobile, die Lebensdauern von 20-30 Jahren erreichen (ein anderer wichtiger Nachteil vom Gesichtspunkt der Hersteller).

Die Verhältnisse, die die beste Art der Energiewandlung bestimmen, hängen von dem Anwendungszweck ab, und zwar unter folgenden Gesichtspunkten:

1. Wie wichtig ist eine hohe Leistungsdichte (kW/kg) der chemischen Maschinen gegenüber der hohen Energiedichte (kWh/kg) der elektrochemischen Speicher?

2. Ist der Treibstoff billig genug, so daß ein hoher Umwandlungs-Wirkungsgrad, wie ihn elektrochemische Konverter bieten, nicht entscheidend ist?

3. Ist bei der in Frage stehenden Nutzanwendung der Bedarf an Elektrizität überwiegend (wie bei vielen metallurgischen Zwekken) oder an mechanischer Kraft (wie beim Transportwesen)?

4. In welchem Grade sind finanzielle Überlegungen wichtig, besonders bei elektrochemischen Wandlern?

So sind im Fall der Raumfahrt Kapitalkosten weniger wichtig, dagegen ist Gewicht des Treibstoffes ausschlaggebend.

Einige sekundäre Faktoren, wie die Novität, die Verfügbarkeit der Erfahrung mit Verbrennungsmotoren, aber ihr Fehlen mit elektrochemischen Wandlern bei den Ingenieuren, werden zwar mit der Zeit weniger hemmend werden, aber der Mangel an elektrochemisch ausgebildeten Ingenieuren ist vorerst ein ernstes Hindernis.

Andere Verbrennungsmaschinen

Abgesehen von diesen Kraftmaschinen mit innerer Verbrennung gibt es noch andere Prinzipien, wie besonders die Modifikationen der Kolbenmaschinen, nämlich diejenigen mit rotierendem Kolben, die Stirlingmaschine mit äußerer Verbrennung und Verwendung eines besonderen inneren Wärmeträgers, den Jet- und den Raketenmotor.

Drehkolbenmaschinen wie der Wankelmotor erreichen zwar eine höhere Leistungsdichte (kW/kg) als Kolbenmaschinen, entwickeln aber auch ein schmutzigeres Abgas; die Diesel- und Stirlingmotoren sind weniger schlimme Verschmutzer als z. B. die herkömmlichen Benzinmotoren und ergeben daher umgekehrt einen geringeren Vorteil bei der Umstellung auf H_2-Betrieb. Dagegen funktioniert das Jet-Triebwerk sehr gut mit H_2, wie in Kapitel 13 erläutert; es hat auch keinen Konkurrenten in der Luftfahrt durch die elektrochemischen Wandler, weil dabei das Verhältnis von Leistung zu Gewicht dominiert und Werte weit über 10 kW/kg erreicht werden, eine Größenordnung mehr als die gegenwärtige Traumgrenze des Brennstoffelementes (1 kW/kg).

Dampfturbinen mit Zweistoffsystem H_2O/NH_3

Die best optimierten und hergestellten Wärmekraftmaschinen überhaupt sind seit wenigen Jahren die großen Turbinen, sowohl die als Strahltriebwerke in Großflugzeugen eingebauten Gasturbinen wie die für Dauerbetrieb ausgelegten Dampfturbinen der Kraftwerke. Triebwerkgasturbinen bestehen aus einem mit Öl oder Erdgas angetriebenen Turbinen-Gaserzeuger und einer nachgeschalteten Nutzleistungsturbine; sie haben den Vorteil, daß sie trotz ihrer Qualität wegen der kleinen Typenzahl und hohen Stückzahlen in der Investition sehr billig sind (1966 z. B. nur 200-300 DM/kW_{el} einschl. Turbine, Generator, elektrischer Ausrüstung und Gebäude), und daß man große Erfahrungen sowie einen ausgezeichneten Kundendienst durch die großen Flugzeugfirmen zur Verfügung hat. Die Turbinen werden täglich durchschnittlich dreimal gestartet, was jedesmal nur vier Minuten erfordert, und sie laufen etwa 1 500 h bis zur nächsten Überholung. Sie sind demnach prädestiniert, für terrestrische Zwecke als Spitzenlast-Generatoren eingesetzt zu werden, wofür der thermische Wirkungsgrad von typisch 26 % durchaus genügt.

Damit nicht zu verwechseln sind die speziell für *Dauer*last entwickelten *Dampf*turbinen, die zwar in der Investition teurer sind, dafür aber hohe Wirkungsgrade liefern, falls die Blockleistungen mit einigen 1 000 MW_{el} groß genug sind. Solche Dampfturbinen haben z. B. Frischdampftemperaturen von $T_1 = 900\ ^\circ C$ und Abdampftemperaturen von 300 °C; man erhält dann nach der bekannten Carnotschen Formel einen Höchstwert des idealen Wirkungsgrades von $\eta_c = (T_1 - T_2)/(T_1 + 273) = 51\ \%$, gegenüber $\eta_c = 73\ \%$ bei einer wirksamen Kühlung auf $T_2 = 27^\circ$ mit Flußwasser. Dafür wird man aber entschädigt, indem man außer der mechanischen Arbeit eine Abwärme („Anergie") von so hoher Temperatur erhält (200°), daß sie kommerziellen Wert erhält und über Wärmeaustauscher in die jetzt ebenso beliebten wie energiewirtschaftlich notwendigen Fernwärmeleitungen eingespeist wird. Addiert man diese nutzbare Wärme zur gewonnenen elektrischen Leistung hinzu, so erhält man rechnerisch einen Gesamtwirkungsgrad von über 65 %.

Der sensationelle neue Aspekt ist nun der Vorschlag, diesen Abdampf von 200-400° zum Betrieb einer weiteren Turbine zu nutzen, wozu man seinen zu niedrigen Druck von 1,2 bis 4 bar anhebt, indem man ihn zur Verdampfung eines tiefer siedenden Wärmeträgers wie z. B. Ammoniak (NH_3) oder einen Freon benutzt; das NH_3 dreht dann die erwähnte zweite Turbine, die auf derselben Achse sitzt. Buch(11-2) hat kürzlich herausgefunden, daß die Einschaltung eines solchen 2. Ammoniakkreises den Gesamtwirkungsgrad wegen besserer Anpassung des spezifischen Volumens generell verbessern kann, bei herkömmlichen Kraftwerken bis zu 8 %, bei Kernkraftwerken noch mehr. Dies bedeutet nicht weniger, als daß man trotz der Wirkungsgradbeschränkungen der Wärmekraftmaschinen durch den Carnot-Faktor

Aussichten hat, den Wirkungsgrad der grundsätzlich 100 %ig verstromenden Brennstoffelemente zu erreichen. Praktisch bedeutsam ist die neue Aufgabe für unseren universellen Energieträger H_2, auf solche Weise die Spitzenlast der Kernkraftgeneratoren zu decken, die bekanntlich ganz starr bei unveränderter Drehzahl laufen müssen; dazu sollen diese bei Niedriglast Elektrolytwasserstoff erzeugen, der bei Spitzenbedarf den Zusatzgenerator speist. Auf diesem Weg scheint das Konzept der H_2-Wirtschaft berufen, diese grundsätzliche Schwäche der Kernkraft zu kurieren, wie schon auf dem 2. Internationalen Wasserstoff-Kongreß in Zürich 1978 hervorgehoben(11-3).

Hochreversible Verstromung von H_2 mittels H_2-O_2-Brennstoffzellen

In elektrochemischen Brennstoffzellen wird die chemische Energie des H_2-Gases ohne den Zwischenschritt der Wärmeenergie direkt in elektrische Energie umgewandelt. Diese Brennstoffzellen unterliegen deshalb nicht dem Carnot-Faktor. Fig. 11,1 zeigt schematisch das Prinzip einer alkalischen H_2-O_2-Brennstoffzelle, die die bekannte Knallgasreaktion in die anodische Oxidation des Wasserstoffs und die kathodische Reduktion des Sauerstoffs aufteilt. Die beiden Gase H_2 und O_2 bleiben örtlich getrennt, der direkte Elektronenübergang mit explosionsartigem Reaktionsverlauf und starker Wärmeentwicklung findet nicht statt. Die Gase tauschen die Elektronen nur mit der jeweiligen metallischen Elektrode aus.

Durch die unterschiedliche elektrochemische Affinität der den Elektroden zugeführten Gase und deren Wechselwirkung mit dem Elektrolyten und den die Reaktion katalysierenden Elektroden stellen diese verschiedene Potentiale ein. Die entstehende Potentialdifferenz bzw. Spannung kann einen elektrischen Strom über einen Verbraucher fließen lassen. Dieser Strom wird im Elektrolyten von Ionen, im äußeren Kreis dagegen von Elektronen getragen. Die Reaktionspartner H_2 und O_2 werden den Elektroden kontinuierlich zugeführt, das Reaktionswasser dem Elektrolyten z. B. durch Verdampfung wieder entzogen. Die maximal mögliche Spannung $\Delta\varphi$ dieses Brennstoffelementes ergibt sich aus der freien Enthalpie der Knallgasreaktion $\Delta G = \Delta H - T\Delta S$ zu $\Delta\varphi = \Delta G/(nF)$ und beträgt bei Raumtemperatur 1,23 V. Die Leistungsziffer beschreibt den praktisch erreichbaren Bruchteil der in elektrische Energie umwandelbaren chemischen Energie und ist durch das Verhältnis der maximal elektrisch auswertbaren freien Enthalpie ΔG zum Heizwert ΔH (bei p und T = konst.) gegeben: $\in = \Delta G/\Delta H$. $\in$ beträgt maximal 0,83, sinkt bei steigender Belastung der Brennstoffzelle auf 0,5 bis 0,7, ist aber auch dann immer noch deutlich größer als der Wert 0,4 von Wärmekraftmaschinen(11-4).

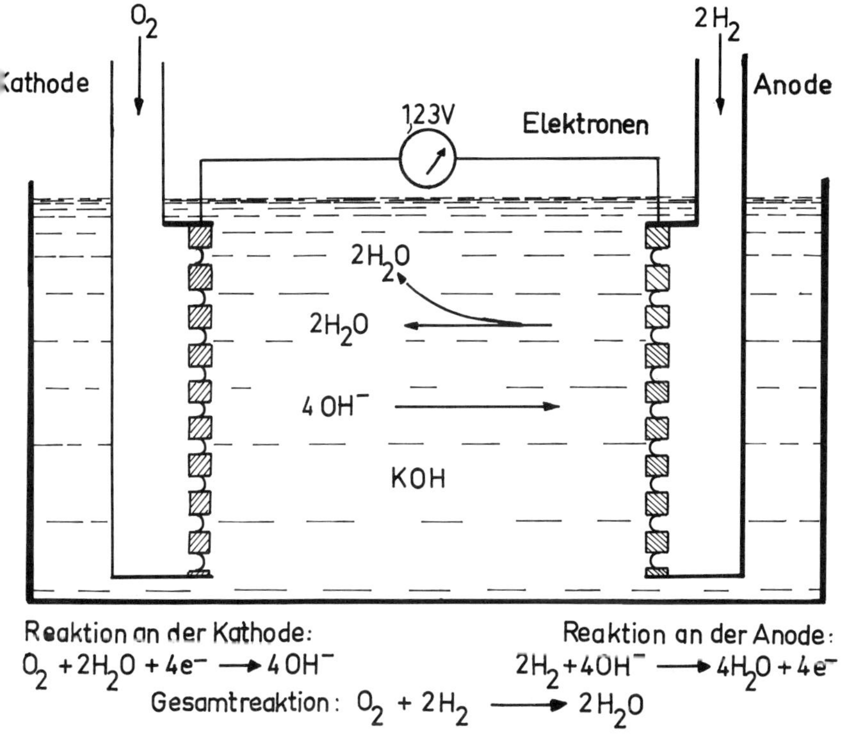

Fig. 11,1:
Schematischer Aufbau einer alkalischen H_2-O_2-Brennstoffzelle.

Schematischer Aufbau einer H_2-O_2-Brennstoffzelle

Für die verschiedenen möglichen Brennstoffe existieren unterschiedliche Brennstoffzellentypen. Für die H_2-Technologie interessiert allein der mit Gasdiffusionselektroden arbeitende Brennstoffzellentyp. Die direkte Umwandlung der chemischen Energie des H_2 und O_2 in elektrische Energie erfordert das Zusammenwirken der Gase, des Elektrolyten und der Elektroden, wobei aus geometrischen Gründen die Umsetzung der Gase nur in der Nähe der Dreiphasengrenze, an der der Elektrodenkatalysator, das Gas und der Elektrolyt zusammentreffen, geschieht. Die anodische bzw. kathodische Gesamtreaktion, in deren Verlauf an der H_2-Anode aus H_2 und 2 OH^--Ionen zwei H_2O und 2 Elektronen bzw. an der O_2 Kathode aus O_2, 2 H_2O und 4 Elektronen 4 OH^--Ionen entstehen, setzt sich aus einer Reihe nacheinander ablaufender Einzelschritte zusammen. Für die Umsetzung des H_2-Gases zeigt Fig. 11,2 einen möglichen Reaktionsweg: Das H_2-Gas wird im Elektrolyten gelöst, die H_2-Moleküle diffundieren zur Katalysatoroberfläche, werden dort dissoziativ chemisorbiert; die entstehenden H_{ad}-Atome verbinden sich mit OH^--Ionen zu H_2O, wobei die Elektronen an das Elektrodenmetall übergehen. Analoge Reaktionsfolgen laufen an der O_2-Kathode ab(11-4, -9, -11, -24, -25).

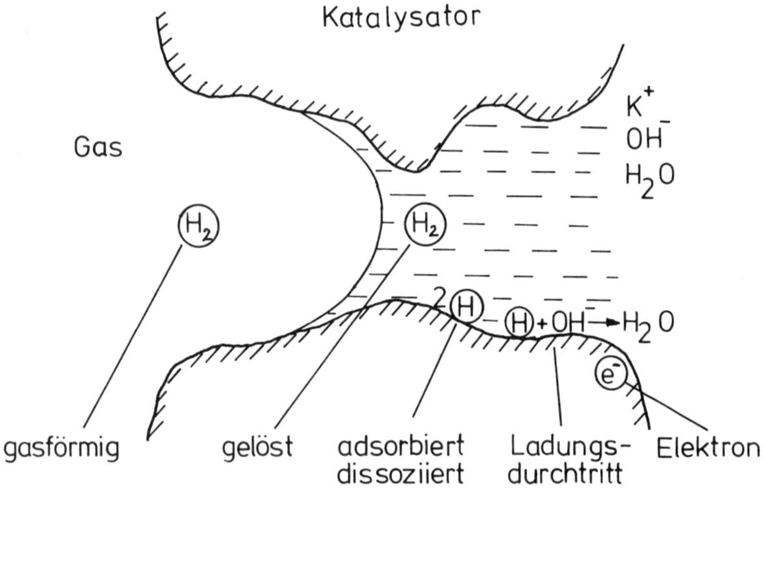

vollständige Reaktion: $H_2 + 2\,OH^- \longrightarrow 2\,H_2O + 2e^-$

Fig. 11,2:
Schema der bei der anodischen Oxidation des Wasserstoffes ablaufenden Reaktionsfolge.

An einer derartigen Dreiphasengrenze entstehen nur sehr geringe Ströme in der Größenordnung von μA. Bei Verwendung poröser Elektroden mit einigen 10^5 Poren pro cm^2 der äußeren geometrischen Oberfläche erhält man dann die erforderlichen hohen Stromdichten bis zu 1 000 mA/cm^2. Diese porösen Elektroden enthalten ein System feiner, elektrolytgefüllter Poren und ein zweites, gröberes Porensystem, das durch den Gasüberdruck vom Elektrolyten freigedrückt und deshalb gasgefüllt ist. Diese beiden einander durchdringenden Porensysteme ergeben, wie Fig. 11,3 schematisch zeigt, eine große Kontaktzone zwischen Gas und Elektrolyt.

Um Gasverluste durch die gröberen Poren in den Elektrolytraum hin zu verhindern, befindet sich auf dieser sogenannten Arbeitsschicht eine zweite, sehr feinporige Schicht. Diese sogenannte Deckschicht kann aus versintertem Pulver, Asbest oder anderen feinporigen, korrosionsbeständigen, hydrophilen Materialien bestehen und hat nur die Aufgabe, das Entweichen des Gases zu verhindern. Diese Schicht darf deshalb keine gröberen Poren enthalten und muß sehr gleichmäßig gefertigt werden(11-4, -12).

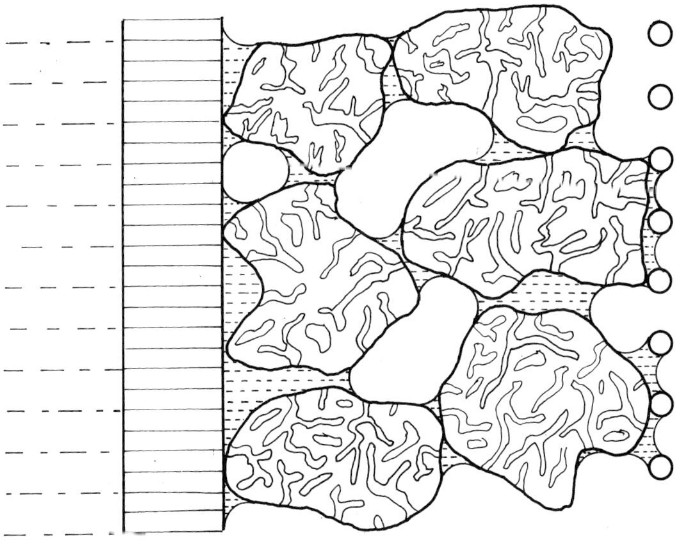

Fig. 11,3:
Prinzip einer zweischichtigen, gestützten Gasdiffusionselektrode.

Alkalische Niedertemperatur-Brennstoffzellen mit Raney-Katalysatoren

Fig. 11,4 zeigt schematisch eine Brennstoffzelle mit gestützten Elektroden nach v. Sturm, Nischik und Weidlich(11-10, -13), in der grobes Streckmetall den Elektrolytraum bildet. Dieses Streckmetall wird von zwei aus Asbestpapier bestehenden feinporigen Deckschichten begrenzt, die durch pulverförmige Katalysatoren und stromleitende Netze angepreßt werden. Durch Filterpressenbauweise ergibt sich eine enge Schichtung der Einzelzellen.

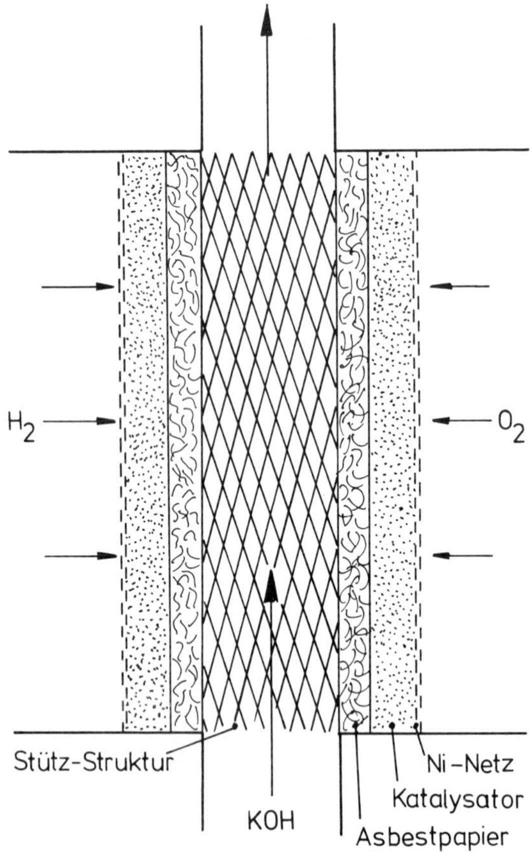

Fig. 11,4:
Schematischer Aufbau einer H_2-O_2-Brennstoffzelle mit gestützten Elektroden.

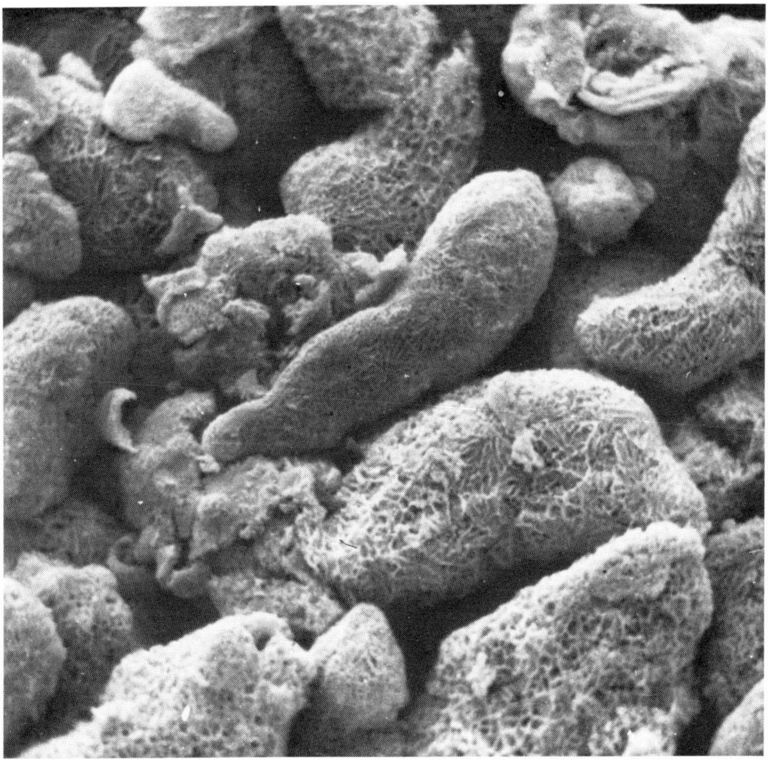

Fig. 11,5:
REM-Aufnahme (2 300-fach) eines Raney-Silberkornes.

Neben den groben und feinen Porensystemen benötigen die Elektroden für große Stromdichten hochaktive Katalysatoren (11-3, -10, -14, -16).

In für die Raumfahrt bestimmten Brennstoffzellen und den meisten anderen amerikanischen Entwicklungen wird nahezu ausschließlich auf Pt-Katalysatoren zurückgegriffen(11-17). Anstelle der seltenen und teuren Edelmetalle können nach Justi, Winsel u. M.(11-4) billigere Raney-Katalysatoren verwendet werden. Für die H_2-Anode wird z. B. Raney-Nickel als Katalysator verwendet, das durch Auslaugen des Al-Anteils einer Ni-Al-Legierung gewonnen wird. Dieser Nickel-Katalysator ist außerordentlich fein struktuiert und weist eine innere Oberfläche von 30 bis 150 m^2/g auf. Durch spezielle Behandlungen wie Zulegierung geringer Mengen anderer Metalle oder gezielte Oxidation und Reduktion kann die Aktivität und Stabilität dieses Katalysators weiter erheblich verbessert werden(11-18, -21). Für die O_2-Kathode wird analog Raney-Silber oder durch chemische Fällung auf Hydroxide feinverteiltes Silber verwendet(11-4, -23). Als Beispiel für die feine Schwammstruktur und große Porosität dieser Katalysatoren zeigt Fig. 11,5 die REM-Vergrößerung eines Raney-Ag-Kornes, das aus der Legierung Al 80 Ag 20 durch Auslaugen des Al-Anteils gewonnen wurde(11-23).

Ein derartiges Brennstoffelement sollte, sobald die Reaktionsgase den Elektroden mit ca. 1 bar Überdruck zugeleitet werden, die aus ΔG berechnete Spannung 1,23 V einstellen. Tatsächlich beträgt die gemessene Spannung durch die Irreversibilität der O_2-Kathode auch im stromlosen Zustand nur 1,1 V. Hinzu kommen bei Stromfluß weitere Verluste durch die gehemmte Durchtrittspolarisation, Konzentrationsänderungen, Transporthemmnisse durch inerte bzw. unreine Gase, ohmsche Spannungsabfälle usw., wodurch mit steigender Stromdichte die Klemmenspannung der Brennstoffzelle absinkt. Nahezu alle diese Spannungsverluste können durch Erhöhen der Arbeitstemperatur der Brennstoffzelle vermindert werden, wobei nach oben hin Grenzen durch Materialprobleme bzw. die Korrosion gesetzt werden. Die meisten Brennstoffzellen mit wäßrigen Elektrolyten arbeiten deshalb mit Betriebstemperaturen zwischen 70 und 90 °C (11-3, -13).

Neben der eigentlichen Brennstoffzelle mit den zu Blöcken oder Moduln zusammengesetzten Einzelelementen enthalten die fertigen Aggregate noch Hilfsanlagen zur Temperaturregelung, Entfernung des entstehenden Reaktionswassers und der Gasverunreinigungen, zur Steuerung des Elektrolytflußes und der Gasströmungen. In Fig. 11,6 ist ein vollständiges vollautomatisiertes H_2-O_2-Brennstoffelement der Siemens AG dargestellt. Dieses Element ist aus gestützten Elektroden mit Asbestpapier-Deckschichten aufgebaut, die mit Polysulfon zu Moduln vergossen sind. Die eigentliche Brennstoffzelle ist rechts im Kasten; links befindet sich eine Einheit zur Entfernung des Reaktionswassers und der Reaktionswärme, ferner die Elektrolytumlaufpumpe, der Elektrolytbehälter und die Regeleinrichtungen. In Tabelle 11,1 sind die technischen Daten des Aggregates aufgeführt. Durch die weiter fortschreitende Entwicklung sind auch diese Daten inzwischen weiter verbessert worden. Im Labor betriebene Aggregate arbeiten bei 90 °C mit Stromdichten um 400 bis 700 mA/cm^2, bei kürzeren Überlastungen (ca. 1 Stunde) bis zu 1 000 mA/cm^2 wodurch das Leistungsgewicht weiter verbessert wird(11-20).

Tabelle 11,1. Vollautomatisches H_2-O_2-Brennstoffzellen-Aggregat der Siemens AG (Stand 1976)

Nennleistung	2,4 kW
Überlastungsfaktor	1,3
Nennspannung	24 V
Zellenzahl	33
Brennstoff	H_2, O_2, technisch rein, 1,8 bar
Stromdichte	310 mA/cm^2
Betriebstemperatur	80 °C
Elektrolyt	6 n KOH
Batteriegewicht	23 kg
Totalgewicht	53 kg

Fig. 11,6:
2,4 kW H_2-O_2-Brennstoffzellenaggregat der Siemens AG.

Mitteltemperatur-Brennstoffzellen mit Phosphorsäure-Elektrolyt

Ausgehend von den für die Raumfahrt entwickelten Brennstoffzellen wurden in den USA die Kosten für die in diesen Elementen enthaltenen Edelmetallkatalysatoren durch systematische Verringerung des Pt-Gehaltes der Elektroden reduziert. Aus der Vielzahl der verschiedenen Entwicklungslinien in den USA soll nur das von United Technologies verfolgte Projekt für Kraftwerke mit Spitzenleistungen bis zu 26 MW betrachtet werden (11-27, -28, -29, 30).

Die United Technologies Corporation, Power Systems Division in South Windsor, Connecticut beschäftigt etwa 800 Personen mit der Entwicklung von Brennstoffzellen mit einem in einer Matrix festgelegten Phosphorsäure-Elektrolyten. Der Elektrolyt wird nicht umgewälzt, wodurch die Kosten für den Elektrolytkreislauf entfallen. Der Wassergehalt der (ca. 98 %) Phosphorsäure hängt von der Temperatur ab, so daß bei konstanter Temperatur auch der Wassergehalt der Säure konstant ist(11-29). Die Wasser- und Wärmeausbringung erfolgen über die Gasphase insbesondere in den luftbetriebenen Kathoden. Diese Brennstoffzellen arbeiten bei 140 bis 190 °C; die Elektroden enthalten Pt-Katalysatoren mit Rh- und W-Zusätzen. Diese Katalysatoren werden mit PTFE gebunden und auf die Elektrolytmatrix aufgebracht. Fig. 11,7 zeigt schematisch den Zellenaufbau mit Elektroden von $1/4$ bis $1/3$ m^2 Größe. Die Leistung einer solchen Zelle liegt im stationären Betrieb z. Zt. bei 0,11 bis 0,25 W/cm^2, jedoch soll eine mehrfache Überlast über einige Stunden erreichbar sein, wobei mit Stromdichten bis zu 1 000 mA/cm^2 gearbeitet wird(11-30). In den letzten Jahren hat man bei United Technologies (UT) vor allem folgende Ziele verfolgt: Die Zellen sollen mit den Spaltgasen von Kohlenwasserstoffverbindungen arbeiten und billiger und besser werden. Teure Werkstoffe werden durch preiswertere ersetzt, z. B. Edelstahl durch mit Kohle beschichtetes Eisen. Ebenso werden die teuren Katalysatoren quantitativ verringert. So sollen in einzelnen Laborzellen die Elektroden schon weniger als 0,5 mg Pt/cm^2 enthalten, und zwar in einer sehr dünnen Schicht auf Kohle mit PTFE gebunden(11-27 bis -31, -33).

Die Entwicklung dieser Brennstoffzellen mit Phosphorsäure-Elektrolyt wird im Rahmen zweier großer Programme verfolgt: Im TARGET Projekt (*T*eam to *A*dvance *R*esearch for *G*as *E*nergy *T*ransformation) werden Aggregate von 10 bis 250 kW für Einzelhäuser, die nur Gas als Energieträger verwenden, ent-

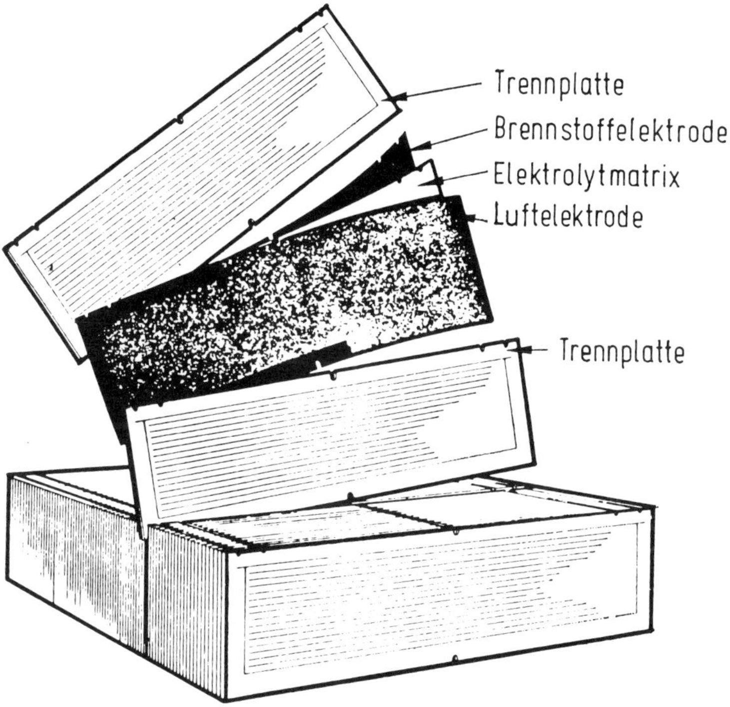

Fig. 11,7:
Brennstoffzellenaufbau für das 26 MW-Kraftwerk von United Technologies.

wickelt. Mit 12,5 kW Batterien wurde 1971 bis 1973 ein breit angelegtes Testprogramm unter Praxisbedingungen durchgeführt; dabei lieferten 65 Einheiten in ca. 205 000 Betriebsstunden etwa 1 000 000 kWh. Typische Testbedingungen bestanden in unterschiedlichen Belastungen, Wetterbedingungen, Umweltauflagen usw. Fig. 11,8a und 11,8b zeigen ein derartiges Aggregat. Aufbauend auf den mit PC 11 gesammelten Erfahrungen wurde PC 16 entwickelt. Dieses Aggregat hat bei gleicher Leistung nur 1/4 des Gewichtes und Volumens von PC 11 (s. Fig. 11,8c). Die Aggregate werden mit Erdgas gespeist, das zuvor zu Wasserstoff und Kohlendioxid konvertiert wird(11-34, -35). Tabelle 11,2 enthält die wichtigsten Daten der TARGET-Brennstoffzellen. Die Daten wurden aus verschiedenen, zitierten Arbeiten entnommen und sind, da kaum konkrete Zahlen veröffentlicht werden, relativ unsicher.

Tabelle 11,2. Daten der PC 11 und PC 16 Brennstoffzellen (TARGET-Programm), vgl. Fig. 11,8a, b und c

Leistung	12,5 kW
Elektrolyt	98 % Phosphorsäure in poröser Matrix
Temperatur	120-150 °C
Fläche einer Elektrode	250-930 cm^2
Stromdichte	ca. 100 mA/cm^2
Spannung	120 V
Brennstoff	Erdgas oder Leichtbenzin werden bei ca. 800 °C zu H_2, CO_2 und CO reformiert; bei tieferer Temperatur wird CO mit H_2O zu $CO_2 + H_2$ umgesetzt.
Oxydans	Luft
Katalysatoren	Pt, Anode 1-2 mg/cm^2 Kathode 5-10 mg/cm^2
Betriebslebensdauer	bis zu 16 000 h, i. a. bei 2 000 h

Fig. 11,8a:
Ansicht der 12,5 kW Target-Brennstoffzelle (PC 11) für Kohlenwasserstoffe (insbesondere Methan) und Luft.
Links: Brennstoffzelle und Reformer; rechts: Inverter

Fig. 11,8b:
PC 11-Brennstoffzelle mit geöffnetem Gehäuse.
Links: Brennstoffzelle; rechts: Reformer

Fig. 11,8c:
Größenvergleich der Brennstoffzellen PC 11 und PC 16.

Ende 1971 begann UT zusammen mit 10 amerikanischen Elektrizitätsgesellschaften das zweite Programm zur Entwicklung von 26 MW-Brennstoffzellen für die Elektrizitätsversorgung ganzer Stadtteile oder Kleinstädte. Enwickelt werden Brennstoffzellen-Kraftwerke für 26 MW, die je ca. 5,5 m hoch sind und weniger als 0,4 ha Fläche benötigen. Das Kraftwerk ist so konzipiert, daß die einzelnen Aggregatteile per LKW transportiert werden können, um für rasch wachsende Stadtteile oder nur vorübergehend genutzte (Baustellen-) Siedlungen eine hohe Mobilität zu erreichen. Das 26 MW-Aggregat soll aus 4 Reformer-Moduln, 8 Brennstoffzellen-Moduln und 8 Spannungsinvertern bestehen. Zwei Betriebsarten sind vorgesehen: Entweder 26 MW mit Teillastbetrieb und entsprechend günstigerem Wirkungsgrad oder 26 MW für kurze Spitzenleistungen (bis zu 3 A/cm^2) mit halbierter Zellenzahl und entsprechend verminderten Investitionskosten, höherer Wärmeentwicklung und Brennstoffkosten. Der Wirkungsgrad soll ca. 37-38 % betragen (s. Fig. 11,9)(11-36).

Die Entwicklung dieser Aggregate erfolgt stufenweise. Die erste Phase von 1972 bis 1976 (Kosten ca. 56 Millionen US-Dollar) führte zu einem 1 MW-Block, dessen Betriebsverhalten befriedigende Resultate ergab und der noch weiter erprobt wird. Die zweite Phase gilt dem Bau einer 48 MW-Einheit bis Ende 1978 (Kosten ca. 52 Millionen US-Dollar). Anschließend

Tabelle 11,3. Zieldaten des 26 MW-Brennstoffzellen-Generators von United Technologies

Leistung	26 MW
Flächenbedarf	17 m x 27 m
Elektrolyt	98 % Phosphorsäure
Spannung	120 V
Stromdichte	bis 3 000 mA/cm^2 (kurzzeitig)
Katalysatoren	Pt, unter 1 mg/cm^2
Betriebslebensdauer	
Brennstoffzelle	5 Jahre
Reformer	10 Jahre
Wechselrichter	20 Jahre
Brennstoffe	Erdgas, Propan, flüssige Kohlenwasserstoffe mit geringem S-Gehalt + Luft
Installationskosten	140 US-Dollar/kW für Grundlast 110 US-Dollar/kW für Spitzenlast

sollen die 26 MW-Aggregate entwickelt werden. Die über diese Brennstoffzellen veröffentlichten und in Tabelle 11,3 zusammengestellten Daten betreffen noch überwiegend Zielvorstellungen. Im Labor werden mit einzelnen Zellen z. T. bereits die angestrebten Werte erreicht. Man muß abwarten, wieweit es gelingt, diese Werte auf diese großen Anlagen zu übertragen. Insbesondere erscheint es noch fraglich, ob mit den aus Kostengründen angestrebten geringen Pt-Katalysatorbelegungen bereits in den nächsten Jahren Lebensdauern von 16 000 h oder gar 40 000 h realisiert werden können.

Fig. 11,9:
Modell des 26 MW-Brennstoffzellen-Kraftwerkes von United Technologies.

Schlußfolgerungen

Der erreichte Leistungsstand der beschriebenen H_2-O_2-Brennstoffzellensysteme ist bereits derart hoch, daß diese Systeme kurz vor ihrer technischen Einführung stehen. Für die nahe Zukunft kann noch mit wesentlichen Verbesserungen gerechnet werden. Die Hauptprobleme der Brennstoffzellen liegen z. Zt. bei der Reproduzierbarkeit, Zuverlässigkeit, Preis und Langzeitstabilität. Die an einzelnen Zellen gesammelten Kenntnisse lassen jedoch erkennen, daß zumindest die technologischen Schwierigkeiten überwunden werden können. Der Beginn einer Serienfertigung und die dann rasch anwachsenden Erfahrungen dürften die noch bestehenden technologischen Probleme reduzieren. Ähnliches gilt für die heute noch nicht realistisch abschätzbaren Investitionskosten der Brennstoffzellen, die u. a. sehr stark von der Stückzahl abhängen werden.

Ein weiteres Hauptproblem der Brennstoffzellen ist deren Versorgung mit geeigneten Reaktionsgasen, wobei Wasserstoff eindeutig der beste Brennstoff für diese Zellen ist. Z. Zt. ist die H_2-Versorgung noch sehr schwierig und erfolgt meist über relativ schwere Stahlflaschen oder durch aufwendige Spaltung und Reinigung von Wasserstoffverbindungen wie NH_3, CH_4, Benzin usw. Im Rahmen der H_2-Wirtschaft entfallen diese Schwierigkeiten vollständig, wodurch die Einführung der Brennstoffzellen wesentlich erleichtert werden wird.

Kapitel 12:

Folgerungen aus der Verfügbarkeit enormer Mengen von Wasserstoff

Einleitung

Von einer Wasserstoffwirtschaft wird man dann sprechen können, wenn H_2 außer als Medium zu Transport und Speicherung von Energie auch anderweitig vielfältig benutzt wird. Von diesen verschiedenen Anwendungsgebieten werden hier beispielhaft diejenigen im Haushalt, im Betrieb von Transporten, in der chemischen Technologie und Metallurgie und die Entstehung großer zusätzlicher Mengen von trinkbarem Wasser als Beiprodukt erörtert(12-1).

Metallurgie(12-2)

Eisenmetallurgie(12-3)

Wie schon einleitend erwähnt, besteht ein beträchtliches Interesse an Eisenerzeugung ohne Umweltverschmutzung, also an einer Eisenmetallurgie, die die Injektion von CO und CO_2 in die Atmosphäre vermeidet. Die Reduktion des Eisen-III-oxyds Fe_2O_3 mittels H_2 ist im kleinen Maßstab schon altbekannt und kann in Anfängervorlesungen demonstriert werden, weil sie bei nur 500 °C gemäß

$$Fe_2O_3 + 2\,H_2 \rightarrow 2\,Fe + 3\,H_2O$$

verläuft. Von den zahlreichen technischen Varianten seien hier der H-Eisenprozeß, der Hygas-Prozeß und der Purofer-Prozeß erwähnt; als Faustformel für den Umsatz behielt man mnemotechnisch, daß 1 kg Fe zur Reduktion ca. 1 Kubikfuß H_2 (also 28,3 L) benötigt. Die Temperatur des Wirbelschichtbettes, in welchem man die Reduktion technisch vornimmt, liegt zwischen nur 500° bis 800 °C; heutzutage erscheint es fast ebenso attraktiv, daß die beim klassischen Hochofenprozeß der Reduktion mittels Koks gemäß

$$Fe_2O_3 + 3\,CO \rightarrow 2\,Fe + 3\,CO_2 \text{ bzw. } Fe_3O_4 + 4\,CO \rightarrow 3\,Fe + 4\,CO_2$$

unvermeidlich entstehende Kohlensäure CO_2 entfällt, ebenso wie riesige Mengen Wasserdampf (nach obiger Formel 1,5 Mol H_2O je Mol Fe) entstehen, die kondensiert den Sorgen bereitenden laufenden Wasserverbrauch der Hochofenindustrie vermeiden lassen würden.

Die Schwierigkeit für den Übergang von der herkömmlichen Kokshochofen- zur H_2-Reduktion ist also weniger technologischer als überwiegend finanzieller Natur, weil danach die riesigen, in die bisherigen Hochöfen investierten Kapitalien kaum wiedergewonnen werden könnten.

Nach den bisherigen Erfahrungen benötigt man etwa 6,25 kW_{th} zur Erzeugung von 1 kg Eisenschwamm durch H_2-Reduktion (12-1); im Vergleich dazu braucht man beim Hochofenprozeß rund 1 kg Koks/1 kg Roheisen, entsprechend einem Heizwert von 8 000 kcal = 9,3 $kW_{th}h$, wozu noch ein beträchtlicher Zuschlag für das Frischen kommt; wenn man den theoretisch möglichen Elektrolyse-Wirkungsgrad von 3,7 $kW_{el}h/Nm^3$ H_2 nach Brennecke, Ewe und Justi(12-4) (Kapitel 8) und die in Kapitel 7 erläuterten billigen H_2-Transportkosten erreicht, sind also beide Verfahren energetisch etwa gleichwertig. Der Vorteil des allgemeinen Übergangs vom Kokshochofen zur H_2-Reduktion liegt anderswo: man braucht nicht mehr die Eisenindustrie dort zu placieren, wo sowohl Eisenerz wie Kohle vorhanden sind; das Reduktionsmittel gelangt billig durch eine H_2-Pipeline von einem weit entfernten Standort, wo dieser durch Atomreaktoren oder Sonnenkraftwerke erzeugt wird. Der Hauptvorzug ist wohl, daß die Ballungsgebiete von der Luft- und Wasserverunreinigung durch Schwefelwasserstoff, nitrose Gase, CO, CO_2 sowie Flugasche mit radioaktiven Bestandteilen verschont bleiben, die nach dem gegenwärtigen Stand von der Kohle noch stärker als von Kernreaktoren ausgeworfen werden. Fig. 12,1 ist ein Blockschema einer H_2-Wirtschaft mit spezieller Anpassung an Industriegebiete; Fig. 12,2 ist ein Blockdiagramm des HyL-Prozesses für die Speisung von Stahlwerken mit 90 %igem reduziertem Eisenschwamm(12-3). Fig. 12,3 stellt die Flüsse von H_2, H_2O, Brennstoff, Freon und Schmutzwasser im H-Eisen-Prozeß dar.

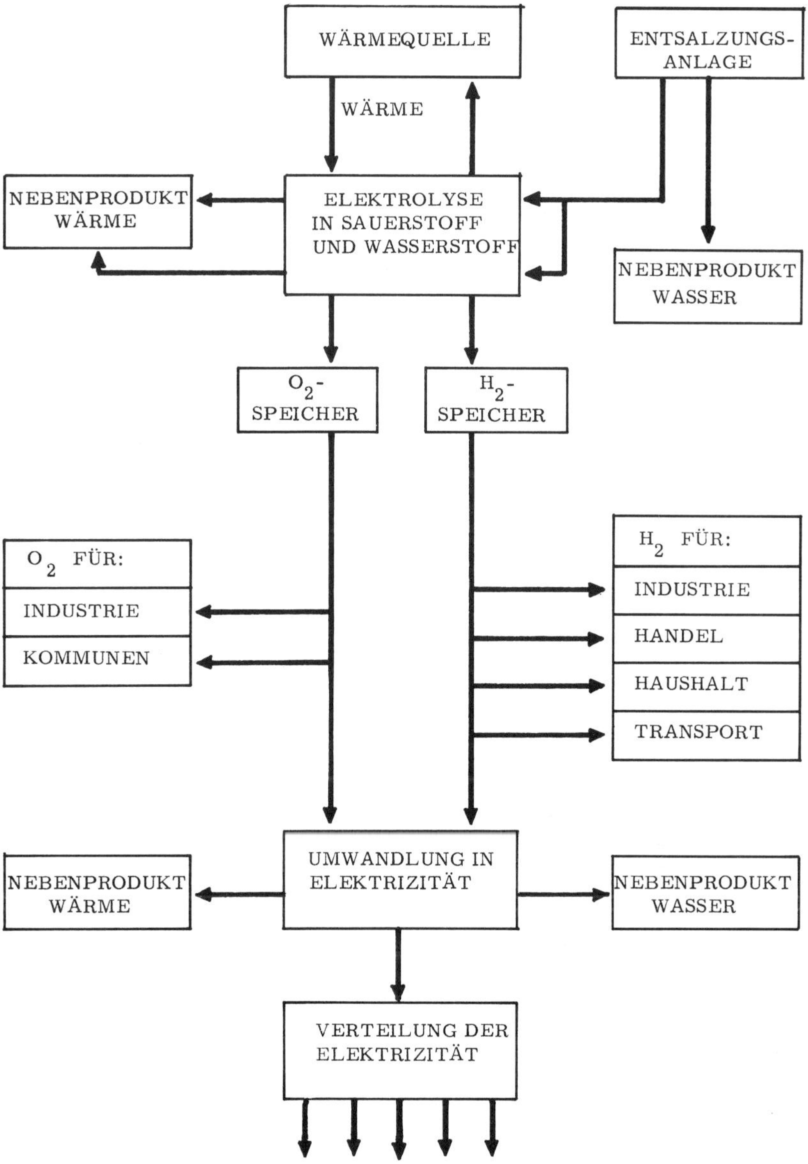

Fig. 12,1:
Blockschema einer kombinierten Wasserstoff- und Sauerstoffwirtschaft (12-13). Es handelt sich offensichtlich um eine Variante des Schemas von 1964, Fig. 2,3.

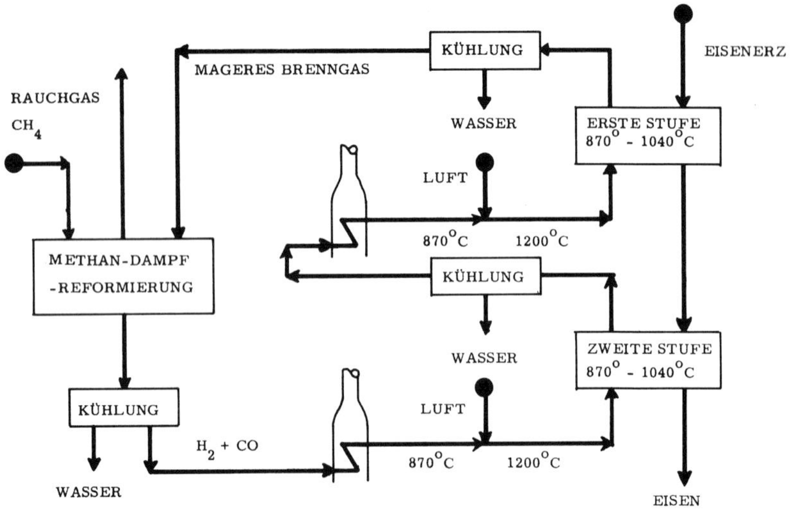

Fig. 12,2:
Schematisches Blockdiagramm des HyL-Prozesses zur Versorgung von Stahlöfen mit 90 %ig reduziertem Eisenschwamm(12-3).

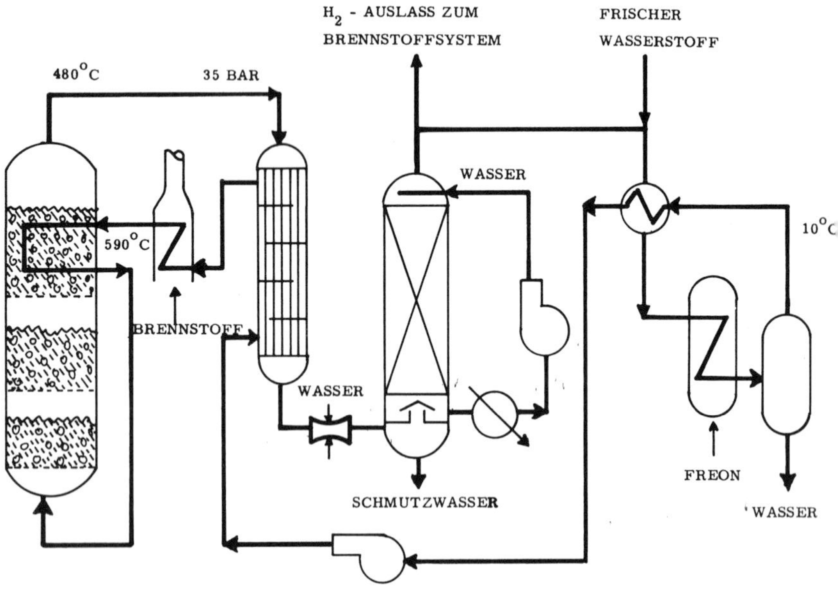

Fig. 12,3:
Flüsse von Wasserstoff, Wasser, Schmutzwasser, Brennstoff und Freon im H-Eisen-Prozeß. Nach Squires(12-3).

Andere metallurgische Prozesse

Die Möglichkeiten einer bereits begonnenen H_2-Technologie mit schon u. a. bei Hamburg und in Südafrika erfolgreich und billig fabrizierenden Anlagen legen weitere Anwendungen für andere Metalle nahe, die gegenwärtig die Umwelt belasten, wie Cu, Zn, Ni und vor allem Pb, von denen besonders das letztere erhebliche Bürgerinitiativen hervorgerufen hat(12-5).

Chemische Technologie

Wasserstoff wird schon ausgedehnt in der chemischen Technologie benutzt, z. B. bei der Herstellung von Ölen und Fetten, vgl. (12-6); für diese werden etwa 48 % verbraucht, 38 % für Düngemittel und 14 % für die Methanolgewinnung. Eine Verbreiterung dieser Anwendungen in der chemischen Technologie wird sich aus der Verbilligung des H_2 ergeben, die auf intensivierter Forschung und Entwicklung besonders auf dem Gebiet der Brüter- oder Solarenergie beruhen dürften.

Mit dem infolge der bevorstehenden Erschöpfung der Erdgas-Vorräte steigenden CH_4-Preisen wächst der Bedarf an H_2 als Ersatz. Die organisch-chemische Technologie sieht einer Zukunft ohne Öl und Erdgas als Grundstoffen entgegen; die nächsten 50 Jahre mag es noch möglich sein, organische Chemikalien aus Kohle zu gewinnen. Danach wird die Fabrikation organischer Chemikalien H_2 einbeziehen, weil man dann von CO_2 aus Karbonat-Gesteinen und der Atmosphäre ausgehen muß gemäß der Reduktionsgleichung $CO_2 + H_2 \rightarrow HCHO + 1/2\ O_2$; alternativ könnte die CO_2-Reduktion auch elektrochemisch vorgenommen werden(12-7, -8). Der Gebrauch von Elektrolyse-H_2 zur Herstellung von Methanol (CH_3OH) zum Preis von 1,8 bis 2,2 Dpf/$kW_{th}h$ ist von Steinberg, Beller und Powell(12-9) vorgeschlagen und analysiert worden.

Andere industrielle Anwendungen

Das größte Einzelgebiet des Energieverbrauchs (30 % des Gesamtverbrauchs) bildet die Bearbeitung von Werkstoffen: Erwärmung, mechanischer Antrieb, Metall-Grundindustrie, Chemikalien, Ölraffinerie, Lebensmittel, Steine, Ton- und Glaserzeugnisse, Papier und verwandte Produkte; die Energieverteilung auf diese Lieferanten in den USA ist im Blockbild Fig. 12,4(12-10) veranschaulicht. Erdgas speist etwa die Hälfte dieses Bedarfs, und deshalb werden Gaspreissteigerungen viele Erzeugnisse dieser Industrie unmittelbar betreffen. Die Wachstumsrate beträgt hier 30 % jährlich und man hat abgeschätzt(12-11), daß Einsparungsbestrebungen diese Nachfrage nur mit 5 bis 8 % beeinflussen werden.

H_2 könnte bei vielen dieser Prozesse eingesetzt werden an Stelle des gegenwärtig verwendeten Erdgases, beispielsweise in Wärmekraftmaschinen (Kapitel 11) für mechanische Bearbeitungen. Gasturbinenanlagen, die gegenwärtig mit Erdgas gespeist werden, können ohne erhebliche Schwierigkeiten mit H_2 betrieben werden, auch für die Kühlung der Schaufeln. Viel wird von den Brennstoffzellen erwartet: Fortschritte auf diesem Gebiet

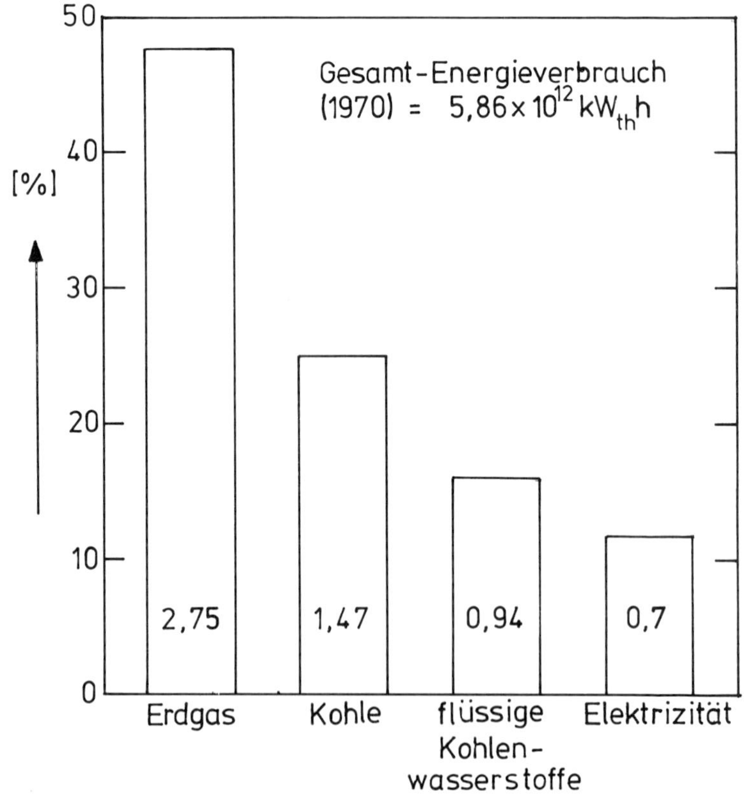

Fig. 12,4:
Vergleichung der Primärenergien für industrielle Brennstoffe in USA 1970. Totaler Energieverbrauch: 5,86 · 10^{12} $kW_{el}h$. Nach Savage u. M.(12-10).

der elektrochemischen Generatoren könnten zu einer Übernahme der Aufgaben führen, die bisher durch Erdgas und Wärmekraftmaschinen erledigt wurden.

Verkehr auf Straße und Schiene

Wegen seiner zentralen Bedeutung für den Antrieb des künftigen Verkehrs durch H_2 und H_2-Derivate ist dies Thema Gegenstand eines besonderen Kapitels (Kapitel 13). Um das jetzige Kapitel über Folgerungen aus der Verfügbarkeit enormer Mengen von H_2 aber nicht zum Torso werden zu lassen, seien hier wenigstens einige Stichworte aufgezählt. Die Anpassung von Ottomotoren an H_2-Speisung ist längst gelungen, Problem ist nur eine gewichts- und kostenmäßig akzeptable Speicherung; Druckgasflaschen (vgl. Kapitel 7) sind undiskutabel schwer oder durch Speicherdruck von vielen hundert bar zu gefährlich; Anlagerung an intermetallische Verbindungen wie z. B. in $LaNi_5H_6$ erfordert teure und seltene Erdmetalle; flüssiger H_2 wäre zwar grundsätzlich ideal, aber nur für Lastzüge mit genügend großen Kryotanks und strikt disziplinierten Berufsfahrern zulässig, nicht für die Masse der Personenwagenfahrer, die Sicherheitsvorschriften wie Rauchverbot mißachtet. Als Übergangslösung ist die Synthese H-haltiger flüssiger Kraftstoffe wie Ammoniak (NH_3), Hydrazin (N_2H_4) und Methanol (CH_3OH) favorisiert, von denen sich letzteres mit Benzin mischen läßt und dem Wunsch der Autoindustrie auf Beibehaltung ihrer bisherigen Antriebstechnologie entspricht(12-12).

Ein weites Feld eröffnet sich dem H_2 als besonders leicht ionisierbarer Energieträger in Elektromobilen aller Art; der Blei-Akkumulator ist zwar nur noch um 10 % leichter zu machen, genügt aber den Anforderungen für die bekannten Kleintransporter von VW mit schnell auswechselbaren Batterien und über 60 km Aktionsradius für Stadtverkehr(12-13). Die Na-S-Speicherzelle(12-14) verspricht zwar eine erhebliche Vergrößerung der Energiedichte auf ca. 300 Wh/kg, ist aber trotz massiver Förderung in den USA weit entfernt von der Praxis, vor allem wegen der pausenlos notwendigen Thermostatisierung bei 300-350°. Die bequemen Betriebsparameter der klassischen alkalischen Akkumulatoren kann man nach Ewe, Justi und Rosenberger(12-15) retten und trotzdem das Speichergewicht des altbeliebten NiCd-Akkus von ca. 33 auf 65 Wh/kg, erniedrigen, wenn man das Cd durch Co-Sinterelektroden einer optimierten Porenstruktur ersetzt.

Eine radikale Lösung bietet nur die Brennstoffzellen-Batterie mit H_2 als Brennstoff und Luft/O_2 als Oxydans, die nur geringen Gasüberdruck und Betriebstemperaturen bis zu 90° erfordert, bei nunmehr 1 000 mA/cm^2 Stromdichte (fast 50mal mehr als bei der nur sec beanspruchten Starterbatterie) die Traumgrenze von 10 kg/kW_{el} erreicht hat, bei nichtmaximalen Stromdichten Wirkungsgrade bis über 70 % und entsprechende Treibstoffersparnis erbringt, als Abgas nur reinen Wasserdampf (12-1) ergibt, geräuschlos ist und in Dauertests Lebensdauern über 30 000 h gezeigt hat, also über eine Zehnerpotenz mehr als moderne Autos(12-16, -17). Die H_2-Brennstoffzelle bildet also mit der Möglichkeit der hochprozentigen Rückwandlung von H_2 in Elektrizität ein Kernstück der Konzeption der Wasserstoff-Wirtschaft und kann außerdem mit gewöhnlichen H-Verbindungen wie Methanol(12-17, -18), Ammoniak(12-17), Glykol(12-19) (als Frostschutzmittel Glysantin bekannt) sowie dem hochenergetischen und trotzdem durch ein brennendes Streichholz nicht entflammbaren Hydrazin(12-17) gespeist werden. Ein Mittelding zwischen Akkumulator und Brennstoffzelle stellen die von Ewe, Justi und Stephan(12-20) konstruierten $LaNi_5$-Elektroden dar, die nicht mit H_2 unter Druck, sondern rein elektrisch (kathodisch) beladen und unter Stromabgabe entladen werden. – Wegen dieser zentralen Bedeutung und großen technologischen Ausdehnung ist auch den elektrochemischen Generatoren ein besonderes Kapitel (11) gewidmet.

Wasserstoff als zukünftiger Treibstoff im Luftverkehr

Auch wenn keine umfassende H_2-Wirtschaft zustande käme, so würde sich der H_2 aus rein technischen und wirtschaftlichen Gründen in der Luftfahrt schrittweise durchsetzen. Für die Luftfahrt ist die Spitzenstellung des H_2 hinsichtlich des Heizwertes je Gewichtseinheit entscheidend: 28,9 kcal/g = 0,0325 kWh_{th} /g für H_2 gegenüber 10,98 kcal/g = 0,0128 kWh_{th} /g für Benzin (iso-Oktan). Ferner hat der bekannte Flugzeugsprit JP-5 schon 1974 einen Preis von 5,1 US-Dollar/MBTU = 4,50 Dpf/kWh_{th} erreicht, der recht genau dem für 1980 extrapolierten Preis der energetisch äquivalenten Menge LH_2 entspricht. Bei außerdem tendenziell zunehmenden Erdölpreisen wird also rein marktwirtschaftlich ein Übergang von Flugzeugsprit zu LH_2 vor sich gehen, zumal da die lückenlosen und strikt eingehaltenen Sicherheitsvorschriften für Umgang mit LH_2 (vgl. Kapitel 10) jede Explosion vermeiden ließen; außerdem sind jahrelange Probeflüge mit nur geringfügig angepaßten Flugzeugen wie Boeing 747 und Lockheed L 1011 ohne Unglück verlaufen. Seine Dominanz als Flugzeugtreibstoff wird aber LH_2 erst vollenden, wenn man seine maximale Energiedichte zur Speisung von Überschallflugzeugen für interkontinentalen Verkehr einsetzt, wo bisher die Concorde und Tupolew am allzu hohen Treibstoffgewicht und entsprechend geringer Reichweite scheiterten. Neu wird die Möglichkeit einer intensiven Kühlung der Außenhaut durch den verdampfenden LH_2 (Kapitel 13).

Wasserstoff im Haushalt

Eine H_2-Wirtschaft könnte sich auch aus dem „TARGET-Projekt"* der US Gas-Industrie entwickeln, Erdgas innerhalb eines Haushaltes zu reformieren und den dabei entwickelten H_2 direkt für folgende Zwecke zu benutzen:

1. *Licht:* Phosphor könnte innerhalb von Glasröhren aufgebracht werden, mit H_2 reagieren und ein helles Licht der theoretisch schon lange postulierten niedrigen, d. h. energiearmen Temperatur ausstrahlen.

2. *Wärme:* H_2 wird durch ein mit einem Katalysator imprägniertes poröses Keramikrohr diffundiert und vereinigt sich dabei flammenlos mit dem Luftsauerstoff, wodurch eine mäßig temperierte Heizung zustandekommt.

3. *Kochen:* Die Idee ist dieselbe wie vorhin für Heizen, wobei Feinregelung durchaus möglich ist. Als Katalysatoren genügen Cu, Cu_2O und MnO_2.

4. *Elektrizität:* Energie in elektrischer Form wird nur soweit unbedingt nötig benutzt, z. B. für Haushaltsmaschinen, und zwar durch die bekannten Brennstoffzellen für CH_4, besser noch für aus CH_4 durch Reformierung erhaltenem H_2; diese können mit den modernen billigen Wechselrichtern verbunden werden, die ohne bewegliche Teile oder Geräusch den galvanischen Strom in Wechselstrom zum Betrieb z. B. von Fernsehern umformen.

Die Haushalte verbrauchen ca. 25 % des Energiebedarfs, meist zur Erzeugung niedertemperierter Wärme für Raumheizung und Warmwasser durch Joule'sche Wärme. Der niedrige Wirkungsgrad – nur 860 kcal/h je kW – könnte mindestens verdoppelt werden, wenn man eine Wärmepumpe direkt mit H_2 antriebe

---

*„TARGET" = **T**eam to **A**dvance **R**esearch for **G**as **E**nergy **T**ransformation, Inc.

oder zunächst mit den sowieso vorgesehenen H_2-Luftsauerstoff-Brennstoffzellen Strom erzeugte, der in thermoelektrischen Wandlern zu deren Joule'scher Wärme Peltier-Wärme addierte, wie in Kapitel 4 näher dargelegt(12-1). Auf diese Weise könnte der Haushaltsanteil am nationalen Energieverbrauch von 25 % auf ca. 12 % verringert werden. Es gibt keinen anderen Einzelschritt, der soviel Energieersparnis ermöglichen könnte.

5. *Wasser:* Die Astronauten trinken das Wasser, das bei der H_2-Verstromung in Brennstoffzellen als Abdampf entsteht(12-17). Jeder mit H_2 versorgte Haushalt könnte leicht eine erhebliche Reinwassererzeugung dieser Art haben. Nimmt man z. B. einen Tagesverbrauch von 35 kWh/Tag und eine Spannung von 1 Volt je Einzelzelle an, so entstehen täglich

$$35\,000 \times 1 \times 60 \times 60/2 \cdot 10^5 = 630 \text{ mol } H_2O/d = 11{,}4 \text{ L } H_2O/d,$$

wenn man das Molekulargewicht des H_2O mit 18 g/mol einsetzt. Wenn man ferner, wie in der Einleitung dieses Buches erwähnt, den künftigen Gesamtleistungsverbrauch des Erdenbürgers zu 10 kW annimmt, so ergibt sich daraus, daß dieser in der H_2-Wirtschaft bei voller Ausnutzung des H_2-Abdampfes über täglich bis zu 3,3 l geschmacklich und hygienisch erstklassiges Wasser verfügen würde. Die H_2-Wirtschaft löst also grundsätzlich automatisch die immer dringenderen Sorgen um das tägliche Qualitätswasser (vgl. Fig. 12,5).

Weitere Bemerkungen über die häusliche Energie-Versorgung

Bisher ist schon ausreichend Forschung über die Durchführbarkeit der Nutzung des H_2 für die Versorgung der Wohnungen geleistet worden. Man kann dazu Brenner für Kohlenwasserstoff-Gase mit Raumlüftung verwenden oder H_2-Luft-Brenner, flammenlose katalytische Öfen und Brennstoffzellen ohne Raumlüftung und Kamine. Die bisher in Öfen, Wassererhitzern usw. benutzten Brenner können einfach durch für H_2 statt CH_4 dimensionierte Modelle umgestellt werden. Natürlich muß man sich von der Dichtigkeit gegenüber dem dünnflüssigeren H_2 besonders überzeugen, manchmal sogar die ganze Gasleitung in einem Haus auswechseln. Raumkühlung durch Absorptionsmaschinen kann ebenso auf H_2 umgestellt werden, ohne noch Abzüge und Schornsteine zu benötigen – eine erhebliche Vereinfachung und Verbilligung der Architektur. Natürlich wird diese Umstellung einen erheblichen Kapitalaufwand darstellen, ebenso wie vor wenigen Jahren bei uns die Umstellung von

Leuchtgas auf Erdgas; dabei muß man auch auf die nur geringe Leuchtstärke der H_2-Flamme und seine völlige Geruchlosigkeit achten, die beim alten Leuchtgas umgekehrt auch Laien auf Undichtigkeit aufmerksam machten.

Erzeugung elektrischer Energie

Die Tabelle 12,1 enthält die Energiebilanz 1974 der BRD, und zwar im oberen Teil die Summe der Primärenergieträger nach Eingangsenergien aufgeschlüsselt, der untere Teil den Energieverbrauch 1974 einmal nach Verbrauchern, ein andermal nach Verbrauchsenergiearten aufgeschlüsselt, nach Buch(12-21). Wie

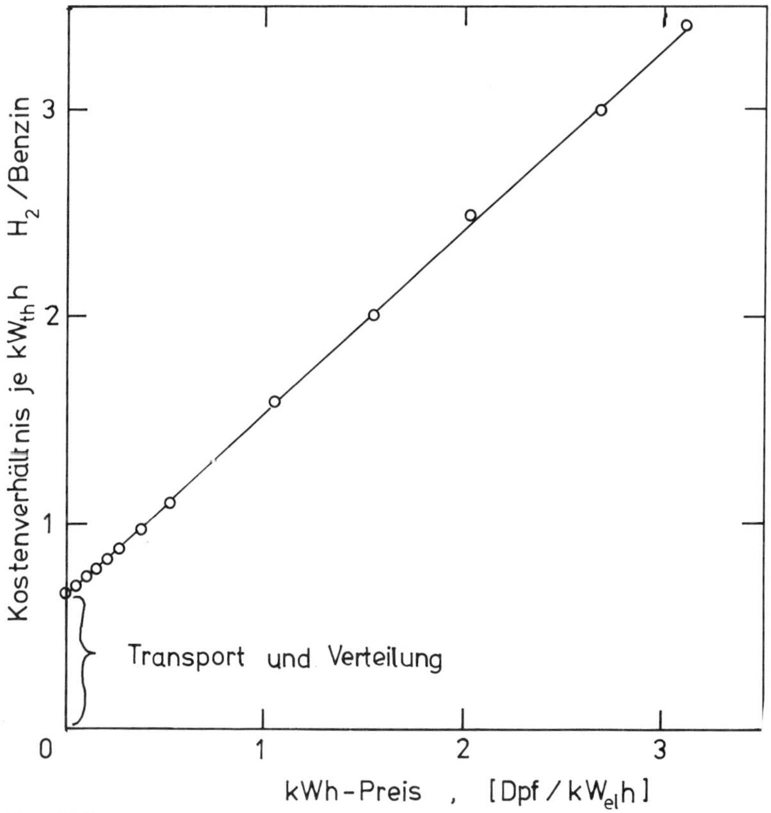

Fig. 12,5:
Kostenverhältnis H_2- zu Benzin-Energie als Funktion des Strompreises nach (12-39).

Tabelle 12,1. Energiebilanz 1974 der Bundesrepublik Deutschland(12-21)

1. Summe der Primärenergieträger in 1 000 t SKE[1]	365 887 =	100,0 %
davon:		
Steinkohle	82 675	22,6 %
Braunkohle	35 175	9,6 %
Holz und Brenntorf	526	0,2 %
Mineralöl	188 309	51,5 %
Erdgas, Erdölgas, Grubengas, Klärgas, Kokereigas	46 491	12,7 %
Wasserkraft	5 469	1,5 %
Kernbrennstoff	4 066	1,1 %
Strom Außenhandels-Saldo	1 982	0,5 %
Sonstige Primärenergieträger (Klärschlamm, Müll, Holzabfälle, Abholzen und bezogener Dampf)	1 194	0,3 %
Endenergieverbrauch 1974		
2. Summe des Verbrauches	243 596 =	100,0 %
2.1 Aufgeschlüssel nach Verbrauchern:		
Industrie	95 672	39,3 %
Verkehr	43 778	17,9 %
Haushalt und Kleinverbrauch	104 140	42,8 %
2.2 Aufgeschlüsselt nach Energiearten:		
Raumheizung und Warmwasserbereitung (71 Gcal/E_A) x 61 Mio Einwohner $= 433{,}1 \cdot 10^6$ Gcal/$7 \cdot 10^6$	62 000	25,5 %
Kleinbetriebe (-Verbrauch) 104 146 - 62 000	42 146	17,3 %
Elektrische Energie $111{,}448 \cdot 10^9$ kWh x 0,335 kg/kWh/10^3	37 335	15,3 %
Wärme[2] und Mechanische Energie[3] = Rest = (243 596 - 141 481)	102 115	41,9 %

[1] 1 kg SKE äquivalent 7 000 kcal; 860 kcal äquivalent 1 kWh
[2] Nicht aufgeschlüsselt in HT und NT-Wärme
[3] Mechanische Energie wird statistisch nicht direkt erfaßt

man sieht, entstammen 51,5 % davon dem Mineralöl, dazu 12,7 % Gasen wie besonders Erdgas. Auf der Verbrauchsseite entfallen 25,5 % auf Raumheizung und Warmwasserbereitung, die also ohne größere Schwierigkeiten durch Sonnenenergie gedeckt werden könnten, und nach Verbrauchern aufgeschlüsselt stellen Haushalt und Kleinverbrauch in Deutschland mit 42,8 % überraschenderweise die größte Gruppe dar. Dies unterstreicht die Prognosen über die bedeutende künftige Rolle des H_2 als zentraler Energieträger. Die Rückwandlung des H_2 in Strom wurde bereits im vorigen Kapitel 11 ausführlich behandelt.

Elektrische Energiespeicherung(12-22)

Ein bereits besprochener Vorzug der H_2-Wirtschaft ist derjenige, daß die Stahlröhren, in denen der H_2 vom Erzeuger zum Verbraucher transportiert wird, automatisch auch als Speichervolumina dienen. Es gibt charakteristische Variationen im Strombedarf, und dies führt zu einer Unterausnutzung der hochkapitalintensiven Elektrizitätsanlagen während der Nachtstunden, zusammen mit der Notwendigkeit von Spitzenbedarfsgeneratoren für nur kurze Zeit in den frühen Abendstunden. Die gegenwärtig hierfür bevorzugten Gasturbinen haben einen verhältnismäßig hohen Wirkungsgrad, benötigen aber hochwertiges Öl oder gasförmigen Brennstoff.

H_2 würde ein besonders geeignetes Medium für die Energiespeicherung zur Überwindung dieser Lastspitzen abgeben. Salzano u. M.(12-23) haben gezeigt, daß im Falle der Einschränkung der Öllieferungen H_2-Spitzenlast-Speicher wirtschaftliche Alternativen bilden und die Kosten für den Betrieb des Energiesystems minimieren würden. Entsprechend würde auch die Verwendung von H_2, der elektrolytisch aus Strom bei Niedriglast erzeugt, anschließend gespeichert und im Bedarfsfall in Brennstoffzellen zur Deckung des Spitzenbedarfs eingesetzt wird, ökonomisch und attraktiv sein(12-24). Offensichtliche Vorteile würden auch für aus Niedriglaststrom erzeugtem H_2 für andere Zwecke entstehen, worüber eine ausführliche Literatur besteht (12-25). Besonders hervorgehoben wird, daß keine Produkte unvollständiger Verbrennung und kaum Stickoxyde entstehen und daß eine gute Wärmesenkekapazität für solche Zwecke wie Turbinenschaufel-Kühlung existiert(12-26).

Wasserstoff für die Lebensmittelherstellung

H_2 kann mit CO_2 umgesetzt werden, um Formaldehyd und Methanol zu gewinnen und seine Reaktion mit N_2 in der Gegenwart geeigneter Enzyme kann Proteine und andere Nährstoffe liefern. Ganz entsprechend reagieren Hydrogenomonas oder Clostridium Aceticum mit H_2 und leben von anorganischen

Substanzen. Aus CO_2 kann man Lebensmittel gewinnen. Für Tierfutter hat man das schon gemacht, und die Synthese von Proteinen und Kohlenwasserstoffen ist mit einem Wirkungsgrad von 50 % möglich.

Besonders hat Schlegel(12-27) das Konzept einer Elektrolyse und der Erzeugung von H_2 hieraus entwickelt, die Nährstoffe entstehen läßt. Die Grundreaktion würde der Gebrauch eines aeroben H_2 benutzenden „Knallgas-Bakteriums" sein, das in der Lage ist, die Energie von H_2 in organische Substanz umzuwandeln. Die Reaktionen können folgendermaßen zusammengefaßt werden:

$$6\,H_2 + 2\,O_2 + CO_2 \xrightarrow{\text{Enzyme}} (CH_2O) + 5\,H_2O$$

Bis jetzt sind nur einige wenige chemolithotrophische H_2 oxydierende Bakterien aus der Anreicherung von Kulturen isoliert worden. Die Hauptrichtung der Forschung besteht jetzt in der Suche nach neuen Abarten der Knallgasbakterien. Kürzlich haben Schlegel und Lafferty(12-28) Methoden zur Produktion von „Biomasse" für die Verbindung von H_2 mit CO_2 entwickelt und diskutieren die Anreicherung beim Wachstum, den grundsätzlichen Metabolismus und den Weg, auf dem intern die Erzeugung von H_2-O_2-Gemisch geschehen kann.

Es scheint, daß eine vernünftige Forschungserwartung in der synthetischen Erzeugung von Nahrung aus CO_2 und H_2 in großem Maßstab besteht; CO_2 würde aus der Atmosphäre angereichert, H_2 durch Wasser-Elektrolyse gewonnen: „Biomasse" (12-29, -30, -31).

Fäkalien und Müll

Das Pittsburg Coal Research Center des US Bureau of Mines hat über die Pyrolyse von Müll in H_2-Atmosphäre zur Erzeugung von CH_4 und C_2H_4 berichtet. Diese Materialien könnten als Ausgangsstoffe für die Herstellung von Plastikstoffen dienen (12-32). Biomasse als Brennstoff bearbeiten Szego u. M. (12-33).

Der Preis des Wasserstoffs

Es ist klar, daß der Vergleich des Preises von H_2 mit demjenigen fossiler Brennstoffe (abgesehen von denjenigen der Umweltverunreinigung) die Kernfrage in allen diesen Überlegungen bildet; in diesem Buch sind bereits verschiedene Schätzungen des gegenwärtigen und möglichen zukünftigen H_2-Preises gegeben worden; Schwierigkeiten im Datum der Schätzung, Geldwertänderungen und der spekulative Charakter vieler Berechnungen machen eine gediegene Vergleichung schwer. 1973 haben Winsche, Hoffmann und Salzano(12-34) eine Tabelle veröffentlicht, die den Vergleich der Schätzpreise zwischen H_2 und Gasolin bei einem Benzinpreis von 19 c/Gallone (1974: = 13 Dpf/L) bringt, vgl. Fig. 12,5. Die Zusammenhänge für die Verwendung von H_2 sind klar, weil der Preis des Benzins aus schwindendem Erdöl ständig steigen muß, während H_2 aus Kohle, aus Kernkraft oder Sonnenenergie langsamer steigen wird während der Periode, bevor Solarenergie im Überfluß verfügbar sein wird. Die Fig. 12,5 besagt, daß eine Verdopplung des Benzinpreises von 1974 den Preis von H_2-Gas auf etwa denselben Betrag bringen würde, zu dem er bei der gegenwärtigen Technologie und einem Strompreis von 10 mil/kWh = 2,59 Dpf/kWh erzeugt wird. Dies Preisverhältnis dürfte wohl lange vor Einrichtung einer H_2-Wirtschaft eintreten; im übrigen wird es wohl einerseits wegen der ständigen Verbesserung der gegenwärtig noch mit einem sehr schlechten Wirkungsgrad arbeitenden H_2O-Elektrolyse und andererseits einem ständig steigenden Benzinpreis von Jahr zu Jahr abnehmen.

Einführung in die Anwendungen von Sauerstoff

Große Mengen von Sauerstoff würden als Folge der Einführung der H_2-Wirtschaft zwangsläufig anfallen; sowohl die chemischen wie die elektrochemischen Methoden der H_2-Produktion liefern O_2 als Nebenprodukt. Die Öffentlichkeit hat bisher der Nutzung des O_2 wenig Aufmerksamkeit geschenkt. Die Möglichkeiten hängen wesentlich an seinem Preis und dieser wieder an den Transportkosten durch eine Rohrleitung vom Erzeugungs- zum Verbrauchsort; wie schon in Kapitel 6 dargelegt, wird der O_2-Preis durch sehr lange Rohrleitungen allzusehr verteuert, es sei denn, daß man sowohl den H_2 wie den O_2 einer Elektrolyseanlage verwerten kann.

Anwendungsmöglichkeiten von O_2

In größtem Maßstab wird O_2 in der Stahlindustrie eingesetzt, und auch hierfür hat die Messer Griesheim GmbH Industriegase in Westdeutschland ein Druckgas-Rohrnetz eingerichtet, aus dem die Stahlwerke den O_2 aus einer zentralen Großanlage mit billigen Strompreisen kostengünstiger beziehen als sie ihn in kleineren Einzelanlagen selbst herstellen könnten. Nachfolgend noch andere Anwendungen:

Aerobische Fäkalienbehandlung

Bisher hat man Fäkalienabwässer mit Luftsauerstoff behandelt; indessen hat man inzwischen den Vorteil der Umsetzung mit reinem O_2 erkannt: bei gleichem Umsatz kann die Anlage dann 3-4mal kleiner sein und entsprechend die Investition.

Umkehrung der Pollution

Eine gründliche Reinigung vieler Gegenden der Welt ist notwendig, z. B. der Flußlandschaften des Rheins in Deutschland und des Hudson River in den USA. Diese Gewässer sterben, weil die biologischen Organismen, die das normale ökologische Gleichgewicht eingestellt hatten und zur Zerstörung von Schadstoffen führten, selbst zugrundegegangen sind wegen Mangels an O_2; diese Knappheit entsteht durch die Konkurrenz der Organismen und Schadstoffe um den O_2. Wenn die Verunreinigung gewinnt, stirbt der Organismus.

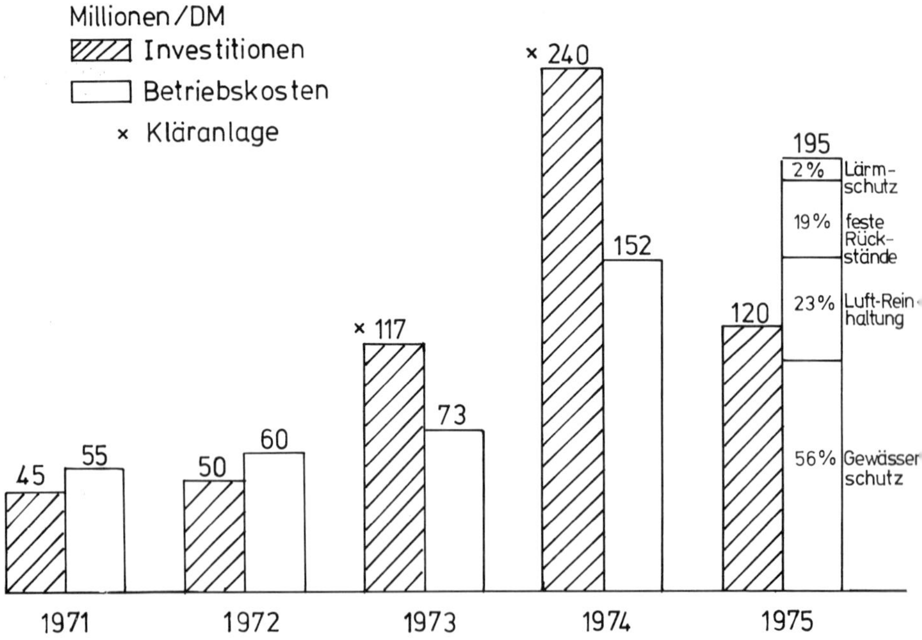

Fig. 12,6:
Jährliche investive und laufende Aufwendungen der BASF gegen Rhein-Verschmutzung; schraffiert: Investitionen; weiß: laufende Kosten. Nach Peine(12-38).

Die Union Carbide Corp. hat eine Hochdruck-O_2-Behandlung für Seen entwickelt. Seewasser strömt durch eine Röhre, in welche man O_2 unter Hochdruck injiziert; das O_2-beladene Wasser wird in den See zurückgeführt und seine oxydierende Wirkung belebt den See wieder. In größerem Umfang wenden die BASF(12-36) eine ähnliche Methode zur Wiederbelebung des Rheins bei Ludwigshafen an; ihre Kläranlage würde für eine 6 Millionen-Stadt ausreichen(12-37) und kostet jährlich 200 Mill. DM, Fig. 12,6(12-38). Entwicklungsländer und sozialistische Länder sind zu arm für Umweltpflege, wie Frau Ghandi auf der 1. Internationalen Umweltschutzkonferenz erläuterte.

Müll und Abfälle

Wenn man die Verbrennungsöfen statt mit Luft mit reinem O_2 durchbläst, würde die Flammentemperatur steigen, und die Anlagen würden die Abfälle wirkungsvoller verbrennen; dabei würde CO vermieden und der vom Müll aufsteigende Rauch vermindert. Metalle würden in Oxydform als Rückstände der Abfallverbrennung anfallen und Zink, Zinn und Al als Oxyde wiedergewonnen werden.

Weitere Anwendungen

Ein weit verbreiteter Gebrauch von O_2 anstelle des bisher benutzten Luftsauerstoffs würde bei allen Industrieanlagen deren Größe und damit Investitionsskosten vermindern. Die Unterdrückung der Entstehung von NO als Abgas von Wärmekraftmaschinen würde Wirklichkeit, wenn man diese mit H_2-O_2-Gemischen speiste. Viel spekulatives Nachdenken über die Anwendungsmöglichkeiten von billigem O_2 wird sich lohnen, sobald man genauere Schätzungen über seinen Preis in Abhängigkeit von der Transportentfernung besitzt.

Kapitel 13:

Transportwesen

Einführung

Das Transportwesen ist einerseits mit den Schwierigkeiten durch die dauernd steigenden Preise für die fossilen Treibstoffe, andererseits denjenigen der Verpestung der Atmosphäre durch die Abgase konfrontiert, zu denen es selbst am meisten beiträgt. Das Luftverkehrswesen leidet zusätzlich noch am Fehlen eines leichteren Treibstoffes für den Über- und Hyperschallflug, um die Reichweite zu vergrößern und damit seine wirtschaftlichen Überlebenschancen zu verbessern.

Die Benutzung von H_2 als Treibstoff für Wärmekraftmaschinen löst nicht nur die Probleme des Umweltschutzes und des Gewichtes, sondern wahrscheinlich wird H_2 aus Kohle weniger teuer werden als Benzin, und zwar noch vor der Organisierung einer universellen H_2-Wirtschaft; deshalb wird es wohl gerade das Transportwesen sein, in dem H_2 seine erste Anwendung in großem Maßstab finden wird, wie die folgende Tabelle 13,1 beweist. Sie zeigt auch die Eigenschaften, deretwegen H_2 von allen Treibstoffen am schnellsten und vollständigsten verbrennt und H_2-Motoren dem idealen Carnot-Wirkungsgrad am nächsten kommen, sogar der „kalten Verbrennung" in Brennstoffzellen Konkurrenz machen – eine neue unerwartete technologische Wende!

Straßen-Kraftverkehr mit Wasserstoff als Treibstoff

Der kW_{th}h-Verbrauch je km wird in Fig. 13,1 gezeigt, und zwar sieht man den Energiebedarf als Funktion der Fahrzeugreichweite und -geschwindigkeit bei Leerlast für verschiedene Fahrzeugtypen. Mit solchen Daten haben Hietbrink u. M. (13-2) den

Tabelle 13,1. Relevante Eigenschaften von Wasserstoff und anderen Treibstoffen(13-1)

Eigenschaft	Wasserstoff	Vergleichs-Treibstoff	
Heizwert (kW_{th}/kg)	34,2	12,9	(Benzin)
Minimale Entzündungstemperatur	574°	538°	(Butan)
Theoretische Flammentemperatur in Luft	2 142°	1 991°	(Butan)
Entflammungsbereich (Volum-% in Luft)	4,0-74,2 %	1,9-8,6 %	(Butan)
Maximale Flammengeschwindigkeit (m/s)	2,83	3,14	(Butan)
Spez. Volumen der Flüssigkeit (L/kg)	14,3	1,33	(Benzin)
Energiedichte in (kW_{th}/Nm^3)	25,9	97,1	(Benzin)

Einfluß der Einführung eines erheblichen Grades von Automobil-Elektrifizierung bis zum Jahr 2000 auf die Elektrizitätswerke untersucht. Grundlage dieser Resultate sind die voraussichtlichen Zulassungen in den USA(13-3) und Schätzungen der künftigen Stromerzeugung(13-4). Andere von Hietbrink u. M. gemachte Voraussetzungen sind, daß die Wagen im Jahresdurchschnitt 8 000 Meilen (13 000 km) zurücklegen mit 1 kWh_{th} /Meile (= 0,621 kWh_{th} /km), daß die tägliche Lastverteilung im Jahr 2000 dieselbe sein wird wie 1972 und daß die Batterieladung bzw. H_2-Erzeugung nachts geschieht. Man erkennt, daß nur 52 % der Generatorkapazität die ganze Zeit genutzt werden und wahrscheinlich wenigstens 20 % der Gesamtausgangsleistung für die Erzeugung von H_2 verfügbar sein würde, wie Tabelle 13,2 zeigt; hiernach könnte die gesamte Ausgangsleistung für die Autobatterieladung im Jahr 2000 bei *Nieder*last entnommen werden, 1969 hätte man schon 28,5 % entnehmen können (13-6). Diese auf Batterien ausgerichtete Berechnung ist konservativ und würde mit geringer Änderung auch für eine Situation zutreffen, wo die Autos mit H_2 betrieben würden und die *Nieder*lastperiode zur elektrolytischen H_2-Erzeugung mit etwa 75 % Wirkungsgrad ausgenutzt würde (was nach Kapitel 8 leicht erreichbar ist). Schoeppel(13-7) errechnet, daß etwa die Hälfte des Gesamttreibstoffverbrauchs der Autos 1972 mit *Nacht*strom-Wasserstoff hätte erzeugt werden können.

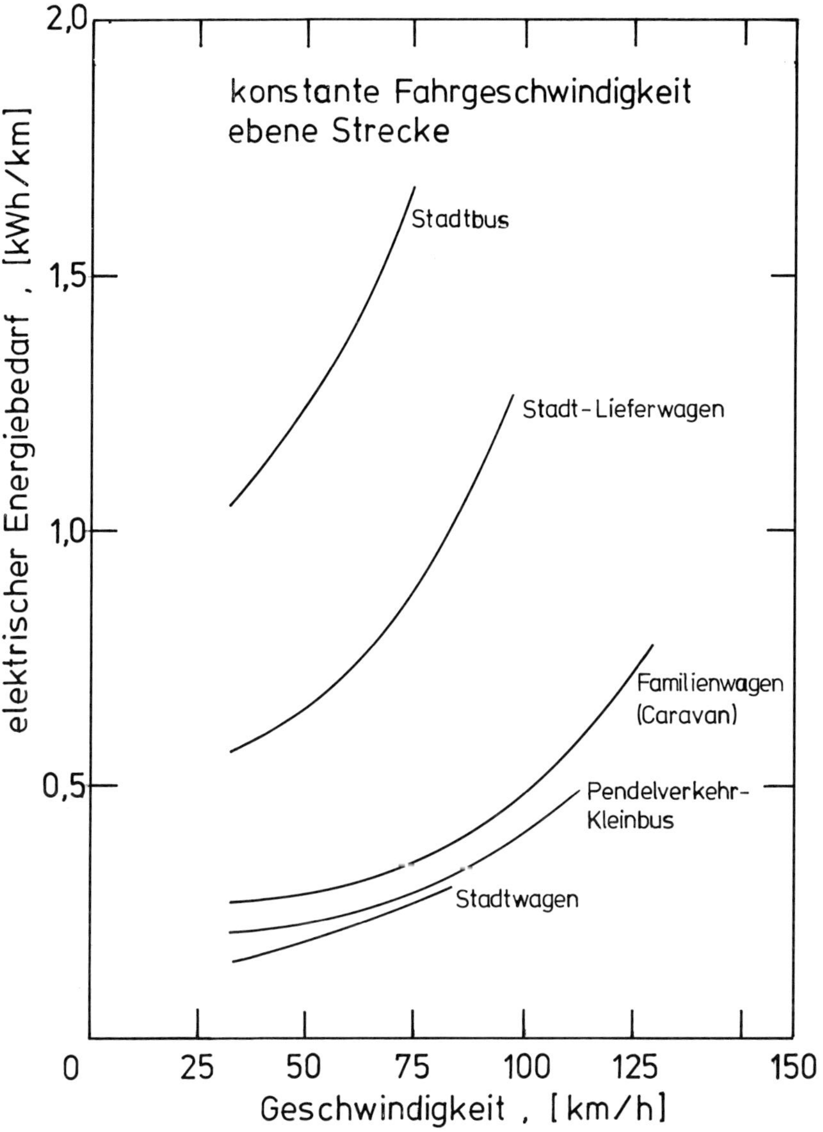

Fig. 13,1:
Vergleich des Aufwandes an Kraftwerksenergie je Wegeeinheit ($kW_e h/km$) für verschiedene, im Diagramm bezeichnete Typen von Kraftfahrzeugen. Abszisse: Fahrgeschwindigkeit in km/h. Nach Hietbrink u. M.(13-2).

Tabelle 13,2. Vorhergesagter elektrischer Leistungsbedarf für PKW in den USA. Nach Hietbrink u. M.(13-1)

Jahr	Gesamtzahl der Fahrgäste in Mio.	Anzahl der elektrischen PKW in Mio.	Geschätzter elektrischer Leistungsbedarf für Elektromobile in $10^9 kW_{el}h$	Geschätzte elektrische Leistungserzeugung der USA in $10^9 kW_{el}h$	Geschätztes elektrisches Leistungsangebot infolge täglichen Lastausgleichs $10^9 kW_{el}h$*
1980	110	1,1	9	2 830	566
	110	11,1	88	2 830	566
2000	150	15,0	120	8 250	–
	150	150,0	1 200	8 250	1 650

*Bei 20 % Spitzenlast und Wiederaufladung außerhalb von dieser.

Der H_2 kann auf 200 bar komprimiert in Leichtstahlflaschen oder verflüssigt in tiefkalten Isolierbehältern mitgeführt werden, wie in allen Einzelheiten bereits in Kapitel 9 dargelegt. Dabei wiegt der H_2 nach Tabelle 13,1 zwar bei gleichem Heizwert 2,6mal weniger als Benzin, beansprucht aber ein 3,75mal größeres Volumen.

Vier Vorteile würden aus der Einführung des H_2 als Treibstoff für das Transportwesen erwachsen:

1. Der H_2 könnte schon gegenwärtig aus *Niedrig*lastelektrizität mittels klassischer H_2-Elektrolyseure erzeugt werden. 1975 war der hiernach zu erwartende H_2-Preis 2,50-3,50 US-Dollar/MBtu (= 2,10-2,93 Dpf/kWh_{th} Wert 1978) nicht wesentlich verschieden von demjenigen für Benzin (2,44 US-Dollar/MBtu = 2,05 Dpf/kWh_{th}). Der Benzinpreis steigt zwar ungefähr proportional zu den von den OPEC-Ländern beschlossenen Preiserhöhungen, die sich aber nicht so stark auf die Kohle und damit auf den Strompreis auswirken.

2. H_2 als Treibstoff würde mehr als die Hälfte der gegenwärtigen Luftverschmutzung eliminieren.

3. Die Umstellung könnte graduell vor sich gehen, so daß Tankstellen sowohl Benzin wie H_2 führen, bis die Umstellung abgeschlossen ist.

4. Die Primärenergien würden zuerst Kohle, später steigend Kern- und Sonnenenergie sein; auch hier würde die Kontinuität gewahrt bleiben.

Geschichte des auf Wasserstoff gegründeten Transportwesens

Schon 1820 schlug der Reverend W. Cecil die Anwendung von Wasserstoff zur Erzeugung von Bewegungskraft in Maschinen im 1. Band der nachmals berühmten Transactions of the Cambridge Philosophical Society vor. Über 100 Jahre später bemerkte Ricardo(13-9), daß heftige Entzündungen und Rückknallen auftraten, wenn das Gas-Luft-Gemisch H_2-reich war. Wiederum in der Universität Cambridge wurde ein grundlegender Fortschritt durch Burstall(13-10) gemacht, der entdeckte, daß die Hauptschwierigkeit die rapide Geschwindigkeit ist, mit der H_2 verbrennt; wenn man aber eine geringe *Früh*zündung einstellte, konnte man eine zufriedenstellende Verbrennung erzielen. Der bekannteste Name im Zusammenhang mit dem Fortschritt des H_2-Motors ist derjenige von Erren(13-11 bis 13-14). Er experimentierte mit Lenkballons und benutzte den gewöhnlich während des Fluges abgeblasenen H_2, um die Motoren während des Abstieges anzutreiben; dazu bediente er sich einer verbesserten Zylinderwand-Wasserstoffinjektionstechnik, die die Möglichkeit von Fehlzündungen verminderte. Darüber entstand eine Kontroverse zwischen Erren und King (13-14, 15). King stellte fest, daß man die spezielle Injektionstechnik nach Erren nicht benötigte, wenn man *schwache* Gemische anwandte; er erkannte, daß die Fehlzündungen mit der Aggregation von Rußpartikeln im Zylinder zusammenhingen. Er glaubte aber, daß es annehmbar sei, mit bekohlten H_2-Verbrennungsmotoren zu arbeiten, wenn diese öfter gereinigt wurden. Tatsächlich zeigt Fig. 13,2, daß die Fehlzündungsbereiche vom Mischungsverhältnis H_2 : Luft abhängen. Eine magere Mischung arbeitet zufriedenstellend, und die Verdrängung muß mehr als 2/3 betragen.

Diese Arbeiten der 30er Jahre schufen die Grundlagen des H_2-Motors, ehe in den 70er Jahren durch die Beiträge von Schoeppel und Murray(13-1, 6, 7, 18, 19, 20) das Interesse wiederbelebt wurde; sie begannen da, wo der Berliner Erren

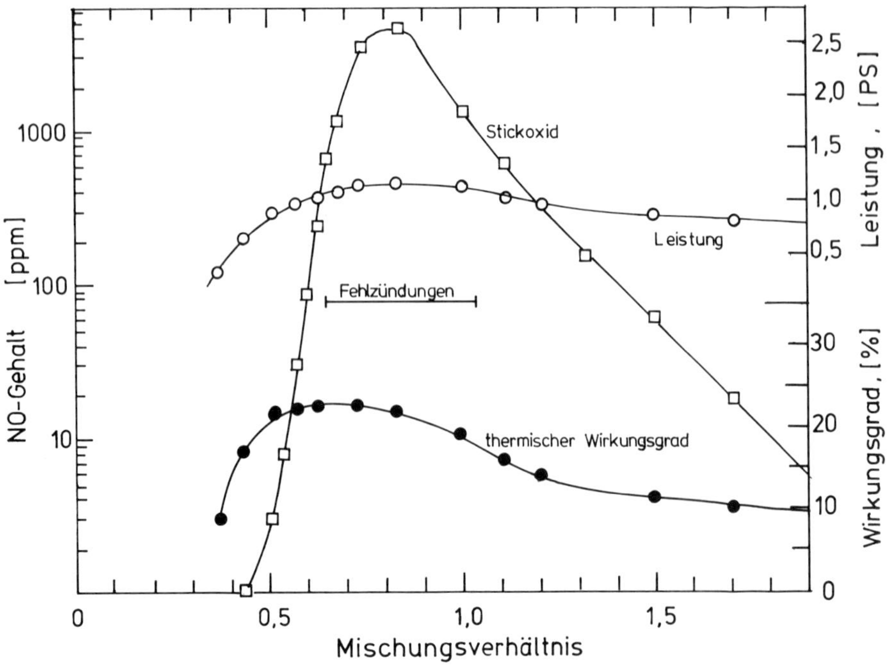

Fig. 13,2:
Fehlzündungsbereiche in Abhängigkeit vom H_2/Luft-Mischungsverhältnis Φ bei voll geöffneter Drosselklappe eines mit H_2 betriebenen Viertaktmotors. Ordinate: NO-Immission in ppm (links); rechts: Leistung und Wirkungsgrad. Erklärung der verschiedenen Kurventeile im Diagramm. Nach Billings und Lynch(13-17).

wegen der Zerstörung Berlins aufhören mußte. Sie hatten gefunden, daß eine Einleitung von Hochdruck-H_2 nahe dem oberen Zentrum des Zylinders eine sofortige Zündung veranlaßt, wobei die Einspritzung während eines Teiles des Krafttaktes fortgesetzt werden mußte. Schoeppels Erkenntnisse führen fort von Kings Beobachtungen über die Keimwirkung von Kohlenstoffanhäufungen; vielmehr tritt Entzündung immer dann auf, wenn genug H_2 zur Aufrechterhaltung der Verbrennung im Zylinder vorhanden ist, wie bei Beginn der Einspritzung.

Swain und Adt(13-22) haben an der Universität von Miami eine Durchlaßeinspritzung entwickelt, die die Sammelleitungseite der Einlaßventilköpfe für die Einspritzer benutzt. Auf diese Weise konnten sie 1970 einen Toyota mit nur 1 Pfund

H_2 = 453,6 g = 276,8 mol = 6,20 Nm^3 H_2 35,4 km weit fahren lassen, die äquivalent zu 51 Meilen/Gallone Benzin bzw. 21,7 km/1 L Benzin sind.

Speichermöglichkeiten des H_2 in einem PKW sind in Fig. 13,3 eingezeichnet.

H_2-Motoren können an sich mit Vergasern betrieben werden, aber die Vergaserkonstruktion muß dann anders sein als für Benzin, weil ein volumetrisches Mischungsverhältnis für die Benutzung mit H_2 ungeeignet ist; vielmehr braucht man eine Umentwicklung zur Festlegung des Querschnittsverhältnisses von H_2- und Luft-Durchlässen. Abgesehen vom Zündsystem sind andere Änderungen an den Motoren unnötig. So konnte schon 1948 von King u. M.(13-16) gezeigt werden, daß ein Vergasermotor mit H_2 bei einem Kompressionsverhältnis von 10 : 1 laufen kann, falls man Kohleablagerungen vermeidet. Das Preisverhältnis zwischen H_2 und Benzin wird den H_2 zunehmend begünstigen. Würde eine fortschrittliche Elektrolyse-Technologie benutzt und der Elektrizitätspreis den für 1974 von Philip Sporn (13-24) angegebenen Wert von 9,4 mils (= 2,30 Dpf) behalten, so könnte die $kW_{th}h$ für H_2 nur etwa 60 % teurer sein als der damalige Preis für Benzinenergie. Würde man, wie tatsächlich möglich, die H_2-Elektrolyse bei *Niedrig*last wie z. B. *Nacht*strom durchführen, so könnte der H_2 sogar billiger sein als die energetisch äquivalente Menge Benzin, während er bei der jetzigen konventionellen Elektrolyse noch etwa 25 % teurer ist. In verflüssigtem Zustand würde er etwa um denselben Prozentsatz mehr kosten.

Fig. 13,3:
Verschiedene Möglichkeiten der Placierung von Wasserstoff-Speichern in einem PKW. Nach Schoeppel(13-7).

Die noch offenstehenden Probleme mit den Wasserstoff-Autos würden den Umgang mit H_2 und die Verteilung betreffen; dabei ist die Entwicklung der notwendigen Vorrichtungen zur Speicherung und Nutzung des H_2 noch zu bewältigen, ebenso der Widerstand eines Publikums, das nicht begreift, daß der Transport von komprimiertem und flüssigem H_2 auf Straße und Schiene schon lange Alltagstechnik ist, wie wir in Kapitel 7 konkret gesehen haben.

Die USA-Grenzwerte für Luftverunreinigung und die Wasserstoff-Automobile

Eine wirkungsvolle Ermutigung in Richtung auf H_2-gespeiste Kraftfahrzeuge ist die Schwierigkeit, die amerikanischen Bundes-Grenzwerte einzuhalten, falls Benzin der Haupttreibstoff bliebe; diese Standards sind in Tabelle 13,3 wiedergegeben. Schon 1976 hatte die Autoindustrie Sorgen mit der Einhaltung dieser Standards zu einem für den Kunden annehmbaren Mehrpreis. Die Lage könnte gemeistert werden, wenn:

1. Der Verunreinigungsgrenzwert gemildert wird; aber nach Murray und Schoeppel(13-19) ist der Lungenkrebs in Stadtbezirken etwa 25 % häufiger als auf dem Lande,

2. wenn der Preis reineren Benzins durch Steuervorteile gesenkt wird und ebenso derjenige von Auspuffgasreinigern, um das bisherige System beizubehalten.

Tabelle 13,3. US-Bundesstaatliche Grenzwerte für Gemischte Immissionen von leichten Kraftwagen bei einem Fahrzyklus (Gramm/km)

Modell-Jahr	Kohlenwasserstoffe		Kohlenmonoxyd		Nitrose Gase	
1973	2,1	(1,9)*	24,2	(17,4)*	1,86	(1,93)*
1974	2,1	(1,9)*	24,2	(17,4)+	1,86	(1,93)
1975	0,25		2,1		1,9	
1976 und später	0,25		2,1		0,25	

*Eingeklammerte Werte bedeuten: für später vorgesehene Zahlenwerte

Der Schlüssel liegt in der Wirtschaftlichkeit; es gibt zwar eine Technologie für zuverlässige Motoren, die den Immissions-Standards nach 1976 genügen – aber nicht zu annehmbaren Kosten. Selbst wenn die Standards aufrechterhalten werden können (Fig. 13,4), würde die Zunahme der betriebenen Wagen (falls nicht eingeschränkt) eine Steigerung der jährlichen Immission nach 2000 verursachen; aber der steigende Preis von fossilen Treibstoffen wird einen Schritt weg von den Benzinmotoren unvermeidbar machen. Die langfristige Alternative zu H_2-angetriebenen Autos ist das elektrochemisch gespeiste Fahrzeug, sei es mit Akkumulatoren oder Brennstoffzellen. Indessen ist die

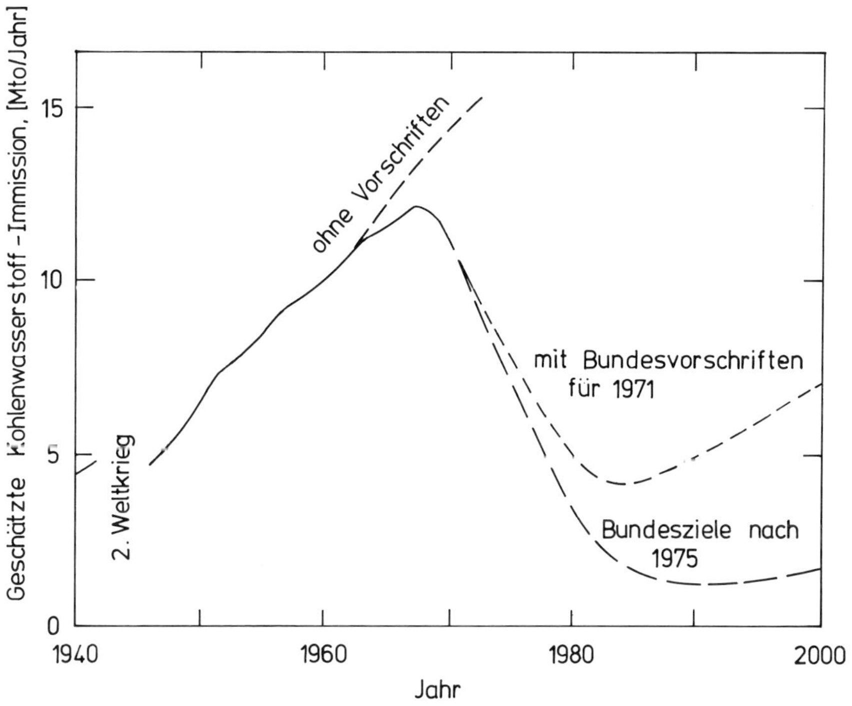

Fig. 13,4:
Geschätzter Einfluß der US-Abgas-Vorschriften auf die Kohlenwasserstoff-Immission von Automobilen. Ein weiteres Anwachsen der Immissionen wird trotz dieser Vorschriften auch noch nach 1985 erwartet, wegen der Zunahme der Anzahl der Automobile. Abszisse: Jahreszahl; Ordinate: Kohlenwasserstoffmenge der Atmosphäre in Mt/Jahr. Nach C. Heath (13-25) 1971.

von der USA-Regierung finanzierte Forschung über Batterien mit hoher Energiedichte nur sporadisch gewesen, und ein dynamischer nationaler Entwicklungsangriff auf dies Problem ist nie gemacht worden. Forschung von seiten der Automobilfirmen über jedes neue Antriebssystem, das eine Entwertung des in den gegenwärtigen Anlagen investierten Kapitals beinhaltete, würde wahrscheinlich nur defensiv sein. Die großen Firmen, die Wagen fabrizieren, könnten zu H_2-betriebenen Autos überwechseln mit nicht größeren Werkzeugänderungen als für eine Modelljahränderung; mit der Herstellung von Elektromobilen zu beginnen, würde weniger annehmbar sein.

Der gegenwärtige Wasserstoffmotor für Automobile

Der in Fig. 13,5 gezeigte Motor der Oklahoma State University benutzt direkte Wasserstoff-Injektion aus Stahldruckflaschen; es handelt sich um eine abgeänderte Viertakt-Kreisprozeß-Einzylindermaschine mit Luftkühlung von 3,5 PS = 2,6 kW. Luft wird für sich alleine komprimiert, was das Eindringen des H_2 hinter die Kolbenringe begrenzt und Frühzündung vorbeugt. Die Benutzung von Luft als Arbeitsfluidum schließt auch die Möglichkeit einer Akkumulierung eines explosiven Gemisches in dem Einlaßverteiler oder Kurbelgehäuse aus. Wenn man zusätzlich eine Einspritzung vorsieht, wie in der Entwicklung von Murray und Schoeppel(13-19), so beginnt die Verbrennung sofort; sie startet weich, ohne Detonation und ohne übermäßige Temperatur oder Druck.

Die an der Bremse gemessenen Drehmomente und spezifischen Treibstoffverbrauche bei weit geöffneter Klappe sind in Fig. 13,6 dargestellt. Der Motor erfordert ungefähr nur $^1/3$ der Massenfließgeschwindigkeit des als Vergleichspartner dienenden fossilen Brennstoffes.

Neuerlich beobachtete Schwierigkeiten haben die Wärmeübertragungs-Charakteristiken und Gußeisenzylinder in der Nähe des Auslaßventils betroffen. Lokalisierte heiße Stellen in diesem Gebiet neigen dazu, Zylinderverformungen zu verursachen; diese Schwierigkeiten sind aber bereits überwunden worden.

Sicherheit

Eine Anzahl von Sicherheitsvorrichtungen werden erforderlich sein, um offensichtliche Risiken bei H_2-betriebenen Wagen zu vermeiden. Die meisten Fahrzeuge läßt man von Zeit zu Zeit einige Tage stehen, und falls der Brennstoff eine Flüssigkeit sein

Fig. 13,5:
Ansicht eines für H_2-Speisung umgebauten Clinton-Viertaktmotors. Nach Murray u. Schoeppel(13-19).

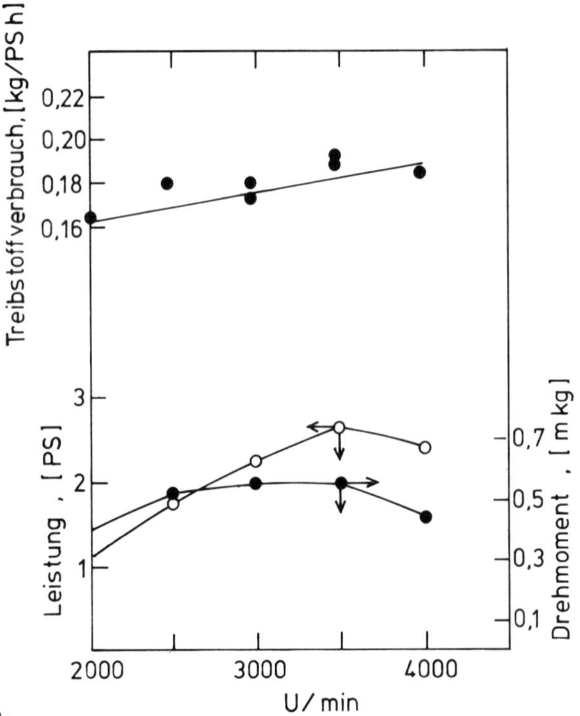

Fig. 13,6:
An der Bremse gemessene Drehmomente (untere Kurve) und spezifischer Treibstoffverbrauch (obere Kurve) des in Fig. 13,5 gezeigten Clinton-Motors bei voll geöffneter Klappe als Funktion der Drehzahl je min. Nach Murray u. Schoeppel(13-19).

muß, muß ein sicheres Lüftungssystem vorgesehen werden. Der Auftrieb von H_2 ist stark und seine Diffusion rapide. Es wird sicher genügen, den Wagen im Freien oder nicht abgeschlossenen Raum lange genug auszulüften. Eine Auslüftung in abgeschlossene Räume hinein, die Deckenbelüftung besitzen, bedarf der Nachprüfung. Andere Methoden des Umganges mit dem H_2, der während der Speicherung abziehen können muß, wären verschiedene Vorrichtungen zur Verbrennung zu Wasser, z. B. katalytische oder elektrochemische Prozesse; die katalytische Oxydation bedarf noch einiger Forschungen z. B. über Katalysatoren, die zwar billiger als Platinmetalle, aber mindestens ebenso wirksam sein müssen. Mögliche Lecks müssen durch regelmäßige Kontrollen überwacht werden. Zusätze von farbigen oder stark riechenden Gasen sind bereits vorgeschlagen worden (vgl. Kapitel 10). Eine Schwierigkeit bilden schwere

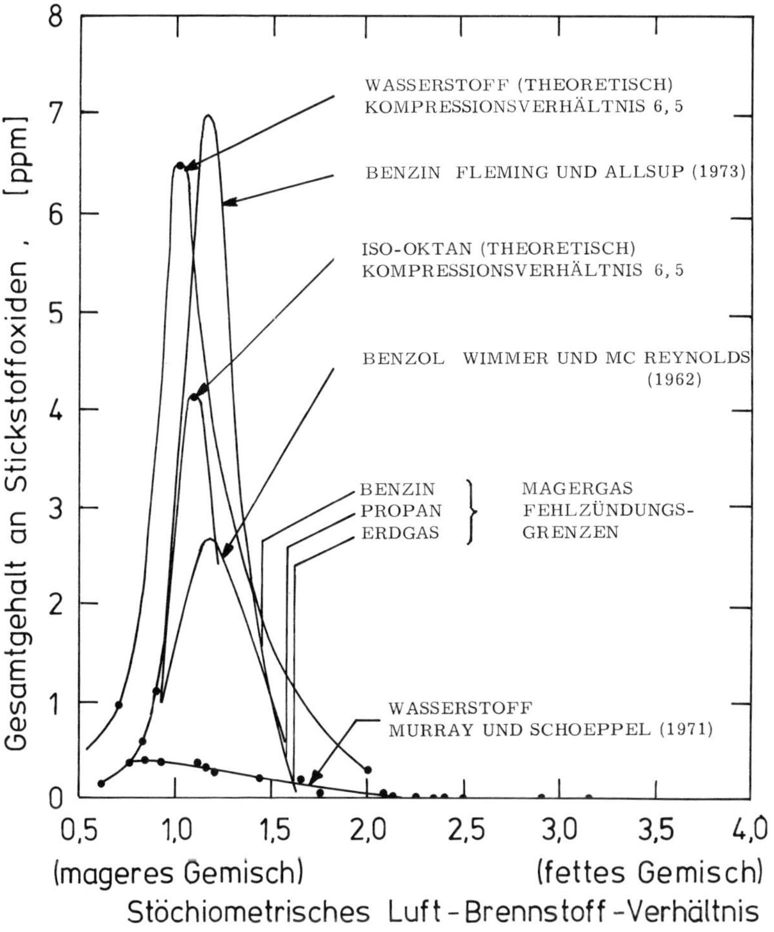

Fig. 13,7:
Immissionscharakteristiken verschiedener Treibstoffgemische als Funktion des Luft/Treibstoff-Mischungsverhältnisses. Ordinate: Summe der ausgestoßenen Stickstoffgemische in ppm; Abszisse: Luft/Treibstoff-Äquivalentverhältnis. Die Parameter der verschiedenen Kurventeile sind im Diagramm angegeben. Nach (13-47).

Zusammenstöße; man muß überlegen, wo innerhalb des Wagens (Fig. 13,3) man den Tank plazieren muß, so daß er am wenigsten gefährdet ist(12-27). Feuer infolge Durchlöcherung des Tanks ist möglich, wie bei Benzin, aber eine Explosion ist – außer im geschlossenen Raum – nicht zu erwarten.

Der Preis des Flüssigwasserstoffs (“LH_2“)

1. Der gegenwärtige Preis von gasförmigen H_2 unter der Benutzung der herkömmlichen Elektrolyseur-Technik beträgt unter Zugrundelegung eines Strompreises von 9,4 mil/kWh = 2,44 Dpf/kWh (Valuta 1974 1 US-Dollar = 2,59 DM) (vgl. den Zusammenbruch des kWh-Preises in Kapitel 7) sowie voller Unterhaltskosten für die Anlage US-Dollar 5,53/MBtu = 4,9 Dpf/kWh bei E = 2,2 V Klemmenspannung.

2. Die Kosten der Verflüssigung lassen sich vom Standpunkt der Thermodynamik ausführlich behandeln (Kapitel 9). Danach ist der theoretische Energieaufwand für die H_2-Verflüssigung 5 000 MBtu/lb = 3,23 kWh/kg. Der reale Energieaufwand ist natürlich höher und beläuft sich auf 15 000 Btu/lb = 9,7 kWh/kg. Da 1 kg H_2 den Heizwert von 34,2 $kW_{th}h$ besitzt, ist zur Verflüssigung einer H_2-Masse, die 1 $kW_{th}h$ an Heizwert liefert, ein Energieaufwand von 0,28 kWh erforderlich. Bei dem oben angenommenen Strompreis von 2,44 Dpf/kWh ergeben sich demnach zur Erzeugung von 1 $kW_{th}h$ Kosten von 0,68 Dpf. Das ist der Preis für lediglich die Energie; die Gesamtkosten belaufen sich dann auf einen oberen Grenzwert von 0,74 Dpf/$kW_{th}h$.

3. Insofern sollte der Preis für verflüssigten herkömmlichen Elektrolyse-H_2 US-Dollar 6,40/MBtu = 5,66 Dpf/$kW_{th}h$ betragen.

4. 1974 war der Preis von US-Benzin (Valuta 1974) im Mittel ab Raffinerie, ohne Steuer, Verteilungskosten oder Gewinn US-Dollar 2,44/MBtu = 2,15 Dpf/$kW_{th}h$.

5. Benutzt man die 1973 von Michel(13-34) abgeleitete Beziehung zwischen dem Preis „COST“, der Elektrolysespannung E (Volt) und dem kWh-Preis c in US-cents sowie einer additiven Konstanten des Betrages 40, welche optimistischerweise 50 % des gegenwärtigen empirisch ermittelten Beitrages der fixen Kosten darstellt: COST = 229. E. c + 40 (MBtu), so sieht man zunächst, daß die Stromkosten entscheidend in den Preis eingehen. Arbeitet man mit einer so niedrigen Klemmenspannung wie E = 1,5 V (und entsprechend niedriger Stromdichte) und dem oben erwähnten US-Strompreis von 2,44 Dpf/kWh, so beträgt der Preis „COST“ US-Dollar 3,62 je MBtu H_2-Gas bzw. US-Dollar 4,47 je MBtu LH_2, entsprechend 3,2 Dpf/$kW_{th}h$ gasförmigen bzw. 3,95 Dpf/$kW_{th}h$ flüssigen H_2.

6. Ebenfalls unter Benutzung herkömmlicher Elektrolyse-Technik, aber unter Verwendung von billigem Nachtstrom zum Preis von nur 5 mils = 1,3 Dpf/kWh und E = 2,0 V, würde sich der Preis für gasförmigen H_2 auf 2,7 Dpf/kWh erniedrigen, für LH_2 auf 3,5 Dpf/kWh, unter der stillschweigenden Annahme, daß die fixen Kosten tatsächlich unverändert bleiben.

7. Benutzt man eine fortgeschrittene künftige Technologie mit einer so niedrigen Klemmenspannung wie E = 1,5 V, unverändert fixen Kosten von 40 c/MBtu = 0,35 Dpf/kWh und Nachtstrom zu 5 mils/kWh = 1,3 Dpf/kWh, dann würde der gasförmige H_2 US-Dollar 2,12 je MBtu = 1,87 Dpf/kW_{th}h, der flüssige H_2 US-Dollar 2,97 je MBtu = 2,62 Dpf/kW_{th} h kosten.

Falls also Niedriglaststrom für 5 mils/kWh = 1,3 Dpf/kWh zu beziehen wäre (vgl. die Begründung dieses Niedrigpreises durch Michel,13-34), dann könnten die gegenwärtigen Elektrolyseure LH_2 zu einem Preis abgeben, der energiemäßig nur 50 % über demjenigen von US-Benzin (Stand 1974) liegt. Elektrolyseure mit einem neueren, aber bereits demonstrierten Stand der Technik könnten bei derselben Niedriglast-Elektrizität den LH_2 sogar nur 20 % teurer als Benzin liefern.

Die oben diskutierten Preise könnten mit demjenigen von Hallett(13-30) in seiner NASA-Studie verglichen werden; die von ihm 1968 beigebrachten Preise sind in der folgenden Tabelle 13,4 wiedergegeben. Indessen beruhten die von ihm errechneten Preise auf Stromkosten von 2,72 mils/kWh = 0,70 Dpf/kWh und müssen in angemessener Weise für viel höhere Energiepreise im Bereich von 1,3 (für Nachtstrom) bis zu 1,8 oder 2,5 Dpf/kWh berichtigt werden (vgl. Kapitel 9, wo 2,4 Dpf/kWh für 1974 geschätzt worden sind). Wenn man 1,3 bzw. 2,3 Dpf/kWh zugrundelegt, dann würden sich die Elektrolyseziffern zu 3,1 bzw. 4,6 Dpf/kWh verschieben. Dementsprechend hat die Studie von Hallet einen Kohlepreis von US-Dollar 4,20/to = 10,87 Dpf/kW_{th}h angenommen, während er jetzt das Vielfache beträgt.

Witcofski(13-34) hat 1974 den Schluß gezogen, daß ein LH_2-Preis von 2,4 bis 2,8 Dpf/kW_{th} h vernünftig erscheint.

Eine neuere Abschätzung hat Jones(13-32) auf der Grundlage von Berichten von Johnson(13-33) und Michel(13-34) durchgeführt, deren Ergebnisse ebenfalls in Tabelle 13,4 wiedergegeben sind. Danach ist der gemittelte Preis von LH_2 in US-Dollar Wert 1974 US-Dollar 3,88 je 1 MBtu = 3,43 Dpf/kW_{th}h.

Tabelle 13,4. Preise von Flüssigwasserstoff nach Hallett(13-30) 1968

Dampfreformierung von Methan	46,2 Dpf/kg LH_2	1,39 Dpf/$kW_{th}h$
Partielle Oxydation von Schwerölen	46,2 Dpf/kg LH_2	1,39 Dpf/$kW_{th}h$
Herkömmliche Elektrolyse	78,8 Dpf/kg LH_2	2,38 Dpf/$kW_{th}h$
Kohlevergasung	65,1 Dpf/kg LH_2	1,95 Dpf/$kW_{th}h$

Tabelle 13,5. Jones' Schätzung des Flüssigwasserstoff-Preises 1974

Benzin	2,42	Dpf/$kW_{th}h$
LH_2 aus Kohle	2,20-2,80	Dpf/$kW_{th}h$
LH_2 aus Kernkraft	4,87-4,74	Dpf/$kW_{th}h$

Die oben angegebenen Preise sind zwar niedriger, als man sie gegenwärtig bezahlen muß, aber doch nicht unberechtigt optimistisch, da die gegenwärtigen kommerziellen Elektrolyseure nicht dem heutigen Stand der Elektrochemie entsprechen, z. B. deren Elektroden keine modernen Elektrokatalysatoren aufweisen, dementsprechend nur etwa $^1/3$ des theoretisch erreichbaren Wirkungsgrades erreichen und somit noch weiten Raum für Verbesserungen enthalten, vgl. die ausführlichen Hinweise hierüber in Kapitel 8.

Die günstigen Ziffern in diesem Abschnitt beziehen sich überwiegend auf die USA mit ihrer billigen Energie und großen Produktionsanlagen und werden in Europa noch nicht erreicht. Selbst die werkseigenen Elektrizitätswerke der deutschen Großchemie rechnen intern mit einem Strompreis von mindestens 5 Dpf/$kW_{el}h$, entsprechend einem ebenfalls internen Verrechnungspreis von 10-12 Dpf/Nm^3 H_2 bei einem Elektrolysewirkungsgrad von 5 $kW_{el}h/Nm^3$ H_2. Der größte europäische H-Verflüssiger in Frankreich liefert 800 L/h zum Abgabepreis von 2 DM/L.

Schlußfolgerungen über den Betrieb von Straßenfahrzeugen mit H_2 als Treibstoff

Es gibt nur wenige technische Schwierigkeiten für die Schaffung von Kraftwagen, die von Verbrennungsmotoren mit H_2 als Brennstoff angetrieben werden. Die heute gebräuchlichen Maschinen könnten weiterbenutzt werden, und die Konstruktionsänderungen würden sich nur auf das Zündsystem erstrecken. Mögliche neue Zündanordnungen sind von Schoeppel, Adt u. A. entwickelt worden.

Technische Schwierigkeiten müssen dagegen in der Art gesehen werden, in der das Automobil seinen H_2 mit sich führt. Ein Tank für Flüssigwasserstoff erscheint attraktiv, und seine Kosten belaufen sich auf etwa 1 000 DM; aber auch Speicherung als Hochdruck-H_2 in Leichtstahlflaschen erscheint als praktikabel. Dagegen würde die Speicherung als Hydrid in intermetallischen Verbindungen leider zu teuer.

Eine andere Schwierigkeit besteht in der Zustimmung des Publikums; es müßte ein Aufklärungsprogramm durchgeführt werden, in dem die wissenschaftlichen Tatsachen über die Sicherheitsfrage und die Erfahrungen im Umgang mit LH_2 verbreitet werden.

Der wichtigste Aspekt ist der Preis von LH_2; Schätzungen hierüber variieren von 2,56 bis 4,93 Dpf/kWh_{th}. Der Benzinpreis ab Raffinerie betrug dagegen in den USA 1974 2,15 Dpf/kWh_{th}. Falls die letzte Vorhersage der AEC über einen Preis der Kernkraft-kWh von nur 8 Dpf in Erfüllung gehen sollte, würde dies einen LH_2-Preis von nur 1,77 Dpf/kWh_{th} bedeuten, damit den jetzigen Benzinpreis merklich unterschreiten und sich schon dem Rohölpreis von 1974 auf 10 % genähert haben.

Vorzüge des Wasserstoffs als Treibstoff für Flugzeuge

Wie schon kurz vorweggenommen (Kapitel 12), ist der wichtigste Vorzug des H_2 als Treibstoff in der Luftfahrt die Vergrößerung der Nutzlast; Fig. 13,8 erläutert die Situation im einzelnen für den Unterschallbereich, während Fig. 13,9 im Blockdiagramm die Gewichtsanteile für den Bereich von 3 Mach einmal für den konventionellen Treibstoff JP 5, ein andermal für LH_2 aufschlüsselt, und zwar sowohl für den heutigen Stand der Technik wie für die zukünftige Technologie des hypersonischen Fluges. Danach würden mit LH_2 betriebene Überschallflugzeuge einen 1 1/2 bis 3mal größeren Aktionsradius als solche mit JP 5-

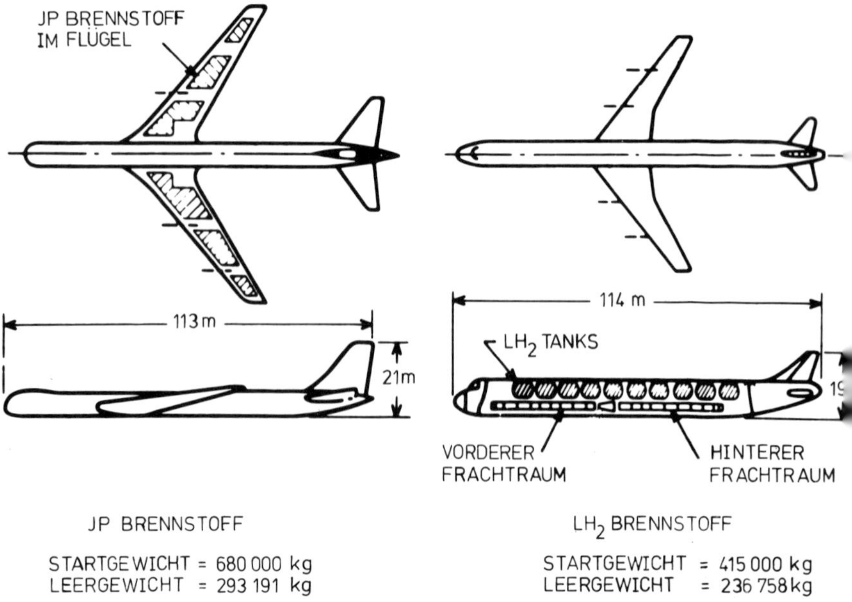

Fig. 13,8:
Vergleich von Startgewicht und Leergewicht beim Flugbetrieb im Unterschallbereich; links mit Kerosin JP, rechts mit LH_2 gespeist. Nutzlast: 120 000 kg; Reichweite: 9 400 km. Beim Übergang von JP zu LH_2 sinkt das Startgewicht von 680 000 kg auf 415 500 kg, das Leergewicht von 293 190 auf 236 756 kg. Nach W. J. Small u. M.(13-38).

Treibstoff erreichen mit den entsprechenden Folgerungen für die Lebensfähigkeit der Überschall- und Hyperschall-Flugzeuge. Beispielsweise würde die zweifelhafte finanzielle Lebenskraft der Concorde beträchtlich vergrößert werden, wenn das Flugzeug zum Betrieb mit LH_2 umkonstruiert würde; andererseits könnte ein Hyperschall-Flugzeug überhaupt nur mit LH_2 als Treibstoff betrieben werden. Ein Hyperschall-Flugzeug mit LH_2-Antrieb könnte jeden Punkt des Globus von jedem andern aus innerhalb von 6 Stunden erreichen! Fig. 13,10.

Von der Konstruktion bis zum Erprobungsflug braucht ein Flugzeug etwa 10 Jahre, und während dieser Zeitspanne wird LH_2 wahrscheinlich billiger als Benzin. Deshalb sollte auch der Concorde-Nachfolger für LH_2 entworfen werden; dann würden sowohl Überschall- wie Hyperschall-Flugzeuge ihre Schwierigkeiten bezüglich Reichweite, Nutzlast und Luftverunreinigung überwinden.

Ein weiterer Vorteil der Benutzung von LH_2 für den Antrieb von Flugzeugen besteht in der Möglichkeit, die Kühlung der Außenhaut mit der Abkälte des LH_2 zu verwirklichen, wie dies analog bei den Apollo-Raumschiffen längst zur unter extremsten Bedingungen bewährten Technik geworden ist. Beim Vorhandensein solcher Kühlung wäre es nämlich möglich, Al- und B-Legierungen zu benutzen anstatt Ti und anderer schwererer Metalle wie jetzt noch, wo nur sie die erforderliche Festigkeit trotz der ohne Kühlung auftretenden hohen Temperaturen der Außenhaut aufbringen können; außerdem würden die dann möglichen Leichtmetall-Legierungen Reichweite und Nutzlast zusätzlich vergrößern.

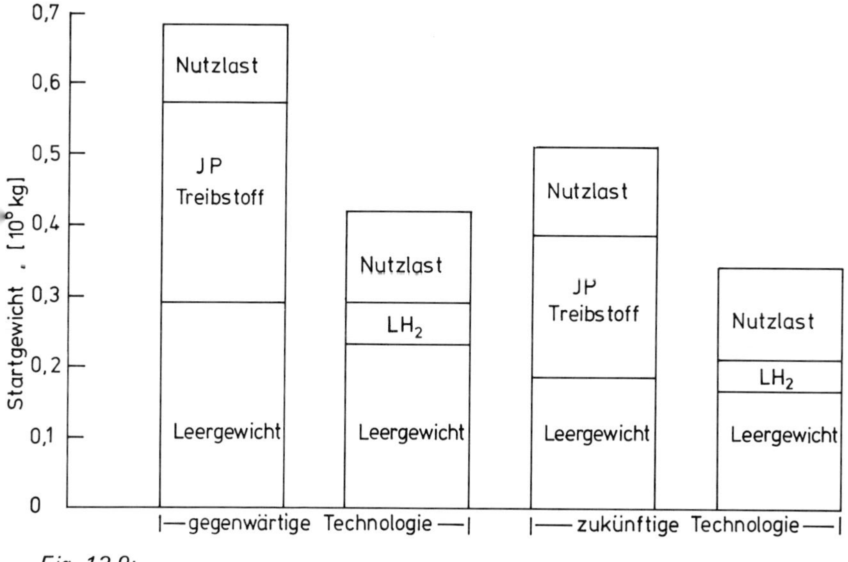

Fig. 13,9:
Vergleich der Gewichtsanteile für den Flugbetrieb im Mach 3-Bereich; links mit JP, rechts mit LH_2 als Treibstoff beim gegenwärtigen Stand der Technologie, (linke Diagrammhälfte). In der rechten Hälfte derselbe Vergleich bei der zukünftigen Technologie mit superkritischen aero-aktiven Steuerungen und mit Komposit-Werkstoffen. Nach W. J. Small u. M. (13-38).

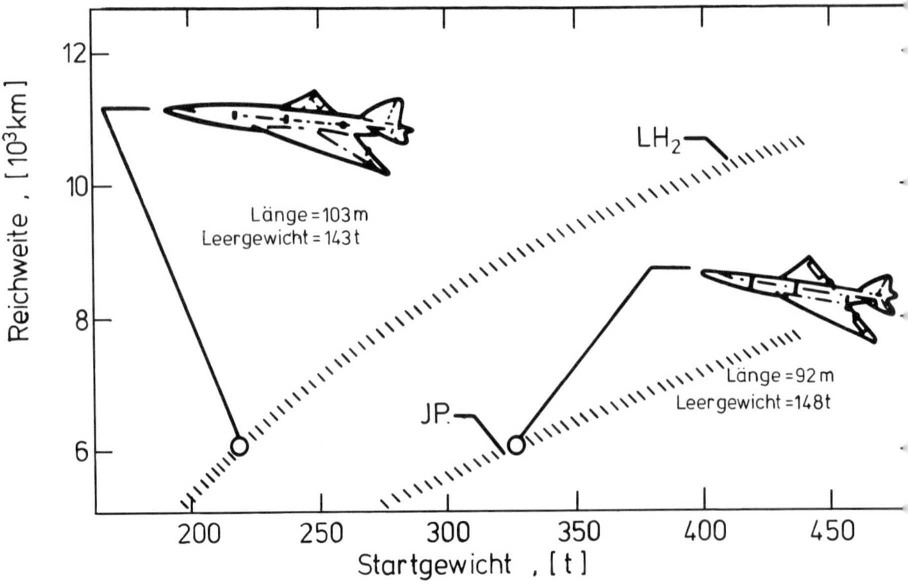

Fig. 13,10:
Vergleich der Reichweiten als Funktion des Startgewichtes bei Mach 3 und 300 Fluggästen sowie Titan-Strukturen. Die Parameter sind im Diagramm angegeben. Nach W. J. Small u. M. (13-38).

Die mögliche Verminderung des Dröhnens wäre ein weiterer Vorteil des mit LH_2 betriebenen Hyperschallfluges, weil er in einer größeren Höhe als der Unter- oder Überschallflug stattfände. Das Dröhnen beträgt für Überschallflug 1,44, für den Hyperschallflug bei größeren Höhen nur noch 0,5 mbar.

Hyperschall-Flugzeuge

Die größte Schwierigkeit für die heutigen Überschall-Flugzeuge ist die Reichweitenbegrenzung, die z. B. bei der Concorde Zwischenlandungen erfordert. Flug bei Mach 3 würde 8 000 km Reichweite mit einem Gesamtgewicht vergleichbar dem gegenwärtiger großer Transporter ermöglichen. Schätzungen eines Mach 3-Transportes mit 300 Passagieren sind in Fig. 13,11 verglichen; die Nutzlast steigt um 50 %. Allerdings würde das Flugzeug voluminöser, weil der Heizwert des LH_2 je *Raum*einheit geringer als der des JP 5 ist. Der Startlärm würde schwächer sein wegen des geringeren Gesamtgewichts und der Flügelbelastung.

Kühlung des Flugzeuggerippes

Das Konzept von heißen und kalten Strukturen in einem Hyperschall-Flugzeug muß in Betracht gezogen werden, wenn man über die Zukunft des Lufttransportes nachdenkt. Heiße Strukturen beruhen auf der Tatsache, daß die Gleichgewichts-Strahlungstemperatur bei hohen Fluggeschwindigkeiten in der Grössenordnung von Mach 9 im Bereich liegen, wo Superlegierungen noch strukturmäßig stabil sind. Hitzeschilde können benutzt werden; es ist aber nicht bekannt, ob die Flugzeuggerippe-Lebensdauern, die kommerziellen Flugzeugen entsprechen, mit solchen Strukturen erreicht werden können.

Es könnte daher sehr vorteilhaft sein, die Möglichkeit von gekühlten Strukturen zu überlegen, wobei Kühlung bedeuten soll, daß das Gerippe eine Außentemperatur von etwa 260° aufweist; in diesem Falle könnten Ti-Legierungen benutzt werden.

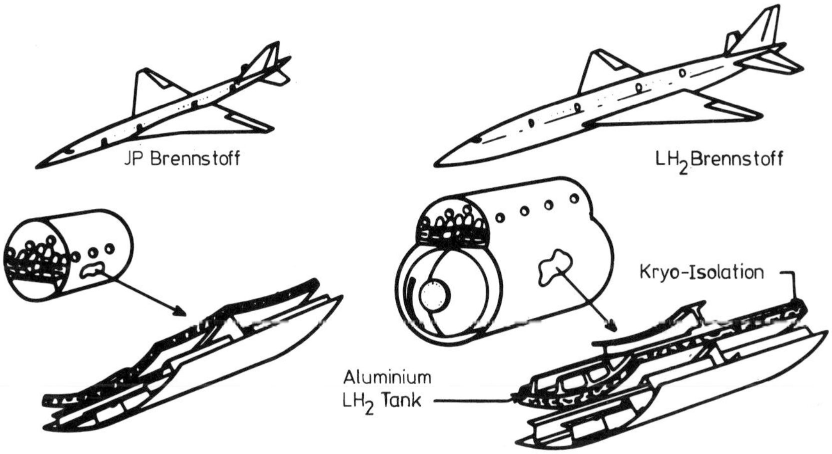

BRENN STOFF	GESAMTGEWICHT	LEERGEWICHT	BRENNSTOFFVOL.	LÄNGE
JP	340 000 kg	148 000 kg	202 m^3	93 m
LH_2	231 000 kg	143 000 kg	794 m^3	104 m

Fig. 13,11:
Vergleich der Betriebsdaten eines Überschallflugzeuges bei Mach 3 für Antrieb mit JP (links) oder mit LH_2 (rechts). Angenommen sind eine Reichweite von 6 500 km und 300 Fluggäste. Nach Kirkham u. M.(13-39).

Wenn es aber möglich wäre, die Außentemperatur auf nur etwa 95 °C zu halten, dann könnte man auf Al oder die noch leichteren Al-B-Legierungen übergehen. Entsprechende Studien(13-40, -41) haben gezeigt, daß ein Zellen-Kühlungssystem mit einem intern zirkulierenden sekundären Kühlmittel mit Rückkühlung durch einen LH_2-Wärmeaustauscher die Gerippetemperatur eines Mach 6-Flugzeuges die Benutzung von Ti und – mit einem begrenzten Wärmeschild – sogar die von Al ermöglichen würde. Fig. 13,12 ist eine Konstruktionszeichnung eines solchen gekühlten Flügel-Panels nach den Studien von Witcofski(13-36); dabei ist das Gewicht der Röhren und Wärmeaustauscher mehr als aufgewogen durch die Gewichtsersparnis bei der Flügelkonstruktion. Fig. 13,13 zeigt die Konstruktion nochmals im Ganzen.

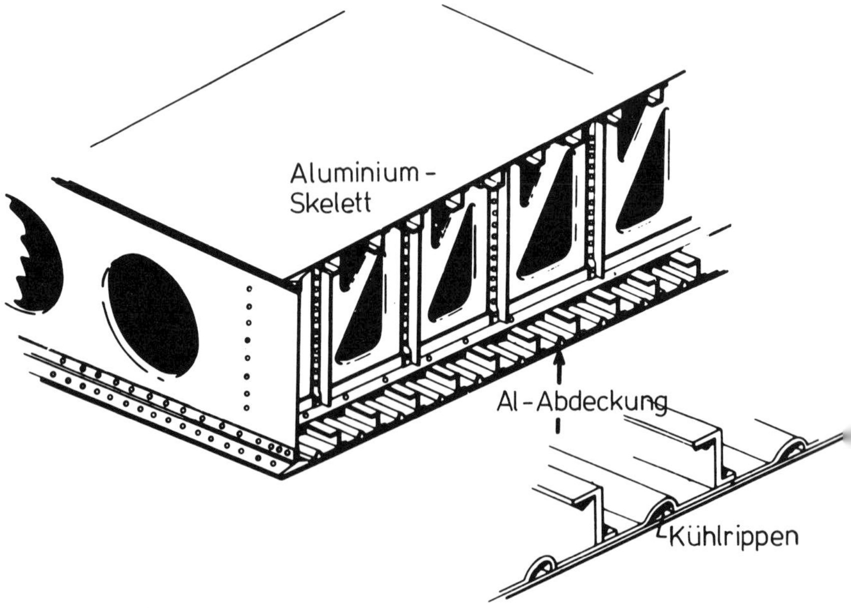

Fig. 13,12:
Gekühlte Flügelstruktur aus Aluminium eines mit LH_2 betriebenen Überschallflugzeuges nach Witcowski(13-35).

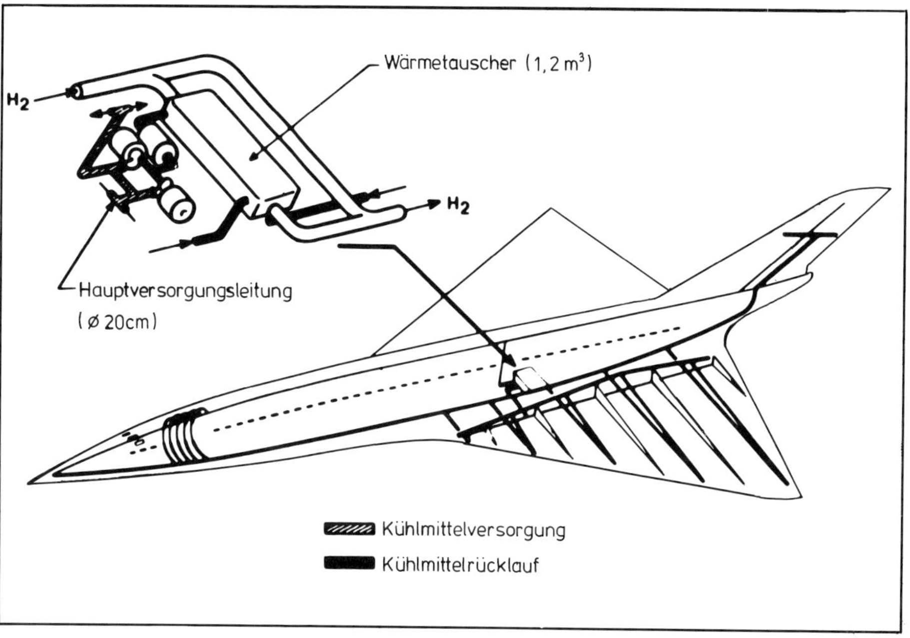

Fig. 13,13:
Überschallflugzeug-Kühlsystem mit LH_2 nach Witcowski(13-36) Erklärungen im Text.

Kostenvorausschätzungen

Ausführliche Kostenvergleiche für Unterschall-, Überschall- und Hyperschall-Flugzeuge bei verschiedenen Arten von Treibmitteln liegen jetzt vor(13-36) und sind im Blockdiagramm Fig. 13,14 veranschaulicht. Danach hängt die wirtschaftliche Wettbewerbsfähigkeit des Hyperschallfluges entscheidend vom LH_2-Preis ab; er wurde 1972 mit etwa 2,7 Dpf/kWh_{th} angenommen und als unterer Grenzwert den Berechnungen von 1975 zugrundegelegt. Inzwischen hat sich die Wirtschaftlichkeit wegen der Preissteigerungen der fossilen Brennstoffe vom Benzin zugunsten des H_2 verschoben. Ein Vergleich der Kosten pro Sitz und km als Funktion der Brennstoffkosten, in den neben konventionellem Kohlenwasserstoff und LH_2 auch Flüssigmethan einbezogen ist, ist in Fig. 13,15 wiedergegeben.

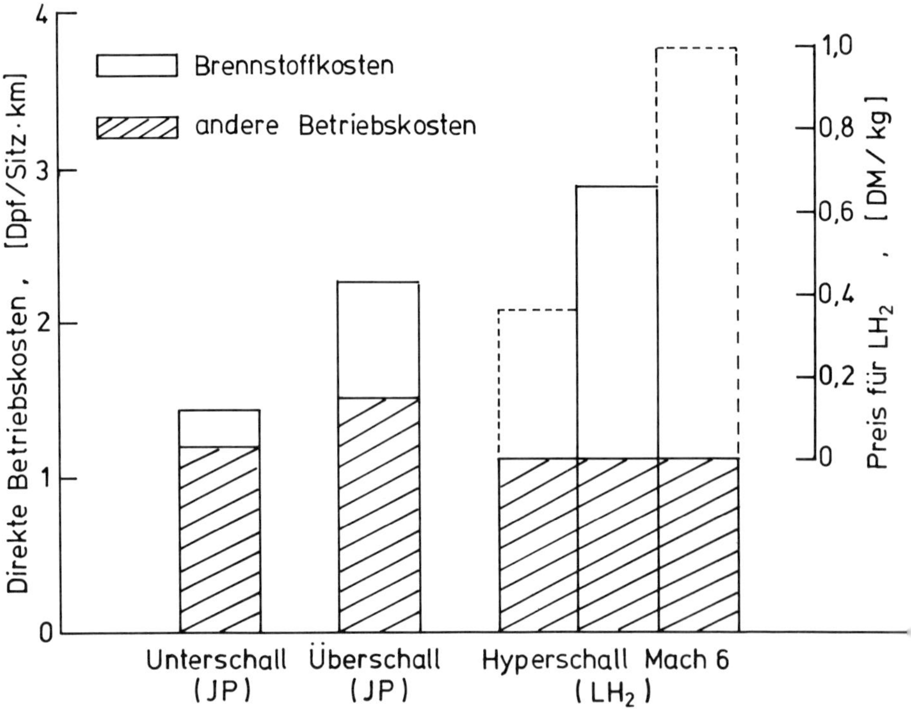

Fig. 13,14:
Vergleich der direkten Flugbetriebskosten.
1. bei Speisung mit JP eines großen Unterschallflugzeuges, 2. bei Betrieb eines SST mit JP und 3. bei Mach 6 eines HST mit LH_2. Reichweite 7 400 km. Nach Witcowski(13-36) 1972.

Bereits vorliegende Erfahrungen über Flugtransport mit H_2-Antrieb

Abgesehen von frühen Zeppelinflügen, bei denen abgeblasener H_2 während des Abstieges zum Antrieb der Motoren benutzt wurde, hat man in den Jahren 1956/57 auf dem Lewis-Flugfeld der NASA in Cleveland ein Flugzeug B 57 erfolgreich mit H_2 betrieben, wobei man einen J 65 Turbojet und eine Fluggeschwindigkeit von 0,72 Mach benutzte, vgl. Fig. 13,16 und 17 (13-44, 45). Ein RAM Luft-Wärmeaustauscher wurde eingebaut, um den LH_2 zu verdampfen, und He wurde benutzt, um den richtigen Gasdruck im LH_2-Tank aufrechtzuerhalten und das System zu spülen. Die Versuche erwiesen, daß der Treibstoffverbrauch im Falle des JP-4 gewichtsmäßig etwa 2,7mal höher war als im Falle des LH_2, in guter Übereinstimmung mit dem Verhältnis der gewichtsspezifischen Verbrennungswärmen 2,6 nach Tabelle 13,1.

Negative Aspekte des Übergangs von Benzin zu H_2 als Flugzeugtreibstoff

1. Die Hauptschwierigkeit ist die geringe Dichte des LH_2, derzufolge man bei gleichem Heizwert viermal soviel Volumen wie bei den JP-Treibstoffen braucht. Insofern ist eine geänderte Bemessung der Flugzeuge unvermeidlich.

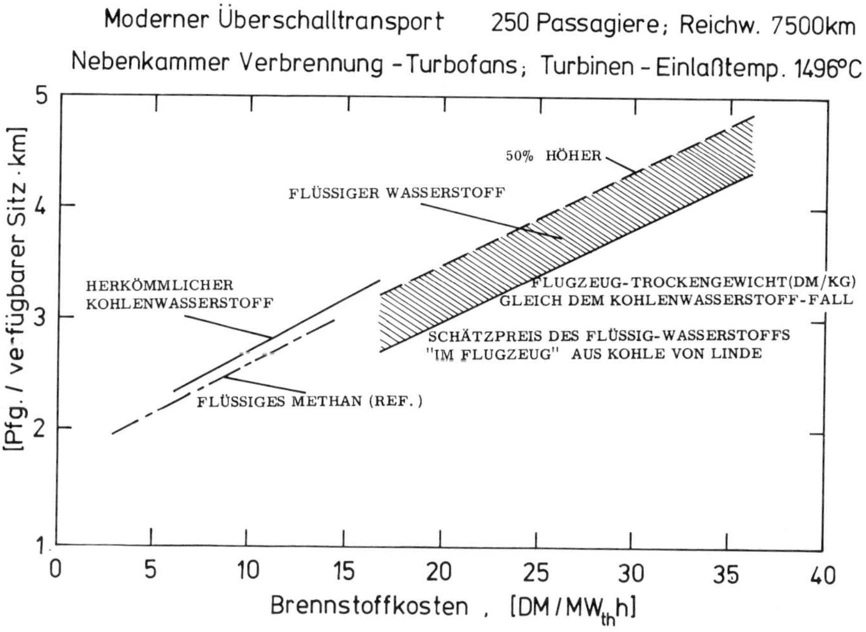

Fig. 13,15:
Einfluß des Treibstoffpreises in (DM/MW$_{th}$h) auf die direkten Betriebskosten in (Dpf/verfügbarem Sitz x km) beim modernen Überschallflug. Fluggastzahl: 250; Reichweite: 7 500 km; Nebenkammerverbrennung-Turbofans; Turbineneinlaßtemperatur 1 496 °C. Die Parameter für die verschiedenen Kurvenstücke mit verschiedenen Treibstoffen sind im Diagramm eingeschrieben. Nach Escher u. Brewer(13-43).

Fig. 13,16:
Versuchsflugzeug Boeing 57 mit Turbojet J 65, umschaltbar auf Antrieb mit LH_2, bei Versuchsflügen vom NASA Lewis Flughafen in Cleveland 1956/57. Nach Escher(13-45).

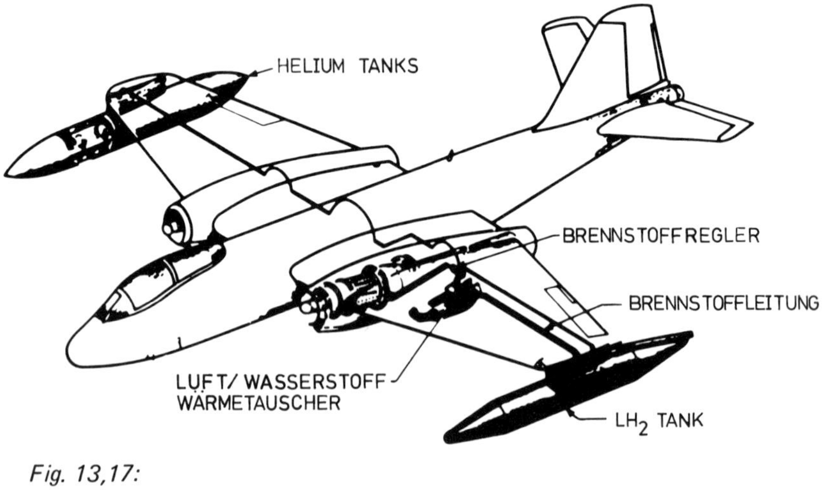

Fig. 13,17:
Wasserstoff-Antriebsystem für ein Experimentierflugzeug. Das Boeing-57-Canberratriebwerk ist umstellbar auf Wasserstoff. Getestet schon 1956. Nach Escher(13-45).

2. Auch das Gewicht der Treibstofftanks verursacht Sorge: bei gleichem Energieinhalt werden die H_2-Tanks wegen des größeren Volumens und der anspruchsvollen Kälteisolierung merklich schwerer.

3. Die in Kapitel 10 zusammengestellten Risiken werden eine spezielle Schulung des Personals, besondere Vorrichtungen für die Entdeckung von Lecks, Spültechniken für die Vermeidung von Luft und einen Wechsel in der Auftanktechnik erforderlich machen.

Mögliche Neuentwürfe für Überschall- und Hyperschalltransport

Es liegen schon viele Diskussionen über die Entwicklung von Überschall- und Hyperschall-Flugzeugen für Antrieb mit LH_2 vor(13-36, 37, 45, 46), vgl. Fig. 13,18(13-43). In Tabelle 13,6 sind entsprechende charakteristische Daten für solche Flugzeuge auf der Basis der Technologie von 1981 zusammengestellt.

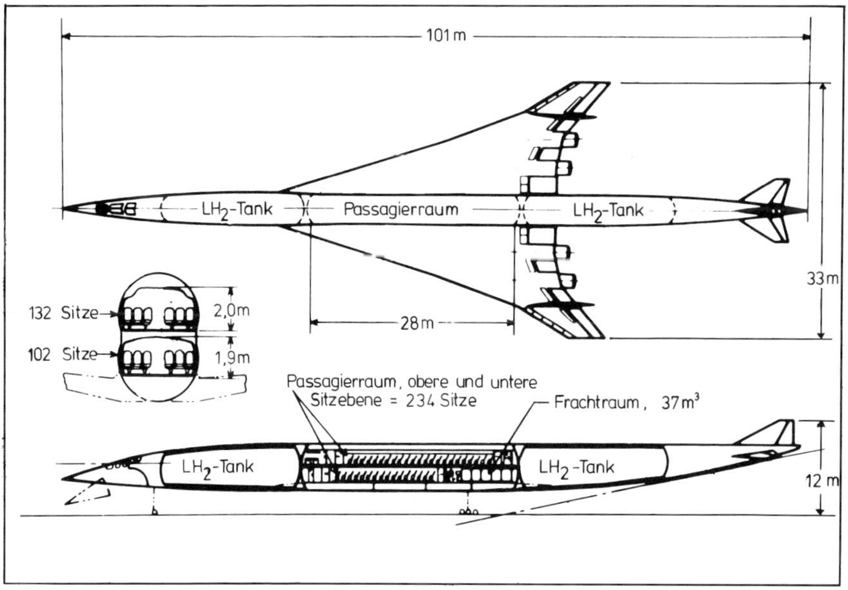

Fig. 13,18:
Mit Flüssigwasserstoff angetriebenes Überschallflugzeug. Entwurf NAS 2 - 7732. Für 234 Fluggäste. Weitere Erklärungen im Text. Nach Escher u. Brewer(13-43).

Tabelle 13,6. Flugzeug-Kennwerte (vorläufige Daten für 1981) (13-43)

Aerodynamische Form	Pfeilflügel
Mach Nr. (Reisegeschwindigkeit)	2,7
Nutzlast	234 Passagiere
Reichweite	7 800 km
Triebwerke	Turbofan m. Nebenkammerverbrennung
Treibstoff	Flüssiger Wasserstoff
Flügelbelastung (beim Start)	50 lb/ft^2 = 17,3 kg/m^2
Schubkraft/Gewicht (Meereshöhe, statisch)	0,5
Gesamtstartgewicht	370,000 lb = 173 000 kg
Treibstoffgewicht (total)	98,000 lb = 44 600 kg
Flugzeuggewicht ohne Treibstoff	172,000 lb = 128 000 kg
Nennleergewicht	232,000 lb = 105 000 kg
Nutzlast	49,000 lb = 22 200 kg

Schlußfolgerungen über die Anwendung von LH_2 als Flugzeugtreibstoff

1. Die entscheidenden Argumente sind wirtschaftlicher Natur; irgendwann in den 80er Jahren wird wohl der Preis von LH_2 niedriger werden als der von Benzin.

2. Das zweite äußerst wichtige Argument ist die Verbesserung im Wirkungsgrad des Flugzeuges, die der Übergang zu LH_2 erlauben würde, bestehend in einem längeren Aktionsradius und erhöhter Nutzlast. Insbesondere würde er die Aussichten des Hyperschall-Verkehrs durch Kühlung des Flugzeuggitterwerks revolutionieren, welche die Verwendung von Leichtmetall-Legierungen erlauben würde.

3. Die Umweltverschmutzungsaspekte der Flugzeuge würden sowohl in der Nähe der Flugplätze wie bei großen Höhen auf null vermindert werden.

Kapitel 14:

Umweltprobleme

Einleitung

Die Darstellung der verschiedenen Energiekonzepte wäre nicht vollständig, wenn deren Für und Wider hinsichtlich der Umweltprobleme nicht betrachtet würde. Es kann kein Zweifel sein, daß die Wasserstoffwirtschaft, soweit es sich um die Verschmutzung der Atmosphäre handelt, ein langfristig zufriedenstellendes Konzept ist. Wenn man indessen die Umwelteinwirkungen einer Energiewirtschaft betrachtet, darf man nicht nur ihren Einfluß auf die Qualität von Luft und Wasser ermitteln; wir müssen auch nach dem Verbrauch der Rohstoffvorräte fragen und nach anderen Einflüssen auf die Umwelt, welche die Einführung der betreffenden Technologie mit sich bringen würde.

Diese Art von Analyse ist bisher spärlich gewesen, ist aber neuerdings auf einem vorläufigen Weg von Plass(14-1) durchgeführt worden, und diese seine Argumentation hat besonderen Einfluß auf unsere nachstehenden Betrachtungen ausgeübt.

Rohstoffvorräte und Wasserstoffwirtschaft

Es besteht eine Tendenz, die Solar-Wasserstoffwirtschaft so zu betrachten, als wenn sie überhaupt keine Rohstoffe brauchte, weil sie Wasser in Wasserstoff und Sauerstoff spaltet, die dann als Wasser zurückkehren (Fig. 1,12). Indessen werden Rohstoffe benötigt, um das System herzustellen, also für Kollektoren, Elektrolyseanlagen, Speichertanks, Photozellen usw. Vom Gesichtspunkt eines Konservativen aus, wie auch von dem unterschiedenen Standpunkt der Luft- und Wasserreinhaltung aus, sollte eine Wasserstoffwirtschaft, die auf fossilen oder nuklearen Energieträgern gegründet ist, mit einer auf diesen Treibstoffen basierenden herkömmlichen Energiewirtschaft verglichen werden.

Um dies zu tun, benutzt Plass(14-1) die folgende einfache Gleichung:

$$\frac{R}{T} = P \times \frac{H}{PT} \times \frac{R}{H}, \qquad (14.1)$$

worin R die Quantität des betreffenden Rohstoffvorrates (z. B. to für Mineralien oder Btu bzw. $kW_{th}h$ für Energievorräte) ist, T die Zeit (in Jahren), P die Bevölkerung und H die Mengen des verbrauchten H_2 in Btu oder $kW_{th}h$. Der zweite Faktor H/PT ist die pro Kopf-Nachfrage nach Wasserstoff per Jahr. Der dritte Faktor R/H ist der Vorratspreis je Einheit Wasserstoff; beide sind sehr wichtig.

Wenn die Umwandlungswirkungsgrade von Wärme usw. hoch sind, dann ist H/PT klein; für niedrige Umwandlungswirkungsgrade trifft das Umgekehrte zu. Wenn die Wasserstoff-Herstellungsanlage richtig entwickelt und das Verteilungssystem gut ist, dann ist R/H klein, während eine schlechte Konstruktion einen Anstieg in R/H bewirken würde. Bei Anwendung dieser Gleichung (14.1) ist es notwendig, plausible Abschätzungen dieser Faktoren H/PT und R/H zu machen.

Die bei Herstellung, Transport und Lagerung von Wasserstoff verbrauchten Rohstoffe (mit Ausnahme des solaren Falles) sind Eisen, Aluminium und Kupfer und durch die Kollektorfarmen, Rohrleitungen und Speicheranlagen beanspruchtes Land.

Plass hat eine auf Kohle basierende Wirtschaft, eine auf Kohle mit synthetischem Gas (CH_4), eine auf Kernkraft gegründete Wasserstoffwirtschaft und eine ebenfalls auf Kernkraft beruhende Elektrizitätswirtschaft studiert. Die erhaltenen Resultate sind in Tabelle 14,1 zusammengestellt.

Hiernach würde eine Wasserstoffwirtschaft, unbeschadet ihrer Umweltfreundlichkeit, zu ihrem Aufbau mehr Energie verbrauchen als die anderen erwähnten Wirtschaften; es wäre indessen nicht der Fall, wenn die Wirtschaft auf eine unerschöpfliche Quelle gegründet werden sollte, wie die Sonnenenergie oder – denkbar – der Kernfusion. Aber auch bei diesen unerschöpflichen Energiequellen muß man achtgeben, daß die Einführung des Wasserstoffs einem nicht entgleitet wegen seines zu hohen Anteiles an mineralischen Rohstoffen, die alle nur begrenzt vorrätig sind.

Tabelle 14.1. Energieansprüche von 4 Systemen, von denen 2 H_2-Wirtschaften sind(14-1)

Systeme	Kundenanford. 1970 Elektr. E/T	Synth. Gas F/T	Wasserstoff H/T	Produktionsverhältnisse R_{Kohle} E	R_{Kohle} F	R_{Kohle} H	R_{nukl} E	R_{nukl} H	Totale R-Anforderungen R/T
I. Kohle H_2	7,98		40,6	3,9		3,92			183,7
I^x Kohle-Synth. Gas	7,98	40,6		2,92					84,9
II Nuklear -H_2	7,98		40,6				3,56	4,52	211,8
II^x Nuklear All-Elektr.	38,30						3,96		151,5

Alle obigen Zahlen x 10^{15} Btu/Jahr. Btu Reserve/Btu von E, F oder H x 10^{15} Btu/Jahr. 1 Btu (British thermal unit) = 2,931 · 10^{-4} $kW_{th}h$. – Die gegenwärtige (1970) Energiewirtschaft erfordert 64,6 · 10^{15} Btu/Jahr = 1,895 · 10^{13} $kW_{th}h$/Jahr aus verschiedenen Primärenergiequellen.

Einwirkungen auf die Umwelt

Die zusätzlichen Rohstoffkosten, die bei der Benutzung von Wasserstoff zusammen mit Kohle und Kernspaltung entstehen würden, könnten denkbarerweise durch den umweltfreundlichen Vorteil ausgeglichen werden, daß dabei nur Wasser aus Wasser rückgebildet wird. Eine einfache Gleichung, die man für die Betrachtung der Umwelteffekte von Wasserstoff benutzen kann, stammt von Commoner(14-2):

$$\frac{D}{T} = P \times \frac{H}{PT} \times \frac{D}{H}, \qquad (14.2)$$

worin P wieder die Population, H die verbrauchte Wasserstoffmenge in Btu oder $kW_{th}h$ und D den Umweltschaden in US-Dollar bedeuten. Die beiden ersten Faktoren haben wir bereits diskutiert; der dritte Faktor, D/H, bedeutet die Menge von Umweltschäden, die durch die produzierte Mengeneinheit von Wasserstoff verursacht wird. Sein Zahlenwert hängt vom jeweiligen technologischen Prozeß ab und ist z. B. für H_2 aus Kohle größer, als wenn der H_2 aus Solarenergie erzeugt wird.

Plass überlegt Alternativen für die Benutzung von Kohle als Primärenergie, zieht aber gleichzeitig die Verwüstung von Land durch Schrämbergbau in Betracht. Auch Anlagen für synthetischen Treibstoff, Uranbergwerke, Sonnenfarmen usw. werden behandelt. Um nun einen Schluß über die relativen Umweltschädigungen ziehen zu können, benutzt Plass eine von Brubaker(14-3) angeregte Klassifizierung dieser Umweltschäden. Es handelt sich dabei um eine Umwelt-Matrix, die die Umweltprobleme, die verursachenden Faktoren, die Art der Umweltschädigung, den Schwellwert des Problems, die betroffene Flächengröße und andere damit verknüpfte Parameter klassifiziert.

Die Situation des H_2 ist umweltmäßig vorteilhafter als die jedes anderen Mediums. Wenn man indessen Kohle in Wasserstoff konvertiert, benötigt man mehr Kohle für die Volkswirtschaft, falls H_2 als universelles Medium eingesetzt wird und muß entsprechende Korrekturen berücksichtigen. Ein konkretes Resultat ist, daß eine auf Sonnenenergie gegründete H_2-Wirtschaft nur ungefähr 40 % der Umweltverschmutzung eines auf Kernspaltungsreaktoren beruhenden H_2-Systems verursacht. Wenn die Umweltschädigung als alleiniges Kriterium gewählt wird, dann ergibt sich die solar-elektrische Alternative als die beste. Die Endergebnisse sind in Tabelle 14,2 nach Plass zusammengestellt.

Tabelle 14,2. Vergleiche zwischen verschiedenen Umweltschädigungen(14-1)

System		Umweltschaden Index Stand von 1970	Verhältnis des Umweltschadens zu dem des gegenwärtigen Systems
I	Kohle-H_2	670	1,64
I^x	Kohle-Synth. Gas	554	1,36
II	Nuklear-H_2	483	1,18
II^x	Nuklear-elektr.	461	1,13
III	Solar-H_2	259	0,63
III^x	Solar-elektr.	173	0,42
Gegenwärt. gemischtes System		408	1,00

Dabei treten die Vorteile des Solarsystems gut zutage und die des Solar-Wasserstoffsystems sogar hervorragend, besonders wenn es mit Windkraft benutzt wird. Windkraftwerke auf schwimmenden Meeresflössen (vgl. Fig. 1,10) würden wahrscheinlich einen noch besseren Index erreichen als die solarelektrische Wirtschaft.

Allgemeine Diskussion

Wenn man die Auswirkungen einer H_2-Wirtschaft auf ihre Umgebung betrachtet, muß man außer deren Ansprüchen an die Rohstoffvorräte auch ihre Immissionen in die umgebende Atmosphäre untersuchen, von denen es glücklicherweise nur zwei gibt, nämlich Stickoxyd (NO) und Wasser. Eine Reaktion zwischen dem Stickstoff und Sauerstoff der Luft beginnt erst bei Temperaturen weit über 1 000°, so daß man sie z. B. bei Raumheizung mit H_2 völlig vermeiden kann, wenn man diesen nicht in der Flamme verbrennen läßt, sondern die Oxydation an einem Katalysatorbett bei etwa 100° vor sich gehen läßt (Kapitel 12). Wünscht man die Energie der H_2-Oxydation nicht als Wärme, sondern als hochwertige Energie wie Elektrizität, so vermeidet das erforderliche Brennstoffelement (vgl. Kapitel 11) wegen seiner niedrigen Betriebstemperatur ebenfalls die Bildung von Stickstoffoxyden.

Auch die Entstehung von H_2O als Oxydationsprodukt des H_2 bedarf einiger Worte: Tabelle 14,3 zeigt den relativen Anteil seiner Entstehung. Diese ist grundsätzlich nicht als Schwierigkeit, sondern als Vorteil zu betrachten, weil es kondensiert und gesammelt frei von Beimengungen ist und bei der gegenwärtig zunehmenden Verunreinigung der natürlichen Gewässer für Trink- und Kochzwecke eine aktuelle Bedarfslücke auszufüllen bestimmt ist.

Betreibt man Wärmekraftmaschinen mit H_2 als Treibstoff, so findet man in deren Abgas die in Tabelle 14,4 verzeichneten Peroxydmengen; diese Verunreinigung von nur 0,02 % in kondensiertem H_2O_2 ist wahrscheinlich belanglos, weil es in gewöhnlichen Gefäßen und in Gegenwart von Licht schnell wieder zerfällt.

Zu diesen materiellen Vorteilen einer universellen H_2-Wirtschaft tritt noch ein ästhetischer, nämlich der durch Übergang zu unterirdischen H_2-Rohrleitungen ermöglichte Verzicht auf Hochspannungsleitungen, die trotz ihrer an sich nicht unschönen Konstruktion die Freunde unberührter Landschaften erzürnen. Daß die anscheinend so naheliegende Vermeidung der hohen Gittermasten durch Übergang zu unterirdischen Kabeln an den vielfach höheren Investitionskosten scheitert, hatten wir schon in Kapitel 7 gelernt.

Tabelle 14.3. Konzentration von H_2O im Abgas einer mit verschiedenen Energieträgern betriebenen Wärmekraftmaschine (14-5)

Energieträger	g $H_2O_2/kW_{th}h$
Benzin (C_8H_{18})	145
Methan (CH_4)	206
Wasserstoff (H_2)	340

Tabelle 14,4. Konzentration von H_2O_2 im Abgas einer mit H_2-betriebenen Wärmekraftmaschine(14-5)

Test-Nr.	(in ppm) H_2O_2 im Abgas
1	230
2	220
3	220

Zusammenfassung über die Umwelteinflüsse einer H_2-Wirtschaft

Hinsichtlich der Verunreinigung von Wasser und Luft ist H_2 ein durchweg idealer Energieträger, und seine allgemeine Einführung würde es erst gar nicht zu einer Entstehung von unerwünschten Immissionen kommen lassen. Auch im Verbrauch von Rohstoffvorräten ist eine Wasserstoffwirtschaft vorteilhaft, solange sie sich auf Sonnenenergie stützt; nur eine solar-elektrochemische Wirtschaft würde ihr im Rohstoffbedarf noch überlegen sein. Weniger günstig wäre eine auf Kohle basierende H_2-Wirtschaft, über deren zusätzliche Immissionen bereits in Tabelle 14,2 quantitative Angaben gemacht wurden.

Anmerkungen zu Kapitel 1–14

Anmerkungen zu Kapitel 1

S. 13 – 42

1-1 A. Buch, Energie 29, 1977, Nr. 7, S. 198-204

1-2 W. D. Gutschmidt: Die Bevölkerungsverteilung an Standorten kerntechnischer Anlagen in der BRD. Inst. f. Reaktorsicherheit der TÜV, Köln 1975, IRS-W-17

1-3 Physikalisch-Techn. Bundesanstalt, in: Kernenergie und Umwelt, 1978, Nr. 3, S. I-III

1-4 C. D. Keeling, R. B. Bacastow, A. E. Bainbridge, C. A. Ekdahl Jr., P. R. Guenther, L. S. Waterman, J. F. S. Chin: Atmospheric Carbon Dioxide Variations. Hawaii, Tellus 28, 1976, Nr. 6, S. 538-551

1-5 G. M. Woodwell, Sci. Amer. 238, 1978, Nr. 1, S. 34-44

1-6 G. Plass, Tellus 8, 1956, S. 140

1-7 J. O'M. Bockris, briefl. Mitteilung an E. Justi vom 22. 6. 1978

1-8 J. O'M. Bockris u. R. P. Hammond, in: The Electrochemistry of Cleaner Environments. New York 1972

1-9 E. Broda: The Evolution of the Bioenergetic Processes, New York u. Braunschweig 1975, S. 167-168

1-10 G. M. Woodwell, a. a. O.

1-11 D. P. Gregory u. M.: A Hydrogen Energy System, Am. Gas Assoc., Chicago 1972

1-12 E. Justi, 1. Sonnenforum Hamburg 1977, Publ. Bd. 2, DGS Verlag, München 1977, S. 517-549

1-13 E. Justi u. A. Winsel: Kalte Verbrennung-Fuel Cells, Wiesbaden 1962

1-14 E. Justi: Leitungsmechanismus und Energieumwandlung in Festkörpern, Göttingen 1965, S. 450-455

1-15 W. Gries, Blick in die Wirtschaft v. 2. 3. 1978, Entgegnung vom 30. 3. 1978

1-16 E. Justi, a. a. O., Göttingen 1965

1-17 H. G. Peine, Die BASF, 1977, Nr. II, S. 41-45

1-18 A. Derichsweiler, Eröffnungsansprache des 2. Internat. Sonnenforums Hamburg/XVII Recontre International de la COMPLES, Publ. Bd. 1, DGS Verlag, München 1978, S. XXI

1-19 E. Justi, 1. Sonnenforum, Hamburg 1977, a. a. O.

1-20 P. Brennecke, H. Ewe, E. Justi, ibidem, S. 397-408

1-21 E. Justi, Sonnenenergie – die dritte Energiemacht?, Akad. d. Wiss. u. d. Literatur, Mainz 1949-1974, Wiesbaden 1974, S. 41-53

1-22 A. Buch, in: Stand und Aussichten der Nutzung der Sonnenenergie. Sitz.-Ber. u. Mitt. d. Braunschw. Wiss. Ges., Sonderheft 1, Göttingen 1976, S. 88

Anmerkungen zu Kapitel 2

S. 43 – 57

2-1 D. H. Meadows, D. L. Meadows, J. Randers u. W. W. Behrens: The Limits of Growth, Potomac Assoc., Universe Book, New York 1972

2-2 G. N. Plass, in: The Electrochemistry of Cleaner Environments, Hrs. v. J. O. 'M. Bockris, Plenum Press, New York 1972

2-3 M. A. Elliot u. N. C. Turner, pres. at the Am. Chem. Soc. Meeting, Boston, Mass., April 1972

2-4 J. Boyle, Nature 245 (1973), S. 172
E. Pestel u. Mihailo Mesarovič: Menschheit am Wendepunkt, 2. Bericht an den Club of Rome, Stuttgart 1974
E. Pestel: Menschheit vor neuen Imperativen, Abhdlg. d. Braunschweig. Wiss. Ges. XXVI (1976), S. 107-117, Göttingen 1976

2-5 D. H. Meadows u. D. L. Meadows, Nature 247 (1974) S. 97

2-6 A. Buch, Energie 20 (1977) S. 198-204, Nr. 7

2-7 E. Justi, 2. Internat. Sonnenforum Hamburg 1978, Proc. Bd. 1, S. 397-408

2-8 E. Justi: Die Energie- und Rohstoffquellen der Zukunft in: Wie leben wir morgen? Hrsg. J. Schlemmer Stuttgart 1957, (Quantitative Vorhersage der Erschöpfung von Brennstoffen und Rohstoffen, Konsequenzen für die künftige Energieversorgung, Ausnutzung der Sonnenenergie durch Solarzellen, Thermoelemente, Solarkollektoren, Energieersparnis durch Wärmepumpen, H_2-Brennstoffelemente)

2-9 A. Buch: Kohle – Grundstoff der Energie, München 1979

2-10 G. M. Woodwell, Sci. Amer. 238 (1978), S. 34-44, Nr. 1

2-11 W. Wawkins, Lockheed-California, Pressemitt. „ddp" v. 7. 11. 1977

2-12 N. V. Weyss: Wasserstoff-Informationen zum Wasserstoff-Konzept (Hydrogen Economy). Energie 26 (1974) Nr. 1 u. 2 (Vollständigste historische Darstellung)

2-13 J. Verne: L'ile mysterieuse. Paris 1874

2-14 R. A. Erren u. W. A. Hastings-Campbell, J. Inst. of Fuel, VI (1933), S. 277; Chem. Trade J. 92 (1933), S. 239

2-15 R. O. King, W. A. Wallace u. B. Mahapatra, Can. J. Res. 26F (1948), S. 264

2-16 I. I. Sikorski, Steinmetz Lecture on Aviation (1938)

2-17 L. Lessing, Fortune, Mai 1961, S. 152 (Nobelpreisträger Melvin Calvins Chlorophyll-Halbleiterzelle)

2-18 F. Lawaczek: Elektrowirtschaft, München (1936), 136 S.; dazu Ref. v. Dittes in E. u. M. 55 (1937), S. 356, Nr. 29; „Technik u. Wirtschaft im 3. Reich", München 1932

2-19 H. Niederreither, DRP 648 941 (1932) Elektrochemische Zelle für H_2-Speicherung, 94 S.

2-20 J. S. Just, Gas and Oil Power, Ann. Techn. Rev. (1944), S. 326

E. Justi, Naturwiss. 48 (1960), S. 289; ibid. 49 (1961), S. 537; Jahrb. d. Akad. d. Wiss. u. d. Lit. (Mainz) (1955), S. 200 u. 250

2-21 W. Nernst, Z. f. Elektrotechn. u. Elektrochem. (1894), S. 639; Ber. 1. Deutsch. Elektrochem. Ges. S. 29, Halle 1894, Verl. Knapp; auch bei Lorenz, Z. f. Elektrotechn. 4 (1897), S. 305

2-22 W. Ostwald, Z. f. Elektrochem. 1 (1894), S. 122

2-23 E. Baur u. E. Ehrenberg, Z. f. Elektrochem. 18 (1912), S. 1002; 44 (1938), S. 695

2-24 F. T. Bacon, BEAMA Journ. (Jan. 1954), S. 2; World Sci. Rev. (April 1959), S. 21; USA-Pat. 2, 716, 670 (1955); in: Fuel Cells Hrsg. G. J. Young, New York 1960, S. 51

2-25 O. Lindström, ASEA-Journ. 37 (1964) Nr. 1

2-26 E. Justi: Leitungsmechanismus und Energieumwandlung in Festkörpern (insb. S. 450-455 erstmals quantitative Durchrechnung und Blockschema der Solar-Wasserstoff-Wirtschaft) Göttingen 1965, vgl. Fig. 2,3
E. Justi u. A. Winsel: Kalte Verbrennung – Fuel Cells, Wiesbaden 1962

2-27 J. O'M. Bockris, Mem. to Westinghouse Co. (C. Zener), (1962); Chem. & Engng. News, Okt. (1972)

2-28 D. P. Gregory u. M.: A Hydrogen Energy System, Amer. Gas Assoc. Chicago (1972)

2-29 J. O'M. Bockris u. Triner, Chem. & Engng. News (Okt. 1972)

2-30 J. O. 'M. Bockris, Environment 13 (Dez. 1971), S. 51

2-31 G. Grüneberg, M. Jung u. H. Spengler, DECHEMA-Monographien 33 (1959), S. 579

2-32 E. Justi u. A. Winsel, Physikal. Blätter 29 (1973), S. 20-33, 71-79, Nr. 1/2

2-33 G. de Beni u. C. Marchetti: Wasserstoff-Energieträger der Zukunft. Euro Spectra 2 (1970), S. 46-50, Nr. 2

2-34 R. Schulten: Synthetisches Erdgas ermöglicht die Fernübertragung nuklearer Energie. Die Umschau 73 (1973), Nr. 2 („Adam und Eva")

2-35 B. Eastlund u. W. C. Gough: Generation of Hydrogen by U. V. Light Produced by the Fusion Torch. 163. National Meeting of the Am. Chem. Soc. Boston (1972)

Anmerkungen zu Kapitel 3

S. 59 – 89

3-1 J. O'M. Bockris: On Methods of the Large Scale Production of Hydrogen from Water, pres. at the Hydrogen Economy Miami Energy Conf. („THEME"), März 1974

3-2 T. A. Hendricks: Sources of Oil, Gas and Natural Gas Liquids in the USA and the World. Geolog. Survey Circ. 522, Washington (1965); „Energy facts" Library of Congress, Serial H, Nov. 1973; U.S. Energy Ressources, Comm. of Interior Affairs, U.S. Senate, Ser. No. 93-40, (92-75), 1874

3-3 M. A. Elliott u. N. C. Turner, pres. at the ACS-Meet. Boston, Mass., April 1972;
M. A. Elliott u. C. G. von Friedensdorf, Natural Gas of North America, Memo. No. 9, 2171, 2, 1968;
M. A. Elliott, Proc. Am. Power Conf. 24 (1962), S. 541

3-4 J. G. Winger, J. D. Emerson, G. D. Gunning, R. C. Sparling u. A. J. Zraly: Outlock for Energy in the U.S. to 1985, Energy Economics Div., Chase Manhattan Bank, 1972

3-5 P. Gläser: The Case for Solar Energy, pres. at the Conf. on Energy and Humanity, Queen Mary College, London 1972

3-6 K. M. Hubbert: Energy Resources for Power Production, Internat. Atomic Energy Agency, S. 13-43, Wien 1971

3-7 Bulletin, S. 23, 16. März 1974

3-8 M. K. Hubbert: Energy Resources, in: Resources and Men, Nat. Acad. Sci.-Nat. Res. Council, Freeman, San Francisco (1969) S. 157-242; Degree of Advancement of Petroleum in the USA, Am. Ass. of Petroleum Geologists Bull., Bd. 51 (1957), S. 2207-2227

3-9 A. Buch: Die Energiewirtschaft der Welt in ihrer künftigen Entwicklung, Energie 7 (1965) Nr. 9

3-10 A. Buch: Energie – ein Grundpfeiler des Lebens. Schriftenreihe der Ges. zum Studium strukturpolitischer Fragen, Nr. 18, Bonn 1976

3-11 „Das Wasserkraftwerk an der Hudson Bay soll fast 50 Milliarden DM kosten", F. A. Z.-Blick durch die Wirtschaft v. 23. 11. 1977

3-12 T. J. Gray u. O. K. Gashus: Tidal Power, New York 1971

3-13 A. L. Hammond, W. D. Metz u. T. H. Maugh II: Energy and Future, Am. Assoc. for the Advanc. of Science, Washington 1973

3-14 H. Rau: Geothermische Energie. Weltweite Nutzung der Erdwärme, München 1978

3-15 Energie vom Wind, Proc. DGS-Tagung in Bremen, Juni 1977

3-16 E. Justi: Probleme und Wege der zukünftigen Energieversorgung der Menschheit. Jahrb. d. Akad. d. Wiss. u. d. Literatur (Mainz) 1955, Wiesbaden 1955

3-17 D. H. Meadows, D. L. Meadows, J. Randers u. W. W. Behrens III: The Limits to Growth. Washington 1972

3-18 M. K. Hubbert: a. a. O.

3-19 M. A. Elliott u. N. C. Turner: a. a. O.

3-20 P. Kramer: Proc. 1. Internat. Sonnenforum Hamburg (1977), Bd. 2, S. 581-590; (1978)

3-21 M. H. Brennan: Energy and Fuels over the Next 50 Years, pres. at the Austral. Nat. Univ. (February 1972) in: Physics and the Energy Industry, Flinders University, S. 1-14 (1974)

3-22 C. Starr, Sci. Amer., September (1971)

3-23 R. H. Linden: World Congress on Gas, Chicago (1973), Paper 1.2.28, „Energy Self Sufficiency", Inst. of Gas Technology 10/8/74

3-24 O. Hahn u. F. Strassmann, Naturwiss. 27 (1939), S. 11

3-25 K. Tsiolkovsky: Free Space, 1883, zuerst publ. durch K. E. Tsiolkovsky, Moskau, Molodaya Gvardiya (1940), S. 45

3-26 W. Schottky u. B. Lange, Z. f. Phys. 43 (1930), S. 139 u. 913

3-27 D. M. Chapin, C. S. Fuller u. G. L. Pearson, J. Appl. Phys. 25 (1954), S. 676

3-28 G. Friborg: Forskning och framsteg, Stockholm (1963)

3-29 C. N. Watson-Munro: World Energy Resources for the Next Century, University of Sidney (1974)

3-30 Werner Müller u. B. Stoy: Entkoppelung – Wirtschaftswachstum ohne mehr Energie. Stuttgart 1978

F. A. Kuypers, Dissertation, Philips Res. Lab., Waalre, Eindhoven (1973)
B. E. Eakin, Paper Pres. at the A.G.A. Oper. Section Conf. (1960)

3-31 Langfristige Nutzung der Kernenergie. Ergebnisse einer neuen OECD-Studie. In: Blick durch die Wirtschaft Nr. 130 vom 23. Juni 1978

3-32 Report of the Nuclear Energy Policy Study Group. Nuclear Power Issues and Choices, Hrsg. v. Sp. M. Keeny et al. Spons. by the Ford Found., Cambridge Mass. 1978, Bullinger Publ. Co. - Deutsche Ausgabe: Das Veto, Frankfurt/M. 1978

3-33 K. Rudzinski: Ist der schnelle Brüter wirklich nötig?, FAZ-Beilage Techn. u. Wiss., Nr. 272 v. 23. Nov. 1977

3-34 K. L. Ulbricht: Wenn ein Atomreaktor ausgedient hat. Die Fachleute proben in Deutschland die Demontage stillgelegter Kernkraftwerke. FAZ v. 16. August 1978, S. 7/8

3-35 Kernkraft bleibt billiger, Blick d. d. Wirtschaft, Nr. 31, 1978

3-36 Report of the Nuclear Energy Policy Study Group, a. a. O.

3-37 M. Kersten: Podiumsdiskussion über Kernenergie am 20. Jan. 1978 in der KFA Jülich. Vervielfältigte Aktennotiz

3-38 H. Michaelis: Die Politisierung der Kernenergie, FAZ-Wirtschaftsbeilage Nr. 185, S. 11, v. 26. August 1978

3-39 Proc. 2nd Internat. Sol. Energy Forum Hamburg 1978, 3. Bde. Verlag DGS München 1978

3-40 J. D. Lawson, Proc. Phys. Soc. London B 70 (1957), S. 6

3-41 R. F. Post: Physics Today 26 (1973), S. 30

3-42 B. Badger et al., UWMAK III Rep. UWFDM-150 (1975), University of Wisconsin, Madison
J. W. Davis u. G. L. Kulcinsky, Nucl. Fusion, Plasma Phys. Contr. Nucl. Fus. 2 (1976), S. 355

3-43 R. Behrisch u. B. B. Kadomtsev: Plasma Phys. Contr. Nucl. Fus. 2 (1974) S. 229

3-44 R. W. Conn et al., SOLASE, Rep. UWFDM-220 (1977) Univ. of Wisconsin, Madison. Proc. of the 7th Intern. Conf. Plasma Phys. Contr. Nucl. Fusion, Innsbruck (1978), IAEA-Wien

3-45 R. Bünde, W. Denner, W. Hofer, M. Hüls, R. Pöhlchen. M. Soell, E. Taglauer u. H. Weichselgartner, Brennstoff-Wärme-Kraft 26 (1974), S. 467

3-46 W. Häfele, J. P. Holdren, G. Kessler u. G. L. Kulcinsky, Int. Inst. App. System Analysis, Wien, IIASA Report R-77-8 (1978)

Anmerkungen zu Kapitel 4

S. 91 – 132

4-1 E. Justi: Leitungsmechanismus und Energieumwandlung in Festkörpern. Göttingen 1965

4-2 F. v. Sturm: Elektrochemische Stromerzeugung. Weinheim 1969

4-3 H. Bode: Lead Acid Batteries. The Electrochem. Soc. Series. New York 1977

4-4 K. Bammert: Sonnenenergie-Kraftwerke mit Gasturbinen Abhdlg. d. Braunschweig. Wiss. Ges. XXVIII (1977), S. 12

4-5 Wi. Ostwald, Zs. f. Elektrochem. 1 (1894), S. 122

4-6 E. Justi u. A. Winsel: Kalte Verbrennung-Fuel Cells. Wiesbaden 1962

4-7 E. Justi, Jahrb. d. Akad. d. Wiss. u. d. Lit. (Mainz) (1955) S. 200

4-8 K.-J. Euler: Entwicklung der elektrochemischen Brennstoffzellen. München 1974

4-9 Energie vom Wind. Proc. der DGS-Tagung in Bremen (1977), DGS-Verlag München. Insb. U. Hütter, S. 1-16; M. Meliß, S. 47-70; H. Dörner, S. 81-91; H. Selzer u. C. Cohrt, S. 111-124; U. Bossel, S. 275-304

P. Kramer: Der Wind als mögliche Energiequelle in der zukünftigen Wasserstofftechnologie, Proc. 1. Deutsch. Sonnenforum Hamburg 1977, Bd. 2, S. 581; (1978), Bd. 2, S. 178

4-10 BMFT / AGF /ASA Energiequellen für morgen? Programmstudie des BMFT. Teil III Windnutzung. Alle Teile im Umschau-Verlag, Frankfurt 1976

4-11 W. G. Adams u. R. E. Day, Proc. Roy. Soc. A 25 (1877) S. 113

4-12 W. Schottky, Z. f. Phys. 31 (1930) S. 913; B. Lange ibd. S. 139

4-13 D. M. Chapin, C. S. Fuller u. G. L. Pearson, J. Appl. Phys. 25 (1954), S. 676

4-14 H. D. Hecht, E. Justi u. G. Schneider: Schottky Type Si-Cr-Solar Cells, Rev. Internat. d'Héliotechn. (1974), S. 38

4-15 S. Claesson u. L. Engström: Solar Energy, National Swedish Board for Energy Source Development, Stockholm 1977

4-16 E. Rabinowitch u. Govindjee: Photosynthesis. New York 1969

4-17 A. Mitsui, S. Miyachi, A. San Pietro u. S. Tamura (Hrsg.): Biological Solar Energy Conversion. New York 1977

4-18 C. B. van Niel: The Present Status of the Comparative Study of Photosynthesis, Ann. Rev. Plant Physiol. 13 (1962), S. 1

4-19 J. A. Bassham u. M. Calvin: The Path of Carbon in Photosynthesis, Prentice-Hall, Englewood Cliffs 1957

4-20 E. Broda: The Evolution of the Bioenergetic Processes, Oxford 1975 und 1978

4-21 H. T. Witt: Biophysikalische Primärvorgänge in der Photosynthesemembran, Naturwiss. 63 (1976) S. 23

4-22 M. Calvin: Photosynthesis as a Source for Energy and Materials. Photochemistry and Photobiology, 23 (1976), S. 425

4-23 D. Hoffmann, R. Thauer u. A. Trebst: Photosynthetic Hydrogen Evolution by Spinach Chloroplasts Coupled to a Clostridium Hydrogenase. Z. Naturforsch. 32, (1977) S. 257; J. R. Benemann et al.: Energy Production by Microbial Photosynthesis, Nature 268 (1977) S. 19

4-24 E. Broda: Großtechnische Nutzbarmachung der Sonnenenergie durch Photochemie, Naturwiss. Rundschau 28 (1975) S. 365

4-25 H. Kuhn et al.: Manipulation in Molecular Dimensions. Z. Physik. Chem. N. F. 101 (1976), S. 337

4-26 D. Möbius. Ber. Bunsenges. f. Physik. Chem. 82 (1978), S. 848

4-27 H. Kuhn, D. Möbius u. H. Bücher in: Physical Methods of Chemistry Vol. 1, Pt. 3B, ed. Weissberger u. B. W. Rossiter, New York 1972

4-28 H. Kuhn in: McGraw-Hill Yearbook of Science and Technology 1977, New York, p. 69

Anmerkungen zu Kapitel 5

S. 133 – 172

5-1 E. Justi, Jahrb. d. Akad. d. Wiss. u. d. Lit., Mainz 1955, S. 200, Wiesbaden 1955

5-2 E. Justi, Sitz. Ber. d. Braunschweig. Wiss. Ges., Sonderheft 1, Beiträge z. Energiewirtschaft. S. 63. Göttingen 1976

5-3 Rep. no. 17 of the Austral. Acad. of Sci. on Solar Energy Res. in Australia. Sept. 1973, S. 22

5-4 E. Justi, in: Heizen mit Sonne 1, Proc. d. Wiss. Tagung der DGS in Göttingen, Februar 1976, S. 1

5-5 NASA Rep. no. M-TU -79-3 (1974)
H. Krinninger, in: Heizen mit Sonne 1, Proc. Wiss. Tag. d. DGS Stuttgart 1977, S. 109

5-6 J. P. Ratschow in: Heizen m. Sonne 1, Proc. d. Wiss. Tag. der DGS in Göttingen, Febr. 1976, S. 73

5-7 P. Valko, in: Grundlagen d. Solartechnik I, Proc. d. Wiss. Tag. d. DGS in Stuttgart, Okt. 1976, S. 1
P. Kesselring, ibid., S. 149

5-8 E. Justi, in: Akademie d. Wiss. u. d. Lit. Mainz 1949-1974. S. 41, Wiesbaden 1974

5-9 K. Dehne: Solare Strahlungsmessungen im Rahmen der Weltorganisation für Meteorologie (WMO), 1. Deutsch. Sonnenforum Hamburg 1977, S. 15

5-10 N. Robinson, Proc. World Symp. on Appl. Sol. En., Phoenix, Arizona 1955, S. 58

5-11 Forsch. u. Entwickl. Lab. Prof. Kleinwächter, Lörrach, Firmen-Druckschrift 1979

5-12 H. C. Hottel, Proc. World Symp. on Appl. Sol. En., Phoenix Arizona, 1955, S. 103

5-13 J. A. Duffie u. W. A. Beckman: Sonnenenergie: Thermische Prozesse (Die international maßgebl. Monographie in deutscher Übersetzung) München 1976

5-14 Heizen mit Sonne III – Speicherung. DGS + SSES-Tag. Freiburg i. B. Nov. 1977

5-15 E. Justi, Proc. 2. Internat. Sonnenforum Hamburg 1978, 1. S. 397

5-16 R. Hilson u. E. K. Rideal, Proc. Roy. Soc. 199A (1949), S. 295

5-17 J. O'M. Bockris: Modern Aspects of Electrochemistry 1, Kap. 4 New York 1954

5-18 H. Kuhn, Mc Graw Hill Yearbook of Sci. and Techn. New York 1977, S. 69

5-19 E. Justi, Nachr. aus Chem. u. Techn. 23 (1975) S. 351, Nr. 16

5-20 R. Bruno, W. Hermann, H. Hörster, R. Kersten u. F. Mahdjuri: Hocheffiziente Kollektoren. Die Nutzung der Sonnenenergie, Statusseminar des BMFT, Stuttgart Sept. 1975

5-21 E. Justi, COMPLES Rev. Internat. d'Heliotechn. (1974), S. 38, Nr. 2

5-22 H. Tabor, Sol. Energy 6 (1962), S. 112 u. 114, Nr. 3; J. A. Duffie, G. O. G. Löf u. Beck, ibid. S. 94

5-23 F. Steinberg, Aluminium 51 (1975) S. 456, Nr. 7

5-24 W. Scherber u. G. Dietrich: Selective Coating for Aluminium and Steel Solar Absorbers. Druckschrift d. Dornier System G.m.b.H., Friedrichshafen a. B. 1978; auch 1. Deutsch. Sonnenforum Hamburg 1977, 2. Kap. 18, S. 363-412

5-25 P. Brennecke u. E. Justi, in: Grundlagen der Solartechnik I, Proc. der DGS-Tagung Stuttgart 1976, S. 75

5-26 G. C. Szego, M. D. Fraser u. J. F. Henry, 2. Internat. Solar Energy Forum Hamburg 1978, S. 1

5-27 Solar Sea Power, Semi- Ann. Rep. Covering Period Nov. 1973-Jan. 1974; Prep. by the Carnegie-Mellon-Univ. NSF Grant Nr. 39114

5-28 J. d'Asonval, Revue Scientifique, 17. Sept. 1881

5-29 G. Claude, Mech. Engng. 52 (1930), S. 1039

5-30 A. Lavi u. C. Zener, IEEE Spectrum, Oktober 1973

5-31 H. Zettler, Beilage „Natur u. Wissenschaft" der Frankf. Allg. Zeitung 21. 12. 1978, S. 25

5-32 P. Kramer, 1. Deutsch. Sonnenforum Hamburg 1977, 2, S. 581

5-33 A. Mitsui, S. Miyachi, A. San Pietro u. S. Tamura (Hrsg.) Biological Solar Energy Conversion, New York 1977

5-34 J. R. Benemann: Hydrogen Production from Water and Sunlight by Photosynthetic Process, Univ. of Cal., San Diego, La Jolla, Kal. 1973

5-35 E. Broda: Großtechnische Nutzbarmachung der Sonnenenergie durch Photochemie, Naturwiss. Rundschau 28 (1975) S. 365

5-36 H. Kuhn, Proc. 2nd Internat. Solar Energy Forum Hamburg 2 (1978), S. 397

5-37 H. Fischer, Laser Optoelectronics Conf. Proc. (1975) S. 1; Festkörperprobleme XVIII (1978), S. 19

5-38 M. Prince u. M. Wolf, J. Brit. IRE 18 (1958), S. 583

5-39 P. Rappaport RCA Rev. 18 (1959), S. 373

5-40 E. Justi, Proc. 2nd Internat. Solar Forum Hamburg 1978, 1

5-41 D. M. Chapin, C. S. Fuller u. G. L. Paerson, J. Appl. Phys. 25 (1954), S. 676

5-42 W. Bloss u. G. Hewig, Bild d. Wiss., Nr. 9 (1976) S. 110

5-43 F. Pfisterer u. W. Bloss, Proc. 2. Internat. Sonnenforum Hamburg Band 1, S. 369

5-44 G. Schneider: Physik. Grundlagen der Solarzellen, 7. Lehrgang für Raumfahrttechnik (Oktober 1968)

5-45 H. D. Hecht, E. Justi u. G. Schneider: Schottky-Type Si-Cr Solar Cells, Rev. Internat. d.'Héliotechn. (1974) 2ème Semestre, S. 38

Anmerkungen zu Kapitel 6

S. 173 – 212

6-1 1979 Photovoltaic Solar Energy Conference, 23-26. April 1979, Kongreßhalle Berlin (West), organized by Commission of the European Communities and the IEEE

6-2 Workshop Proc., Photov. Conv. Of Sol. En. for Terr. App.. Oct. 25-27, 1974, NSF-RA-N 74-073

6-3 Experimentalstudie zur Entwicklungsdefinition von terr. Solargeneratoren. AEG-Telefunken, BMFT-Proj. Nr. 41885 A

6-4 H. Fischer: Silicon Solar Cells from Polycryst. Material. Proc. 1977 Photov. Sol. En. Conf., Luxemburg, Sept. 27-30 (1977)
Solar Cells Based on Nonsingle Cryst. Silicon. Festkörperprobl. XVIII (1978), S. 19

6-5 B. A. Authier, DOS 25 08 83: Neuartige Siliziumkristalle und Verfahren zu ihrer Herstellung. Anm.: Wacker-Chemitronic; U.S. Appl. Ser. no. 652 359
Polycryst. Silicon with Columnar Structure. Festkörperprobleme XVIII (1978), S. 1

6-6 H. J. Hovel: Solar Cells, Vol. XI of Semiconductors and Semimetals, 1975

6-7 H. Fischer u. W. Pschunder: Low Cost Solar Cells Based on a Large Area Unconventional Silicon. Conf. Rec. 12th PVSC Nov. 15-18 (1976), Baton Rouge, LA

6-8 S. I. Soclov u. P. A. Iles: Grain Boundary and Impurity Effects in Low Cost Silicon Solar Cells. Conf. Rec. 11th PVSC, Mai 6-8, (1975), Scottsdale, AZ

6-9 W. Shockley: Electrons and Holes in Semiconductors, New York 1950

6-10 H. Fischer u. W. Pschunder: Impact of Materiel and Junction Properties on Silicon Solar Cell Performance. Conf. Rec. 11th PVSC, May 6-8 (1975)

6-11 T. H. di Stefano u. J. J. Cuomo: Reduction of Grain Boundary Recombination in Polycrystalline Silicon Solar Cells. Appl. Phys. Lett. vol 30, 7 (1977), S. 351

6-12 H. Fischer u. W. Pschunder: Low Cost Solar Cells Based on Large Area Unconventional Silicon, Techn. Ber. Nr. 5/76 der AEG-Telefunken Fachbereich Halbleiter Heilbronn, 10. Dezember 1976

6-13 S. Martinuzzi, A. Mostavan, F. Cabane-Brouty, J. Oualid u. J. Gervais: Properties and Efficiency of Cu_2S-CdS Sprayed Layer Photocells, Proc. 2nd Internat. Sol. Forum Hamburg 1978, Bd. 1, S. 385

6-14 F. Pfisterer u. W. H. Bloss: Cu_2S-CdS Dünnschicht-Solarzellen ibid. S. 369

6-15 L. Partain und M. Sayed: Accelerated Life Test of CdS-Cu_2S Solar Cells NSF Grant Nr. G 134 872, Mai 1973

6-16 J. A. Hedvall: Einführung in die Festkörperchemie. (Sammlung „Die Wissenschaft" Bd. 106), Braunschweig 1952

6-17 F. Shirland, 3rd Conf. on Large Scale Energy Conversion for Terrestrial Use, Delaware, Okt. 1971

6-18 F. Pfisterer, G. H. Hewig u. W. H. Bloss, Conf. Rec. 11th IEEE Photov. Spec. Conf. Scottsdale, 1975, S. 460

6-19 L. R. Shiozawa, F. Augustine, G. A. Sullivan, J. M. Smith u. W. R. Cook, Jr. Clevite Corp. Final Report, Contract AF 33 (615)-5224, 1969

6-20 K. Bogus u. S. Mattes, Conf. Rec. 9th PVSC Silver Spring 1972, S. 106

6-21 V. A. Baum, R. R. Apparase u. B. A. Garf, Solar Energy 1 (1957), S. 6

6-22 A. B. Meinel u. M. P. Meinel: Applied Solar Energy, Addison-Wesley Publ. Co. Philippines, 1977

6-23 R. Köhne, Proc. d. 1. Deutschen Sonnenforums Hamburg 1977, Bd. 2, S. 283

6-24 J. D. Walton, S. H. Bomar, C. T. Brown u. N. E. Poulos, Rev. Internat. d'Heliotechn. (1978), 1er Semestre, S. 29

6-25 W. H. Hofmann u. J. Gretz, Proc. 2. Internat. Solar Forum Hamburg (1978) Bd. 1, S. 185

6-26 J. D. Walton u. J. N. Harris: Developm. of a Ceramic Receiver for a Brayton Cycle Solar Electr. Power Plant, Prepr. COMPLES Conf. Tunis 1977

6-27 G. Francia, Sol. En. 12, no. 1, S. 51, Sept. 1968

6-28, 29 G. Francia: The University of Genova Solar Furnace, presented at the NSF Internat. Seminar on Large Scale Solar Energy Test Facilities, New Mexico State University, Las Cruces, Nov. 18-20, 1974

6-30 G. Francia: The Solar Plant of S. Ilario-Genova-Nervi. La Ricerca 36, Nr. 8, S. 779, Aug. 1966

6-31 G. Francia: A New Collector Solar Radiant Energy, Proc. Un. Nat. Conf. on New Sources of Energy, Rom 1961

6-32 O. Barra, E. P. Caratelli, M. Conti, M. El Sawi u. R. Visentin: Design Problems of the Hydraulic Network in a Linear Collector Power Plant, Proc. 2nd Internat. Solar Forum Hamburg 1978, Bd. 1, S. 195

6-33 F. K. Boese, W. Jansing, S. Kostrzewa, D. Stahl: Solar Central Receiver Power Plant with Sodium Heat Transfer. . ., ibid. S. 209

6-34 K. S. Shishodia: A 5-10 kW Solar Energy Power Plant..., ibid. S. 265

6-35 A. DeGezelle, ibid. S. 151

6-36 M. Perrot u. M. Touchais: L'Energie Solaire et son Avenir Industriel. Rev. Generale de Thermique Sept. 1964

6-37 Priv. Mitt. von A. Buch an E. Justi, Januar 1979

6-38 J. J. Hatzikakidis: From the History of Solar Applications. Archimedes Predecessors and Successors. Sol. Energy vol. 1 (1960) Nr. 2 und 3

6-39 P. E. Gläser, Sol. En. 12 (1969), S. 353

6-40 Hearing before the U.S. Senate, 31. December 1973; Committee of Aeronautical and Space Sciences

6-41 P. E. Gläser, Astronautics and Aeronautics, S. 60, August 1973

6-42 R. Nansen tells AIAA: Space Transportation in Ready Reach Awaiting Impetus from Energy Crisis. By Bill Rice (Buss. Week, Febr. 18, 1976)

6-43 W. C. Brown: Experiments in the Transportation of Energy by Microwave Beams I.E.E.E. Intersoc. Conf. 12, Teil 2 (1964), S. 8

6-44 V. J. Falcone jr., Microwave Power 5 (1970), Nr. 4, S. 269

6-45 W. C. Brown, ibid. vol. 5, Nr. 4, 245, December 1970

6-46 Special Issue on Active and Adaptive Antennae. I.E.E.E. Transactions of Professional Group on Antennae and Propagation. März 1964

6-47 P. E. Gläser: The Potential of Satellite Solar Power, Proc. IEEE, 65 (1977) Nr. 8

6-48 Ders.: Solar Power Satellites-The Promise and the Challenges, Pres. at. Ann. Meet. of the Am. Ass. for the Advanc. of Sci. Macro-Engineering Projects. Washington 1978

Anmerkungen zu Kapitel 7

S. 213 – 240

7-1 R. A. Erren u. W. A. Hastings-Campbell, J. Inst. Fuel, 6, 264 (1933)

7-2 R. O. King, Canad. J. Res. 26 F, 264 (1928)

7-3 E. Justi: Leitungsmechanismus und Energieumwandlung in Festkörpern, Göttingen 1965
R. Witcofski, Amer. Chem. Soc. Symp. of Non-Fossil Fuels, Boston 1972

7-4 E. W. Justi: Umschau in Wiss. u. Techn., Heft 21, 686 (1966); Jahrb. d. Akad. d. Wiss. u. d. Lit. 225 (1966)
J. O'M. Bockris Environment 13, 51 (1971)

7-5 K. A. Ehricke, North Amer. Aerospace Group, Rockwell Internat., Dez. 1973

7-6 R. P. Feynmann, R. B. Leighton & M. Sands: Lectures in Physics., Addison-Wesley 1964
W. F. Gauster, D. C. Freemann & H. M. Long, Proc. World Power Conf. Paper 56, S. 1954 (1964)
P. A. Klaudy Österr. Pat. 256 956 vom 11. 9. (1967)
G. Bogner u. F. Schmidt Naturwiss. 57, 414 (1970); ETZ A 92, 740 (1971)

7-7 G. Aschermann, E. Justi u. J. Kramer Phys. Z. 42, 349 (1942)
H. Bauer, J. Low Temp. Physics 24, 219 (1976

7-8 W. Buckel :Supraleitung, Weinheim 1972, S. 219

7-9 P. Gläser : The Case of Solar Energy, Conf. on Energy and Humanity, Queen Mary Univ. Coll. London; Astronautics and Aeronautics, 60, August 1973

7-10 J. O'M. Bockris: Energy :The Solar Hydrogen Alternative, London 1975, insb. Kap. 8 und 12

7-11 E. W. Justi u. A. W. Winsel, J. Electrochem. Soc. 108, 1073 (1961) Nr. 11; Jahrb. d. Akad. d. Wiss. u. d. Lit. 1966, 225

7-12 D. P. Gregory, assisted by P. J. Andrews, R. J. Dufour, R. H. Elkins, W. J. D. Escher, R. B. Foster, G. M. Long, J. Wurm & G. G. Yie: A Hydrogen Energy System, prep. for the Amer. Gas Assoc. by the Inst. of Gas Technol. Chicago 1972

7-13 E. Justi: Spezifische Wärme, Entropie, Enthalpie und Dissoziation technischer Gase, Berlin 1938

7-14 B. M. F. T. Einsatzmöglichkeiten neuer Energiesysteme, Teil 3, Wasserstoff. Bonn 1975; G. Thissen, VDI-Tagung, Integrierte Energieversorgung, Hamburg 1974

7-15 Chr. Isting u. B. Thier :Erfahrungen beim Wasserstofftransport. Der Lichtbogen 24, 16 (1975) Nr. 176. Hüls, CWH

7-16 E. Justi, Akad. d. Wiss. u. d. Lit. Mainz 1949-1974, S. 41-53, Fig. 2 (1974)

7-17 P. Brennecke, H. Ewe u. E. Justi, 1. Deutsches Sonnenforum Hamburg Bd. 2, 551 (1977)

7-18 R. Kipker, Chem.-Ing.-Techn. 48, 138 (1976), Nr. 2

7-19 R. Kipker, Gas Wärme International 22 (1873) Nr. 6
W. Neuroth, Gas Aktuell 905505 9/7063

7-20 H. Ewe, E. Justi u. K. Stephan, Energy Conversion 13, 109 (1973)

7-21 W. Rummel, SIEMENS-Forschungs- und Entwicklungsberichte 7, 44 (1978)

7-22 W. Schraewer: The Hydrogen Energy Concept, ISPRA Courses, CEC Joint Res. Center Ispra 1975 Nr. 14

7-23 R. Schraewer Gas Aktuell Nr. 7, 13 (1974)

7-24 D. P. Gregory, Sci. Amer. 228, 13 (1973), Nr. 1

Anmerkungen zu Kapitel 8

S. 241 – 266

8-1 E. Justi, in: U. Bossel (Hrsg.), 1. Deutsches Sonnenforum, Tagungsbericht der 5. Tagung der Deutschen Gesellschaft für Sonnenenergie e.V. (DGS), Hamburg 26.-28. 9. 1977, Bd. II, S. 517-549, DGS, München (1977)

8-2 G. Kaske, Chemie-Ingenieur-Technik 48 (1976) Nr. 2, S. 95-99

8-3 H. Hofmann, Chemie-Ingenieur-Technik 48 (1976) Nr. 2, S. 87-91

8-4 I. Barin/O. Knacke : Thermochemical Properties of Inorganic Substances, S. 316, 322, 323, 584, Düsseldorf 1973

8-5 E. A. Chapman, Chemical and Process Engineering 46 (1965) Nr. 8, S. 387-393

8-6 BMFT (Hrsg.), Programmstudie : Auf dem Wege zu neuen Energiesystemen, Teil 3, S. 7-8, Bonn 1975

8-7 H. Vuilleumier/M. Braun, Revue Generale de l'Electricite 85 (1976) Nr. 6, S. 534-536

8-8 Lurgi GmbH, Lurgi Schnellinformation T 1190/3.76, Frankfurt a. M. (1976)

8-9 Davy-Bamag GmbH, Technische Information 6.2, Butzbach (o. J.)

8-10 Lurgi GmbH, Lurgi Schnellinformation T 1073/5.73, Frankfurt a. M. (1973)

8-11 H. Wuellenweber, Revue Generale de l'Electricite 85 (1976) Nr. 6, S. 537-541

8-12 M. S. Casper (Hrsg.): Hydrogen Manufacture by Electrolysis, Thermal Decomposition and Unusual Techniques, S. 177/8, Noyes Data Corporation, Park Ridge 1978

8-13 E. Justi, in: Akademie der Wissenschaften und der Literatur Mainz 1949-1974, S. 41-53, Wiesbaden 1974

8-14 J. Hofmann/J. Gretz, in: A Derichsweiler/H. Krinninger (Hrsg.), Tagungsbericht 2. Internationales Sonnenforum, Hamburg 12.-14. 7. 1978, Bd. I, S. 185-193, Deutsche Gesellschaft für Sonnenenergie e.V., München (1978)

8-15 M. H. Miles, Journal of Electroanalytical Chemistry and Interfacial Electrochemistry 60 (1975) S. 89-96

8-16 P. Brennecke, Dissertation, TU Braunschweig (1978)

8-17 E. Justi/A. Winsel: Kalte Verbrennung-Fuel Cells, Wiesbaden 1962

8-18 R. L. Costa/P. G. Grimes, Chemical Engineering Progress 63 (1967) Nr. 4, S. 56-58

8-19 L. J. Nuttal/A. P. Fickett/W. A. Titterington, in: T. N. Veziroglu (Hrsg.), Hydrogen Energy, Proceedings of The Hydrogen Economy Miami Energy Conference (THEME), Miami Beach 18.-20. 3. 1974, Part A, S. 441-455, New York 1976

8-20 W. Dönitz/R. Schmidberger/E. Steinheil/R. Streicher in: T. N. Veziroglu/W. Seifritz (Hrsg.), Hydrogen Energy System, Proceedings of the 2nd World Hydrogen Energy Conference, Zürich 21.-24. 8. 1978, Vol. 1, S. 403-421, Pergamon Press, Oxford/New York/Toronto/Sydney/Paris/Frankfurt (1978)

8-21 W. Baukal/H. Döbrich/W. Kuhn, Chemie-Ingenieur-Technik 48 (1976) Nr. 2, S. 132-133

8-22 E. Justi/W. Scheibe/A. Winsel, DBP 1 019 361 (1954)

8-23 R. Wendtland, Dissertation, TH Braunschweig (1966)

8-24 R. Wendtland/A. Winsel, DBP 1 496 241 (1965)

8-25 P. Brennecke/H. Ewe/E. Justi, Heißgepreßte poröse Elektrode und Verfahren zu ihrer Herstellung, DPA P 29 03 407.9 vom 30. 1. 1979

8-26 P. Brennecke/H. Ewe/E. Justi in: A. Derichsweiler/H. Krinninger (Hrsg.), Tagungsbericht 2. Internationales Sonnenforum, Hamburg 12.-14. 7. 1978, Bd. II, S. 247-263, Deutsche Gesellschaft für Sonnenenergie e.V., München (1978)

8-27 H. Ewe/E. Justi, VDI-Berichte, Nr. 223, S. 109-117 (1974)

8-28 A. Gann, DLR-Mitteilung 74-39, S. 18 (1974)

8-29 BMFT (Hrsg.), Programmstudie „Auf dem Wege zu neuen Energiesystemen“, Teil 3, S. 45-105, Bonn (1975)

8-30 T. N. Veziroglu/W. Seifritz (Hrsg.), Hydrogen Energy System, Proceedings of the 2nd World Hydrogen Energgy Conference, Zürich 21.-24. 8. 1978, Vol. 2, Pergamon Press, Oxford/New York/Toronto/Sydney/Paris/Frankfurt (1978)

8-31 G. de Beni/C. Marchetti, euro spectra 9 (1970) Nr. 2, S. 46-50

8-32 K. F. Knoche/H. Cremer/G. Steinborn, International Journal of Hydrogen Energy 1 (1976) Nr. 1, S. 23-32

8-33 K. F. Knoche, Chemie-Ingenieur-Technik 49 (1977) Nr. 3, S. 238-242

8-34 D. van Velzen/H. Langenkamp, International Journal of Hydrogen Energy 3 (1978) Nr. 4, S. 419-429

Anmerkungen zu Kapitel 9

S. 267 – 288

9-1 M. Telkes: Storage of Solar Heat, Inst. of. Energy Conversion, 1974

9-2 A. L. Robinson, Science 1984, S. 785 und 884 (1974)

9-3 Philips Research Press Release Nr. 724/1230/108 E (1974); 735/1001/122 E

9-4 J. O'M. Bockris, N. Bonciocat und F. Gutman: An Introduction to Electrochemical Science, London 1974

9-5 Technology of Efficient Energy Utilization, Report of a NATO Science Committee Conference, Les Arcs, France, 8.-12. Oktober 1973

9-6 F. v. Sturm: Elektrochemische Stromerzeugung, Weinheim 1969

9-7 K. G. Pankhurst, Britisch Rail Research, priv. commun., Oktober 1974

9-8 J. O'M. Bockris und A. K. N. Reddy: Modern Electrochemistry, Rosetta Edition, New York 1974

9-9 W. E. Shoupp, Westinghouse Corpor., priv. commun., 8. Oktober 1973

9-10 H. Ewe, E. Justi, W. Rosenberger: Light Weight Negative Cobalt Electrodes for Alkaline Accumulators, World Electrochemical Congress, Moskau, Section 5 B, Paper Nr. 18 (1977)

9-11 R. T. Dann, Machine Design, S. 130 (17. Mai 1973)

9-12 D. W. Rabenhorst, Intersociety Energy Conversion Engineering Conf. Proc., S. 38 (1971)
D. W. Rabenhorst, presented at the 14th Annual Symposium, New Mexico Sections of the American Society of Mechanical Engineers and the American Society for Metals, Univ. of New Mexico, Albuquerque, 28. Februar 1974

9-13 R. Kipker: Neue Druckgasflasche für 300 bar Betriebsüberdruck, Gas aktuell, Heft 9, S. 3, Juni 1975

9-14 BMFT (Hrsg.), Auf dem Wege zu neuen Energiesystemen, Teil III: Wasserstoff und andere nicht fossile Energieträger, Bonn 1975

9-15 N. N., Europas größter Hochdruck-Gasbehälter, Gasverwendung 7/1973

9-16 DIN 3397 und DIN 3396

9-17 H. Just: Vergleich und Wirtschaftlichkeit der verschiedenen modernen Methoden der Gasspeicherung. Erdöl und Kohle-Erdgas-Petrochemie, Aug. 1966

9-18 B. Höfling et al: Speichermöglichkeiten für Gase und Flüssigkeiten im Untergrund, Fortschr. Ber. VDI-Z., Juni 1968

9-19 Jahrbuch für Bergbau, Energie, Mineralöl und Chemie, 1973

9-20 J. H. Kelley et al: Report of the NASA Hydrogen Energy Systems Technology Study, JPL 5040-1, Calif. Inst. Technology, Dez. 1975

9-21 N. N., Neuer Erdgas-Untergrundspeicher in Betrieb, Gaswärme International 10/1973

9-22 BMFT (Hrsg.), Einsatzmöglichkeiten von Energiesystemen III. Wasserstoff, Bonn 1975

9-23 A. B. Walters: Technical and Environmental Aspects of Underground Hydrogen Storage, Proc. 1 st World Hydrogen Energy Conf., Vol. II, 2B - 65, Hrsg. T. N. Veziroglu, Miami 1976

9-24 K. M. Coats: Some Technical and Economic Aspects of Underground Gas Storage, J. of Petroleum Techn., Dez. 1966

9-25 D. P. Gregory, J. Wurm: Production and Distribution of Hydrogen as a Universal Fuel, Proc. 7th Intersoc. Energy Conv. Eng. Conf., 1329, San Diego 1972

9-26 NASA-ASEE Summer study report, A Hydrogen Energy Carrier, Johnson Space Center, 1973

9-27 R. Schraewer: Technology of Hydrogen Liquefaction, Use of Liquid Hydrogen, his Storage and Transport or Transmission, in: The Hydrogen Energy Concept, Ispra Courses 29. 9.-3. 10. 1975, H_2/75 Nr. 14

9-28 C. R. Baker, R. C. Shaner: A Study of Efficiency of Hydrogen Liquefaction, Proc. 1 st World Hydrogen Energy Conf. Vol. II, 2B-17, Hrsg. T. N. Veziroglu, Miami 1976

9-29 C. R. Baker, L. C. Matsch: Production and Distribution of Liquid Hydrogen, Adv. Petr. Chem. Refining, Bd. X., N. Y., Interscience 1965

9-30 C. L. Newton: Hydrogen Production, Liquefaction and Use, Cryogenic News, Aug. 1967

9-31 N. C. Hallet: Study Cost and System Analysis of Liquid Hydrogen Production, Final Report NASA CR 73 226

9-32 F. J. Edeskuty, K. D. Williamsen: Storage and Handling of Cryogenics

9-33 R. Schraewer, W. Daus: Herstellung und Förderung von Wasserstoffmatsch, Forschungsbericht NT 200 des BMWF (1974)

9-34 J. C. Mullins, W. T. Ziegler, B. S. Kirk: The Thermodynamic Properties of Para hydrogen from 1 to 22 K, NBS-Techn. Rep. 1 (1961)

9-35 C. F. Sindt: A Summary of the Characterization Study of Slush Hydrogen, Cryogenics, Oktober 1970

9-36 A. S. Raqual, D. E. Daney: Preparation and Characterization of Slush Hydrogen and Nitrogen Gels, NBS-Techn. Note 378 (1969)

9-37 J. H. N. van Vucht, F. A. Kuijpers, H. C. A. Bruning, Philips Research Reports 25, Nr. 2, S. 133 (1970)
T. B. Flanagan, S. Tanaka: Hydrogen Storage by $LaNi_5$: Fundamentals and Applications, Proc. Symp. Electrode Materials and Processes for Energy Conversion and Storage, Hrsg. v. J. D. McIntyre, S. Srinivasan, F. G. Will, The Electrochem. Soc. Proc. Vol. 77 - 6 (1977)

9-38 K. D. Beccu, H. Lutz, O. d. Pous, Chem.-Ing.-Techn. 48, Nr. 2, S. 161 (1976)

9-39 G. Strickland, J. Milan, W.-S. Yu: The Behaviour of Iron Bitanium Hydride Test Beds: Long-term Effects, Rate Studies and Modeling, Int. J. of Hydro-Energy, S. 309 (1977)

9-40 D. M. Gruen, M. H. Mendelsohn, I. Sheft: Absorption of Hydrogen by the Intermetallics $NdNi_5$ and $LaNi_4Cu$ and a Correlation of Cell Volumes and Desorption Pressures, Proc. Symp. Electrode Materials and Processes for Energy Conversion and Storage, Hrsg. v. J. D. McIntyre, S. Srinivasan, F. G. Will, The Electrochem. Soc. Proc. Bd. 77-6 (1977)
J. J. Reilly, R. H. Wiswall, Jr., Inorgan. Chem. 13, S. 218 (1974)

9-41 J. J. Reilly, J. R. Johnson: Titanium Alloy Hydrides, their Properties and Applications, Proc. 1 st World Hydrogen Energy Conf. Vol. II, ed. T. N. Veziroglu, Miami, März 1976

9-42 M. A. Pick, H. Wenzl: Physical Metallurgy of TiFe-Hydride and its Behaviour in a Hydrogen Storage Container, Int. J. Hydrogen Energy, 1, S. 413 (1976)

9-43 H. H. van Mal: The Activation of a Lanthanium-Nickel-Five Hydrogen Absorbend in: Hydrogen Energy, Part A, 605, Hrsg. T. N. Verziroglu, New York 1975. L. Schlapbach u. M: Int. J. Hydrogen Energy. Vol. 4, 21-28 (1979)

9-44 L. C. Beavis, R. S. Blewer et al.: The Formation and Properties of Rare-Earth and Transition Metal Hydrides, in: Hydrogen Energy, Part A, S. 659, Hrsg. v. T. N. Veziroglu New York 1975

9-45 R. H. Wiswall Jr., J. J. Reilly: Metal Hydrides for Energy Storage, Proc. 7 Int. Soc. Energy Conv. Eng. Conf., S. 1342, San Diego 1972

9-46 C. H. Waide, J. J. Reilly, R. H. Wiswall: The Application of Metall Hydrides to Ground Transport, in: Hydrogen Energy Part B, 779, Hrsg. v. T. N. Verziroglu, New York 1975

9-47 H. Ewe, Electrochem. Acta 17, S. 2267 (1972)

9-48 E. Justi: Method and Apparatus for Storing Gaseous Fuel for the Operation of Fuel Cells, US.-Pat. 3,350,229 (1963)

9-49 E. Justi, DAS 1 265 802 (1968)

9-50 H. Laig-Hörstebrock, H.-J. Schwartz, D. Sprengel, A. Winsel: Entwicklung und Erprobung eines 3,5 kW-Brennstoffzellen-Prototyp-Aggregates, Ergebnisbericht z. Forschungsvorh. WI. B3 - 7221 - EDU - 202 - 68 des BMFT

9-51 D. Sprengel: Inertgasbetrieb von Gasdiffusionselektroden, 3 rd Int. Symp. on Fuel Cells, Brüssel 1969

9-52 K. F. Windgassen, K. H. Zimmer: Energieversorgung von Brennstoffzellen-Anlagen mit Flüssig-Wasserstoff und Flüssig-Sauerstoff, Teilstudie im Ergebnisbericht zum Forschungsvorhaben W.I.B3 - 722 1 - EDU 202 - 68 des BMFT

Anmerkungen zu Kapitel 10

S. 289 – 296

10-1 E. Justi: Spezifische Wärme, Entropie, Enthalpie und Dissoziation technischer Gase und Dämpfe. Berlin 1938

10-2 R. Koppe: Die neue Verordnung für Gashochdruckleitungen aus der Sicht der Chemie, 3R International 16, Nr. 1, 7 (1977)

10-3 NASA Tech. Memo TMX-5-5254

Anmerkungen zu Kapitel 11

S. 297 – 316

11-1 E. W. Justi: Leitungsmechanismus und Energieumwandlung in Festkörpern Kap. X. Göttingen 1964

11-2 A. Buch: Die Bedeutung von Zweistoff-Kreisprozessen für Großkraftwerke, Berichte der K. F. A. Jülich Nr. 1386, Februar 1977

11-3 Proc. Intern. Conf. Hydrogen Energy System, Zürich 1978, Ed. T. N. Veziroglu u. W. Seifritz. 4 Vol.

11-4 E. W. Justi und A. W. Winsel: Kalte Verbrennung – Fuel Cells, Wiesbaden 1962

11-5 Fuel Cells, G. T. Young, Hrsg., New York, Vol. 1 (1960), Vol. 2 (1963)

11-6 Fuel Cells, W. Mitchell Jr., Hrsg., New York (1963)

11-7 W. Vielstich: Brennstoffelemente – Fuel Cells, Weinheim/Bergstr. 1965

11-8 H. A. Liebhafsky und E. J. Cairns: Fuel Cells and Fuel Batteries, New York 1968

11-9 J. O'M. Bockris and S. Srinivasan: Fuel Cells, Their Electrochemistry, New York 1969

11-10 F. v. Sturm: Elektrochemische Stromerzeugung, Weinheim/Bergstr. 1969

11-11 Handbook of Fuel Cell Technology, C. Berger, Hrsg., Prentice-Hall, Englewood Cliffs, New Jersey (1968)

11-12 F. T. Bacon in G. J. Young: Fuel Cells, New York, (1960), S. 51

11-13 F. v. Sturm, H. Nischik, E. Weidlich: Ingenieur Digest 5 (1966)

11-14 From Electrocatalysis to Fuel Cells, G. Sandstede, Hrsg., Battelle Seattle Research Center, Univ. of Washington Press, Seattle (1972)

11-15 K. V. Kordesch in: Modern Aspects of Electrochemistry, Bd. 10, Hrsg. v. O'M. Bockris und B. E. Conway, S. 339-443, New York 1975

11-16 Fuel Cells, a Bibliography, TID-3359, U.S. Energy Research & Dev. Adm. (1977)

11-17 C. J. Crowe, Fuel Cells – A Survey, NASA SP-5115, Washington 1973

11-18 A. Pzhenichnikov, R. Burshtein, D. Lainer, N. Kagan, G. Melikova, F. Sabirov, Pat. UdSSR 147616 (1961)

11-19 H. Ewe, E. Justi, A. Schmitt, Electrochem. Acta 19, 799 (1974)

11-20 K. Mund, G. Richter, F. v. Sturm, Electrochem. Soc. 124, 1 (1977)

11-21 M. Jung, H. v. Döhren, Metalloberfläche 25, Nr. 2, 42 (1971)

11-22 G. Richter, 3 Int. Symp. of Fuel Cells, Brüssel 16.-20. Juni 1969

11-23 K. Höhne, Siemens Forsch. u. Entwickl. Ber. 3, 31 (1974)

11-24 V. S. Bagotskij, D. L. Motov, Dokl. Akad. Nauk SSSR 71, 501 (1950)

11 25 E. Yeager, A. Kozawa: Kinetic factors in fuel cell systems: the oxygen electrode, AGARD, Oxford 1964

11-26 H. R. Schröder, Dissertation, TU Braunschweig (1974)

11-27 W. J. Lueckel, L. G. Eklund, S. H. Law, IEEE Winter Meeting, New York 1972, Paper Nr. T 72 235-5

11-28 C. Martin, Aviation Week & Space Technol., S. 56 (1973)

11-29 H. Binder, G. Sandstede, Chem.-Ing.-Techn. 47, S. 51 (1975)

11-30 H. R. Kunz, J. McIntyre, The Electrochem. Soc. Proc. Vol. 77 - 6, p. 607 (1977)

11-31 W. Vogel, J. Lundquist, P. Ross, P. Stonehart, Electrochim. Acta 20, 79 (1975)

11-32 O. J. Adlhart, Proc. 24th Power Sources Symp. Mai 1970, S. 182

11-33 S. G. Abens, B. S. Baker: Fuel Cell Stacks, Report ERC-73 96-S of Energy Research Corporation, Connecticut 1976

11-34 R. Villers: Energy and the Fuel Cell, United Technologies Corp. Power Systems Division, South Windsor, Connecticut (1976)

11-35 Pratt & Whitney Aircraft, P & W Fuel Cell History, Firmenmitteilung (1973)

11-36 W. J. Lueckel, J. R. Casserly: Fuel Cells for Utility Service, United Technologies Corporation, Power Systems Division, South Windsor, Connecticut, Firmenschrift (April 1976)

Anmerkungen zu Kapitel 12

S. 317 – 333

12-1 E. Justi: Leitungsmechanismus und Energieumwandlung in Festkörpern, Fig. 258, S. 452-455 Göttingen 1965
E. Justi u. M., Kersten Proc. Eight World Petroleum Congress, New Direct Conversion Devices for Energy, Rev. Pap. 12, Fig. 6, S. 197, Moskau 1971
C. Marchetti, Chem. Engng. and Econ. Rev. 5, Nr. 1, 23 (1973)

12-2 G. A. Mills und J. S. Tosh, Pap. Nr. ASME-NAFTC-4, North. Am. Fuel Techn. Conf. Ottawa, Mai, Juni 1970

12-3 L. v. Bogdandy u. H.-J. Engell: Die Reduktion der Eisenerze. 1965
A. M. Squires: Iron and Steel with Hydrogen, City Coll., City Univ. New York, „Direktreduktion von Eisenerz", Düsseldorf 1976, 4. Auflage

12-4 P. Brennecke, H. H. Ewe, E. W. Justi, 1. Deutsches Sonnenforum, Hamburg 1977, S. 551 u. 591

12-5 L. W. Jones, Pap. pres. Cornell Internat. Symp. on Hydrogen Economy, August 1973

12-6 A. S. Mann und C. Marchetti, Pap. pres. THEME Conf. Miami, März 1974

12-7 F. B. Leitz und H. I. Viklund: An Electrochem. Carbon Dioxide Reduction Oxygen Generation System. . ., Phase I, Ionics Incorp., Februar 1967

12-8 F. H. Meller: An Electrochem. Carbon Dioxide. . ., Phase II, Ionics Incorp., April 1968

12-9 M. Steinberg, M. Beller, J. R. Powell: A Survey of Applic. of Fus. Power Technol. to the Chem. and Material Processing Industry, Brookhaven Nat. Lab., New York 1974

12-10 R. L. Savage, L. Blank, T. Cady, K. Cox, R. D. Williams (Hrsg.): A Hydrogen En. Carrier. Bd. 2, Systems Analysis. NASA-ASEE, S. 94 (1973)

12-11 R. L. Savage et al. ibd. S. 95

12-12 A. König, 1. Deutsches Sonnen-Forum, Hamburg 1977, S. 603

12-13 J. P. Altendorf, A. Kalberlah, N. Saridakis: Electric and Hybrid Vehicle Powertrain Development, 4th Internat. Symp. Propulsion Systems, Washington DC 1977

12-14 St. A. Weiner: The Sodium-Sulfur Battery: A Progress Rep., Proc. Symp. En. Storage, Electrochem. Soc., S. 141 (1976)

12-15 H. H. Ewe, E. W. Justi, W. Rosenberger: Light Weight Negative Cobalt Electrodes for Alkaline Accumulators, World Electrotechn. Congress Moskau (1977) Nr. 18

12-16 E. W. Justi, A. W. Winsel: Kalte Verbrennung-Fuel Cells Wiesbaden 1962; Journ. Electrochem. Soc. 108, Nr. 11, 1073-1079 (1961)

12-17 E. W. Justi, Physik. Blätter 29, Nr. 1,20; Nr. 2,71 (1973) (N_2H_4); Umschau (1966) Nr. 21, S. 686 (CH_3OH)

12-18 P. G. P. Ang., H. H. Ewe, E. W. Justi, A. W. Kalberlah En. Conv. 12, 65 (1972) (CH_3OH)

12-19 H. H. Ewe, E. W. Justi, M. Pesditschek, En. Conv. 15, 9 (1975) ($HOCH_2$-CH_2HO)

12-20 H. H. Ewe, E. Justi, K. Stephan, En. Conv. 13, 109 (1973)

12-21 A. Buch in E. W. Justi: Stand und Aussichten der Sonnenenergie, in Sitz. Ber. d. Braunschw. Wiss. Ges. Sonderheft 1, 1976, Tab. 2, S. 88

12-22 R. G. Murray, Pap. pres. at the THEME Conf. Miami 1974

12-23 F. J. Salzano, E. A. Cherniavsk, R. J. Isler und K. C. Hoffmann, ibd.

12-24 A. D. Little Inc., Study of Base-Load Alternatives. . Rep. to the Board of the Trustees Utilities, Juli 1973

12-25 P. A. Lewis und J. Zemkoski, Paper pres. at the IEEE Intercon, 1973

12-26 R. L. Costa und P. G. Grimes, Chem. Engng. Progress Symp. Series 63, 45 (1971)

12-27 H. G. Schlegel in: Fermentation Advances, New York 1969

12-28 H. G. Schlegel und R. M. Lafferty in: Advances in Biochem. Engng. 1, Heidelberg 1971

12-29 W. W. Waterman und D. L. Klass: Biomass as a Long Range Source of Hydrocarbons, Pap. pres. Sympos. Clean Fuels from Biomass and Wastes, Orlando, Flor. 1977

12-30 O. C. Doering III, Future Competitive Demand on Land for Biomass Production ibd.

12-31 H. G. Schlegel: Biokonversion, Nachr. Chem. Techn. 24, Nr. 22, 547 (1976)

12-32 R. C. Corey, Pyrolysis, Hydrogenation and Incineration of Municipal Refuse, Proc. 2nd Mineral Waste Util. Sympos. ITT Res. Inst. Chicago, III. 1973

12-33 G. C. Szego, M. D. Fraser u. J. F. Henry, Proc. 2nd In. Nat. Sol. For. Hamburg 1978, 2, S. 1

12-34 W. E. Winsche, K. C. Hoffmann und F. J. Salzano, Science 180, Nr. 4093, 1325, Juni 1973
H. J. Wernicke: Sauerstoff. Woher, Wohin? Wird die Luft zum Atmen knapp? Gas Aktuell Nr 8, S. 3 (1974)

12-35 R. Kipker, Chem. Ing. Technik 48, 138 (1976) Nr. 2

12-36 E. Hantge: Einfluß der BASF-Kläranlage auf die Beschaffenheit des Rheinwassers, Die BASF Nr. 11, 33 (1976)

12-37 H. Sontheimer: Wasserführung und Schadstoffkonzentration, ibd. S. 26

12-38 H. G. Peine: Umweltschutz-Teil der Unternehmenspolitik der BASF, ibd. S. 40

12-39 L. O. Williams, Astronautics and Aeronautics S. 42, Februar 1972

Anmerkungen zu Kapitel 13

S. 335 – 362

13-1 R. G. Murray, R. J. Schoeppel u. C. L. Gray, paper presented at the 7th Intersociety Energy Conversion Engineering Conference, San Diego, September 1972

13-2 E. H. Hietbrink, J. McBreen, S. M. Selis, S. B. Tricklebank u. Ṙ. R. Witherspoon in: The Electrochemistry of Cleaner Environments, Hrsg. v. J. O'M. Bockris, New York, 1972, S. 47

13-3 Automobile and Air Pollution: A Programme for Progress – Teil II, Subpanel Reports to the Panel on Electrically Powered Vehicles (R. S. Morse, Chairman), U.S. Department of Commerce, December 1967, S. 103

13-4 ibid., S. 101

13-5 E. Hines, M. S. Mashikian u. L. J. van Tuyl, SAE Publication – 690441, Chicago, Mai 1969

13-6 R. J. Schoeppel u. S. Sadiq. paper presented at the Frontiers of Power Technology Conference, Stillwater, Oklahoma, 15-16 Oktober 1970

13-7 R. J. Schoeppel, Chemtechn. S. 476 (August 1972)

13-8 Recorded by R. A. Erren & W. H. Campbell, J. Inst. Fuel, 6, 277 (1933); W. Cecil, Trans. Cambridge Phil. Soc., 1, part 2, ch. 14, S. 217-239

13-9 H. F. Ricardo, Report of the Empire Motor Fuels Committee, Proc. Inst. Automobile Engineers, 18, (1923-24)

13-10 A. F. Burstall, Proc. Inst. Automobile Engineers, 22, 358 (1927)

13-11 R. A. Erren: Method for Driving Internal Combustion Engines. U.S. Patent No. 1.901.709, applied 15th March, 1930

13-12 R. A. Erren & W. H. Campbell, J. Inst. Fuel, 6, 277 (1933)

13-13 R. A. Erren: Internal Combustion Engine Using Hydrogen as a Fuel, U.S. Patent No. 2.183.674, Application 10. September 1936

13-14 R. A. Erren: Method of Charging Internal Combustion Engines, U.S. Patent No. 2.164.234, Application 17. September 1938

13-15 R. O. King et al., The Hydrogen Engine: Combustion Knock and Related Flame Velocity, Trans. E.I.C., Bd. 2, 1958

13-16 R. O. King, W. A. Wallace & B. Mahapatra, Can. J. of Res., 26, Sec. F. 264 (1948)

13-17 R. E. Billings u. F. E. Lynch: History of Hydrogen-Fueled Internal Combustion Engines, Publication Nr. 73001, Utah, 1973

13-18 R. J. Schoeppel, paper presented at the Gas Symposium of the Society of Petroleum Engineers of AIME. Omaha, Nebraska, 21-22 Mai 1970

13-19 R. G. Murray u. R. J. Schoeppel, paper presented at the Intersociety Energy Conversion Engineering Proceedings, Boston, Massachusetts, 3-6 August 1971

13-20 R. J. Schoeppel u. R. G. Murray, paper presented at the Frontiers of Power Technology Conference, Stillwater, Oklahoma, 28-29. Oktober 1968

13-21 Perris Smogless Automobile Association, An Answer to the Air Pollution Problem: The Hydrogen and Oxygen Fueling Systems for Standard Internal Combustion Engines, First Annual Report, Perris, California, 1971

13-22 M. R. Swain u. R. R. Adt, Jr., paper presented at the 7th Intersociety Energy Conversion Engineering Conference, San Diego, California, 25-29. September 1972; paper presented at Intersociety Conference of Energy Conversion, University of Pennsylvania, 1973, 13.-16. August

13-23 L. O. Williams, Cryogenics, S. 693 (Dezember 1973)

13-24 P. Sporn, priv. comm., 1974

13-25 Figure supplied by C. Heath, 1971

13-26 W. F. Libby, Science, 171, 499 (1971)

13-27 P. M. Miller, Scientific American, 228, No. 2, 78 (1973)

13-28 J. I. Deen u. R. J. Schoeppel, paper presented at the Frontiers of Power Technology Conference, Stillwater, Oklahoma, 15-16 Oktober 1970

13-29 R. J. Schoeppel, priv. comm., August 1974

13-30 N. C. Hallett, Cost Study and Systems Analysis of Liquid Hydrogen Production, Air Products and Chemicals Inc., Contract NAS 23894, Juni 1968

13-31 R. D. Witcofski, priv. comm., 27. Februar 1974

13-32 L. Jones, priv. comm., Juli 1974

13-33 J. E. Johnson, paper presented at the Cryogenic Engineering Conference, Atlanta, Georgia, 10. August 1973

13-34 J. W. Michel, Hydrogen and Exotic Fuels, Oak Ridge National Laboratory, Report ORNL-TM-4461, Juni 1973

13-35 L. O. Williams, Astronautics and Aeronautics, S. 42 (Februar 1972)

13-36 R. D. Witcofski, paper presented at the American Chemical Society Symposium on Non-Fossil Chemical Fuels, Boston, Massachusetts, 9-14. April 1972

13-37 R. D. Witcofski, paper presented at the 7th Intersociety Energy Conversion Engineering Conference, San Diego, California, 25-29. September 1972

13-38 W. J. Small, D. E. Fetterman & T. F. Bonner, Jr., paper presented at the Intersociety Conference on Transportation. Denver, Colorado, 23-27. September 1973

13-39 F. S. Kirkham & C. Driver, paper presented at AIAA 5th Aircraft Design, Flight Test and Operations Meeting, St. Louis, Missouri, 6-8. August 1973

13-40 J. V. Becker, Astronautics and Aeronautics, 9, Nr. 8, 32 (1971)

13-41 J. V. Becker, paper presented at the 7th Congress of the International Council of the Aeronautical Sciences, Rome, Italy, 14-18. September 1970

13-42 D. E. Wilcox, C. L. Smith, H. C. Totter & N. C. Hallett, paper presented at the ASME Annual Aviation and Space Conference, 16-19. Juni 1968

13-43 W. J. D. Escher & G. D. Brewer, paper presented at the AIAA 12th Aerospace Sciences Meeting, Washington, D. C., 30. Januar-1. Februar 1974

13-44 Lewis Laboratory Staff, Hydrogen for Turbojet and Ramjet Powered Flight, NACA RM E57D23, 26. April 1957

13-45 W. J. D. Escher: Prospects for Liquid Hydrogen Fueled Commercial Aircraft, Report PR-37, Escher Technology Associates, St. Johns, Michigan, September 1973

13-46 S. Weiss, The Use of Hydrogen for Aircraft Propulsion in View of the Fuel Crisis, Technical Paper (NASA TMX-68242). paper presented at NASA Research and Technology Advisory Committee on Aeronautical Operating Systems, Ames Research Centre, Moffett Field, California, 7-8 März 1973

13-47 H. C. Watson, E. E. Milkins u. J. V. Deslandres, Efficiency and Emissions of a Hydrogen and Methane fuelled spark engine, Report T/8/74 Version 2, Mechanical Engineering, University of Melbourne, Australia (presented Fisita Conf., Paris, Mai 1974)

Anmerkungen zu Kapitel 14

S. 363 – 368

14-1 H. J. Plass, Paper presented at The Hydrogen Economy Miami Energy (THEME) Conference, University of Miami, Florida, 18-20. März 1974

14-2 B. Commoner: The Environmental Cost of Economic Growth, in: Energy Economic Growth and the Environment, Hrsg. v. Schurr, John Hopkins University Press 1972

14-3 S. Brubaker: To Live on Earth, Mentor Book 1972

14-4 R. L. Savage, L. Blank, T. Cady, K. Cox, R. Murray & R. D. Williams, Hrsg. A Hydrogen Carrier, Bd. II-Systems Analysis, NASA-ASEE, September 1973

14-5 E. J. Griffith, Nature, 248 (1974)

Suchwörterverzeichnis

Ökologie und Umwelt

Umweltentlastung durch ökologische Bau- und Siedlungsweisen

Von Dipl.-Ing. R. Albrecht, Dipl.-Ing. L. Paker, Dipl.-Ing. S. Rehberg und Dipl.-Ing. Y. Reiner. Herausgegeben vom Umweltbundesamt. DIN A 4. Kartoniert.

Band 1: Planungsvorschläge und bauliche Maßnahmen.
176 Seiten mit zahlreichen Abbildungen und Tabellen. DM 29,–
ISBN 3-7625-2151-4 (Best.-Nr.)
Band 2: Auswirkungen auf Baustoffverwendung, Energiebedarf, Luft und Klima, Abfallbeseitigung und Wasserhaushalt, Lärm, Flächenbedarf, Kosten und Arbeitsmarkt.
276 Seiten mit zahlreichen Abbildungen und Tabellen. DM 44,–
ISBN 3-7625-2152-2 (Best.-Nr.)

Die Auswirkungen ökologischer Bau- und Siedlungsweisen wurden in der hier vorliegenden Arbeit anhand komplexer Fallbeispiele ermittelt. Hierzu wurden vorhandene bauliche Lösungen analysiert, für den gleichen Standort ökologisch orientierte Planungsvorschläge erarbeitet und in ihren Auswirkungen auf Umwelt, Kosten und Arbeitsmarkt untersucht.

Umweltqualität und Wohnstandorte

Ratgeber für die Bebauungsplanung

Herausgegeben vom Umweltbundesamt. Von A. Hinzen, D. Bock, D. Castro, G. Grzella, M. Heikenfeld, E. Mühlen unter Mitarbeit von K.-H. Fiebig und R. Schäfer. 294 Seiten DIN A 4 mit zahlreichen Abbildungen. Kartoniert DM 44,–
ISBN 3-7625-2105-0 (Best.-Nr.)

Dieses Buch gibt Hinweise und Empfehlungen, wie städtische Umweltprobleme mit Hilfe der Bebauungsplanung gelöst oder abgebaut werden können und wie durch vorausschauende Planung Umweltkonflikte vermieden werden können.

Bauverlag GmbH · Wiesbaden und Berlin

Preise Stand April '88; Preisänderungen vorbehalten